高职高专“十二五”规划教材

21 世纪全国高职高专土建系列技能型规划教材

房地产估价

（第 2 版）

主　编　张　勇　冯天才　张建中

副主编　唐茂华　龚长兰　林尚辉

　　　　曾福林　胡芳珍

参　编　白　蕾　温　利　刘素丽

　　　　郭　瑞　李晓婧　张　斌

北京大学出版社
PEKING UNIVERSITY PRESS

内 容 简 介

本书采用案例驱动的编写模式，注重学习者学习的自主性，强调动手解决实际问题的能力，全面系统地介绍了我国当前房地产估价的相关理论与方法。

本书共分为 10 章，即从估价的角度认识房地产、房地产价格、房地产估价概论、市场比较法、收益还原法、成本法、假设开发法、地价评估、房地产估价程序、房地产估价报告，由浅入深、从外到内、层层剥离地将我国当前房地产估价的相关理论与方法展现在读者面前，充分遵循学习者的认知规律，环环紧扣，整本书浑然一体。

本书既适合作为高职高专工程管理、土地管理、工程造价等专业的拓展学习领域教材，也适合房地产类各专业学生学习我国当前房地产估价理论框架及实务操作使用，功能上实现“三合一”，即高职高专教学用书、执业资格考试参考用书、专业技术人员工具用书三者合一。

图书在版编目(CIP)数据

房地产估价/张勇，冯天才，张建中主编. —2 版. —北京：北京大学出版社，2013.8

(21 世纪全国高职高专土建系列技能型规划教材)

ISBN 978-7-301-22945-3

Ⅰ. ①房…　Ⅱ. ①张…②冯…③张…　Ⅲ. ①房地产价格—估价—高等职业教育—教材　Ⅳ. ①F293.35

中国版本图书馆 CIP 数据核字(2013)第 179567 号

书　　名：房地产估价(第 2 版)

著作责任者：张　勇　冯天才　张建中　主编

策 划 编 辑：赖　青　杨星璐

责 任 编 辑：杨星璐

标 准 书 号：ISBN 978-7-301-22945-3/TU・0351

出 版 发 行：北京大学出版社

地　　址：北京市海淀区成府路 205 号　100871

网　　址：http://www.pup.cn　新浪官方微博：@北京大学出版社

电 子 信 箱：pup_6@163.com

电　　话：邮购部 62752015　发行部 62750672　编辑部 62750667　出版部 62754962

印 刷 者：北京飞达印刷有限责任公司

经 销 者：新华书店

787 毫米×1092 毫米　16 开本　17.5 印张　401 千字

2009 年 9 月第 1 版

2013 年 8 月第 2 版　2014 年 12 月第 2 次印刷(总第 5 次印刷)

定　　价：35.00 元

北大版·高职高专土建系列规划教材
专家编审指导委员会

北大版·高职高专土建系列规划教材
专家编审指导委员会专业分委会

第 2 版前言

《房地产估价》第 1 版已经出版 4 年了，在这 4 年中高等职业教育的教育教学方法发生了很多变化，更加注重教学的实践环节是变化的重要趋势之一，另外房地产行业的一些相关制度与政策也发生了一些变化，这些都带来了“房地产估价”这门课程相关教学内容的变化。第 1 版教材作为“21 世纪全国高职高专土建系列技能型规划教材”之一，按照基于工作过程导向开发课程，秉承“必需、够用”的原则，将“做中学、学中做”融为一体，培养重技能的应用型人才。本次教材的修订在本着这一基本思路的基础上，更加突出本书实用性的特点，在修改第 1 版教材一部分案例的基础上，增加了一些实际案例，这些案例大多是作者自身参与企业实践的切身感受与作者理论知识相结合而写作出来的。

市场经济条件下，我国房地产业迅速发展，房地产市场日趋完善，房地产估价服务愈来愈广泛地渗入到社会经济活动的各个领域，特别是国家房地产估价师执业资格考试制度的建立，极大地促进和规范了房地产估价行业的发展。

本书第 2 版对第 1 版的案例及理论部分进行了较多的改动。全书按照房地产与房地产价格→房地产估价→常用房地产估价方法→房地产估价实务的顺序展开。本书由威海职业技术学院张勇、张建中和开封大学冯天才修订编写并担任主编；湖南城建职业技术学院唐茂华、曾福林，威海职业技术学院林尚辉，四川天一职业技术学院龚长兰，武汉工业职业技术学院胡芳珍担任副主编；河南建筑职业技术学院白蕾，开封大学温利、刘素丽、郭瑞，山东水利职业学院李晓婧，淄博职业学院张斌参编。

由于作者时间和水平有限，书中肯定有许多不足之处，恳请各位同行和读者批评指正，在此表示衷心感谢。

编　者

2013 年 7 月

第1版前言

本书作为“21世纪全国高职高专土建系列技能型规划教材”之一，按照基于工作过程导向开发课程，秉承“必需、够用”的原则，将“做中学、学中做”融为一体，培养重技能的应用型人才。

我国市场经济条件下，房地产业迅速发展，房地产市场日趋完善，房地产估价服务愈来愈广泛地渗入到社会经济活动的各个领域，特别是国家房地产估价师执业资格考试制度的建立，极大地促进和规范了房地产估价行业的发展。本书既可作为房地产类专业学习领域课程，也可作为工程造价等相关专业拓展学习领域课程，还可作为执业资格考试参考用书、专业技术人员工具用书。

本书由湖南城建职业技术学院黄晔副教授、唐茂华副教授负责全书的总体设计，拟定写作思路，基于工作过程，按照房地产与房地产价格→房地产估价→常用房地产估价方法→房地产估价实务的顺序展开，由浅入深、从外到内，层层剥离的系统思路，让学习者先行知道什么是房地产价格与房地产估价，基本能认读房地产估价报告，最后再将我国当前房地产估价相关理论与常用方法展现在学习者面前，充分遵循学习者的认知规律，整本书有血有肉，浑然一体。湖南城建职业技术学院黄晔、唐茂华、曾福林；武汉工业职业技术学院胡芳珍；开封大学冯天才、温利、刘素丽、郭瑞；山东水利职业学院李晓婧；淄博职业学院张斌；河南建筑职业技术学院白蕾通力合作、共同完成全书的写作，最后由黄晔、唐茂华以及胡芳珍负责统稿和定稿。

本书由湖南城建职业技术学院管理工程系主任胡六星主审，在全书写作过程中予以精心指导，并提出了许多宝贵意见，谨此表示衷心感谢。

本书在编写过程中，得到了上述院校的大力支持，参考了大量文献资料，在此表示衷心的感谢。由于作者水平所限，书中难免存在不妥之处，恳请读者在使用过程中给予指正并提出宝贵意见。

编　者

2009年6月

CONTENTS

目录

第1章

从估价的角度认识房地产

教学目标

了解房地产的概念；掌握房地产存在的形态及构成要素；熟悉房地产的特征及其分类。

教学要求

能力目标	知识要点	权重
对房地产有初步认识，掌握房地产的构成要素，认知生活中的房地产；掌握房地产的三种物质形态，能够与生活中涉及的房地产进行对比	房地产的概念，房地产的其他名称，房地产的构成；房地产存在的三种物质形态，土地、建筑物、房地的概念	45%
客观认识并掌握房地产的特征	房地产的 10 个特征；房地产业的相关信息，房地产市场	30%
了解房地产的分类，能够直观判断房地产的分类	房地产的分类，房地产业的相关内容	25%

本 章 核 心 提 示

本章的主要内容是介绍房地产估价的对象——房地产。房地产是一种特殊商品，商品的本质是用来交换的产品，价值和交换价值是商品的两个属性，房地产商品除具有一般商品具有的特征外，还有其本身独有的特点影响其价值与价格，这是本章学习的重点与难点。因此，全面、深入、准确地认识房地产是学习、从事房地产估价工作的重要基础。

1.1 房地产概述

1.1.1 房地产的相关概念

1. 房地产的定义

房地产(real estate/real property)指土地、建筑物及其他地上定着物，包括物质实体和依托于物质实体上的权益，是实物、权益、区位三者的综合体。

(1) 土地是指地球的陆地表面及其上下一定范围内的空间。

(2) 建筑物是指人工建筑而成，由建筑材料、建筑构配件和建筑设备组成的整体物，包括房屋和构筑物两大类。房屋是指能够遮风避雨并供人居住、工作、娱乐、储藏物品、纪念或进行其他活动的空间场所，一般由基础、墙、门、窗、柱、梁和屋顶等主要构件组成。构筑物是指建筑物中除了房屋以外的东西，人们一般不直接在内进行生产和生活活动，例如烟囱、水塔、水井、道路、桥梁、隧道、水坝等。

(3) 其他地上定着物是指固定在土地或建筑物上，与土地、建筑物不可分离的物体；或者虽然可以分离，但是分离后会破坏土地、建筑物的完整性，使用价值或功能；或者会使土地、建筑物的价值明显受到损害的物体。例如，为了提高土地或建筑物的使用价值或功能而埋设在地下的管线、设施，建造在地上的假山、水池、围墙，种植在地上的树木、花草等。

特 别 提 示

在地上临时搭建的帐篷、戏台等不属于房地产；从估价角度讲，房地产是实物、权益、区位三者的综合体。

2. 实物、权益和区位

房地产的实物是指房地产中看得见、摸得着的部分，如建筑物的外观、结构、设备、装修，土地的形状、平整程度、基础设施完备程度等。房地产的实物又可进一步分为有形的实体、该实体的质量和该实体组合完成的功能3个方面。

房地产的权益是指房地产中无形的、不可触摸的部分，包括权利(rights)、利益(interests)和收益(benefits)。房地产的权益是以房地产权利为基础的，包括房地产的各种权利(如所有权和使用权等)，受到其他房地产权利限制的房地产权利(同一宗房地产上可以同时存在多种房地产权利，如设立了抵押权、租赁权的房屋所有权或土地使用权)，受到其他各种限制的房地产权利(如城市规划对房地产用途的限制)以及房地产的额外利益或收益(如屋顶或外墙面可出售或出租给广告公司做广告)等。拿房地产权利的种类来说，中国目前主要有所有权、使用权、租赁权、抵押权、典权、地役权、空间利用权等。其中，房地产所有权是指房地产所有权人对自己的房地产依照法律规定享有占有、使用、收益和处分的权利(或者说，在法律规定的范围内自由支配自己的房地产并排除他人干涉的权利)。

房地产的区位(location)是指房地产的空间位置。具体地说，一宗房地产的区位是该宗房地产与其他房地产或事物在空间方位和距离上的关系，除了其地理坐标位置，还包括它与重要场所(如市中心、机场、港口、码头、火车站、汽车站、政府机关、同行业单位等)的距离，交通的便捷性，以及该宗房地产的周围环境和景观等。房地产的区位可以从位置(或坐落)、交通、环境(包括自然环境、人工环境、社会环境、景观等)和配套设施(包括基础设施和公共服务设施)等 4 个方面来认识。其中，最常见、最简单的是用距离来衡量区位的好与坏。距离可以分为空间直线距离、交通路线距离和交通时间距离。由于路况以及时间对于人们越来越宝贵等原因，现在人们越来越重视交通时间距离而不是空间直线距离。当然，区位并不能代表房地产的一切，但它强调了区位对房地产的重要性。

特别提示

在地面上两宗实物和权益状况相同的房地产，如果所处位置、周围环境、景观、外部的基础设施和公共服务设施等区位状况不同，价值可能有很大的差异。

3. *房地产的三种存在形态*

房地产虽然包括土地和建筑物两大部分，但并不意味着只有土地与建筑物合成一体时才被称为房地产，单纯的土地或单纯的建筑物都属于房地产，也是房地产的一种存在形态。归纳起来，房地产有土地、建筑物、房地三种存在形态。

1) 土地

最简单的情形是一块无建筑物的空地，如图 1.1(a)所示。另外，即使土地上有建筑物，如图 1.1(b)所示，有时也需要把它单独看待，只评估其中的土地价值，例如，为征收土地税费或者确定划拨土地使用权进入市场需要补交的土地使用权出让金等的数额时。对于有建筑物的土地，具体评估时，或者无视建筑物的存在，将房地产设想为无建筑物的空地；或者考虑建筑物存在对土地价值的影响。

2) 建筑物

建筑物虽然必须建造在土地上，在实物形态上与土地连为一体，但在某些情况下需要把它单独看待，只评估其中的建筑物价值，如图 1.1(c)所示。例如，在房地产投保火灾险时评估其保险价值，灾害发生后评估其损失，为计算建筑物折旧服务的估价等，都只单独评估建筑物的价值。具体评估时，或者无视土地的存在，将房地产设想为空中楼阁；或者考虑土地存在对建筑物价值的影响。

3) 房地

房地即实物形态上把土地与建筑物视成一体并在估价时也把它们作为一个整体来看待，如图 1.1(d)所示。

(a) 空地

土地：这是一块无建筑物的空地

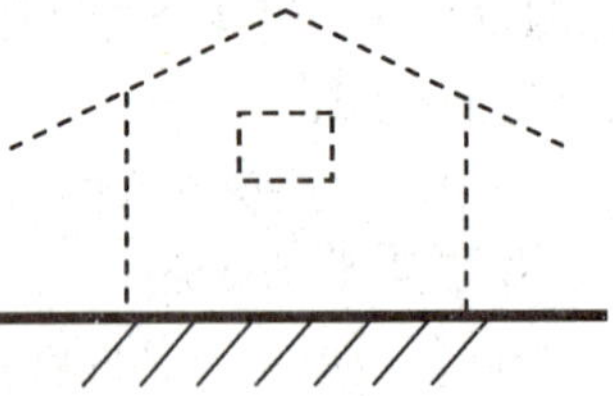
(b) 有建筑物的土地

土地：该块土地上虽然建有建筑物，但在观念上可把它单独看待。具体的看待方式有两种：①无视建筑物的存在；②考虑建筑物存在的影响

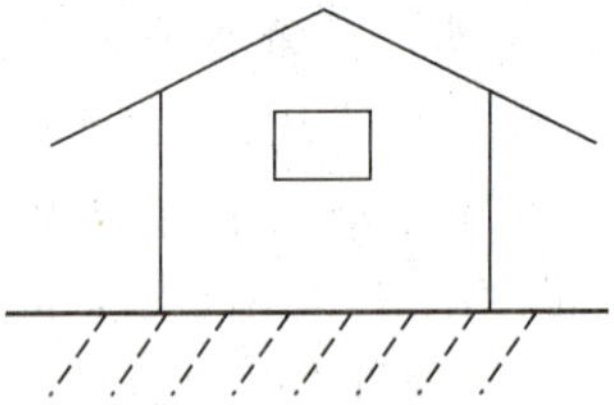
(c) 建筑物

建筑物：建筑物虽然必须建在土地上，但在观念上可把它单独看待。具体的看待方式有两种：①无视土地的存在；②考虑土地存在的影响

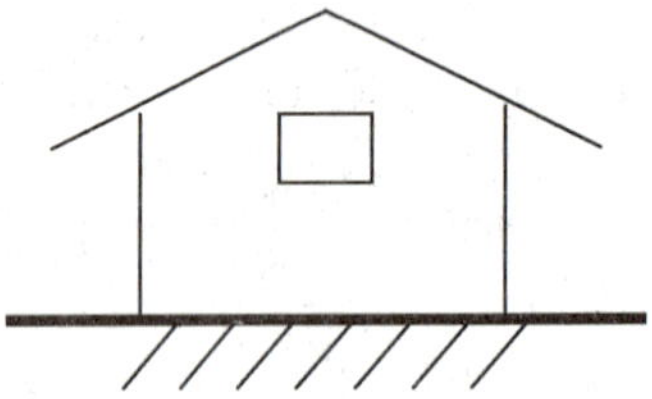
(d) 房地

房地：下有土地，上有建筑物，此时把土地与建筑物作为一个整体来看待

图 1.1　房地产的存在形态

在实际估价中，估价对象的物质实体可能既有土地也有建筑物，也可能只是它们中的某一部分，例如，土地、房屋、构筑物、附属设施、设备(如室内配备的家具、电视机、电话机等)、在建工程(包括停缓建工程)等各种房地产物质实体的某一部分，如某个楼层、某套住房或其中的装修装饰部分，但估价对象必须包括依托于该物质实体上的具体权益。

思考

房地产有土地、建筑物、房地三种存在形态，与我国土地使用制度有什么关系？

4. 房地产的其他名称

不动产(real property unmovable property)：一切财产或为动产，或为不动产。一般来说，凡是能够自行移动或者能用外力推动且又不改变其性质和价值的财产属于动产；不可移动的财产属于不动产。《中华人民共和国担保法》第92条明确规定：“本法所称不动产是指土地以及房屋、林木等地上定着物”。

思考

位置的改变与财产性质和价值所存在的关系。

土地(land)：地球上可被作为财产拥有的任何部分。在本章 1.1.2 节中对土地有着详细的定义。

房地产(real estate/real property)：real estate 是指土地加上永久定着在其中、其上和其下的人工改良物，如构筑物和房屋；real property 是指 real estate 加上与其有关的各种权益，包括权利、利益和收益。land 是指地球的表面及下达地心、上达无限天空的空间，包括永久定着在地球表面之中、之上和之下的自然物，如树和水。

地产(estate)：指可用作或已用作房地产的土地资产部分及其权益。在香港还通常把房地产称为地产。

房产(buildings)：房地产中定着于土地上的建筑物及其附着设施及相应的权益。

物业(real estate property)：在中国的港澳地区通常也称房地产为物业，其含义与房地产基本相同。如李宗锷先生对物业的解释是："物业是单元性地产。一住宅单位是一物业，一工厂楼宇是一物业，一农庄也是一物业。故一物业可大可小，大物业可分割为小物业。"目前内地也有使用物业的现象，如"物业管理"，而内地的物业一词的含义通常是指"投入使用中的房屋及配套的设施设备和相关场地"。

与不动产对应的是动产(movable property)：除不动产以外的为所有者拥有的各种财产，如货币、证券、流通的票据以及任何价值的个人财产。动产分为有形动产和无形动产。有形动产是指有一定实物形态的动产，如家具、各种电器、设备、工具、货币、证券等。无形动产是指无实物形态的动产，如出版权、创造发明的专利、商标等。

1.1.2 土地的概念

1. 土地的各种定义

对于什么是土地，人们有着各种不同的认识和定义，归纳起来有以下几种。

(1) 土地即田地、地面。这是一般人通常最直观的认识。

(2) 土地是指地球上陆地的表层，包括水域在内，是由地貌、土壤、岩石、水文、气候、植被等要素组成的自然综合体。

(3) 土地是指自然物、自然力或自然资源。马克思(Karl Marx，1818—1883 年)讲：经济学上所说的土地是指未经人的帮助而自然存在的一切劳动对象。英国著名经济学家马歇尔(Alfred Marshall，1842—1924 年)说："土地是指大自然为了帮助人类，在陆地、海上、空气、光和热各方面所赠与的物质和力量"。美国土地经济学创始人伊利(Richard Theodore Ely，1854—1943 年)讲："经济学家所使用的土地这个词，指的是自然的各种力量或自然资源。它的意义不仅指土地的表面，因为它还包括地面上下的东西"；"经济学上的土地侧重于大自然所赋予的东西"。

人们对土地的认识和定义不同，主要原因不是认识程度的深浅，而是由于生活、生产的不同需要或者研究目的和学科的不同造成的。农民可以把土地仅视为耕作的田地，一般城市居民可以把土地看成是栖息、娱乐的场地，地质学工作者可以把土地当作自然综合体，经济学家可以用土地去概括一切区别于劳动和资本的自然资源。

2. 房地产估价中的土地定义

对于房地产估价来说，土地并不是平面的，而是三维立体的，它是指地球的陆地表面及其上下一定范围内的空间。具体一宗土地的空间范围可以分为三层：①地球表面；②地球表面以上一定范围内的空间(简称地上空间)；③地球表面以下一定范围内的空间(简称地下空间)。土地的空间范围用图表示，如图 1.2 所示。

一宗土地的地上空间从理论上讲，是指从该宗土地地球表面的边界向上扩展到无限天空的空间；地下空间从理论上讲，是指从该宗土地地球表面的边界呈倒锥形向下延伸到地心的空间。一宗土地地球表面的范围，是指该宗土地地球表面的边界所围合的面积。土地本来为连绵无垠之物，似无范围可言，但在现实中用人为方法画野分疆，使土地成为一块一块或一宗一宗，也使土地有了面积、大小、形状和四至。例如，政府出让土地使用权的地块，其范围通常是根据标有坐标点的用地红线图，由城市规划管理部门或土地管理部门在地块各转点钉桩、埋设混凝土界桩或界石来确认，面积大小按水平投影面积计算。

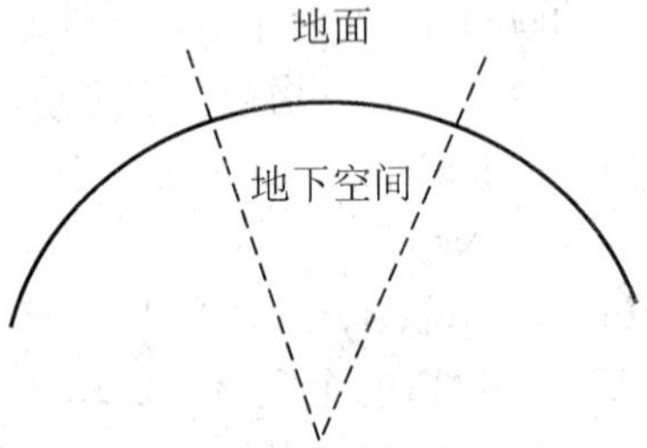

图 1.2 土地的空间范围

特别提示

对于房地产估价来说，土地并不是上至天空、下至地心。

3. 土地利用所受的限制

拥有一宗土地要受到多方面的限制，如拥有者自身能力的限制和自身能力以外的限制。一宗土地所受限制的种类和程度，对其价值有着重大影响。房地产估价应充分调查、了解土地所受的各种限制及其内容和程度，以评估出其合理的价值。对土地利用的限制主要有土地权利设置以及行使的限制、房地产相邻关系、土地使用管制所受的限制这 3 个方面。

1) 土地权利设置以及行使的限制

我国在土地上设置的权利主要有所有权、使用权、租赁权、抵押权、典权和地役权。其中所有权属于自物权，其余属于他物权。他物权是对他人之物所拥有的权利，是对所有权的限制。抵押权是债务人或第三者作为担保的房地产，在债务不能履行时，有将其售卖得到清偿的权利。债务人对抵押房地产有占有权和使用权，能够以其收益作为债务的清偿资金；债权人无须自己直接管理抵押物，而只须以其价值作为担保，促使债务人履行义务。抵押权是抵押标的物所有担保价值的权利，对于不妨碍标的物的处置及使用，并无干涉的必要。因而抵押权设定后，可以依序再设定抵押权或将标的物使用在新用途上，甚至将其出卖。房地产所有人因担保多项债权，就同一房地产设定多项抵押权，这些抵押权行使的相互次序，在很多国家一般是按登记的先后来定。地役权是指土地所有人或土地使用权人为使用其土地的方便与利益而利用他人土地的权利，如在他人土地通行的权利，这种地役权有时称为通行权。地役权在给他人方便时，土地所有人或土地使用权人有可能受到某种损失，因此地役权的存在会降低土地的价值。此外，地下矿藏、埋藏物等是否自动地归属于土地拥有者，各个国家和地区的规定不一。例如，《中华人民共和国民法通则》第七十九条规定："所有人不明的埋藏物、隐藏物，归国家所有。"《中华人民共和国城镇国有土地使用权出让和转让暂行条例》(1990 年 5 月 19 日国务院令第 55 号)第二条规定："国家按照所有权与使用权分离的原则，实行城镇国有土地使用权出让、转让制度，但地下资源、埋藏物和市政公用设施除外。"在中国台湾地区，地下矿藏与土地也是分开的，其《土地法》第十五条规定："附着于土地之矿，不因土地所有权之取得而成为私有。"在欧洲许多国家，地下资源的所有权与土地所有权也是分开的，法律规定地下资源属于国家，地主开采地下资源要先向政府购买或将出售的收入与政府分成。在加拿大，地下矿藏在有些省，如安大略、魁北克和阿尔伯塔成为单独的产权，不再自动地附属于土地。美国关于土地所有权的规定与上述国家和地区不同。在美国，土地所有者同时也拥有地下的一切财富，所以，地主可以自由开采地下资源，或者将地下资源单独出售给别人。

2) 房地产相邻关系的限制

房地产相邻关系的限制是指房地产所有人或使用人在行使房地产的权利时，负有注意防免损害相邻房地产的义务，而相邻房地产所有人或使用人则享有请求房地产所有人、使用人注意防免损害发生的权利。在现实中，主要存在两类相邻关系：①通风、采光、排水、排污的相邻关系，例如，土地使用权人在建造建筑物时应当照顾到周围相邻人的实际需要，与相邻建筑物保持适当距离并且适当限制其高度，不得妨碍相邻建筑物的通风、采光和日照；②险情危害的相邻关系，例如，房屋有倒塌危险或放置易燃、易爆、剧毒、放射性物质、恶臭物件于屋内，危及邻居的生命财产安全或身心健康，相邻人有权请求排除险情危害。如《中华人民共和国民法通则》第八十三条规定："不动产的相邻各方，应当按照有利生产、方便生活、团结互助、公平合理的精神，正确处理截水、排水、通行、通风、采光等方面的相邻关系。给相邻方造成妨碍或者损失的，应当停止侵害，排除妨碍，赔偿损失。"

3) 土地使用管制所受的限制

世界上几乎所有的国家和地区对土地使用都有或多或少的限制。对于房地产估价来说，有意义的土地使用管制主要是耕地转为非耕地、农用地转为建设用地以及城市规划。例如，城市规划时就有土地用途、建筑高度、容积率和建筑密度等的规定。

容积率是反映和衡量建筑用地使用强度的一项重要指标，是指一定地块内建筑物的总建筑面积与该块土地总面积的比值，即

$$\text{容积率}=\frac{\text{总建筑面积}}{\text{土地总面积}}$$

例如，某块土地的总面积为 1 000m^2，其上建筑物的总建筑面积为 5 000m^2，则容积率为 5。容积率可分为包括地下建筑面积的容积率和不包括地下建筑面积的容积率。在城市

规划中，地下建筑面积通常不计容积率。由于容积率的高低对土地价值有很大影响，所以在估价时一定要明确所说的容积率的确切内涵。在补交土地使用权出让金方面，有的地方政府规定地下建筑面积不用补交或只按照地上建筑面积土地使用权出让金水平的一定比例(如 1/3)补交。这些对土地价值也有着很大影响。

特别提示

当建筑物层高超过 8 米时，计算容积率时该层建筑面积加倍计算。

城市规划一般要求建筑物四周留有一定的空地，以作为建筑物的绿地和交通道路，满足建筑物的通风、采光、防火以及居住者的隐私权等要求。建筑密度是这些要求的具体化指标之一。建筑密度又称建筑覆盖率，通常是指一定地块内所有建筑物的基底总面积与该块土地总面积的比率(%)，即

$$建筑密度=\frac{建筑基底总面积}{土地总面积}\times 100\%$$

例如，某块土地的总面积为 1 000m^2，其上建筑物的基底总面积为 500m^2，则建筑密度为 50%。建筑密度有时还采用建筑物的最大水平投影面积与土地总面积的比率来表示。如果各层建筑面积均相同，则有

$$总建筑面积=土地总面积\times建筑密度\times建筑层数$$

$$容积率=建筑密度\times建筑层数(不超过8米)$$

4. 对一宗土地的基本认识

从房地产估价的角度来看，人们对一宗土地的认识主要包括以下几个方面。

1) 位置(或坐落)

位置包括所处的区域(宏观区位)和具体地点，可以从国家、地区、邻里、地点这些从宏观到具体的层面来认识。

2) 面积

面积为依法确认的面积，通常以 m^2(平方米)表示。面积较大的土地通常以 hm^2(公顷)表示。

3) 四至

四至是土地四邻的名称，对其描述一般是“东至××，南至××，西至××，北至××”。

4) 形状

形状通常用图示(如宗地图、规划图或建筑总平面图等)来说明。

5) 地形、地势

地形、地势是指土地表面高低起伏的状态或格局，包括与相邻土地、道路的高低关系，自然排水状况，被洪水淹没的可能性等。

6) 周围环境、景观

周围环境、景观，如有无噪声、大气、土壤、水体、固体废物、辐射等污染及其程度等。特别是是否为垃圾填埋场、化工厂原址，周围有无高压输电线路、无线电发射塔、垃圾站等污染源。周围环境、景观通常用文字加图片来说明。

7) 利用状况

利用状况包括用途(法定用途和实际用途)，土地上有无建筑物、其他附着物。如果有建筑物、其他附着物，还需要进一步了解该建筑物和其他附着物的情况。

8) 产权状况

由于土地权利的种类和内容对土地价值有很大影响，因此，进行房地产估价应特别注意调查、了解土地权利状况。在中国目前的土地制度下，应了解是国有土地还是集体土地；是出让土地使用权还是划拨土地使用权；属于出让土地使用权的，其剩余土地使用年限多长及可否续期。此外，要了解土地取得的手续是否齐全，是否抵押、典当、出租(已出租的，再转让时要受原租约的限制)，是否涉案，权属是否有争议，是否为临时用地，是否属于违法占地等。另外，土地所有权或土地使用权是否共有也需考虑。法律规定，转让共有的房地产时，需经其他共有人书面同意。例如，《中华人民共和国城市房地产管理法》第 37 条第(四)项规定，共有的房地产未经其他共有人书面同意的，不得转让。

9) 地质条件

地质条件包括地基的承载力和稳定性，地下水位和水质(包括地下水的成分和污染情况，有些含有特殊成分的地下水可以导致疾病)，不良地质现象(如崩塌、滑坡、泥石流、断裂带、岩溶、软弱土、膨胀土、湿陷性黄土、冻土等)。

10) 基础设施完备程度和土地平整程度

基础设施完备程度和土地平整程度是指道路、供水、排水(包括雨水、污水)、供电、通信、燃气、热力等基础设施的完备程度和土地的平整程度，即通常所说的“三通一平”、“五通一平”或“七通一平”。“三通一平”一般是指路通、水通、电通和场地平整；“五通一平”一般是指具有了道路、供水、排水、供电、通信等基础设施或条件以及场地平整；“七通一平”一般是指具有了道路、供水、排水、供电、通信、燃气、热力等基础设施或条件以及场地平整。

11) 土地使用管制

对于城市建设用地，土地使用管制主要为城市规划限制条件，包括：①用途；②建筑高度；③容积率；④建筑密度；⑤建筑后退红线距离(规定建筑物应距离城市道路或用地红线的程度)；⑥建筑间距；⑦绿地率(用地红线内绿化用地总面积占土地总面积的比率)；⑧交通出入口方位；⑨停车泊位；⑩建筑体量、体型、色彩；⑪地面标高；⑫其他要求，如规定规划设计方案应符合环境保护、消防安全、文物保护、卫生防疫等有关法律、行政法规的规定。

12) 其他

如临街商业用地还需要了解其临街宽度和临街深度，农用地还需要了解其土壤、排水和灌溉等。

对于一般的土地，通常了解第 1～8 项即可；对于待开发或再开发的土地，还需要了解第 9～11 项。了解的主要途径之一是查阅地籍资料。地籍是记载宗地的权利人、土地权利内容及来源、权属界址、面积、用途、质量等级、价值和土地使用条件等土地登记要素的簿册。对于一些更专业、具体的内容，可查阅相关文件资料。例如，可通过城市总体规划、详细规划及下列文件来了解土地的城市规划限制条件：①规划要点；②规划设计条件通知书；③审定设计方案通知书；④建设用地规划许可证；⑤建设工程规划许可证。

1.1.3 建筑物的概念

1. 建筑物的定义

建筑物的定义一般分为广义和狭义两种。广义的建筑物是指人工建筑而成的所有东西，既包括房屋，又包括构筑物。狭义的建筑物是指房屋，不包括构筑物。

在房地产估价中通常将建筑物作广义理解，其定义见前文。

2. 对建筑物的基本认识

从房地产估价的角度来看，人们对建筑物的认识主要包括以下几个方面。

1) 位置(或坐落)

位置包括所处的区域(宏观区位)和具体地点，可以从国家、地区、邻里、地点这些从宏观到具体的层面来认识。

2) 面积

有的建筑物需要用体积来说明，如仓库；有的建筑物需要用其他单位来说明，如停车场通常用车位数、旅馆通常用房间数或床位数、电影院通常用座位数、医院通常用床位数，但这里以面积这种典型情况为例来说明，以后涉及面积时均如此，不再说明。建筑物面积包括：①建筑面积；②使用面积；③成套房屋的套内建筑面积；④其他面积。住宅还需要了解居住面积，商业用房还需要了解营业面积，出租的房屋还需要了解可出租面积(可出租的建筑面积、可出租的使用面积)。其中，房屋建筑面积是指房屋外墙(柱)勒脚以上各层的外围水平投影面积，包括阳台、挑廊、地下室、室外楼梯等，且具备有上盖、结构牢固、层高 2.20m 以上(含 2.20m)的永久性建筑。房屋使用面积是指房屋户内全部可供使用的空间面积，按房屋的内墙面水平投影计算。成套房屋的套内建筑面积是指由套内房屋使用面积、套内墙体面积、套内阳台建筑面积三部分组成的面积，即

套内建筑面积=套内房屋使用面积+套内墙体面积+套内阳台建筑面积

成套房屋的建筑面积由套内建筑面积和分摊的共有建筑面积组成，即

建筑面积=套内建筑面积+分摊的共有建筑面积

3) 层数和高度

通常根据建筑物的层数或总高度将建筑物分为低层建筑、多层建筑、高层建筑和超高层建筑。住宅通常是按照层数来划分的：1～3 层为低层住宅(一般来说 10m 以下)；4～6 层为多层住宅；7～9 层为中高层住宅；10 层以上的(含 10 层)为高层住宅。公共建筑及综合性建筑通常是按照建筑总高度来划分的，总高度超过 24m 的为高层建筑(但不包括总高度超过 24m 的单层建筑)。建筑总高度超过 100m 的，不论是住宅还是公共建筑、综合性建筑，均称为超高层建筑。

4) 结构

结构是指建筑物中由承重构件(基础、墙体、柱、梁、楼板、屋架等)组成的体系。一般分为钢结构、钢筋混凝土结构、砖混结构、砖木结构和简易结构。具体如以组成建筑结构的主要建筑材料来划分可分为钢结构，混凝土结构(包括素混凝土结构、钢筋混凝土结构和预应力混凝土结构等)，砌体结构(包括砖结构、石结构和其他材料的砌块结构)，木结构，

塑料结构和薄膜充气结构。若以组成建筑结构的主体结构形式来划分，可分为墙体结构、框架结构、深梁结构、筒体结构、拱结构、网架结构、空间薄壁结构(包括折板结构)、悬索结构和舱体结构。

5) 设备

设备包括给排水、卫生、燃气、照明、空调、电梯、通信、防灾等设备。需要了解它们的配置情况(有或无)及性能。

6) 装修

装修分为内装修和外装修。需要了解装修的标准和程度，所用材料的品质及装修质量等。

7) 平面格局

平面格局包括平面图、户型图等。

8) 建成年月

建成年月包括开工日期和竣工日期。

9) 维修养护情况及完损程度

维修养护情况及完损程度包括地基的稳定性、沉降情况(沉降是否均匀及其程度)等。

10) 利用状况

利用状况主要指用途(法定用途和实际用途)。多用途的，还需要了解不同用途的位置或楼层分布及其面积。

11) 产权状况

产权状况要了解是独有、共有还是建筑物区分所有权，是完全产权还是部分产权，是否抵押、典当、出租，是否涉案，权属是否有争议，是否为临时建筑，是否属于违章建筑。还要了解所坐落的土地的权利状况，因为房屋所有权还受土地使用权的约束，如在有限期土地使用权的土地上建造的房屋的所有权，实际上也是有限期的，《中华人民共和国城镇国有土地使用权出让和转让暂行条例》第 40 条规定："土地使用权期满，土地使用权及地上建筑物、其他附着物所有权由国家无偿取得。"

12) 外观

外观包括外观图片等。

13) 公共服务设施完备程度

对于住宅而言，公共服务设施主要是指教育(如托儿所、幼儿园、中小学)、医疗卫生、文化体育、商业服务、金融、邮电等公共建筑的完备程度。写字楼、工业等也要求有相应的公共服务设施。

14) 其他

其他方面如通风、采光、隔声、隔振、隔热、层高、物业管理(因为完善的物业管理是保持及提高房地产价值的一个重要因素)。如果为建筑物的某一局部，如一"套"或一"单元"，则还需要了解其朝向、楼层；新建的房屋还需要了解其工程质量；期房还需要了解其建设单位(开发商)、勘察单位、设计单位、施工单位、工程监理单位以及预计交付使用日期等。

1.2 房地产的特性

房地产与一般商品类似，但房地产价值价格与一般商品的价值价格相比，有其独特的特点。这是由房地产本身的特性决定的。进行房地产估价必须充分认识其独特性。

房地产包括土地、建筑物和其他土地定着物，其中，土地是大自然的产生物，是永存的；建筑物和其他土地定着物为人工建造的，它们定着在土地上。因此，房地产的特性主要取决于土地的特性，是以土地的特性为基础的。从房地产估价和把握房地产价值的角度来看，房地产主要有不可移动性、个别性、寿命长久性、供给有限性、价值巨大性、流动性差、用途多样性、相互影响性、易受限制性和保值增值性10个特性。

1. 不可移动性

不可移动性指土地的地理位置固定，不能移动。固定或依附于土地的建筑物或其他附着物通常也不能移动。

房地产位置固定的性质，决定了每宗房地产都处于特定的自然和社会环境之中，形成了每宗房地产独有的自然地理位置和经济地理位置，即房地产具有明显的区位优劣差异。所谓区位，是指某地域空间范围内各种事物的位置分布及其相互联系，除自然地理位置外，还包括可及性(接近的难易程度)、联系的便捷性、与重要场所的距离、地域自身的社会经济地位等。然而，由于不同时期的社会经济状况会发生变化，因此房地产所处的地理位置虽然固定不变，但社会经济地位却会发生变化。房地产位置固定的性质，也决定了房地产市场是一个地区性市场，房地产的供给和需求局限于一定的空间范围内。也就是说，某地的房地产供给，只能来自于当地土地资源的开发和利用，而房地产需求也只是对当地房地产的需求。因此房地产市场既受限于当地的土地资源状况，也受限于当地的社会经济条件和市场需求。

特别提示

房地产的不可移动性是房地产的最主要的特性，正是房地产的不可移动性决定了房地产需求只能当地解决，不能跨区域解决，比如，某人若在北京工作，由于收入有限，买不起北京的房子，但此人在河北保定有住房，由于房地产的不可移动性就决定了其在保定的住房不能带到北京，此人对房地产的需求必须在北京当地解决。

另外不可移动决定了房地产的特定区位，区位是影响房地产价值最重要的因素，这项特性也解释了下列现象：一般来讲一线城市的房价要高于二线城市，二线城市房价要高于三、四线城市房价，中心城区的房价要高于次中心城区后边缘城区，“学区房”“地铁房”价格一般要高于同类型房地产的价格等，这些问题都可通过房地产的不可移动性进行充分的解释。

2. 个别性

个别性指房地产的异质性，即任何两宗房地产都存在一定的差异。尽管两栋建筑物可以采用完全相同的建筑设计、建筑材料，但也会因为它们各自所占土地的自然条件和坐落位置等不同而使这两宗房地产实质上并不相同。

房地产的个别性使得房地产之间不能实现完全替代，每一宗房地产的价格都存在差异，因此房地产市场是一个非完全竞争的市场。同时，由于房地产涉及多方面的综合知识，使得房地产市场交易信息严重不对称，因此需要不动产估价专业人员提供估价服务。

特别提示

房地产的不可移动性及独一无二性决定了房地产这种产品具有较强的不可替代性，这就决定了不同区域间房地产在价格方面具有不可比性。

房地产尽管有个别性，但在不动产之间仍有一定程度的替代性，相邻的房地产之间存在一定的竞争，价格上相互影响。因此，为评估出估价对象房地产的价格，人们可以选择一些可比交易实例并进行价格修正，从而得出估价对象房地产的价格。市场比较法评估房地产价格正是基于替代原理。

3. 寿命长久性

寿命长久性，指土地不因使用或放置而损耗或毁灭。从本质上说，土壤和岩石虽然会流失或风化，地形和地貌也会发生变化，但土地本身却是永存的，可供人类长久使用。建筑物的寿命一般也很长久，可以长期使用。而其他物品无论如何保管，经一定年限或较长久的使用之后，最终均难免会损耗，失去使用价值。建筑物虽然不像土地那样具有不可毁灭的特性，但是一经建造完成，寿命通常可达数十年，甚至上百年。在正常情况下，建筑物很少发生倒塌，只是为了更好的利用土地或追求更高的价值才会被拆除。

房地产的耐久性可给产权人带来现实和未来的持续收益，但是产权人所能获得的未来持续收益受有关法律的制约。例如我国规定，土地使用权出让的最高年限分别为：居住用地 70 年，工业用地 50 年，教育、科技、文化、卫生、体育用地 50 年，商业、旅游、娱乐用地 40 年，综合或其他用地 50 年。以出让方式取得土地使用权的，只能在出让合同约定的使用年限内获得土地收益；如果转让其不动产，则土地使用权年限为原出让合同约定的使用年限减去原土地使用者已使用年限后的剩余年限，因此受让方只能获得土地使用权剩余年限内的不动产收益。因为土地使用权期满后将被国家无偿收回，如果续期则必须按新的合同约定重新交纳续期年限内的土地使用权出让金。因此，我国的房地产估价必须考虑土地使用权年限的限制。

特别提示

寿命长久也是房地产价值量大的一项重要影响因素。

《中华人民共和国物权法》第一百四十九条中规定，住宅建设用地使用权期间届满的，自动续期。

4. 供给有限性

土地是大自然的产物，人工生产不出来。地表面积是一个常数，所以土地总量不仅有限，而且面积不能增加。但对于狭义的土地(可用的陆地)来说，如果地价高到一定的程度，可以吸引人们移山填海或者将荒漠改造为良田，从而“创造”出可用的土地来。中国香港、澳门地区和日本、新加坡等，都有填海造地的大量实例。但即使如此，这种“造地”的数量相对于现存土地的数量仍是微不足道的。由于土地供给有限，在土地上特别是好位置的土地上可建造的建筑物数量也是有限的。

房地产的供给有限性，使得房地产具有独占性。一定位置特别是好位置的房地产被人占用之后，则占用者可以获得生活或工作场所，并享受特定的光、热、空气、雨水和风景，还可以支配相关的天然资源和生产力。在市场经济中，利用这些权利，除了占用者之外，他人除非支付相当的代价，否则无法享有。

进一步来看，房地产具有供给有限性，本质上还不在于土地总量有限和面积不能增加。相对于人类的需要来说，土地的数量目前还是较丰富的。因此，房地产具有供给有限性，主要是由于房地产的不可移动性造成的房地产供给不能集中于一处。这可以说是房地产供给与一般物品供给的最主要区别。要增加房地产供给，有两个途径：一是将未利用的土地转化为房地产，例如，对于城市房地产而言是向郊区扩展；二是集约利用房地产，提高房地产的利用效率，如增加容积率等，这主要是通过增加房地产的经济供给来实现。

5. 价值巨大性

房地产与一般商品相比，价值很大。这表现在房地产的总价值和其单位价值都很高。如一宗房地产的总价值可达数十万甚至上亿元，一平方米土地的价格少则数百元，多则数千元，甚至上万元。房地产交易额也特别高，可达数十万或数亿元之多。并且房地产出售或转让一般是整宗或成单元成套进行，不像食品等商品可以批发或零售。国家规定，房地产不能按平方米等小单位零星销售，不可分割销售。因此，房地产不像一件家具或是一件电器那样，居民能够买得起，房地产的销售价格往往让人望而却步，甚至普通老百姓一辈子的积蓄也买不起一套商品房，更不用说别墅了。

6. 流动性差

流动性是指在没有太多损失的条件下，将非现金资产转换为现金的速度。凡是能随时、迅速且没有损失或损失较小就能够转换为现金的，称为流动性好(亦称变现能力强)；反之，称为流动性差(亦称变现能力差)。

由于房地产价值高、不可移动和个别性，使得同一宗房地产的交易不可能很频繁。一宗房地产的单价少则每平方米数百元，多则数千元甚至上万元；总价少则数十万元，多则数百万元、上千万元，甚至数亿元也不足为奇。同时，一旦购买房地产，由于它不像动产那样可以自由流动，所以必须承担未来区位条件变化和政策影响的风险。房地产价值越高，风险相应也越大。此外，房地产的个别性使得它所面对的购买群体范围相对较窄。房地产价值越高，购买群体范围也越窄。因此，当房地产需要出售时，往往需要花费相当长的时间来寻找合适的买方并进行讨价还价，因而变现比较困难。否则，只有采用相当幅度降价的方式，才可能实现快速变现。

7. 用途多样性

用途多样这一特性主要是空地所具有的，土地上一旦建造了建筑物，用途即被限定，一般难以改变。因为可能受到原有建筑结构等的限制而不能改变，或者改变的费用很高，经济上不可行。当然，也有随着交通、周围环境等的变化，将原厂房改造为办公楼、超级市场或者拆除重新利用的大量实例。多数土地就其本身来看，可以为多种不同的用途所使用，如用于林业、农业、工业、居住、办公、商业等。如果愿意的话，即使是城市商业中心的土地也可以用来种植农作物，而且该农作物可能与在农地上一样生长得很好。在不同用途中还可以选择不同的利用方式，如居住用途有普通住宅、高档公寓和别墅，有老年公寓、青年公寓和学生公寓，既可以建平房也可以建多层楼房或高楼大厦。

房地产虽然具有用途多样的特性，但现实中房地产的用途并不是随意决定的。房地产的利用存在着不同用途以及利用方式之间竞争和优选的问题。在市场经济中，房地产拥有者趋向于将房地产用于预期可以获得最高收益的用途和利用方式。所以，房地产估价中有“最高最佳使用原则”。从经济角度来看，土地利用选择的一般先后顺序是：商业、办公、居住、工业、耕地、牧场、放牧地、森林、不毛荒地。同时，土地用途的多样性还受到城市规划、土地用途管制等的制约，土地用途的选择还应符合这些规定。

8. 相互影响性

房地产的开发和利用不像一般物品的使用那样基本上是孤立的，而会对其周围房地产产生影响；反过来，周围房地产的开发和利用也会对该房地产产生影响。例如，房地产周边的通风、采光、视野、噪声、环境等都能影响到房地产的价值。因此，房地产具有相互影响性。因此，房地产的价值不仅与其本身的状况直接相关，而且与其周围房地产的状况密切相关，受其邻近房地产开发和利用的影响。例如，在一幢住宅附近兴建一座工厂，可导致该住宅的价值下降；但如果在其旁边兴建一个花园，可使其价值上升。修筑一条道路或者建造一个购物中心，对其周边房地产的价值有着更大的影响。

进一步来看，房地产的开发、利用存在经济学上所讲的“外部性”。外部性又称外部效应、外部影响，是指某个经济行为主体(生产者或消费者)进行生产或消费等活动时，对其他经济行为主体带来的影响。外部性分为有利的外部性和有害的外部性。有利的外部性又称正的外部性、外部经济，是指某个经济行为主体的活动使他人或社会受益，而受益者无需为此花费代价。例如，某人在自己的住宅周围种植花草树木、美化环境，其邻居也因赏心悦目和空气新鲜而受益，但不会为此向他支付任何费用。有害的外部性又称负的外部性、外部不经济，是指某个经济行为主体的活动使他人或社会受损，而该经济行为主体却没有为此承担成本。例如，工厂向河流排放废水、汽车产生噪声，污染了环境使他人受害，但可能并没有因此向受害者支付任何补偿费用。

9. 易受限制性

由于房地产具有不可移动、相互影响的特性，世界上任何国家和地区对房地产的使用和支配都有一些限制，甚至是严格控制的，即使在标榜“私有财产神圣不可侵犯”的私有制国家和地区也不例外，甚至还更严格。

房地产易受限制的特性还表现在，由于房地产不可移动，也不可隐藏，因此逃避不了未来制度、政策变化的影响。这一点既说明了房地产投资的风险性，也说明了政府制定长远房地产政策的重要性。一般来说，在社会动乱、战争年代，房地产价格低落，而动产尤其是食品的价格暴涨；在社会安定、经济发展时期，房地产价格往往有上升的趋势，而动产的价格趋于平稳或低落(扣除通货膨胀因素)。

10. 保值增值性

一般来说，豆腐、牛奶之类易腐烂变质的物品，经过一段时间之后，价值会完全丧失；计算机、电视机之类的高科技产品，随着高新技术的不断出现，价值也会大大降低。但是，房地产由于寿命长久、供给有限，其价值通常可以得到保持，甚至随着时间的推移，价值会自然增加，即自然增值。

引起房地产价格上升的原因主要有以下4个方面。

(1) 对房地产本身进行投资改良，如装修改造、更新或添加设施设备、改进物业管理等。

(2) 通货膨胀。

(3) 需求增加导致稀缺性增加，如经济发展和人口增长带动房地产需求增加。

(4) 外部经济，如交通条件或周围环境改善。

其中，对房地产本身进行投资改良所引起的房地产价格上升不是房地产的自然增值；通货膨胀所引起的房地产价格上升不是真正的房地产增值，而是房地产保值；需求增加导致稀缺性增加和外部经济所引起的房地产价格上升，才是真正的房地产自然增值。

房地产的保值增值特性是从房地产价格变化的总体趋势来说的，是波浪式上升的，不排除房地产价格随着社会经济发展的波动而波动，房地产本身的功能变得落后、周围环境恶化使房地产价值下降，甚至过度投机、房地产泡沫破灭后出现的房地产大幅度贬值。在某些情况下，房地产价格出现长时期的连续下降也是可能的。例如，日本1955年至1991年的几十年间地价持续上涨，但1991年以后随着“泡沫经济”的破灭，地价一路下滑。就日本全国而言，其地价峰值出现在1991年9月，而东京等6大城市的地价峰值出现在1990年9月。地价下跌尤以东京等6大城市为甚，如1999年3月底，东京等6大城市商业用地和住宅用地的平均价格只有1990年9月泡沫经济高峰时的21.7%和45%。再如一座矿山城镇，如果矿产资源被开采完后没有其他产业兴起，则房地产价格会随着城镇的衰落而有逐渐低落的趋势。

特别提示

中国现行的土地价格由于是有期限土地使用权的价格，对于一宗使用年限较长的土地来说，在其使用年限内的前若干年，价格可能随着需求增加而呈现上升趋势，但由于总有一天土地剩余使用年限会降为零，所以，具体一宗有土地使用年限的房地产的价格，从长远来看是趋于下降的。但如果预期可以续期且续期的补地价很少或者续期后，则该房地产的价格又会高起来。

1.3 房地产的分类

从房地产估价的角度来看，可以对房地产做如下分类。

1. 按照房地产用途分类

按照房地产用途来划分，具体可以分为以下10类。

(1) 居住房地产：是指供家庭或个人较长时期居住使用的房地产，可分为住宅和集体宿舍两类。住宅是指供家庭较长时期居住使用的房地产，可分为普通住宅、高档公寓和别墅等。集体宿舍可分为单身职工宿舍、学生宿舍等。

(2) 商业房地产：是指供出售商品使用的房地产，包括商业店铺、百货商场、购物中心、超级市场、批发市场等。

(3) 办公房地产：是指供处理公事使用的房地产，即办公楼，可分为商务办公楼(又称写字楼)和行政办公楼两类。

(4) 旅馆房地产：是指供旅客住宿使用的房地产，包括宾馆、饭店、酒店、度假村、旅店、招待所等。

(5) 餐饮房地产：是指供顾客用餐使用的房地产，包括酒楼、美食城、餐馆、快餐店等。

(6) 娱乐房地产：是指供人消遣使用的房地产，包括游乐场、娱乐城、康乐中心、俱乐部、夜总会、影剧院、高尔夫球场等。

(7) 工业和仓储房地产：是指供工业生产使用或直接为工业生产服务的房屋、仓库等。

(8) 农业房地产：是指供农业生产使用或直接为农业服务的房地产，包括农地、农场、林场、牧场、果园、种子库、拖拉机站、饲养牲畜用房等。

(9) 特殊用途房地产：包括车站、机场、码头、医院、学校、教堂、寺庙、墓地等。

(10) 综合房地产：是指具有上述两种或两种以上用途的房地产的综合体。

2. 按照房地产开发程度分类

房地产按开发程度来划分，可以分为以下5类。

(1) 生地：是指不具有城市基础设施的土地，如荒地、农地。

(2) 毛地：是指具有一定城市基础设施，但尚未完成房屋拆迁补偿安置的土地。

(3) 熟地：是指具有较完善的城市基础设施且土地平整，能直接在其上进行房屋建设的土地。

(4) 在建工程：是指建筑物已开始建设但尚未建成，不具备使用条件的房地产。该房地产可能是正在建设，也可能停工多年没有复工再造。

(5) 现房(含土地)：是指建筑物已经建成，可以直接使用的房地产。它可能是新房，也可能是旧房。

3. 按照房地产是否产生收益分类

房地产按是否产生收益来划分，可以分为收益性房地产和非收益性房地产两大类。收益性房地产是指能直接产生租赁或其他经济收益的房地产，包括住宅 (用于出租的公寓等)、写字楼、旅馆、商店、餐馆、游乐场、影剧院、停车场、加油站、标准厂房(用于出租的)、仓库(用于出租的)、农地等。非收益性房地产是指不能直接产生经济收益的房地产，如高级私人宅邸、未开发的土地、行政办公楼、教堂、寺庙等。

特别提示

收益性房地产与非收益性房地产的划分标准，不是看房地产目前是否正在直接产生经济收益，而是看这种类型的房地产在本质上是否具有直接产生经济收益的能力。例如，某套公寓或某幢写字楼目前尚未出租出去而空闲着，没有直接产生经济收益，但仍然属于收益性房地产。因为同类的公寓和写字楼大量存在着出租现象，在直接产生经济收益，该尚未出租出去的公寓和写字楼的收益可以通过“市场比较法”来求取。收益性房地产可以采用收益法进行评估，非收益性的房地产则难以采用收益法进行评估。

4. 按照房地产经营使用方式分类

房地产的经营使用方式主要有销售、出租、营业和自用4种。根据房地产可能的经营使用方式，可以将房地产分为下列4类。

(1) 销售类型的房地产。

(2) 出租类型的房地产。

(3) 营业类型的房地产。

(4) 自用类型的房地产。

特别提示

有的房地产既可以销售，也可以出租、营业，如商店、餐馆等。有的房地产可以出租、销售，也可以自用，如公寓、写字楼等。有的房地产主要是营业，如宾馆、影剧院等。有的房地产主要是自用，如行政办公楼、学校、特殊厂房等。这种分类对于选用估价方法是特别有用的。例如，可销售的房地产可以采用市场法估价；出租或营业的房地产可以采用收益法估价；仅适用于自用的房地产主要采用成本法估价。

5. 按照房地产实物形态分类

按照房地产的实物形态，可以把房地产分为下列9类。

(1) 土地：又可以分为无建筑物的土地和有建筑物的土地。无建筑物的土地通常被称为空地。有建筑物的土地又可以分为建筑物已建造完成的土地和建筑物尚未建造完成的土地。

(2) 建筑物：又可以分为已建造完成的建筑物和尚未建造完成的建筑物，还可以分为新建筑物和旧建筑物。

(3) 土地与建筑物的综合体：又可以分为土地与已建造完成的建筑物的综合体和土地与尚未建造完成的建筑物的综合体。最典型的一种土地与已建造完成的建筑物的综合体是现房。土地与尚未建造完成的建筑物的综合体通常被称为在建工程。

(4) 未来状况下的房地产：最典型的一种是期房。期房是指目前尚未建造完成而以将来建造完成后的建筑物及其占用范围内的土地为标的的房地产。

(5) 已经灭失的房地产。

(6) 房地产的局部：例如不是整幢房屋，而是其中的某层、某套。

(7) 现在状况下的房地产与过去状况下的房地产的差异部分：例如，建筑物的装修、装饰部分。

(8) 以房地产为主的整体资产或者包含其他资产的房地产：例如，正在运营、使用的旅馆、餐馆、商场、汽车加油站、高尔夫球场、影剧院、游乐场、码头等。在这种情况下，通常不能把它视为一些单项资产的简单集合来估价，即不能将它所包含的资产逐项进行估价后加总作为其评估价值，而应将它作为一个持续经营的有机组织，根据其具有的收益能力来估价；除非是评估它的清算价值。

(9) 整体资产中的房地产。

需要指出的是，上述房地产虽然是从实物角度来划分的，但评估其价值时仍然包括实物、权益和区位3个方面。

本章小结

房地产是指土地、建筑物及其他地上定着物，包括物质实体和依托于物质实体上的权益，是实物、权益、区位三者的综合体；房地产有土地、建筑物、房地三种存在形态；从房地产估价和把握房地产价值的角度来看，房地产主要有不可移动性、个别性、寿命长久性、供给有限性、价值巨大性、流动性差、用途多样性、相互影响性、易受限制性和保值增值性等 10 个特性；房地产可按不同标准做不同分类。

习　题

一、选择题

1. 单选题

(1) 房地产是指土地、建筑物及其他地上定着物，包括物质实体和依托于物质实体上的权益，是实物、权益、(　　)三者的综合体。

A. 土地　　B. 区位　　C. 地上定着物　　D. 建筑物

(2) 下列(　　)属于建筑物。

A. 道路　　B. 桥梁　　C. 教室　　D. 烟囱

(3) 建造在地上的假山属于下列哪一种类？(　　)

A. 建筑物　　B. 构筑物　　C. 地上定着物　　D. 土地

(4) 一般来说，凡是自行能够移动或者用外力能够推动，且又不改变其性质和价值的财产属于动产；不可移动的财产属于(　　)。

A. 房屋　　B. 建筑物　　C. 土地　　D. 不动产

(5) 具体一宗土地的空间范围可以分为三层，即(　　)。

A. 地球表面　　B. 地上空间

C. 地下空间　　D. 以上三者的综合

(6) (　　)是指一定地块内建筑物的总建筑面积与该块土地总面积的比值。

A. 容积率　　B. 建筑密度　　C. 建筑高度　　D. 建筑层数

(7) (　　)又称建筑覆盖率，通常是指一定地块内所有建筑物的基底总面积与该块土地总面积的比率(%)。

A. 容积率　　B. 建筑密度　　C. 建筑高度　　D. 建筑层数

(8) 如果某一地块上每幢建筑物上下各层的建筑面积均相同，则必然会有：建筑容积率=建筑密度×建筑层数×(　　)。

A. 土地总面积　　B. 建筑总面积

C. 建筑总层数　　D. 建筑基底总面积

(9) 通常所说的“三通一平”、“五通一平”或“七通一平”是指(　　)。

A. 基础设施　　B. 土地承载力

C. 地质条件　　D. 公共配套设施

(10) 房地产由于具备(　　)条件，才需要估价？

A. 保值增值性　　B. 独一无二性

C. 流动性差　　D. 数量有限性

2. 多选题

(1) 房地产有哪几种形态？(　　)

A. 土地　　B. 权益

C. 区位　　D. 房地合成体

E. 建筑物

(2) 下列(　　)属于构筑物。

A. 烟囱　　B. 桥梁

C. 道路　　D. 办公室

E. 卧室

(3) 房地产按其开发程度来划分，可以分为(　　)几类。

A. 生地　　B. 现房

C. 熟地　　D. 在建工程

E. 毛地

(4) 对土地利用的限制，可以归纳为(　　)。

A. 土地所有权　　B. 土地使用权

C. 土地征用的限制　　D. 房地产相邻关系的限制

E. 土地权利设置及其行使的限制

(5) 引起房地产价格上升的原因主要(　　)。

A. 对房地产本身进行投资改良　　B. 过度投机

C. 通货膨胀　　D. 外部经济

E. 需求增加导致稀缺性增加

(6) 属于收益性房地产的有(　　)。

A. 酒店　　B. 未开发的土地

C. 旅馆　　D. 教堂

E. 写字楼

(7) 房地产具备的特性有(　　)。

A. 保值增值性　　B. 个别性

C. 价值巨大性　　D. 相互影响性

E. 不可移动性

(8) “七通一平”一般是指具有了道路、供水、排水、(　　)等基础设施或条件以及场地平整。

A. 供电　　B. 热力

C. 通信　　D. 燃气

E. 排污

二、判断题

(1) 独一无二性又称为独特性、异质性、个别性。房地产的独一无二性派生出了不可移动性，可以说没有两宗完全相同的房地产。 (　　)

(2) 其他地上定着物是指固定在土地或建筑物上，与土地、建筑物不可分离的物体，或者虽然可以分离，但是分离后会破坏土地、建筑物的完整性，使用价值或功能，或者会使土地、建筑物的价值明显受到损害的物体。 (　　)

(3) 已经停工的房地产开发项目不属于在建工程。 (　　)

(4) 房地产的特性主要取决于土地的特性，是以土地的特性为基础的。 (　　)

(5) 在现实的房地产估价中，除了土地与建筑物的价值外，也可能含有房地产以外的部分财产的价值。 (　　)

(6) 房地产的物质实体好，价格就一定高。 (　　)

(7) 房地产的自然地理位置是固定不变的，但其社会经济位置却有可能改变。 (　　)

(8) 房地产按经营使用方式来划分，可以分为出售型房地产、出租型房地产、自用型房地产、营业型房地产、收益型房地产、非收益型房地产等。 (　　)

(9) 土地使用权人在建造建筑物时，不需要照顾到周围相邻人的实际需要，与相邻建筑物不必保持适当距离并且不必限制其高度，相邻建筑物的通风、采光和日照与他无关。

(　　)

(10) 抵押权属于其他物权。 (　　)

三、简答题

(1) 什么是房地产？房地产的实物、权益、区位的概念分别是什么？

(2) 对一宗土地的认识包括哪些方面？

(3) 对一宗建筑物的认识包括哪些方面？

(4) 房地产的特性主要有哪些？

(5) 房地产的类型主要有哪些？

四、计算题

(1) 某块土地总面积为 $200m^2$，地上建筑物各层建筑面积相同，建筑密度为 60%，建筑容积率为 6，求该建筑物共有多少层？总建筑面积为多少？

(2) 某块土地总面积为 $100m^2$，其上建筑物的基底面积为 $60m^2$，建筑物的总建筑面积为 $400m^2$，则容积率和建筑密度各是多少？

第2章

房地产价格

教学目标

在学习把握房地产价格的内涵、特征的基础上，正确区别日常生活中不同类型的房地产价格及其相互的联系与区别；了解房地产价格与一般商品价格相比的共同之处与不同之处；熟悉影响房地产价格的因素；理解房地产的供求与价格的内在联系；把握房地产价格的各影响因素对房地产价格的影响方向、程度及影响关系。

教学要求

能力目标	知识要点	权重
理解房地产价格的内涵，理解房地产价格与一般商品价格相比的不同之处	房地产价格的概念，房地产价格与一般商品价格的不同	25%
正确区别日常生活中不同类型的房地产价格及相互的联系与区别	房地产价格的特点与种类	30%
理解房地产的供求与价格的内在联系，把握房地产价格影响因素的种类及对房地产价格的影响方向、程度及影响关系	房地产的供求与价格；房地产价格的影响因素	45%

引 例

2009 年 8 月在北京工作的王先生，看到一则胶东半岛海景房的宣传广告，广告上说代售楼盘位于山东威海银滩。银滩沙子洁白如银，因而获得“银滩”之名，被誉为“天下第一滩”“东方夏威夷”，是一个养老的绝佳之处，楼盘距海边仅有 100 米的距离，而且价格也绝对有吸引力，才 3 000 多元一平方米，相对于北京的房价来说简直是太便宜了，于是一直在北京生活的王先生萌生了给自己已经退休在家的父母买一套一线海景房的想法。想好了接下来就干，王先生报名参加了去乳山银滩的周末看房团，在 8 月的一个周末王先生跟随看房团坐了一晚上大巴，来到银滩王先生一下被秀美的海景吸引了，而且这时的银滩和 8 月北京的酷暑相比简直是天堂，王先生毫不犹豫地交了 30 万元买了一套 90 平方米的房子。之后王先生的父母来此居住，发现了很多问题，首先是这里一天三顿饭无法解决，没有菜市场，没有饭店开门营业，而且有个头疼脑热连个看病的地方也没有，而且到了冬天，房子特别潮，也没有暖气，这时王先生开始后悔当初的草率决定了。

思考：(1) 请读者思考银滩房价相对便宜的原因有哪些？

(2) 假如你是王先生，在买房前要考虑哪些因素？

房地产估价是房地产价格的评定与估算，无论何种房地产的估价，最终都是以该房地产的价格作为结果。因此，除了估价对象房地产以外，房地产价格是房地产估价工作中所涉及的最基本概念之一。本章就房地产价格的有关问题作全面讨论。

2.1 房地产价格概述

2.1.1 房地产价格的概念

人们对于什么是价格，有着许多定义和解释，其中最典型的是下列两种。

(1) 价格是为获得一种商品或劳务所必须付出的东西，它通常用货币来表示，虽然不一定要用货币形式来偿付。

(2) 价格是商品价值的货币表现；价值是凝结在商品中的抽象人类劳动。

上述两种对价格的定义中，第一种讲的是现象，第二种讲的是本质。对于房地产估价来说，主要是从现象上把握房地产价格的“数量”，故可以将房地产价格定义如下：房地产价格是和平地获得他人的房地产所必须付出的代价。

2.1.2 房地产价格的形成条件

房地产价格的形成条件有三个：有用性，稀缺性，有效需求。

有用性：有用性是指能满足人们的某种需要，俗话说“有用”，经济学上称为使用价值或效用。房地产如果没有用，人们就不会产生占有房地产的要求或欲望，更谈不上花钱去购买，从而也就不会有价格。

稀缺性：房地产要有价格还必须具有稀缺性。因为只有有用并稀缺，人们才肯付出金钱等代价去占有或使用它。稀缺性是指现存的数量尚不够满足每个人的需要，是相对稀缺而不是绝对缺乏。

有效需求：房地产价格要成为现实——不是有价无市，还必须对房地产形成有效需求。人们把有支付能力支持的需要，称为有效需求。

2.1.3 房地产价格与一般商品价格的不同

房地产价格与一般物品的价格既有共同之处，也有不同的地方。共同之处如：都是价格，用货币表示；都有波动，受供求等因素的影响；按质论价，优质高价，劣质低价。

但房地产价格具有以下不同于一般商品价格的特性。

(1) 房地产价格一般表示为交换代价的价格，同时也可表示为使用和收益代价的租金。

房地产因为价值量大，使用寿命长，所以存在买卖和租赁两种交易方式，两种交易市场。有些类型的房地产，如公寓、写字楼、旅馆，租赁是主要交易方式。因此，房地产同时存在两种价格：一是其本身有一个价格，即表现为用来交换(买卖)的代价；二是使用(租赁)它一定时间的价格，表现为使用代价的租金。一般的商品，主要是买卖价格，很少有租赁价格。

如地价与地租的关系一样，房地产的价格和租金的关系，也类似于本金和利息关系。如要求取房地产的价格，只要有租金和资本化率或报酬率的数据，将租金资本化即可。这就是利用收益法计算房地产价格的原理。

(2) 房地产价格是关于房地产的权利利益的价格。

房地产在发生流转时，只是变更法律意义上的权利关系，物理实物本身并不发生移动。即可以转移的不是实物，而是附设在实体之上的房地产的产权，包括所有权、使用权或他项权利。实物状况相同的房地产，由于其权利状况的不同，其价格会差别很大。这些权利状况包括土地使用的期限长短，产权是否明确，权属是否合法，以及权利是否受到限制(如法院查封)，是否设定抵押等。从这个角度讲，房地产价格实质上是不动产的权益价格。在进行房地产价格评估时，必须搞清楚估价对象房地产的权利状况，才能做出正确的评估。

(3) 房地产价格是在长期考虑下形成的。

因为房地产的价值量大，人们在购买房地产时是十分谨慎的。一方面要对房地产的实物状况和权益状况，如房地产的位置、质量、功能、配套设施情况、周围环境、物业管理、土地取得方式等进行调查。另一方面也要考虑自己的实际需要以及购买力大小和预测未来房地产的保值增值情况，还要与出售或出租方进行谈判，讨价还价。因此，购买一宗房地产不是短期内就能实现交易的，其价格往往是在销售双方当事人的长期考虑下形成的。

(4) 房地产的现实价格，一般随着交易的必要而个别形成，尤其在房地产价格决定中，交易主体之间的个别因素容易起作用。一般商品，由于品质相同，价值量低，并且同类产品相互之间替代性强，同时存在众多的卖者和买者，商品之间存在较强的价格竞争，因此，一般商品的价格形成比较客观，不易受交易者个别因素的影响。而对于房地产来说，由于其价值量大，市场交易信息不畅通，某宗房地产往往只有少数的几个买者和卖者，有的房地产甚至只有一个买者和卖者。因此，成交价格一般随交易的必要而个别形成，并容易受卖者和买者双方的个别因素(如购买者的个人偏好，讨价还价能力，感情冲动，卖者急于变现等)的影响。

特别提示

实际成交的房地产价格可能会偏离其正常交易状况下的价格，所以，在进行房地产价格评估时，要对房地产的实际交易价格进行修正，以得到反映正常房地产市场状况的价格。

(5) 房地产价格受区位的影响很大。

这是由土地的位置差异造成的。相同实物状况和权益状况的不动产，在不同的土地区位有不同的价格，甚至相差悬殊，如在城市中心商业区的一宗房地产和在城市郊区的同样实物状况和权益状况的另外一宗房地产，其价格有天壤之别。人们根据土地所处的不同区位，将土地在一定范围内进行分等定级，不同等级内的土地具有不同的价格。

特别提示

在进行房地产价格评估时，要分清待估房地产所处的土地区位，估算其对应的价格。

2.2 房地产价格与价值的种类

房地产价值和价格的种类繁多，名称也不完全一致，有的还是特定房地产制度下的产物。不同的房地产价值和价格所起的作用不尽相同，评估时所采用的依据和考虑的因素也不尽相同。下面将分类介绍房地产价值和价格。

2.2.1 按价格的形成方式分类

(1) 成交价格：指不动产交易双方在不动产交易中实际达成的价格，这种价格为买卖双方所认同。成交价格是一个已完成的事实，通常随着交易者对交易对象和市场的了解程度、购买或出售的急迫程度、讨价还价能力、交易双方之间的关系、卖者的价格策略等的不同而不同。

成交价格可能是正常的，也可能是不正常的，所以，可将成交价格区分为正常成交价格和非正常成交价格。正常成交价格是指交易双方在公开市场、信息通畅、平等自愿、诚实无欺、没有利害关系等条件下进行交易所形成的价格，不受一些不良因素如不了解市场行情、垄断、强迫交易等影响；反之，则为非正常成交价格。

知识链接

1. 正常成交价格的形成条件

严格来说，正常成交价格的形成条件有如下 7 个。

(1) 公开市场。

(2) 交易对象本身具备市场性。

(3) 众多的买者和卖者：买者和卖者的数目都必须相当多才不至于使买者或卖者的个别因素影响价格，即他们都应是价格的被动接受者，其中的任何一个买者或卖者对价格都没有控制的力量，没有显著的影响力。

(4) 买者和卖者都不受任何压力，完全出于自愿。

(5) 买者和卖者都具有完全信息：指买者和卖者对所交易的商品具有充分的信息，包括充分了解交易对象的性能和特点，充分了解市场行情。

(6) 理性的经济行为：又被称为“经济人”的假设条件。在经济学里，“经济人”被规定为经济生活中抽象的一般人，基本假设是利己的，力图以最小的经济代价去追逐和获取自身最大的经济利益。而且买卖双方均是谨慎的，价格不受任何一方感情冲动的影响。

(7) 适当的期间完成交易：即有适当长的时间寻找合适的买者或卖者，而不是急于出售或急于购买。

2. 成交价格的形成机制

理解成交价格，还应对其形成机制，即卖价、买价、成交价格三者的关系有所了解。

(1) 卖价是站在卖者的角度，指卖者出售房地产时所愿意接受的价格。由于卖者总想多卖些钱，卖者出售房地产时所愿意接受的价格总有一个最低界限(最低价格)，买者的出价必须高于这个最低界限他才愿意出售，其心态是在此最低界限之上，价格越高越好。

(2) 买价是站在买者的角度，指买者购买房地产时所愿意支付的价格。由于买者总想少付些钱，买者购买房地产时所愿意支付的价格总有一个最高界限(最高价格)，卖者的要价必须低于这个最高界限他才愿意购买，其心态是在此最高界限之下，价格越低越好。

(3) 卖价和买价都只是买卖双方中某一方所愿意接受的价格。在实际交易中，只有当买者所愿意支付的最高价格，高于或等于卖者所愿意接受的最低价格时，交易才可能成功。在图 2.1(a)中，交易不能成功；在图 2.1(b)中，交易可能成功。至于最终的成交价格是在此最低价格和最高价格之间，还是刚好最低价格或最高价格，取决于买卖双方的谈判能力以及该种房地产市场是处于卖方市场还是买方市场。卖方市场是求大于供、相对短缺、卖方掌握着主动权的市场；买方市场是供大于求、相对过剩、买方掌握着主动权的市场。在卖方市场下，成交价格往往是偏高的；在买方市场下，成交价格往往是偏低的。

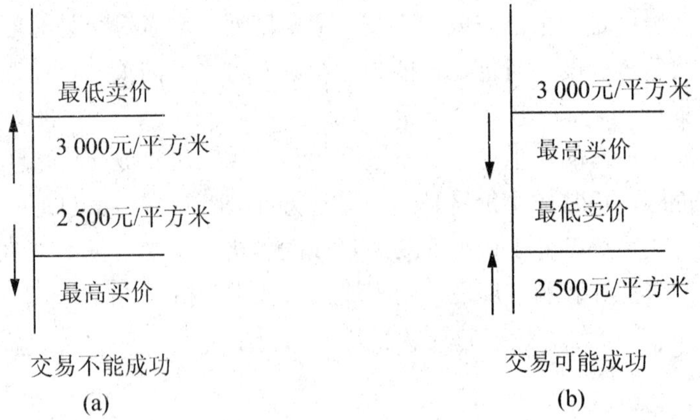

图 2.1　达成交易的基本条件

(2) 市场价格：指某种不动产在公开市场上一般的、平均水平的价格，是该种不动产大量成交价格的抽象结果。

(3) 理论价格：是假设不动产交易双方为理性的“经济人”的前提下，他们的交易行为和预期是理性的，或者说其真实需求与真实供给是相等的，在此条件下形成的价格。在经济学里有许多词来表达它，如价值、内在价值、自然价值、自然价格等。理论价格并不是静止不变的。

价格与供求是互动的。一方面，价格是由供给力量与需求力量的相互作用决定的；另一方面，供给量与需求量又受价格的影响，通过价格调节达到均衡。市场价格和理论价格相比，市场价格是短期均衡价格，理论价格是长期均衡价格。市场价格的正常波动是由真实需求与真实供给相互作用形成的。凡是影响真实需求与真实供给的因素，如收入、成本等的变化，都可能使市场价格发生波动。所以，在正常市场或正常经济发展下，市场价格基本上与理论价格相吻合，围绕着理论价格上下波动，不会偏离太远。但在泡沫经济下，市场价格可能脱离理论价格，如在投机需求的带领下或在非理性预期下形成的畸高价格。

一般来说，成交价格围绕着市场价格上下波动，市场价格又围绕着理论价格而上下波动。

就成交价格、市场价格与理论价格而言，房地产估价所评估的是房地产的市场价格。

(4) 评估价格：是不动产估价人员对不动产价格进行测算和判定的结果。

评估价值还可以根据所采用的估价方法的不同而有不同的称呼，如采用市场法测算得出的结果通常称为比准价格，采用成本法测算得出的结果通常称为积算价格，采用收益法测算得出的结果通常称为收益价格。

评估价值不是事实，但在为交易目的而估价时，评估价值与成交价格有着密切的关系。由于房地产缺乏完全市场，房地产交易往往需要专业的房地产估价机构为交易双方提供价格参考依据，在这种情况下，房地产评估价值往往会成为房地产的成交价格。但值得注意的是，由于估价人员的知识、经验、职业道德等情况的不同，同一宗房地产，不同的估价人员评估出的价值可能不同。

由上可见，要求评估的是客观合理的价格，而实际评估出的可能是带有估价人员主观因素的价格，这两者都可能与估价对象在市场上真正交易起来的成交价格不同。但从理论上讲，一个良好的评估价值=正常成交价格=市场价格。

(5) 市场调节价：指由经营者自主制定，通过市场竞争形成的价格。

(6) 政府指导价：指由政府价格主管部门或者其他部门，按照定价权限和范围规定基准地价及其浮动幅度，指导经营者制定的价格。在我国，不动产价格中具有政府指导价性质的主要有基准地价、标定地价、房屋重置价格以及经济适用房销售价格。

(7) 政府定价：指由政府价格主管部门或者其他部门，按照定价权限和范围直接制定的价格。具有政府定价性质的主要是城镇住房制度改革中对出售公有住房实行的标准价和成本价。

2.2.2 按实物形态分类

(1) 土地价格：又称地价，既可指无地上定着物的空地的价格，又可指具有定着物的不动产中土地部分的价格，不包含定着物的价格。

(2) 定着物价格：指定着物部分的价格，不含定着物所占用土地的价格。

(3) 不动产价格：指土地及其地上定着物的总价格。

2.2.3 按不同的经济行为分类

(1) 买卖价格：是指购买方为取得不动产，向不动产卖方支付的货币额或实物。

(2) 租赁价格：指不动产出租方将不动产出租给承租人使用，由出租人收取或承租人支付的货币额或实物。

(3) 抵押价值：是假设债务期满而债务人不能如期履行债务，债权人拍卖或者变卖抵押的不动产所得价款或者抵押不动产折价的价值扣除优先受偿的款额后的余额。

(4) 保险价值：指将不动产投保时，为确定保险金额提供参考依据而评估的价值。

(5) 课税价值：指为课税的需要，由不动产估价人员评估的作为计税依据的价值。

(6) 征收价值：是国家为了公共利益的需要，强制取得单位或个人的不动产时应给予的补偿金额。

2.2.4 按权益分类

(1) 所有权价格：指土地所有权价格、定着物所有权价格，或者土地所有权和定着物所有权价格

(2) 使用权价格：主要是指土地使用权价格，包括出让土地使用权价格、划拨土地使用权价格、土地承包经营权价格。

(3) 其他权益价格：指所有权和使用权价格之外的各种其他权益的价格，如租赁权价格、地役权价格等。

2.2.5 按取得方式不同分类

(1) 拍卖价格：是指在不动产拍卖活动中，通过公开竞价的方式将不动产标的卖给最高出价者，由买受人所支付的货币额。在拍卖活动中还出现不动产标的物评估价、拍卖保留价、起拍价、应价、拍卖成交价等一组价格。

(2) 招标价格：是指在不动产招标活动中，通过投标方式将不动产卖给中标者，由买受人所支付的货币额。招标价格一般低于拍卖价格。

(3)协议价格：是指不动产所有者和使用者通过协商的方式签订不动产转让合同，由买受人所支付的货币额。协议价格一般低于拍卖价格和招标价格。

2.2.6 按计算价格方法分类

(1) 总价格：指某一宗或某一区域范围内的不动产整体的价格。不动产的总价格一般不能反映不动产价格水平的高低。

(2) 单位价格：简称单价。其中，土地单价是指单位土地面积的土地价格，定着物单价是指单位定着物面积的定着物的价格，不动产单价指单位定着物面积的不动产价格。

(3) 楼面地价：是一种特殊的土地单价，是土地上的定着物面积均摊的土地价格。在现实中，楼面地价比土地单价更能反映土地价格水平的高低。

楼面地价与土地总价的关系如下：

$$楼面地价=土地总价/总建筑面积$$

由此公式可以得出楼面地价、土地单价、容积率三者之间的关系，即

楼面地价=土地单价/容积率

认识楼面地价的作用十分重要。例如：有甲、乙两块土地，甲土地的单价为 700 元/平方米，乙土地的单价为 510 元/平方米，如果甲、乙两块土地的其他条件完全相同，毫无疑问甲土地比乙土地贵(每平方米土地面积贵 190 元)，此时明智的买者会购买乙土地而不会购买甲土地。但如果甲、乙两块土地的容积率不同，除此之外的其他条件都相同，则不应简单地根据土地单价来判断甲、乙两块土地的价格高低，而应采用楼面地价。例如：甲土地的容积率为 5，乙土地的容积率为 3，则甲土地的楼面地价为 140 元/平方米，乙土地的楼面地价为 170 元/平方米。根据楼面地价来判断，乙土地反而比甲土地贵(每平方米建筑面积贵 30 元)。此时懂得楼面地价意义的买者通常会购买甲土地而不会购买乙土地。这是因为，在同一地区、同类用途和建筑结构的房屋(含土地)在市场上的售价基本相同(但在人们越来越重视环境的情况下，高的容积率意味着高的建筑密度，从而房价会受到一定的影响)，假如平均为每平方米建筑面积 1200 元，建筑造价(不含地价)也基本接近(如果容积率差异较大会导致对建筑高度或建筑结构的不同要求，如一个只需建多层，而另一个必须建高层，则建筑造价会有一定差异)，假如为每平方米建筑面积 900 元，这样，房地产开发商在甲土地上每平方米建筑面积可获得利润=1 200−900−140=160(元)，而在乙土地上每平方米建筑面积只获得利润=1 200−900−170=130(元)。

2.2.7 按房地产销售方式分类

(1) 现房价格：指已建成不动产时的销售价格，一般包括房屋价格和所占用土地的价格。

(2) 期房价格：是以目前尚未建成而在将来能够建成的不动产(房屋和土地)为交易标的的价格。

(3) 起价：指所销售的不动产的最低价格。

(4) 标价：又称报价、表格价，是不动产出售方在其出售价目表上标注的不同楼层、朝向、户型的不动产出售价格，即卖方的要价。

(5) 均价：是所销售的不动产的平均价格，具体包括标价的平均价和成交价的平均价两种。

2.2.8 补地价

补地价是指需要补交给政府的一笔地价或土地使用权出让金、土地收益等。需要补地价的情形主要有 4 种。

(1) 增加原土地使用权出让时规定的容积率。

(2) 改变原土地使用权出让时规定的用途。

(3) 转让、出租、抵押划拨土地使用权的房地产(要求补办土地使用权出让手续，补交土地使用权出让金等)。

(4) 出让土地使用权期满后续期。

对于单纯增加容积率的补地价来说，其补地价的数额理论上可以用下列公式计算：

$$\text{补地价(单价)}=\frac{\text{增加后的容积率}-\text{原容积率}}{\text{原容积率}}\times\text{原容积率下的土地单价}$$

或者

$$补地价(单价)=(增加后的容积率-原容积率)\times原楼面地价$$

$$补地价(总价)=补地价(单价)\times土地总面积$$

对于单纯改变用途或者改变用途并增加容积率的补地价来说，其补地价的数额理论上等于改变用途后与改变用途前的地价的差额，即

$$补地价=改变用途后的地价-改变用途前的地价$$

例 2-1

某宗土地总面积 1 000m^2，容积率为 3，对应的土地单价为 450 元/平方米，现允许将容积率增加到 5。试计算理论上应补地价的数额。

【解】应补地价的数额计算如下：

$$补地价(单价)=\frac{5-3}{3}\times450=300(元/平方米)$$

$$补地价(总价)=300\times1\,000=30(万元)$$

实际中的补地价数额取决于政府的政策。例如，已购公有住房和经济适用住房的土地基本上为划拨土地使用权，其上市出售从理论上讲需要补交相当数额的地价，但政府为了促进房地产市场的发展和存量住房的流通、满足居民改善居住条件的需要，鼓励已购公有住房和经济适用住房上市出售，从而只要求象征性地补交一点地价。

特别提示

(1) 在现实估价中有时需要评估的不一定是公开市场价值，而是在某些特定条件限制下的价值，如清算价值评估(强迫出售价值评估)——卖者是被迫出售、买者是自愿而不是被迫购买下的价格。城市房屋拆迁虽然带有一定的强制性，不符合公开市场价值形成的条件，但由于要对被拆迁人给予合理补偿，所以城市房屋拆迁估价应当采用公开市场价值标准。

(2) 就原始价值、账面价值与市场价值相对而言，房地产估价所评估的是房地产的市场价值。

(3) 同一宗房地产，交易或评估的可能是所有权，也可能是使用权，还可能是其他权利，如租赁权、典权、空间利用权。交易或评估的所有权或使用权还可能附带有租约，设定了抵押权、典权、地役权。另外，该所有权或使用权还可能受到政府政策的限制、存在纠纷或被法院查封等。

2.3 房地产的供求与价格

房地产市场波动是指房地产价格水平及其变动，从经济学上来讲，是由房地产的供给和需求这两种力量共同作用的结果，其中待租售的房地产形成了市场的供给面，房地产的消费者(购买者、承租人)形成了市场的需求面。其他一切因素对房地产价格的影响，要么是通过影响房地产供给，要么是通过影响房地产需求，要么是通过同时影响房地产供给和房地产需求来实现的。从这种意义上讲，要想知道某个政策或事件将如何影响房地产价格，

应首先考虑它将如何影响房地产供给和房地产需求。因此，认识房地产供给和房地产需求及其与房地产价格之间的关系对于房地产估价来说是十分重要的。

2.3.1 房地产需求

房地产需求是指消费者在某一特定时间内、在某一价格水平下，对某种房地产所愿意而且能够购买的数量。形成需求有两个条件：一是消费者愿意购买，二是消费者有能力购买。如果仅有第一个条件，只能被看成是需要或欲望；如果仅有第二个条件，不能使购买行为实际发生。因此，需求是既有购买欲望又有支付能力的有效需求。

某种房地产的需求量是由许多因素决定的，除了随机因素，经常起作用的因素有：①该种房地产的价格水平；②消费者的收入水平；③消费者的偏好；④相关房地产的价格水平；⑤消费者对未来的预期。它们对房地产需求量的影响分别如下。

1. 该种房地产的价格水平

一般来说，某种房地产的价格上升，对其需求就会减少；价格下降，对其需求就会增加。其他商品一般也如此。上述例外的是炫耀性物品和吉芬物品。炫耀性物品是用以显示人们的身份和社会地位的物品，由于这种物品只有在高价位时才能起到炫耀作用，所以其需求与价格成同方向变化。吉芬物品是指某种生活必需品，在某种特定条件下，消费者对这种商品的需求与其价格成同方向变化。19 世纪英国人吉芬发现，在 1845 年爱尔兰大灾荒时，马铃薯价格上升，但人们对马铃薯的需求量却不断增加，这一现象在当时被称为“吉芬难题”。这类特殊物品以后也因此被称为吉芬物品。

2. 消费者的收入水平

由于消费者对商品的需求是有支付能力的需要，因此需求水平的高低直接取决于消费者的收入水平。对于正常商品来说，当消费者的收入水平提高时，就会增加对商品的需求；相反，就会减少对商品的需求。而对于低档商品来说，当消费者的收入水平提高时，反倒会减少对商品的需求。

3. 消费者的偏好

消费者对商品的需求产生于消费者的需要或欲望，而消费者对不同商品的欲望又有强弱缓急之分，从而形成消费者的偏好。当消费者对某种房地产的偏好程度增强时，该种房地产的需求就会增加；相反，需求就会减少。例如，如果城市居民出现了向郊区迁移的趋势，则对城市公寓住房的需求将会减少，而对郊区住宅的需求将会增加。

4. 相关房地产的价格水平

当一种房地产自身的价格保持不变，而与它相关的其他房地产的价格发生变化时，该种房地产的需求也会发生变化。与某种房地产相关的房地产是指该种房地产的替代品和互补品。某种房地产的替代品是指能满足类似需要、可替代它的其他房地产，如经济适用住房与普通商品住宅之间就存在着一定的替代关系。替代品之间，一种房地产的价格上升，对另一种房地产的需求就增加。某种房地产的互补品是指与它相互配合的其他房地产，如住宅与其配套的商业、娱乐房地产。互补品之间，对一种房地产的消费多了，对另一种房地产的消费也会多起来。

5. 消费者对未来的预期

消费者的行为不仅受许多现实因素的影响，还受其对未来情况预期的影响。例如，现时消费者的需求不仅取决于其现在的收入和商品现在的价格水平，还取决于他们对未来收入和未来价格的预期。当预期未来收入增加时，就会增加现期需求；相反，就会减少现期需求。当预期某种房地产的价格会在下一时期上升时，就会增加对该种房地产的现期需求；相反，就会减少对该种房地产的现期需求。

房地产的需求曲线表示房地产的需求量与其价格之间的关系。在图2.2(a)中，横坐标轴为需求量，纵坐标轴为价格。由于价格下降导致需求量增加，因此需求曲线向右下方倾斜。如果考虑影响需求量的其他非价格因素，则需求量不再是沿着需求曲线上下移动，而是整个需求曲线发生位移，如图2.2(b)所示。以 D_0 为基础，如果消费者的收入水平提高，整个需求曲线将由 D_0 向右位移到 D_1；如果消费者的收入水平下降，整个需求曲线将由 D_0 向左位移到 D_2。

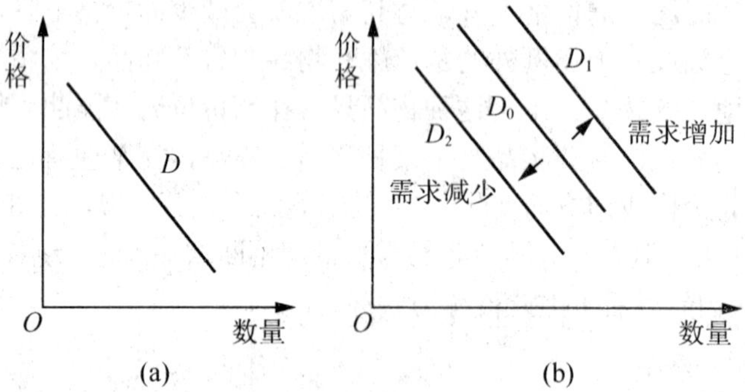

图2.2　一般房地产的需求曲线

特别提示

需求量的变化与需求水平的变化是两个不同的概念，需求曲线发生位移可理解为需求水平的变化。

2.3.2　房地产供给

房地产供给是指房地产开发商和拥有者(卖者)在某一特定时间内、在某一价格水平下，对某种房地产所愿意而且能够提供出售的数量。形成供给与后述需求一样也有两个条件：一是房地产开发商或拥有者愿意供给；二是房地产开发商或拥有者有能力供给。如果房地产开发商或拥有者对某种房地产虽然有提供出售的愿望，但没有提供出售的能力，则不能形成有效供给，也就不能算作供给。

现实中，某种房地产在未来某一时间的供给量为

$$供给量=存量-拆毁量-转换为其他种类房地产量+\frac{其他种类房地产转}{换为该种房地产量}+新开发量$$

某种房地产的供给量是由许多因素决定的，除了随机因素外，经常起作用的因素有：该种房地产的价格水平，该种房地产的开发成本，该种房地产的开发技术水平以及房地产开发商对未来的预期。它们对房地产供给量的影响分别如下。

1) 该种房地产的价格水平

一般来说，某种房地产的价格越高，开发该种房地产就越有利可图，开发商愿意开发的数量就会越多；相反，开发商愿意开发的数量就会越少。

2) 该种房地产的开发成本

在某种房地产自身的价格保持不变的情况下，开发成本上升会减少开发利润，从而会使该种房地产的供给减少；相反，会使该种房地产的供给增加。

3) 该种房地产的开发技术水平

在一般情况下，开发技术水平的提高可以降低开发成本，增加开发利润，开发商就会开发更多数量的房地产。

4) 开发商对未来的预期

如果开发商对未来的预期看好，如开发商预期该种房地产的价格会上涨，则在制定投资开发计划时会增加开发量，从而会使未来的供给增加，同时会把现在开发的房地产留着不卖，待价而沽，从而会减少该种房地产的现期供给；如果开发商对未来的预期是悲观的，其结果会相反。

房地产的供给曲线表示房地产的供给量与其价格之间的关系。在图 2.3(a)中，横坐标轴为供给量，纵坐标轴为价格。由于价格上升刺激供给增加，因此供给曲线向右上方倾斜。如果考虑影响供给量的其他非价格因素，则供给量不再是沿着供给曲线上下移动，而是整个供给曲线发生位移，如图 2.3(b)所示。以 S_0 为基础，如果房地产的开发成本上升，整个供给曲线将由 S_0 向左位移到 S_1；如果房地产的开发成本下降，整个供给曲线将由 S_0 向右位移到 S_2。

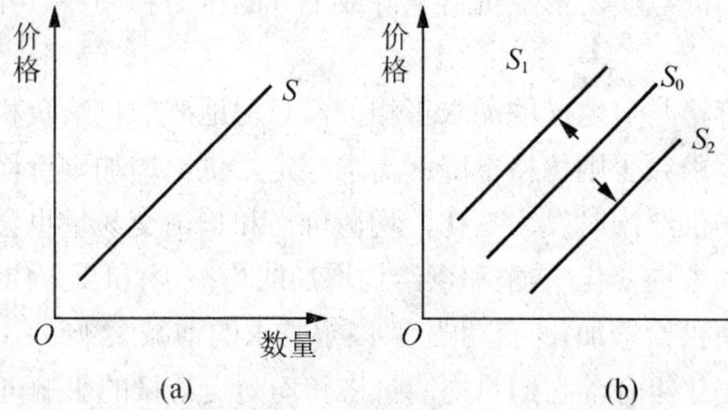

图 2.3　一般房地产的供给曲线

2.3.3　房地产均衡价格

房地产的均衡价格是指房地产的市场需求量与市场供给量相等时的价格，也就是房地产的市场需求曲线与市场供给曲线相交时的价格，如图 2.4 所示。图 2.4 是把图 2.2(a)中的需求曲线和图 2.3(a)中的供给曲线结合在一起所形成的。

在图 2.4 中，E 点是供求均衡点，$EQ=OP$ 表示价格均衡，$EP=OQ$ 表示数量均衡。当市场价格偏离均衡价格时，会出现需求量与供给量不相等的非均衡状态。一般来说，在市场力量作用下，这种供求不相等的非均衡状态会逐渐消失，偏离的市场价格会自动地恢复到均衡价格水平。如图 2.4 所示，当价格上涨到 P_2 时，供给量将由 Q 增加到 Q_4，而需求量将由 Q 减少到 Q_2，供给大于需求，出现过剩，过剩数量为(Q_4-Q_2)。由于供大于求，市场压力将迫使价格下降。只要价格高于 P，这种压力就会一直存在。同理，当价格下降到 P_1 时，需求量将由 Q 增加到 Q_3，而供给量将由 Q 减少到 Q_1，需求大于供给，出现短缺，短缺数量为(Q_3-Q_1)。由于供不应求，市场压力将迫使价格上升。只要价格低于 P，这种压力就会一直存在。

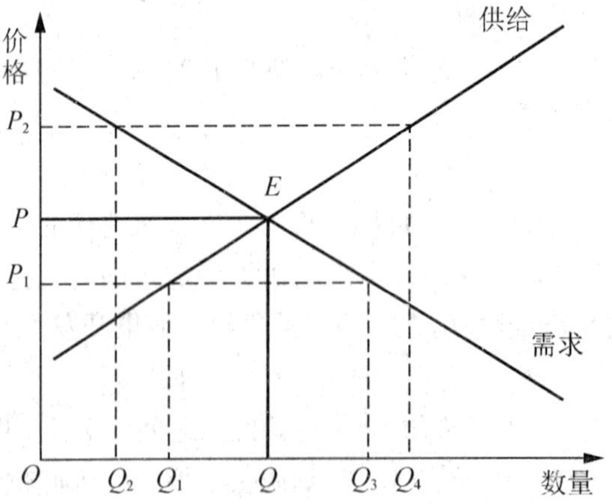

图 2.4　房地产均衡价格及其形成

均衡价格理论是价格原理的核心内容，它表明：均衡是市场价格运行的必然趋势，如果市场价格由于某种因素或某些因素的影响而脱离了均衡价格，则必然会出现过剩或短缺，导致卖方之间或买房之间的竞争，形成价格下降或上升的压力和趋势，并最终趋向于均衡价格。

总的来讲，房地产价格与房地产的需求正相关，与房地产的供给负相关：供给一定，需求增加则价格上升，需求减少则价格下降；需求一定，供给增加则价格下降，供给减少则价格上升。如果需求和供给同时发生变化，均衡价格和均衡交易量也会发生变化。需求和供给的同时变化，有同方向变化(需求和供给均增加或均减少)和反方向变化(需求增加而供给减少，或需求减少而供给增加)、变动幅度不同(需求的增减大于或小于供给的增减)等情况，因而存在着多种变化组合，它们对均衡价格和均衡交易量的影响可归纳为表 2-1。

表 2-1　供求变化对均衡价格和均衡交易量的影响

变化方向	变动幅度	均衡价格	均衡交易量
同方向变化	供给增加=需求增加	不变	增加
	供给减少=需求减少	不变	减少
	供给增加>需求增加	下降	增加
	供给减少<需求减少	下降	减少
	供给增加<需求增加	上升	增加
	供给减少>需求减少	上升	减少

续表

变化方向	变动幅度	均衡价格	均衡交易量
反方向变化	供给增加=需求减少	下降	不变
	供给减少=需求增加	上升	不变
	供给增加>需求减少	下降	增加
	供给减少<需求增加	上升	增加
	供给增加<需求减少	下降	减少
	供给减少>需求增加	上升	减少

2.3.4 房地产供求弹性

当两个经济变量之间存在函数关系时，作为自变量的经济变量的变化必然会引起作为因变量的经济变量的变化。弹性是对作为因变量的经济变量的相对变化对于作为自变量的经济变量的相对变化的反应程度(或敏感程度)的一种度量。具体地说，它告诉人们作为自变量的经济变量发生 1%的变化，将会引起作为因变量的经济变量的百分比变化，即

弹性=作为因变量的经济变量的相对变化/作为自变量的经济变量的相对变化

1. 房地产需求弹性

房地产需求弹性主要有房地产需求的价格弹性、房地产需求的收入弹性、房地产需求的人口弹性、房地产需求的交叉价格弹性和房地产需求的价格预期弹性。

(1) 房地产需求的价格弹性通常简称房地产需求弹性，它用来表示在一定时期内一种房地产需求量的相对变化对于该种房地产自身价格的相对变化的反应程度。它是房地产需求量变化的百分比与其价格变化的百分比之比，即

房地产需求的价格弹性=房地产需求量变化的百分比/房地产价格变化的百分比

在通常情况下，房地产需求的价格弹性是一个负数(但通常直接把它写做正数)，这是因为需求量与价格一般按照反方向变化，即房地产价格上升时，房地产需求量一般会下降。

(2) 房地产需求的收入弹性是建立在房地产的需求量变化与消费者收入量变化之间的关系上的一个弹性概念，它用来表示消费者对某种房地产需求量的相对变化对于消费者收入量的相对变化的反应程度。它是房地产需求量变化的百分比与消费者收入量变化的百分比之比，即

房地产需求的收入弹性=房地产需求量变化的百分比/消费者收入量变化的百分比

(3) 房地产需求的人口弹性是建立在房地产的需求量变化与人口数量变化之间的关系上的一个弹性概念，用来表示房地产需求量的相对变化对于人口数量的相对变化的反应程度。它是房地产需求量变化的百分比与人口数量变化的百分比之比，即

房地产需求的人口弹性=房地产需求量变化的百分比/人口数量变化的百分比

(4) 房地产需求的交叉价格弹性是指某种房地产因另一种房地产或商品价格变化 1%所引起的其需求量的变化百分比，即

房地产需求的交叉价格弹性=一种房地产需求量变化的百分比/
另一种房地产或商品价格变化的百分比

一种房地产的需求也会受到其他房地产价格或其他商品价格的影响，例如，该种房地产的替代品或互补品的价格变化会影响到该种房地产的需求。

(5) 房地产需求的价格预期弹性是房地产需求量变化的百分比与预期的房地产价格变化的百分比之比，即

房地产需求的价格预期弹性=房地产需求量变化的百分比/预期的房地产价格变化的百分比

2. 房地产供给弹性

房地产供给弹性主要有房地产供给的价格弹性和房地产供给的要素成本弹性。

(1) 房地产供给的价格弹性通常简称房地产供给弹性，它用来表示在一定时期内一种房地产供给量的相对变化对于该种房地产自身价格的相对变化的反应程度。它是房地产供给量变化的百分比与其价格变化的百分比之比，即

$$\text{房地产供给的价格弹性}=\frac{\text{房地产供给量变化的百分比}}{\text{房地产价格变化的百分比}}$$

与房地产需求价格弹性不同，房地产供给价格弹性为正数，这是因为供给量与价格一般按照同方向变化。

(2) 房地产供给的要素成本弹性是房地产供给对其要素价格(如土地价格、建筑材料价格、建筑人工费等)变化的反应，它用来表示房地产供给量的相对变化对于要素价格的相对变化的反应程度。它是房地产供给量变化的百分比与要素价格变化的百分比之比，即

房地产供给的要素成本弹性=房地产供给量变化的百分比/要素价格变化的百分比

3. 弹性数值的类型

弹性较大，说明一个经济变量对于另一个经济变量的变化是较敏感的；弹性较小，说明一个经济变量对于另一个经济变量的变化是较不敏感的。例如，需求的价格弹性，弹性较大，说明需求对于价格的变化是较敏感的；弹性较小，说明需求对于价格的变化是较不敏感的。经济学上将弹性数值分为5种类型：①弹性大于1的情况，称为富有弹性；②弹性小于1的情况，称为缺乏弹性；③弹性等于1的情况，称为单一弹性；④弹性为无穷大的情况，称为完全弹性；⑤弹性等于零的情况，称为完全无弹性。

需求的价格弹性的5种类型如图2.5所示。图2.5(a)是需求富有价格弹性的情况，需求曲线变现为一条斜率的绝对值较小的曲线。图 2.5(b)是需求缺乏价格弹性的情况，需求曲线表现为一条斜率的绝对值较大的曲线。图2.5(c)是需求单一价格弹性的情况，需求曲线表现为一条直角双曲线。图 2.5(d)是需求完全富有价格弹性的情况，价格的任何微小变化都会导致需求量的极大变化，需求曲线是一条与横轴平行的直线。图2.5(e)是需求完全无价格弹性的情况，不管价格如何变化，需求量都将保持不变，需求曲线是一条与纵轴平行的直线。

一种房地产的需求价格弹性取决于该种房地产有多少种替代品。在有较相似的替代品存在的时候，价格的上涨会使消费者减少对该种房地产的购买，而转向购买更多的替代品，这时需求的价格弹性较大；如果没有较相似的替代品，需求往往就缺乏价格弹性。

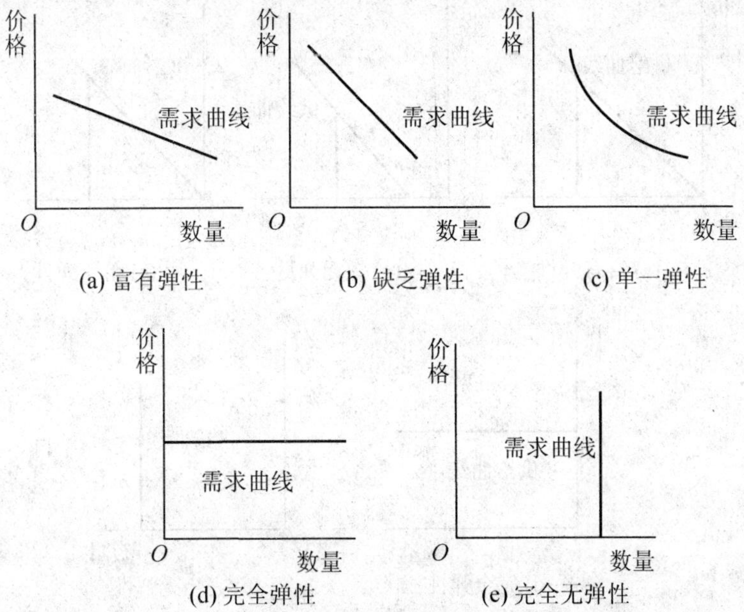

图 2.5　需求的价格弹性的类型

供给的价格弹性的 5 种类型如图 2.6 所示。图 2.6(a)是供给富有价格弹性的情况，供给曲线与纵轴相交。图 2.6(b)是供给缺乏价格弹性的情况，供给曲线与横轴相交。图 2.6(c)是供给单一价格弹性的情况，供给曲线与原点相交。图 2.6(d)是供给完全富有价格弹性的情况，价格的任何微小变化都会导致供给量的极大变化，供给曲线是一条与横轴平行的直线。图 2.6(e)是供给完全无价格弹性的情况，价格的任何变化都不会导致供给量的变化，供给量为一常量，供给曲线是一条与纵轴平行的直线。

在影响房地产供给的价格弹性中，时间是一个很重要的因素。由于房地产的开发周期较长，当房地产价格发生变化时，房地产开发商对开发量的调整需要一定的时间。在较短的时间内，房地产开发商要根据房地产的涨价及时地增加开发量，或者根据房地产的降价及时地缩减开发量，都存在着不同程度的困难，所以，房地产供给的价格弹性是比较小的。但在长期内，开发规模的扩大、缩小，甚至转产，都是可以实现的，供给量可以对最初的价格变动做出较充分的反应，另一方面，随着供给量的变化，期末的价格也会朝相反的方向相应地变化，因此，供给的价格弹性也就比较大了。租房也是这样，在较短时间内，由于出租单元的数量是固定的，需求的增加只会提高租金，因此，供给的价格弹性是比较小的；但在较长的时间内，并且在租金缺乏管制的情况下，较高的租金会刺激人们改造现有的房屋和建造新的房屋，于是供给量就增加了，租金相应地会有所降低，供给的价格弹性也就比较大了。

另外，就开发周期长短不同的房地产来看，在一定时期内，对于开发周期较短的房地产，房地产开发商可以根据市场价格的变化较及时地调整开发量，供给的价格弹性相应地就比较大；反之，开发周期较长的房地产，供给的价格弹性相应地就比较小。

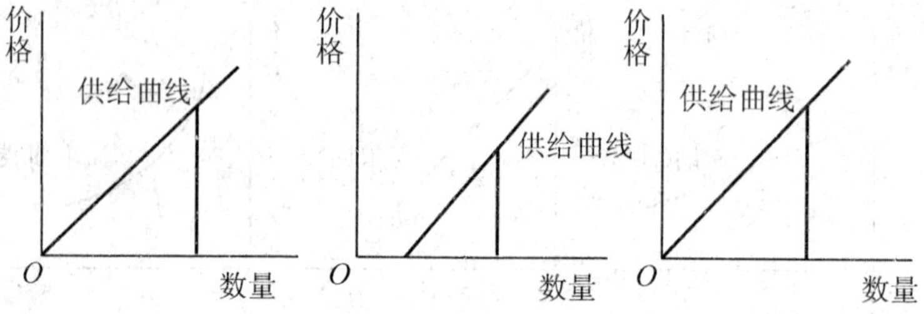

(a) 富有弹性　(b) 缺乏弹性　(c) 单一弹性

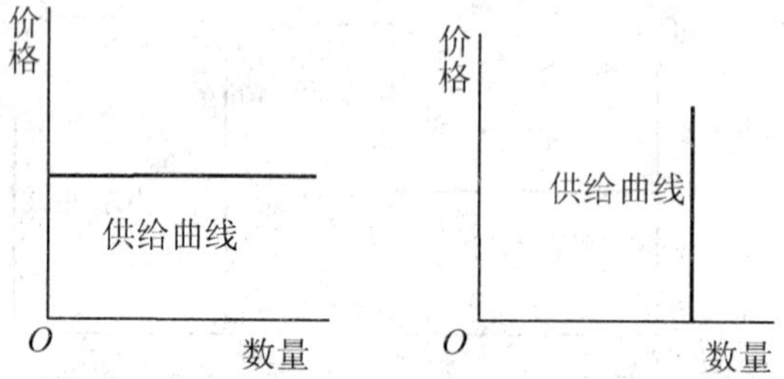

(d) 完全弹性　(e) 完全无弹性

图 2.6　供给的价格弹性的类型

2.3.5　房地产供求与价格之间关系的特殊性

可以将房地产的供求状况分为 4 种类型：①全国房地产总的供求状况；②本地区房地产的供求状况；③全国本类房地产的供求状况；④本地区本类房地产的供求状况。

由于房地产不可移动及变更用途困难，决定某一房地产价格水平的供求状况，主要是本地区本类房地产的供求状况。至于其他类型的房地产供求状况对该房地产价格有无影响及其影响的程度，要视这些供求状况的波及性而定。

特别提示

(1) 房地产需求指消费者在某一特定时间内，在某一价格水平下，对某种房地产所愿意而且能够购买的数量。

(2) 房地产供给指房地产开发商和拥有者(卖者)在某一特定时间内，在某一价格水平下，对某种房地产所愿意而且能够提供出售的数量。

(3) 房地产的均衡价格指当房地产的市场需求量与市场供给量相等时的价格，也就是房地产的市场需求曲线与市场供给曲线相交时的价格。

(4) 房地产供给弹性主要有房地产供给的价格弹性和房地产供给的要素成本弹性。

(5) 房地产需求弹性主要有房地产需求的价格弹性、房地产需求的收入弹性、房地产需求的人口弹性、房地产需求的交叉价格弹性和房地产需求的价格预期弹性。

2.4　房地产价格的影响因素

房地产价格具有客观性，影响房地产价格的因素及影响程度也应当是客观的。因此，应当存在一个房地产价格数学模型，将影响某类房地产价格的所有因素综合到该数学模型中，房地产的价格是由所有这些因素综合决定的。设

$$y_i = k_i(x_1, x_2, x_3, \cdots, x_i, \cdots, x_n) \quad i=1, 2, 3, \cdots, n$$

式中：y_i——房地产价格；

x_i——影响房地产价格的各种因素；

k_i——影响房地产价格变化的系数。

从理论上讲，房地产价格的变动可以由单个因素 x_i 的变化引起，也可以由多个因素的同时变化引起，就是在同一种因素影响的情况下，由于影响的方向、程度不同，也会有不同的转换系数 k_i。因此可以认为，有序数对(x_i，y_i)是一组内生变量，其之间的函数关系是由因素的运动规律所决定的；而 k_i 是外生变量，是由外部的条件所决定的。

如果公式的具体函数关系及 k_i 可以完全确定，那么用数学计算的方法就可以求出房地产的价格。然而，房地产估价毕竟不是房地产价格“计算”，由于房地产商品是不动产、所涉及的领域广、产品周期长、产业链长、政策性明显等，影响房地产价格的因素众多且极其复杂，某些因素如经济因素中的物价因素、物理因素中的位置因素等较易测算，完全可以用数学模型来衡量外，绝大多数因素为较难测因素或不可测因素，它们的影响是无形的，可以感觉得到，但却无法用数学模型来衡量，因此此式只有理论上的意义。尽管如此，它对实际估价工作具有很强的指导作用。事实上，在国内外房地产实际估价工作中，估价人员在运用估价方法初步估算出房地产价格后，还要依靠自己的经验，仔细分析权衡影响该房地产价格的因素，并作出修正调整，以最后确定估价额。这其实是属于公式的定性分析。所以说，熟练地掌握各种影响房地产价格的因素是如何影响及在什么程度上影响房地产价格的，是搞好房地产估价的关键之一。

定性分析影响房地产价格的因素需把握以下三点。

(1) 影响方向：各种影响房地产价格的因素对房地产价格的影响方向不尽相同，有的因素降低房地产价格；有的因素则提高房地产价格；有的同一因素对于不同类型的房地产，影响方向可能是不同的。

(2) 影响程度：各种影响房地产价格的因素对房地产价格的影响程度不尽相同，有的因素对房地产价格的影响较大而成为主要因素；有的因素则对房地产价格的影响较小而成为次要因素。但随着时期、地区、房地产类型的不同，主次因素的地位会发生变化。

(3) 影响关系：各种影响房地产价格的因素与房地产价格之间的影响关系不尽相同，有的因素对房地产价格的影响可看作是线性的；有的因素对房地产价格的影响是非线性的；有的因素对房地产价格的影响不是单向性的，在某种状况下会提高房地产的价格，而在另一状况下，却会降低房地产的价格；有的因素从某一角度看会提高房地产的价格，而从另一角度看却会降低房地产的价格，其对房地产价格的最终影响如何由这两方面的合力决定。

房地产的价格受到多种因素的影响。这些因素从不同的侧面、以不同的程度影响着房地产价格水平的高低。正确把握房地产价格的影响因素是房地产价格评估工作中的一个难点问题，必须认真研究并在价格评估实践中逐步加深理解。

对影响房地产价格的因素可以按两种方法进行分类。第一种方法是将影响因素分为一般因素、个别因素和区域因素。一般因素是指对各个地区、各种类型的房地产价格水平均有影响的因素；个别因素是指由于房地产自身条件而对其价格水平有所影响的因素；区域因素是指一定区域范围内的环境对房地产价格水平有影响的因素。这种分类方法主要用于房地产价格评估的市场比较法中。第二种分类方法是将影响房地产价格的因素分为供求状况、自身因素、环境因素、人口因素、经济因素、社会因素、行政因素、心理因素、国际因素和其他因素。每一种因素还可以进行细分。本书按照第二种分类方法来介绍影响房地产价格的因素。

2.4.1 供求状况

房地产的供给和需求是影响房地产价格的两个最终因素，其他因素最终都是通过影响房地产的供给与需求来影响房地产的价格的。当供给一定时，若需求增加，价格就会上升；若需求减少，价格就会下降。而当需求一定时，若供给增加，价格就会下降；供给减少，价格就会上升。

房地产供求状况分为多个层次。

(1) 房地产的总供求状况：多指一个国家在某一时期各种类型房地产的供求状况。

(2) 地区房地产的供求状况：指具体到某一个区域范围内的各种类型房地产的供求状况。

(3) 本类房地产的供求状况：指具体到某一个类别的房地产的供求状况。

(4) 本地区本类房地产的供求状况：指具体到一定区域范围内，某一种类型的房地产的供求状况。

房地产具有自然地理位置的固定性和用途的相对稳定性，因此，决定某一房地产价格水平高低的供求状况，主要是本地区本类房地产的供求状况。

2.4.2 自身因素

房地产的自身因素也可以说是房地产的个别因素，是指房地产本身的个别特性对房地产价格的影响因素。自身因素随土地与建筑物的不同可分为土地自身因素和建筑物自身因素。

1. 土地的自身因素

1) 位置、面积、地势、地质

位置：土地的位置有自然地理位置和社会经济位置之分，自然地理位置固定不变，社会经济位置可以发生变化。由于土地所处的位置不同，它能够带来的收益也不同。位置好的土地带来的收益要高于位置差的土地。因此，要获得位置好的土地就要付出高于位置差的土地的代价。

面积：一般来说，面积较大的土地由于在用途上有较多的选择可能，容易利用，因而其价格往往高于面积狭小不好利用的土地的价格。但也有例外的情况，面积狭小的土地有特别高的价格。例如购买相邻土地时，由于土地合并后会产生更大的效益，使得相邻土地的购买者愿意花大价钱来购买。此外，土地面积与地价之间的关系的确定还要看土地的具体用途和土地所处的市场的情况，不能一概而论。

地势：地势即该土地与相邻地块高低关系的比较，一般来说，地势高的土地价格高于地势低的土地价格。

地质：地质条件与土地的承载力密切相关，地质条件的好坏直接影响地基处理费用的高低。地质条件好，土地价格就高；地质条件差，土地价格就低。

2) 形状、宽度、深度

形状：土地的形状有多种，如矩形地、三角形地、平行四边形地以及不规则形状的土地。由于它们在利用中的难易程度不同，一般认为矩形地容易利用，而其他形状的土地利用难度会比较大，因而矩形地的价格会偏高，而其他形状的土地价格会偏低。

宽度和深度：对临街的土地来说，宽度和深度对其价格有较大的影响。因为临街的土地经常被用于商业用途，临街宽度大，建筑物外观醒目，会增强对消费者的吸引力，因此价格会偏高一些；相反，临街宽度小，建筑物门面小，不容易引起消费者的注意，价格就会偏低一些。同样，当建筑物宽度一定时，深度过大或过小都会使建筑物的效用降低，从而使得土地的价格偏低。因此，理想的情况是土地的宽度与深度比例适当，使土地上的建筑物发挥最大的效用。

3) 日照、通风、湿度、温度

日照、通风、湿度和温度在一个适度的范围之内，会增加土地的效用，使土地价格偏高一些；相反，日照、通风、湿度、温度超出了正常的范围，如日照通风过强或过弱、湿度过大或过小、温度过高或过低都不利于生产与生活，土地的价格就会偏低一些。

4) 临街状态

土地的临街状态对地价影响很大，具体可以分为街角地、双面临街地、一面临街地、袋地、盲地等多种情况。由于它们的利用价值不同，价格也不同。街角地的价格最高，其次为双面临街地、一面临街地、袋地和盲地。

2. 建筑物自身因素

1) 面积、结构、材料

建筑物的建筑面积不同、高度不同、建筑结构不同及使用的建筑材料不同都会影响建筑物的建造成本，进而影响建筑物的价格。

2) 设计、设备、施工质量

建筑物的设计是否合理、设备是否完好、工程质量的好坏，都直接影响建筑物的价格。

3) 朝向、楼层、建筑物外观

房屋的朝向影响室内的通风、采光，进而影响使用的舒适性，因而影响价格。

楼层的高低影响房屋的使用功能和使用的方便性、舒适性及眺望环境，因而影响价格。

建筑物外观新颖、优美，可以给人以视觉美感，使建筑物价格偏高；相反，建筑物外观单调、呆板，使人感觉压抑，会使建筑物价格偏低。

2.4.3 环境因素

环境因素可以分为自然环境因素和社会环境因素。

1. 自然环境因素

(1) 各种噪声，如工厂、汽车、人群等都可能产生噪声，噪声过大，会使房地产价格下降。

(2) 环境污染，如废气、废水以及各种垃圾不及时处理就会污染环境，造成水源及空气变质，会使该地区的房地产价格下降。

(3) 视觉环境，房地产周围的景观是否井井有条、协调美观、使人赏心悦目，也会影响房地产的价格。

2. 社会环境因素

1) 交通条件

交通是否便利直接影响人们的工作与生活，因此交通条件与房地产价格关系非常密切。

2) 商业设施

商业设施完善可以为人们的生活提供方便，会使这一区域房地产价格上升。

3) 教育设施

质量高、设施完备的幼儿园、小学、中学及大学等教育设施，可以为人们提供良好的受教育的机会，提高人们的素质，从而会使这一地区的房地产价格上升。

2.4.4 人口因素

人口因素包括人口的数量、人口的素质以及人口的家庭规模。

1. 人口数量

人口数量与房地产价格呈正相关关系，人口增加，对房地产的需求增加，房地产价格上升。在人口数量因素中，反映人口数量的相对指标是人口密度。人口密度高的地区，一般而言，房地产供给相对缺乏，求大于供，因而房地产价格水平会上升。人口密度从两个完全不同的角度影响房地产价格：一种是人口密度提高会刺激商业服务业发展，提高房地产价格；另一种则是人口密度提高会造成生活环境的恶化，降低房地产的价格，特别是当大量低收入人群进入某一地区或城市时会出现这种情况。

2. 人口素质

人口素质也会引起房地产价格的变化。因为随着人们受教育的水平不断提高，社会不断进步，人们的素质也会不断提高，对房地产的消费观念也会不断发生变化，由初始将房地产作为遮风避雨的生存资料发展到讲求舒适美观的生活资料，进而发展成为高档次的发展资料。凡此种种都会增加对房地产质量和数量的需求，从而影响房地产价格趋升。而局部地区由于居民素质低，生活秩序混乱、安全感差，人们多不愿居住，从而使这一地区的房地产价格趋降。

3. 家庭规模

家庭规模是指全社会或某一地区家庭的平均人口数。一个家庭就是一个居住单位，当家庭规模发生变化时，即使人口总数不变，也会影响到居住单位数的变动，进而影响房地产需求的变动，最终影响房地产价格的变动。一般来说，随着家庭规模逐步缩小，即大家庭分解为小家庭，房地产价格有上涨的趋势。

2.4.5 经济因素

经济因素主要有经济发展水平、物价水平、居民收入水平以及财政收支与金融状况等。

1. 经济发展水平

经济发展水平的提高预示着投资、生产活动的活跃，进而引起对厂房、办公室、商场、住宅等各种生产设施、生活设施以及旅游娱乐设施的需求增加，最终引起土地价格和房地产价格的上涨。

2. 物价水平

物价变动导致货币价值变动而波及房地产价格。通常通货膨胀严重时，为减少货币贬值，人们会转向房地产投资以求保值、增值，刺激房地产价格以比通货膨胀率更高的速度上涨。

3. 居民收入水平

居民收入不断增长标志着人民生活水平的提高，居民对活动空间的要求也会随之增加，从而引起房地产价格上涨。至于对房地产价格影响的程度，由收入水平及边际消费的倾向大小而定。如果是中、低收入水平者的收入普遍增加，则其边际消费倾向较大，其收入增加的部分就会用于改善生活，温饱有余后就会提高居住质量，由于这一阶层的人会在社会上占有较大比例，对房地产的需求量很大，自然会引起房地产价格的上涨。但如果居民收入的增加是由于高收入水平者的收入增加，因其本身生活水平已很高，不需要再进一步改善，其边际消费倾向很小，其收入增加的部分会储蓄起来或用于房地产以外的其他投资，所以对房地产价格的影响不大。但如果剩余的收入能用于房地产投资，则会引起房地产价格的上涨。

4. 财政收支与金融状况

财政与金融状况直接影响房地产价格。房地产业的经济活动会随着社会经济发展的周期性变化而起伏波动。在经济发展的停滞时期，整个社会商品过剩，需求不足，市场萧条，反映在房地产业上，则是对房地产商品的消费能力下降和房地产商品大量积压、价格下跌。在经济高度发展时期，市场活跃，游资充斥，对房地产商品的需求能力增加和投资经营的需要，将造成房地产商品供应不足，土地需求量急剧膨胀，价格急升。而当经济发展出现失衡的时候，国家会运用紧缩银根的政策调控经济，房地产业的发展就会受到制约。这种情况若持续的时间较长，对房地产的需求就会下降，房地产的价格也会下降。

财政收支状况也会影响房地产的价格。财政收支状况是一国经济发展状况的反映，国家财政收入增长预示着国家经济发展水平提高，可以拿出更多的钱用于公共事业的投资和提高事业单位职工的工资水平，从而使住宅的需求量大大增长，土地的需求量进而增长，房地产的价格会相应提高。

2.4.6 社会因素

影响房地产价格的社会因素，主要有政治安定状况、社会治安状况、房地产投机以及城市化等。

1. 政治安定状况

政治安定状况指现有政权的稳定程度。一般来说，政治上不安定，意味着社会动荡，因而会造成房地产价格下跌。

2. 社会治安状况

社会治安状况指小偷、抢劫、强奸、杀人等社会犯罪情况。如果经常发生犯罪案件，人们的生命财产没有保障，社会治安恶化，则房地产价格比较低。

3. 房地产投机

房地产投机是建立在对未来房地产价格预期的基础上，不是为了使用或出租而是为了再出售(或再购买)而暂时购买(或出售)房地产，利用其中房地产价格的升降变化，以期从价差中获利的行为。房地产投机对房地产价格的影响有三种情况：引起房地产价格上涨，引起房地产价格下跌，平抑房地产价格。至于房地产投机具体会导致什么样的结果，要看房地产市场状况以及投机者的素质和心理等。

4. 城市化

城市化即人口向城市地区的集中，造成房地产需求增加，带动房地产价格上涨。

2.4.7 行政因素

行政因素指政府以公共利益为出发点，积极扶持房地产的发展或消极限制其发展，但最终目的可以说是为了提高房地产的整体效用。行政因素主要包括土地制度、住房制度、城市规划、土地利用规划、房地产税制、交通管制、行政隶属变更等。

1. 土地制度、住房制度

土地制度对土地价格具有重要的影响。在我国传统的土地制度下，土地实行无偿无限期使用，严禁土地的出租、买卖和任何形式的转让，土地的价格也就不存在了。而目前我国实行的是土地公有，具体分为国家所有和集体所有，土地使用权有偿有限期使用，允许土地转让、出租和抵押。这一土地制度有效地激活了土地市场，土地的价格也呈现出多种形式。因此，制定科学、合理的土地制度和政策可以刺激土地使用者和投资者的积极性，促进和带动地价上涨；反之，则会使地价下降。住房制度也是这样，合理的住房制度可以刺激消费者积极购买房地产，使房地产的价格趋于合理；而不合理的住房制度，则会使消费者对购买商品房失去兴趣，不利于住宅产业的发展。

2. 城市规划、土地利用规划

规划的作用有 3 个方面：一是为特定的用途分配土地资源的作用，由于土地被规划为住宅区、商业区和工业区等多种类型，房地产价格会发生很大的变化；二是限制房屋的使用用途的作用，改变房屋的用途必须得到规划部门的许可，经规划部门批准后，房地产的效用就会发生改变，房地产的价格也会随之发生变化；三是限制土地使用强度的作用，如规定容积率、覆盖率和建筑物的高度等指标，不同利用强度的土地价格是不同的。

3. 房地产税制

政府对房地产税种、税率进行调整，将影响到房地产的供求变化，从而影响到房地产价格的变化。直接或间接对房地产课税，实质上是减少房地产的收益，因此会造成房地产价格低落。

4. 交通管制

交通管制主要有不允许车辆通行、步行街、单向行驶及在时间上加以限制等。交通管制对房地产价格的影响，还要看交通管制的内容和房地产本身的用途。交通管制有时会提高房地产的价格，有时则会降低房地产的价格。

5. 行政隶属变更

行政隶属关系的变更也会影响房地产的价格，如将一般城市升格为直辖市，非建制镇升格为建制镇等会促进这一地区房地产价格上涨。

此外，行政因素还包括一些针对某地区的某些优惠政策，它会促进这一地区的经济发展，前景乐观也会提高这一地区的房地产价格。

2.4.8 心理因素

心理因素也会对房地产价格产生影响。如买卖双方的欣赏趣味，追求时尚以及愿意接近某些社会名流，讲究地名、方位、门牌号码等都可能使某些房地产的价格畸高或畸低，虽然这不符合价值规律，但符合人们的某些心理规律。

2.4.9 国际因素

国际因素也会使某一国家或某一地区的房地产价格发生变动。如国与国之间的政治对立、经济封锁甚至发生军事冲突等都会导致房地产价格的低落。

2.4.10 其他因素

除上述 9 种因素以外，还有一些其他因素也会影响房地产价格的升降。如我国成功申办 2008 奥运会和加入世界贸易组织的消息使人们对我国未来的经济发展有一个良好的预期，直接刺激了城市基础设施的发展并引发了房地产价格的上升等。

本章小结

房地产价格是一种双重实体价格，即在开发、建设和经营房地产过程中，所耗费的全部社会必要劳动所形成的价值与土地所有权价格综合的货币表现，其本质是一种权利利益价格。与房地产的存在形态相适应，房地产价格从实物形态上可分为土地价格、建筑物价格、房地合一时的房地产价格。与一般商品相比，房地产价格的形成既有共性又有特性。从价格的形成基础、构成要素和影响因素看，房地产与一般商品具有相同的地方。但房地产作为一种特殊的商品，其价格的形成也有其自身的特点，在价格构成要素和影响因素、价格类型、供求以及价格弹性等方面，房地产价格比一般商品要复杂，同时房地产价格无法统一制定，即表现形式是单一的，而且房地产价格的高低影响因素复杂，这才有专业估价的必要。

习题

一、选择题

1. 单选题

(1) 房地产价格水平及其变动是由房地产的(　　)这两种力量共同作用的结果。

A. 供需与价格　　B. 需求与价格　　C. 供给与价格　　D. 供给与需求

(2) 随着时间的推移而减少的是(　　)。

A. 原始价值　　B. 账面价值　　C. 市场价值　　D. 投资价值

(3) 现有甲、乙、丙 3 块地，土地单价分别是：甲为 1 000 元/平方米；乙为 800 元/平方米；500 元/平方米，其容积率分别是 6、4、2。如此 3 块地其他条件完全相同，则明智的买者会买哪块土地？(　　)

A. 甲　　B. 乙　　C. 丙　　D. 无法确定

(4) 有支付能力支持的需要，称为(　　)。

A. 有效需要　　B. 有效需求　　C. 有效购买力　　D. 实际需求

(5) 某种房地产的(　　)指能满足类似需要、可替代它的其他房地产。

A. 替代品　　B. 互补品　　C. 附属品　　D. 配套品

(6) 由于房地产的不可移动性及变更用途的困难性，决定某一房地产价格水平高低的供求状况，主要是(　　)。

A. 全国房地产总的供求状况　　B. 全国本类房地产供求状况

C. 本地区本类房地产的供求状况　　D. 本地区房地产的供求状况

(7) 由于土地数量难以增加或减少且(　　)，其供给弹性较小。

A. 独一无二　　B. 不可移动　　C. 价值量大　　D. 供给有限

(8) 房地产的(　　)关系就像资本的本金与利息的关系。

A. 价格与典金　　B. 价格与抵押金

C. 价格与价值　　D. 价格与租金

(9) 成交价格围绕着(　　)上下波动。

A. 评估价格　　B. 理论价格　　C. 市场价格　　D. 交换价格

(10) 某宗土地总面积 5 000 平方米，出让时容积率为 5，土地单价为 4 000 元/平方米。现经批准将容积率提高到 6.5，应补交地价额为(　　)万元。

A. 400　　B. 600　　C. 750　　D. 800

2. 多选题

(1) 房地产之所以有价格，需要具备(　　)这几个条件。

A. 交换性　　B. 有用性

C. 稀缺性　　D. 有效需求

E. 商品性

(2) 由于土地(　　)，其交易一般需要经过长期考虑后才能达成，因此地价形成的时间通常较长。

A. 具有独一无二的特性　　B. 为不完全市场

C. 价值量大　　D. 数量有限

E. 不可移动

(3) 房地产估价所评估的是房地产的(　　)。

A. 投资价值　　B. 账面价值

C. 市场价值　　D. 使用价值

E. 交换价值

(4) 正常成交价格是指交易双方在公开市场、( )进行交易形成的价格。

A. 信息畅通
B. 平等自愿
C. 诚实无欺
D. 急于出售或急于购买
E. 无利害关系

(5) 受( )等因素的影响，形成的交易价格为非正常成交价格。

A. 不了解市场行情
B. 急于出售或急于购买
C. 垄断
D. 无利害关系
E. 强迫

(6) 只有当买者所愿意支付的最高价格( )卖者所愿意接受的最低价格时，交易才能成功。

A. 高于
B. 低于
C. 等于
D. 高于或低于
E. 低于或等于

(7) 评估价值是估价人员对房地产的( )价格或价值进行估算和判定的结果。

A. 客观
B. 公正
C. 正常
D. 合理
E. 实际

(8) 采用市场法测算得出的结果通常称为( )，采用成本法测算得出的结果通常称为( )，采用收益法测算得出的结果通常称为( )。

A. 商品房销售中的起价
B. 拍卖活动中的保留价
C. 拍卖中减价拍卖方式由拍卖师首先喊出的起拍价
D. 招标活动中开发建设方案最为合理的中标价
E. 采用收益法确定的参考价格

(9) 政府对房地产价格的干预，包括( )。

A. 政府指导价、政府定价
B. 市场调节价、宏观调控价
C. 规定成本构成或利润
D. 最高限价、最低限价
E. 规定成本利润率

(10) 城市基准地价是以一个城市为对象，在该城市一定区域范围内，根据( )划分地价区段，调查评估出的各地价区段在某一时点的平均价格水平。

A. 用途相似
B. 地块相连
C. 地段相邻
D. 地形相似
E. 地价相近

二、判断题

(1) 稀缺性是指可用的数量不够满足每个人的欲望或需要，是相对缺乏，而不是绝对缺乏。 ( )

(2) 一般来说，某种房地产的价格上升，对其需求就会减少；价格下降，对其需求就会增加。其他商品如炫耀性物品也是如此。 ( )

(3) 当一种房地产自身的价格保持不变，而与它相关的其他房地产的价格发生变化时，该种房地产的需求不会发生变化。 ( )

(4) 当消费者对某种房地产的偏好程度增强时，该种房地产的需求就会减少；相反，需求就会增加。 ( )

(5) 当预期某种房地产的价格在下一时期下降时，就会增加对该种房地产的现期需求；相反，就会减少对该种房地产的现期需求。 ( )

(6) 在某种房地产自身的价格保持不变的情况下，开发成本下降会减少开发利润，从而会使该种房地产的供给减少；相反，会使该种房地产的供给增加。 ( )

(7) 如果开发商预期某种房地产的价格会上涨，就会减少该种房地产的现期供给；如果开发商对未来的预期是悲观的，其结果会相反。 ( )

(8) 某种房地产供给增加大于需求减少，其均衡价格下降，其均衡交易量增加。( )

(9) 某种房地产供给减少小于需求增加，其均衡价格上升，其均衡交易量减少。( )

(10) 在卖方市场下，成交价格往往是偏低的。 ( )

三、简答题

(1) 房地产存在价格的前提条件有哪些？

(2) 决定房地产需求量的因素主要有哪些？

(3) 决定房地产供给量的因素主要有哪些？

(4) 什么是均衡价格？其形成机制是什么？

(5) 房地产的供求关系有哪几种类型？决定某宗房地产价格的供求关系主要是哪种类型的供求关系？

(6) 投资价值、市场价值的含义及其区别和联系是什么？

(7) 评估价值受估价人员的哪些因素的影响？怎么样才能评估出客观合理的价格？

(8) 实际价格、名义价格的含义及其相互关系是什么？

第3章

房地产估价概论

教学目标

理解掌握房地产估价的基本概念和工作内容；掌握房地产估价的要素和基本估价程序；了解房地产估价的现实必要性及估价行业的发展；理解把握房地产估价的基本原则。

教学要求

能力目标	知识要点	权重
掌握房地产估价的概念，了解房地产估价的工作内容	房地产估价基本概念	20%
掌握房地产估价的构成要素	房地产估价的构成要素	30%
明确房地产估价的范围及估价业务的承接	房地产估价的现实必要性及房地产估价行业的发展	20%
估价原则在估价实务中的应用	房地产估价的基本原则；估价目的不同，估价原则不完全一样	30%

引 例

李先生是一名从事进出口外贸生意的企业家，最近李先生接了一大笔欧洲客户的订单，需要约 2 000 万元的流动资金，李先生想到了同是经营企业的朋友于先生，于先生同意用自己企业的厂房做抵押为李先生申请贷款。于是李先生来到招商银行的一家支行做咨询，银行的客户经理给了李先生一些房地产评估公司的联系方式，要李先生自己委托房地产估价公司先对厂房进行估价，然后再来银行办理其他贷款手续。

思考：银行为什么要李先生委托专业的估价机构进行估价？

从以上的案例可以看出，房地产估价是在现实需要的基础上发展起来的一门学科，目前我国房地产估价已发展成为一门学科、一种职业、一个行业、一种重要的经济鉴定行为。由于房地产估价是对房地产市场价格的一种专业认定，其专业技术性强，且事关公众利益，甚至事关人民财产安全，所以要想获得相对科学、准确的估价结果，不是任何人都可以从事的，也不是可以随意做出的，而只能由经过专门教育和培训、具备相应的专业知识和经验的专业房地产估价人员来从事。据此，在本书所涉及的房地产估价即是这种意义上的专业估价。

3.1 房地产估价的概念及估价的必要性

3.1.1 房地产估价的定义

从专业估价角度来讲，房地产估价的核心，是为特定的目的、对特定的房地产(或房地产权益)在特定的时点上的客观合理价值的测算和判定。为了提高这种测算和判定的准确性，保证其客观公正性，要求从事这种测算的人员必须是专业房地产估价人员，同时要求在测算和判定时遵循一定的原则、按照一定的程序、采用科学的方法。因此，可以将房地产估价定义为：专业的房地产估价人员根据估价目的，遵循估价原则，按照估价程序，选用适宜的估价方法，并在综合分析影响房地产价格因素的基础上，对估价对象在估价时点的客观合理的价值进行测算和判定的活动。

房地产估价在各个国家或地区的称谓不尽相同，美国大多称为 real estate appraisal；英国大多称为 property valuation；日本和韩国称为不动产鉴定评价，简称不动产鉴定；中国台湾地区大多称为不动产估价，也有称为不动产鉴定或不动产鉴价；中国香港地区通常称为物业估价或物业估值。中国有人称为房地产评估，但这种叫法不够确切。因为房地产评估一词的含义很广，不仅可以包含房地产价值评估，还可以包含房地产质量、功能、投资风险评估，甚至可以包含房地产制度政策评估等，所以称为房地产价值评估、房地产价格评估，或者简称房地产估价，要更准确一些。

特 别 提 示

一般情况下，房地产估价和房地产评估可以不做区分，能交换使用。但严格地讲房地产评估与房地产估价两者并不完全相同，相对于价值分析、测算和判断活动而言，估价的含义更准确，评估的含义较宽泛。

房地产估价是提供价值意见而不是做价格保证，房地产估价既是科学又是艺术。

3.1.2 房地产估价的必要性

一种职业乃至一个行业的生存和发展，必须建立在社会对它有内在需求的基础上，仅靠行政命令等外在的强制要求难以维持长久的市场。因此，如果社会大众无法认识或了解一种职业、一个行业存在的理由，以及这种职业、这个行业对社会福利和社会进步所带来的贡献的话，那么这种职业、这个行业就难以在现代激烈的社会竞争中生存下去，更不用说随着社会的发展而不断发展了。

目前，房地产业已经成为我国国民经济的支柱产业，房地产市场也在不断的发展，从而对房地产估价行业的需求也在不断地增加，无论是土地使用权的出让、转让、再转让，还是房地产的买卖、租赁、抵押、保险等，只要是房地产的权属发生了改变，就必然伴随着房地产估价的发生。可见，房地产估价已经成为房地产开发经营全过程中必不可少的基础性工作，也是企业、个人财产确定过程中不可缺少的重要环节。总的说来，房地产市场的繁荣为房地产估价行业的发展提供了广阔的空间，同时对房地产估价服务提出了更新更高的要求。现实中对房地产估价的需要主要表现在如下几方面。

1. 土地使用权出让的需要

土地使用权出让是指国家将国有土地使用权(以下简称土地使用权)在一定年限内让渡给土地使用者，由土地使用者向国家支付土地使用权出让金的行为。土地使用权出让的方式有招标、拍卖、挂牌和协议4种。

在土地使用权出让中，出让人需要根据土地估价结果确定标底或者底价等(如确定招标底价，拍卖和挂牌的底价、起叫价、保留价)；作为欲取得土地使用权的投标人、竞买人等如何报出适当的价格，也需要通过科学的房地产估价结果提供参考。

2. 房地产转让、租赁的需要

房地产转让是指房地产权利人通过买卖、互换、赠与或者其他合法方式将其房地产转移给他人的行为。其他合法方式包括以房地产作价入股、以房地产抵债等。例如，一方出土地，另一方出资金，建造房屋，然后双方按照约定的比例分配所建成的房屋；借款到期，借款人无力偿还，只好被法院强迫以其房地产抵偿。房地产租赁是指房屋所有权人或土地使用权人作为出租人将其房地产出租给承租人使用，由承租人向出租人支付租金的行为。

由于具有独一无二的特性，房地产不像一般物品那样有一个统一的价格，可以说每宗房地产的价格都不相同，并且由于一般的单位或个人不是专业从事房地产交易的，甚至一生中只参与一两次房地产交易，对影响房地产价值的质量、功能、产权等因素及房地产市场行情均不了解，因此，在房地产转让、租赁时往往需要请专业的房地产估价机构为其提供市场价值、租金等参考依据。例如房地产买卖，对于卖者来说需要了解房地产市场价值，以确定合理的卖价，避免定价过低，或者判断买者的出价可否接受；对于买者来说也需要了解房地产市场价值，以确定合理的买价，避免付款过多。再如房地产互换，由于完全等值的房地产互换很少，互换双方往往需要找补差价。

3. 房地产抵押、典当的需要

房地产抵押是指债务人或者第三人(即抵押人)以其合法的房地产用不转移占有的方式向债权人(即抵押权人)提供债务履行担保的行为。债务人不履行债务时，债权人有权依法以抵押的房地产折价或者以拍卖、变卖抵押的房地产的价款优先受偿。由于具有不可移动、寿命长久、价值量大、保值增值的特性，房地产是一种良好的提供债务履行担保的物品。因此自然人、法人或者其他组织向其他自然人、法人或者其他组织借款时(其中典型的是向银行申请贷款)，债权人为了减少自身的风险，往往要求债务人或者第三人以其合法的房地产提供担保，同时，债权人的贷款金额一般要低于该提供担保的房地产的价值。为了知道该提供担保的房地产的价值，债权人一般会要求债务人提供债权人信任的估价机构出具的估价报告，以作为放款限额的参考依据。

典当与抵押有所不同，是中国特有的制度。当遇急需资金或生活困难而无其他解决办法时，作为替代变卖房地产的办法，发明了典权制度。具体是出典人将自己的房地产让与他人使用、收益，以获得相当于卖价的资金(典价)，但保留该房地产的所有权，待日后有能力时可以返还典价赎回该房地产；而典权人则能以低于买价的资金(典价)取得房地产的占有、使用和收益的权利，并且日后有取得房地产所有权的可能(当典权期限届满后的一定期限内出典人未返还典价赎回的，典权人即取得房地产的所有权)。这种制度可以同时满足资金需要和使用需要，而且资金使用者不计付利息，房地产使用者不付租金，使出典人与典权人两全其美、各得其所。在房地产典当中，典价的确定需要专业的房地产估价提供参考依据。

4. 房地产征收、征用补偿的需要

房地产是生产和生活都不可缺少的基础要素，国家有时为了公共利益的需要，或者因救灾、战争等紧急需要，不得不征收自然人、法人的房地产。其中，征收的实质是强制购买——主要是所有权的改变，不存在返还的问题，例如，依法将集体土地转为国有土地，或者收回国有土地使用权。征用的实质是强制使用——只是使用权的改变，被征用的房地产使用完毕，应当及时返还被征用人，即是一种临时使用房地产的行为。

尽管征收、征用是为了公共利益的需要或因救灾、战争等紧急需要，但都不能是无偿的，必须依法给予补偿。其中，征用房地产不仅应当给予使用上的补偿(补偿金额相当于租金)，如果被征用的房地产毁损、灭失的，还应当给予财产上的补偿(毁损的，补偿金额相当于毁损前后的价值之差；灭失的，补偿金额相当于被征用房地产的价值)。而要确定这些补偿金额，就需要房地产估价提供参考依据。

例如，《国有土地上房屋的征收与补偿》规定征收补偿的方式可以实行货币补偿，也可以实行房屋产权调换。其中，第十九条规定：“对被征收房屋价值的补偿，不得低于房屋征收决定公告之日被征收房屋类似房地产的市场价格。被征收房屋的价值，由具有相应资质的房地产价格评估机构按照房屋征收评估办法评估确定”。第二十一条规定：“被征收人选择房屋产权调换的，市、县级人民政府应当提供用于产权调换的房屋，并与被征收人计算、结清被征收房屋价值与用于产权调换房屋价值的差价。”具体地说，对于实行货币补偿方式的，要对被征收房屋的房地产市场价格进行评估，为确定货币补偿的金额提供依据；对于实行房屋产权调换补偿方式的，要对被征收房屋的房地产市场价格和所调换房屋的房地产市场价格进行评估，为结算房屋产权调换的差价提供依据。

产权调换的差价=被征收房屋的房地产市场价格-所调换房屋的房地产市场价格

5. 房地产税收的需要

房地产自古以来就是一个良好的税源，有关房地产的税种很多，如房产税、地产税、土地增值税、契税、土地与房屋合征房地产税、房地产与其他财产合征财产税、遗产税、赠与税等。在现代，这些税种的计税依据通常是房地产的价值或者是以房地产的价值为基础。为了防止偷漏税和课税不公，税务机关需要掌握科学公正的课税价值(专业的房地产评估价值)来说服纳税人。纳税人认为课税价值不合理，也可能委托房地产估价机构进行估价，以说服税务机关调整课税价值。

6. 房地产保险的需要

房地产是一种重要的财产，其中的建筑物难免会因发生自然灾害或意外事故，如火灾、爆炸、雷击、暴风、暴雨、泥石流、地面突然塌陷、岩崩突发性滑坡或空中运行物体坠落等，而遭受损毁或灭失，从而需要保险。房地产保险对房地产估价的需要，一是在投保时需要评估保险价值，为确定保险金额提供参考依据；二是在保险事故发生后需要评估所遭受的损失或重置价格、重建价格，为确定赔偿金额提供参考依据。

7. 房地产损害赔偿的需要

各种类型的房地产损害赔偿，需要房地产估价为确定赔偿金额提供参考依据。房地产损害赔偿的类型多种多样，例如，由于工程质量问题的房地产价值损失，如预售的商品房在交付使用后发现存在工程质量问题(如墙体开裂)，对购房人造成损失；建造房屋影响了相邻房屋的采光、通风、日照等，造成相邻房地产价值损失；施工挖基础不慎使邻近房屋倾斜，造成临近房地产价值损失；因未能履约(如未按合同约定如期供货、供款等)使他人工程停缓建，对他人造成损失；使他人房地产受到污染，造成他人房地产价值损失；因对他人房地产权利行使不当限制，如错误查封，对房地产权利人造成损失；异议登记不当，对房地产权利人造成损失；更改城市规划，对房地产权利人造成损失；非法批准征收、使用土地，对当事人造成损失。如《中华人民共和国土地管理法》第七十八条规定："非法批准征收、使用土地，对当事人造成损失的，依法应当承担赔偿责任"。总的说来，各种类型的房地产损害赔偿都需要房地产估价为确定赔偿金额提供参考依据。

综合应用案例 3-1

2009 年，××市热电厂工程建成运营，而给附近某居住区带来了噪声污染、粉尘污染等，造成该居住区内几栋刚建成 2 年的楼房，入住率严重下降，且到了出租都困难的地步，房地产价值下降不小，居民们不堪其扰，通过上访、打市长热线等形式反映其合理诉求。为解决该问题，××市政府调节由其居民和电厂双方委托评估公司来评估其房地产市场价值的减损。

8. 房地产纠纷调解处理和有关司法鉴定的需要

有的房地产纠纷是有关当事人对房地产买卖、租赁、抵债、土地征收征用补偿、城市房屋拆迁补偿、损害赔偿等中有关房地产的价格、租金、评估价值、补偿金额、赔偿金额等持有不同的看法。解决这类纠纷无疑需要公正、权威的房地产估价，以提供有说服力的、能让纠纷双方或有关仲裁、鉴定机构接受的价格、租金、评估价值、补偿金额、赔偿金额等参考依据。

特别提示

有的房地产纠纷是遗产分配、共有财产分割等引起的纠纷。在这些情况下通常难以采用实物分配或分割的方法解决，因为在许多情况下如果这样做就会破坏房地产的使用价值，所以，合理的分配或分割实际上是对房地产价值形态的划分。例如，夫妻离婚，原共有的一套房屋不宜实物分割由双方各得一半，多数情况是由其中一方取得该套住房，而以该套住房市场价值的一半向对方支付现金或等价物。这就需要房地产估价作为参考。

另外，对于各类房地产违法行为，衡量违法情节轻重的参考依据之一，不仅是房地产的实物量，而且应考虑房地产的价值量，如对于国家工作人员非法收受他人房地产，或非法低价出让国有土地使用权。这些都需要专业的房地产估价作为参考。

9. 企业发生有关经济行为的需要

对于企业发生的有关经济行为，包括对外投资、合资、合作、合并、分立、改制、资产重组、资产置换、买卖、租赁、托管经营、清算等，也需要对其所属房地产进行估价。

(1) 企业对外投资是指企业以现金、实物、无形资产或者购买股票、债券等有价证券方式向其他单位投资的行为。

(2) 企业合资是指两个以上的企业共同出资成立新公司并分享股权，以进行某些新产品、新技术或新事业的开发。

(3) 企业合作是指不同的企业之间通过协议或其他联合方式，共同开发产品或市场，共享利益，以获取整体优势的经营方式。

(4) 企业合并是指两个以上的企业合并为一个企业的行为，包括吸收合并和新设合并。吸收合并是指两个以上的企业合并时，其中一个企业吸收其他企业而存续，被吸收的企业解散；新设合并是指两个以上企业合并为一个新企业，合并各方解散。

(5) 企业分立是指一个企业依法分为两个以上企业的行为。

(6) 企业改制是指国有企事业单位改建为有限责任公司、股份有限公司或股份合作制等形式。

(7) 企业资产重组是指对不同企业之间或者同一企业内部的资产进行重新组合。

(8) 企业资产置换是指企业之间为调整资产结构，突出各自的主营业务或者出于其他目的而相互交换非货币性资产的资产重组方式。

(9) 企业买卖是指企业或企业内部独立核算的分厂、车间或其他整体资产产权的买卖行为。

(10) 企业租赁是指企业的所有者在一定期限内，以收取租金的形式，将企业法人财产的经营使用权转让给其他经营使用者的行为。

(11) 企业托管经营是指企业的所有者通过契约形式，将企业法人财产交由具有较强经营管理能力，并能够承担相应经营风险的法人进行有偿经营的一种活动。

(12) 企业清算是指企业违反法律法规被依法关闭、出资人决定解散、依法被宣告破产、公司章程规定的营业期限届满或公司章程规定的其他解散事由出现等情况下的资产核算。

当企业发生上述经济行为时，往往需要对所涉及的房地产或者企业整体进行估价。例如，一方提供土地、房屋，另一方或多方提供资金、设备，开展有关合资、合作，然后各方按一定比例分配相关的利益。在这种情况下需要评估所提供的土地、房屋的价值，以便与所提供的资金、设备的价值进行比较，从而为确定各方的利益分配比例提供依据。在现实中，一个企业吸收合并另一个企业的动机之一，是看中了被吸收企业的场地和房屋，以取得企业发展的场所。在这种情况下，根据具体情况，需要评估被吸收企业的价值或者其场地和房屋的价值。

10. 房地产管理的需要

我国经济体制改革将过去高度集权的计划经济转变为市场经济，相应地对于各类资产的管理从过去单纯的实物管理转到重视价值管理，即不仅需要搞清楚资产的实物量，更需要搞清楚资产的价值量。在这种情况下房地产管理也不能仅停留在有多少数量的土地和房屋上，更需要搞清楚这些房地产的价值量以及它们的增值或贬值情况。这就需要房地产估价。有关法律、行政法规和政府部门提出许多房地产估价任务和要求，其中《中华人民共和国城市房地产管理法》规定如下。

(1) 第十二条规定："采取双方协议方式出让土地使用权的出让金不得低于按国家规定所确定的最低价"——如何确定最低价，需要估价。

(2) 第十七条规定："土地使用者需要改变土地使用权出让合同约定的土地用途的……相应调整土地使用权出让金"——如何相应调整土地使用权出让金，需要估价。

(3) 第十九条规定：土地使用者依法取得的土地使用权"在特殊情况下，根据社会公共利益的需要，可以依照法律程序提前收回，并根据土地使用者使用土地的实际年限和开发土地的实际情况给予相应的补偿"——如何确定相应的补偿金额，需要估价。

(4) 第三十二条规定："基准地价、标定地价和各类房屋的重置价格应当定期确定并公布"——如何确定基准地价、标定地价和各类房屋的重置价格，需要估价。

(5) 第三十三条规定："房地产价格评估，应当遵循公正、公平、公开的原则，按照国家规定的技术标准和评估程序，以基准地价、标定地价和各类房屋的重置价格为基础，参照当地的市场价格进行评估。"

(6) 第三十四条规定："房地产权利人转让房地产，应当向县级以上地方人民政府规定的部门如实申报成交价，不得瞒报或者作不实的申报"——如何知道是否作不实的申报，需要估价。

(7) 第三十九条规定："以划拨方式取得土地使用权的，转让房地产时……依照国家有关规定缴纳土地使用权出让金"或"按照国务院规定将转让房地产所获收益中的土地收益上缴国家或者作其他处理"——如何确定应缴纳的土地使用权出让金数额，如何知道转让房地产所获收益中多少为土地收益，需要估价。

(8) 第四十三条规定："以出让方式取得土地使用权的，转让房地产后，受让人改变原土地使用权出让合同约定的土地用途的……相应调整土地使用权出让金"——同第十七条一样如何调整土地使用权出让金，需要估价。

(9) 第五十条规定："设定房地产抵押权的土地使用权是以划拨方式取得的，依法拍卖该房地产后，应当从拍卖所得的价款中缴纳相当于应缴纳的土地出让金的款额"——如何知道拍卖所得的价款中有多少为土地使用权出让金，需要估价。

(10) 第五十一条规定:“房地产抵押合同签订后，土地上新增的房屋不属于抵押财产。需要拍卖该抵押的房地产时，可以依法将土地上新增的房屋与抵押财产一同拍卖，但对拍卖新增房屋所得，抵押权人无权优先受偿”——如何知道拍卖所得的价款中有多少为新增房屋所得，需要估价。

(11) 第五十五条规定:“房屋所有权人将以划拨方式取得土地使用权的国有土地上建成的房屋出租的，应当将租金中所含土地收益上缴国家”——如何知道租金中含有多少土地收益，需要估价。

11. 其他方面的需要

现实中对房地产估价的需要，除了上面所列举的还有许多。例如，设立公司时以房地产作价出资；出国需要提供财产价值证明；离婚、继承遗产等需要处理房地产；在房地产强制拍卖(拍卖保留价)、抵债、土地征收用补偿、国有土地上房屋征收补偿、损害赔偿等估价中，往往出现某一方对原估价结果有异议而要求对原估价结果进行复核或鉴定的情况。所有这些都需要房地产估价提供相关价值依据。在房地产开发经营中，从房地产开发投资的可行性研究到开发完成后的房地产租售等，也都离不开房地产估价。有时还需要把房地产的购买价格在土地与建筑物之间进行分配，这也需要房地产估价。

房地产估价是房地产市场中一种重要的专业化服务，随着房地产市场的繁荣与发展，其服务方式在不断更新变化，范围在不断扩大，其市场专业服务作用日益彰显。

3.2 房地产估价的要素

3.2.1 估价当事人

估价当事人是指与估价活动有直接关系的单位和个人，包括估价人员、估价机构和估价委托人等。其中，估价人员和估价机构是估价服务的提供者，是估价主体；估价委托人是估价服务的直接需求者，是估价服务的直接对象。

1. 房地产估价人员

房地产估价人员简称估价人员，是指通过房地产估价人员职业资格考试或者资格认定、资格互认，取得相应资格并注册，从事房地产估价活动的专业人员。目前，中国房地产估价人员职业资格有房地产估价师执业资格和房地产估价员从业资格两种。因此，房地产估价人员有房地产估价师和房地产估价员两类。其中，房地产估价师(Real Estate Appraiser 或 Real Estate Valuator)简称估价师，是指通过全国房地产估价师执业资格考试或者资格认定、资格互认，取得中华人民共和国房地产估价师执业资格，并按照《注册房地产估价师管理办法》注册，取得中华人民共和国房地产估价师注册证书，从事房地产估价活动的专业人员。一名合格的房地产估价师应当具有房地产估价方面的扎实的理论知识、丰富的实践经验和良好的职业道德。具有扎实的理论知识和丰富的实践经验，是对其估价专业能力的要求；具有良好的职业道德，是对其估价行为规范的要求。仅有理论知识而缺乏实践经验，难以得出符合实际的估价结果；仅有实践经验而缺乏理论知识，会只知其然而不知其所以然，难以对价值做出科学深入的分析和解释，更难以举一反三、触类旁通地解决现实中不断出现的新的估价问题。理论知识和实践经验即使兼备，但是如果没有良好的职业道德，也难以做出客观公正的估价。

特别提示

房地产估价师应当受聘于一个房地产估价机构，在同一时间只能在一个房地产估价机构从事房地产估价业务；房地产估价师不得以个人名义承揽房地产估价业务，应当由所在的房地产估价机构接受委托并统一收费。

2. 房地产估价机构

房地产估价机构简称估价机构，是指依法设立并取得房地产估价机构资质，从事房地产估价活动的专业服务机构。目前规定：房地产估价机构应当由自然人出资，以有限责任公司或者合伙企业形式设立；法定代表人或执行合伙事务的合伙人是注册后从事房地产估价工作 3 年以上的专职注册房地产估价师；资质等级由低到高分为暂定期内的三级资质、二级资质、一级资质；依法从事房地产估价活动不受行政区域、行业限制；不同资质等级房地产估价机构的业务范围按照估价目的划分，应当在其资质等级许可的业务范围内从事估价活动；房地产估价报告应由房地产估价机构出具。

3. 估价委托人

估价委托人简称委托人，俗称客户，是指直接向估价机构提出估价需求，与估价机构订立估价委托合同的单位或个人。委托人有义务向估价机构如实提供其知悉的估价所必要的情况和资料，例如估价对象的权属证明、财务会计信息，并对所提供的情况和资料的真实性、合法性和完整性负责；有义务协助估价人员搜集估价所必要的情况和资料及对估价对象进行实地查看等工作；不得干预估价人员和估价机构的估价行为和估价结果。

特别提示

要注意估价委托人、估价对象权利人、估价利害关系人、估价报告使用者之间的异同。估价对象权利人是指估价对象的所有权人、使用权人、抵押权人等权利人。估价利害关系人是指估价结果的客观合理与否会直接影响其利益的单位和个人。估价对象权利人一般是估价利害关系人，估价对象的潜在投资者、受让人往往也是估价利害关系人。估价报告使用者可能是估价对象权利人、债权人、投资者、受让人、政府及其有关部门和社会公众等。一般情况下委托人委托估价、获取估价报告的目的是供自己使用，此时委托人同时也是估价报告使用者。委托人不一定是估价对象权利人或估价报告使用者，例如，我国当前房地产抵押估价委托人是借款人，估价报告使用者却是贷款人(如商业银行)。委托人委托估价、获取估价报告的目的可能是提供给特定的第三方使用，例如受上市公司委托出具的某些估价报告是提供给社会公众使用。委托人和估价报告使用者通常是估价利害关系人，但也有例外。例如，在为人民法院拍卖、变卖被查封的房地产的估价中，人民法院既是委托人也是估价报告使用者，但不是估价利害关系人。

3.2.2 估价对象

估价对象(subject property)是指一个房地产估价项目中需要评估其客观合理价值的具体房地产。尽管房地产的存在形态归纳起来只有土地、建筑物和房地三种，但现实中的估价对象是丰富多彩、复杂多样的。

现实中的房地产估价对象主要包括以下几个方面。

(1) 无建筑物的空地。

(2) 有建筑物(包括尚未建成的建筑物)的土地。

(3) 建筑物(包括尚未建成的建筑物)。

(4) 土地与建筑物(已建成的建筑物)的合成体。

(5) 在建工程(土地与尚未建成的建筑物的合成体)。

(6) 未来状况下的房地产。

(7) 已经灭失的房地产。

(8) 现在状况下的房地产与过去状况下的房地产的差异部分。

(9) 房地产的局部；包含有其他资产的房地产或者以房地产价值为主的一个企业整体；作为企业整体中的一部分的房地产等。

特别提示

上述估价对象虽然是从实物角度来划分的，但评估其客观合理价值仍然包括实物、权益和区位三个方面。注意前面第1章所述房地产的定义。

3.2.3 估价目的

估价目的(appraisal purpose)是指一个房地产估价项目中估价结果的期望用途，或者通俗一点讲，委托人将未来完成后的估价报告拿去做什么用，是为了满足何种涉及房地产的经济活动或者民事行为、行政行为等的需要。例如，是为房地产买卖或租赁提供价格或租金参考依据而估价，为银行衡量拟抵押房地产的价值而估价，为确定国有土地上被征收房屋的货币补偿金额而估价，还是为政府掌握划拨土地使用权进入市场应补交的土地使用权出让金数额而估价。

不同的估价目的来源于对估价的不同需要。估价目的可以划分为土地使用权出让(又可分为招标出让、拍卖出让、挂牌出让、协议出让)，房地产转让(又可分为买卖、互换、赠与、以房地产作价入股、以房地产抵债等)、租赁、抵押、典当、征收征用补偿(又可分为土地征收补偿、土地征用补偿、国有土地上房屋征收补偿)、税收、保险、损害赔偿、纠纷调处、司法鉴定，企业对外投资、合资、合作、合并、分立、改制、资产重组、资产置换、买卖、租赁、托管经营、清算，设立公司时以房地产作价出资，房地产估价纠纷调处中的房地产估价复核或鉴定等。在实际估价中，还可以根据具体情况对上述某些估价目的进行细分或者做进一步的说明。例如，国有土地上房屋征收估价还可细分为货币补偿估价和产权调换补偿估价，其中，货币补偿估价目的可表述为“为房屋征收部门与被征收人确定被征收房屋价值的补偿提供依据，评估被征收房屋的价值”，房屋产权调换补偿估价目的可表述为“为房屋征收部门与被征收人计算被征收房屋价值与用于产权调换房屋价值的差价提供依据，评估用于产权调换房屋的价值”。

不同的估价目的将影响房地产估价的结果。因为估价目的不同，估价的依据可能不同，估价应采用的价值标准可能不同，估价时点的选取可能不同，估价中应考虑的因素可能不同，甚至估价对象的范围和选用的估价方法也可能不同。例如，许多房地产在买卖时仍有租赁期间未届满的租约，购买者需尊重并履行这些租约的各项条款，这叫做为有租约限制的房地产或附带有租约的房地产、已出租的房地产进行估价，要考虑租约租金与市场租金差异的影响，特别是对于租约租金与市场租金差异较大和租赁期限较长的房地产。如果为国有土地上房屋征收目的进行估价，则不考虑房屋租赁的影响，应视为无租约限制的房地产来估价。在价值构成的各要素(如成本、费用、税金、利润等)的取舍上，也应服从于估价目的。此外，估价目的还限制估价报告的用途。针对某种估价目的得出的估价结果，不能盲目地套用于与其不相符的用途。因此，在估价中估价人员应始终谨记估价目的。

3.2.4 价值类型

价值类型(Types of Value)有两种含义，一是指房地产价值的种类，二是指一个房地产估价项目中由估价目的决定的需要评估的具体某种类型的价值——特定价值。总地来说，房地产估价是评估房地产的价值。但针对一个具体的房地产估价项目，由于价值有多层含义，所以不应笼统地说是评估房地产的价值，而必须搞清楚并在估价报告中说明是评估哪种类型的价值。同一估价对象可能有不同类型的价值，即同一估价对象的价值并不是唯一的。但同一估价对象的具体一种类型的价值是其在相应的估价目的特定条件下所形成的正常值，理论上它是唯一的，并能够使各方当事人或社会普遍信服和接受。例如，同一宗房地产，在买卖的情况下虽然实际的成交价格有高有低，但是客观上有其正常的买卖价格；在征收、征用的情况下虽然实际的补偿金可能有多有少，但是客观上也有其合理的补偿金；在抵押的情况下虽然不同的人对抵押价值有高低不同的见解，但是客观上也有其正常的抵押价值。而正常的买卖价格、合理的补偿金、正常的抵押价值，彼此之间又可能是不完全相同的。

价值类型首先可以分为市场价值和非市场价值(或称为市场价值以外的价值)两大类。市场价值(Market Value，MV)过去称为公开市场价值(Open Market Value，OMV)，是多数估价需要评估的价值，国内外对它有许多定义，这些定义虽然在表述上不完全一致，但内涵基本相同，是指房地产在满足下列条件下进行交易最可能的价格。

(1) 交易双方是自愿地进行交易的。卖者不是被迫地将房地产卖给特定的买者，买者不是被迫地从特定的卖者那里购买房地产。

(2) 交易双方是出于利己动机进行交易的。交易双方进行交易的目的是追求各自最大的利益。

(3) 交易双方是精明、谨慎行事的，并且了解交易对象、知晓市场行情。交易双方都是理性的，掌握充分的信息，卖方不是盲目地出售，买方不是盲目地购买。

(4) 交易双方有较充裕的时间进行交易。卖方不是急于出售，买方不是急于购买，交易对象在市场上进行了合理时间的展示。

(5) 不存在买者因特殊兴趣而给予附加出价。例如，房地产开发商可能对相邻的一宗狭长地块比别人更感兴趣，因为有了这块土地，他就能更充分地进行整体开发。

凡不符合上述市场价值形成条件之一的价值，均为非市场价值。因此，非市场价值不是一种价值，而是对市场价值以外的各种价值的一个概括性称呼。本质上的非市场价值主要有以下 4 种。

(1) 不符合“交易双方有较充裕的时间进行交易”的快速变现价值。

(2) 存在不确定性因素的情况下遵守谨慎原则评估出的谨慎价值。

(3) 不符合继续使用条件下的清算价值。

(4) 从某个特定投资者的角度来衡量的投资价值。

市场价值、快速变现价值、谨慎价值、清算价值和投资价值可以说是 5 种基本价值类型。

3.2.5 估价时点

估价时点(appraisal date、valuation date 或 date of value)是指估价结果对应的日期，即在该日期上估价对象才有该价值，通常用年、月、日表示。由于同一宗房地产在不同时点价值会有所不同，所以，估价通常仅对估价对象在某一时点的价值作出估计。估价时点不是随意给定的，也不完全与估价作业日期相同，它需要估价人员根据估价目的来确定。在估价之前，它说明了估价中需要估算和判定的是哪个具体日期的客观合理价值；当估价结果做出之后，它说明了该估价结果是在哪一个时间上的客观合理价值，以便于应用。估价时点应采用公历表示，并应精确到日。

3.2.6 估价依据

估价依据包括一个房地产估价项目中估价所依据的相关法律、法规、政策和标准；委托人提供的有关情况和资料；房地产估价机构和房地产估价师掌握和搜集的有关情况和资料等。

为了使估价依据可靠，房地产估价师应要求委托人如实提供其所知晓的估价所必需的估价对象的权属证明、界址、面积等情况和资料，并要求委托人声明其提供的情况和资料是真实的、合法的、没有隐匿或虚报的情况；房地产估价师还应对委托人提供的有关情况和材料进行必要的核查。

3.2.7 估价假设

估价假设是指一个房地产估价项目中房地产估价师对于那些估价所必要、但尚不能肯定、而又必须予以明确的前提条件作出的假设。在估价中要防止出现以下三种情况：一是滥用估价假设，二是不明确估价假设，三是无针对性地列举一些与本估价项目无关的估价假设。在防止滥用估价假设方面，严禁估价师为了迎合委托人的高估或者低估要求，有意编造估价假设。对于确定性因素，一般不得进行假设；对于不确定性因素，估价师应当勤勉尽责，予以必要的专业关注，针对估价项目具体情况，合理且有依据地做出假设。

3.2.8 估价原则

估价原则(appraisal principle)指人们在房地产估价的反复实践和理论探索中对房地产价格形成和变动的客观规律认识的基础上，总结、提炼出的一些简明扼要的在估价活动中应当遵循的法则或标准。对房地产估价总的要求是独立、客观、公正。这应作为房地产估价的最高行为准则。同时，在估价作业中应当遵循的原则主要有合法原则、最高最佳使用原则、估价时点原则、替代原则、谨慎原则。上述这些原则适用于所有的估价目的的房地产估价中，可以称之为一般性原则。此外，还有仅适用于某种或某些估价目的的特殊原则，如房地产抵押估价应遵守的谨慎原则。

估价原则可以使不同的房地产估价师对于房地产估价的基本前提具有认识上的一致性，对于同一估价对象在同一估价目的、同一估价时点的评估价值趋于相同或近似。

3.2.9 估价程序

估价程序(appraisal process)是指一个房地产估价项目运作的全过程中的工作按照其相互联系排列出的先后次序。通俗一点讲，就是圆满地完成一个房地产估价项目，从头到尾需要做哪些工作，应当先做什么，后做什么。房地产估价的一般程序如下。

(1) 获取估价业务。

(2) 受理估价委托及明确估价基本事项。

(3) 拟定估价作业方案。

(4) 搜集估价所需资料。

(5) 实地查勘估价对象。

(6) 分析估价对象及房地产市场。

(7) 选定估价方法计算。

(8) 确定估价结果。

(9) 撰写估价报告。

(10) 内部审核估价报告。

(11) 出具估价报告。

(12) 估价资料归档。

3.2.10 估价方法

房地产估价应借助科学的估价方法(appraisal approach)进行严谨的测算，不能单纯依靠估价人员的经验及其主观判断。从国内外的情况来看，房地产估价的方法很多，有的是在实践中产生的，有的是从理论上提出的。在这些众多的方法中，哪些是科学的，哪些是非科学的，是值得认真探讨的。对于那些科学的估价方法，其理论依据是什么，其适用的对象和条件有哪些，其计算公式的各种具体形式如何等问题，也是值得深入研究的。任何一种估价方法要称得上是科学的，必须有其科学的理论依据，并且其测算结果要能够反映实际情况，否则，可以说是任意捏造，所测算出的结果仅是一个数字符号，无经济意义。

房地产估价方法有市场比较法、成本法、收益还原法、假设开发法、长期趋势法、路线价法、基准地价修正法等，每种估价方法都有其特定的适用对象和条件，有时可以同时运用，以相互验证，有时是相互补充的，但不应相互替代。估价人员应当熟知、理解各种估价方法及其综合运用，正确运用估价方法进行估价。在评估一宗房地产的价值时，一般要求同时采用两种或两种以上的估价方法进行测算，不得随意取舍。

3.2.11 估价结果

估价结果是指房地产估价师通过估价活动得出的估价对象价值的专业结论。由于估价结果对委托人十分重要，委托人通常会对估价结果有特别的期望。但由于估价工作的客观公正性质，估价师和估价机构不能在估价结果上让“客户满意”；不宜在完成估价之前与委托人或者任何其他与该估价业务有利害关系的人讨论估价结果，因为这有可能影响估价独立、客观、公正地进行；更不能在未估价之前就征求委托人对估价结果的意见，不得以迎合委托人的高估或者低估要求来争取估价业务。同时人们也注意到，尽管要求估价结果是客观合理的，但实际上的估价结果可能带有估价师的主观因素，受估价师业务水平和职业道德的影响，并且所要求的客观合理的估价结果和实际上的估价结果又都可能与估价对象在市场上真正交易的成交价格不同。因为成交价格可能受到交易者的个别情况的影响，或者由于成交日期与估价时点不同，房地产市场状况或估价对象状况发生了变化。

综上所述，房地产估价的要素在房地产估价过程中起了决定性的作用，所以人们要认真学习领会房地产估价中的构成要素。在正确地理解房地产估价的同时还需要把握好以下两方面。

(1) 房地产估价是科学与艺术的有机结合。也就是说，正确的房产价值的测算和判定，必须依赖于一套科学的估价理论和方法，但又不能完全拘泥于这些估价理论和方法，还必须依赖于估价人员的经验。因为房地产市场是地区性市场，影响房地产价格的因素复杂多变，不是简单地套用某些数学公式或模型就能够计算出房地产的价值的。为此，世界上许多国家和地区建立了房地产估价制度，规定要成为估价师，不仅应具有相当程度的估价理论知识，还应具有一定年限以上的估价实践经验，只有取得了估价师资格，才能独立地开展估价业务。

(2) 房地产估价是把客观存在的房地产价值揭示、表达出来。也就是说，房地产估价是估价人员基于对客观存在的房地产价值的认识之上，运用科学的估价理论、方法和长期积累的估价经验将其表达出来，而不是把自己主观想象的某个数字强加给估价对象，尽管估价表现为一种主观活动，有时甚至带有一些主观色彩。为此，世界上许多国家和地区在房地产估价制度中制定职业道德要求，规定估价人员如果与估价对象或者与估价对象相关的各方当事人有利害关系时要回避；有的还主张估价收费标准不能与评估价值挂钩，以免刺激估价人员高估价值；有的还制定了估价技术标准或规范，以防止因无统一准则而导致不同的估价人员对同一估价对象的估价结果出现较大偏差。

3.3 房地产估价的基本原则

原则是什么？原则是人们观察、分析、处理问题的准绳，是人们处理解决问题的根本出发点、基本指导思想。市场经济说到底是合约经济，要的是诚信，原则是使合约双方更容易走到一起的共识与惯例。原则不能最终解决问题，但是在原则的平台上可以为解决问题标定地标和方向，大大缩小彼此间解决问题的距离。对于处理以定性特征为主的问题时，原则的合理运用显得更为重要。

人们在房地产估价的反复实践和理论探索中，逐渐认识了房地产价格形成和运动的客观规律，在此基础上总结出了一些简明扼要的、在估价活动中应当遵循的法则或标准。这些法则或标准就是房地产估价原则。房地产估价原则使不同的估价人员对估价的基本前提具有认识上的一致性，对同一估价对象在同一估价目的、同一估价时点下的估价结果具有近似性。每一位估价人员都应正确地理解房地产估价原则，以此作为估价时的指南。

房地产估价的原则是人们观察、分析处理房地产价格评估问题的准绳。从这个角度就不难理解为什么房地产评估的专著中提到的估价原则多达近20条。其实估价师根据房地产估价的理论结合自己的实践总结出新的估价原则也是不足为奇的。不同的原则来自于不同的出发点，它们都符合原则准绳的标准要求，原则之间是会有矛盾的，但彼此互不对抗，在解决问题的过程中它们的目标是统一的。解决一个问题往往会用到多条或许多原则，人们在原则问题上首先得到统一，这样才能在共同的基本原则指导下，在准确理解和运用具体的估价方法解决估价中的具体问题时达成一致。因此房地产估价的基本原则是估价实践工作的根本出发点、基本指导思想，是准确理解和具体运用估价方法解决估价中的具体问题的统一前提。

3.3.1 合法原则

1. 合法原则的含义

合法原则是指房地产估价必须符合国家的法律、法规和当地政府的有关规定，要求房地产估价应以估价对象的合法权益为前提进行。房地产估价为什么要遵循合法原则？两宗实物状况相同的房地产，如果权益不同，价值可能有很大的不同。但是在估价时，估价对象的权益不是委托人或估价人员可以随意假定的，必须有合法的依据。

2. 合法原则的内容

合法权益包括合法产权、合法使用、合法处分等方面。遵循合法原则，具体来说应当做到下列几点。

(1) 在合法产权方面，应以房地产权属证书和有关证件为依据。

现行的土地权属证书有《国有土地使用权证》《集体土地所有权证》《集体土地使用权证》和《土地他项权利证明书》4 种，房屋权属证书有《房屋所有权证》《房屋共有权证》和《房屋他项权证》3 种。当县级以上地方人民政府由一个部门统一负责房产管理和土地管理工作的，可能制作、颁发统一的房地产权证书。统一的房地产权证书有《房地产权证》《房地产共有权证》和《房地产他项权证》3 种。在合法产权方面具体来说包括：农民集体所有的土地不能当做国家所有的土地来估价，行政划拨的土地不能当做有偿出让的土地来估价，临时用地不能当做长久用地来估价，违法占地不能当做合法占地来钻价，临时建筑不能当做永久建筑来估价，违法建筑不能当做合法建筑来估价，产权有争议的房地产不能当做产权无争议的房地产来估价，手续不完备的房地产不能当做手续完备的房地产来估价，部分产权的房地产不能当做完全产权的房地产来估价，共有的房地产不能当做独有的房地产来估价等。

(2) 在合法使用方面，应以城市规划、土地用途管制等为依据。

例如，如果城市规划规定了某宗土地的用途、建筑高度、容积率、建筑密度等，那么对该宗土地进行估价就必须以其使用符合这些规定为前提。西方所谓的城市规划创造土地价值在一定程度上反映了这一要求。城市规划用途与实际用途不一致时，以法定的规划用途为准进行估价。

(3) 在合法处分方面，应以法律、行政法规或合同(如土地使用权出让合同)等允许的处分方式为依据。

处分方式包括买卖、租赁、抵押、典当、抵债、赠与等。以抵押为例，合法原则的内容如下。

① 法律、行政法规规定不得抵押的房地产，就不能作为以抵押为估价目的的估价对象，或者说这类房地产没有抵押价值。

② 《中华人民共和国城市房地产管理法》第五十条规定：“设定房地产抵押权的土地使用权是以划拨方式取得的，依法拍卖该房地产后，应当从拍卖所得的价款中缴纳相当于应缴纳的土地使用权出让金的款额后，抵押权人方可优先受偿。”因此，在评估土地使用权是以划拨方式取得的房地产的抵押价值时，不应包含土地使用权出让金。

③ 《中华人民共和国担保法》第三十五条规定：“财产抵押后，该财产的价值大于所担保债权的余额部分，可以再次抵押，但不得超出其余额部分。”所以，再次抵押的房地产，该房地产的价值扣除已担保债权后的余额部分才是其抵押价值。

(4) 在其他方面，如评估出的价格必须符合国家的价格政策。

例如，评估政府定价或政府指导价的房地产，应遵循政府定价或政府指导价。如房改售房的价格，要符合政府有关该价格测算的要求；新建的经济适用住房的价格，要符合国家规定的价格构成和对利润率的限定；农地征收和城市房屋拆迁补偿估价，要符合政府有关农地征收和城市房屋拆迁补偿的法律、行政法规。

特别提示

遵循房地产估价的合法原则，并不是指估价机构或估价人员应具有合法的评估资格，而是指估价人员在对房地产价值评估过程中，对估价对象价值的认定必须遵循国家的法律、法规和当地政府的有关规定。

3.3.2 最高最佳使用原则

1. 最高最佳使用原则的内容

最高最佳使用原则要求估价结果是在估价对象最高最佳利用下的价值。最高最佳使用是指法律上许可、技术上可能、经济上可行，经过充分合理的论证，能使估价对象的价值达到最大的一种最可能的使用。可见，最高最佳使用必须符合4个标准：①法律上许可；②技术上可能；③经济上可行；④价值最大化。而且这些标准通常有先后次序。房地产估价为什么要遵循最高最佳使用原则？这是因为在现实房地产经济活动中，每个房地产拥有者都试图充分发挥其房地产的潜力，采用最高最佳的使用方式，以取得最大的经济利益。这一估价原则也是房地产利用竞争与优选的结果。所以，在估价中不仅要遵循合法原则，而且要遵循最高最佳使用原则。最高最佳使用具体包括3个方面：①最佳用途；②最佳规模；③最佳集约度。

2. 寻找最高最佳使用的方法

寻找最高最佳使用的方法，应先尽可能地设想出各种潜在的使用方式，然后从下列4个方面依序筛选。

1) 法律上的许可性

对于每一种潜在的使用方式，首先检查其是否为法律所允许。如果是法律不允许的，应被淘汰。

2) 技术上的可能性

对于法律所允许的每一种使用方式，要检查它在技术上是否能够实现，包括建筑材料性能、施工技术手段等能否满足要求。如果是技术上达不到的，应被淘汰。

3) 经济上的可行性

对于法律上允许、技术上可能的每一种使用方式，还要进行经济可行性检验。经济可行性检验的一般做法是：针对每一种使用方式，首先估计其未来的收入和支出流量，然后将此未来的收入和支出流量用现值表示，再将这两者进行比较。只有收入现值大于支出现值的使用方式才具有经济可行性，否则应被淘汰。

4) 价值最大化

在所有具有经济可行性的使用方式中，能使估价对象的价值达到最大的使用方式，才是最高最佳的使用方式。

3. 最高最佳使用原则的原理

进一步来讲，有3个经济学原理有助于把握最高最佳使用：收益递增递减原理、均衡原理、适合原理。

1) 收益递增递减原理

收益递增递减原理可以帮助人们确定最佳集约度和最佳规模。它揭示的是两种投入产出关系：一种是在一种投入量变动而其他投入量固定的情况下的投入产出关系；另一种是在所有的投入量都变动的情况下的投入产出关系。

收益递增递减原理揭示的第一种投入产出关系叫做收益递减规律(又称边际收益递减原理)，可以表述如下：假定仅有一种投入量是可变的，其他的投入量保持不变，则随着该种可变投入量的增加，在开始时，产出量的增加有可能是递增的；但当这种可变投入量继续增加达到某一点以后，产出量的增加会越来越小，即会出现递减现象。

收益递减规律对于一宗土地来说，表现在对该宗土地的使用强度(如建筑层数、建筑高度、容积率、建筑规模)超过一定限度后，收益开始下降。

收益递增递减原理揭示的第二种投入产出关系叫做规模的收益(又称规模报酬规律)，可以表述如下。假定以相同的比例来增加所有的投入量(即规模的变化)，则产出量的变化有3种可能：①产出量的增加比例等于投入量的增加比例，这种情况被称为规模的收益不变；②产出量的增加比例大于投入量的增加比例，这种情况被称为规模的收益递增；③产出量的增加比例小于投入量的增加比例，这种情况被称为规模的收益递减。在扩大规模时，一般是先经过一个规模的收益递增阶段，然后经过一个规模的收益不变阶段，再经过一个规模的收益递减阶段。

2) 均衡原理

均衡原理是以房地产内部各构成要素的组合是否均衡来判定是否为最高最佳使用。它也可以帮助确定最佳集约度和最佳规模。以建筑物与土地的组合来讲，建筑物与土地比较，如果过大或过小，或者档次过高或过低，则建筑物与土地的组合不是均衡状态，该房地产的效用便不能得到有效发挥，从而会降低该房地产的价值。例如，某宗土地上有建筑物，但该建筑物不是在最高最佳使用状态，如已过时、破旧、容积率低，则会对该宗土地的有效利用构成妨碍，在对该宗土地进行估价时就需要做减价修正。这种情况在现实中经常遇到，如在旧城区有一块空地，另有一块有建筑物的土地，这两块土地的位置相当，而有建筑物的土地上的建筑物已破旧，此时对于购买者来说，空地的价值要高于有建筑物的土地价值。因为购买者购得该有建筑物的土地后，还需花代价拆除建筑物，该建筑物的存在不仅增加不了土地的价值，还降低了土地的价值。

另一种相反的情况是，建筑物的设计、施工和设备都非常先进、良好，但坐落的土地位置较差，不能使该建筑物的效用得到充分发挥，虽然该类建筑物的重置价格较高，但该建筑物的价值却低于此重置价格。

3) 适合原理

适合原理是以房地产与其外部环境是否协调来判定是否为最高最佳使用。它可以帮助人们确定最佳用途。适合原理加上均衡原理以及收益递增递减原理，即当房地产与外部环境最协调，同时内部构成要素为最适当的组合时，便为最高最佳使用。

4. 最高最佳使用原则使用前提

最高最佳使用原则要求评估价值应是在合法使用方式下，各种可能的使用方式中，能够获得最大收益的使用方式的估价结果。例如，某宗房地产，城市规划规定既可用作商业用途，也可用作居住用途，如果用作商业用途能够取得最大收益，则估价应以商业用途为前提；反之，应以居住用途或者商业与居住混合用途为前提。但当估价对象已做了某种使用，则在估价时应根据最高最佳使用原则对估价前提做下列之一的判断和选择，并应在估价报告中予以说明。

1) 保持现状前提

认为保持现状、继续使用最为有利时，应以保持现状、继续使用为前提进行估价。现有建筑物应予保留的条件是：现状房地产的价值大于新建房地产的价值减去拆除现有建筑物的费用及建造新建筑物的费用之后的余额。

2) 装修改造前提

认为装修改造但不转换用途再予以使用最为有利时，应以装修改造但不转换用途再予以使用为前提进行估价。对现有建筑物应进行装修改造的条件是：预计装修改造后房地产价值的增加额大于装修改造费用。

3) 转换用途前提

认为转换用途再予以使用最为有利时，应以转换用途后再予以使用为前提进行估价。转换用途的条件是：预计转换用途所带来的房地产价值的增加额大于转换用途所需的费用。

4) 重新利用前提

认为拆除现有建筑物再予以利用最为有利时，应以拆除现有建筑物后再予以利用为前提进行估价。

5) 上述情形的某种组合

最常见的是第3种转换用途与第2种装修改造的组合。

5. 坚持最有效使用原则的原因

在评估过程中所以要坚持最有效使用原则，主要原因有如下4个。

(1) 同一宗房地产可作多种用途，不同的用途其效用或收益是有差别的，从而导致同一宗房地产按不同用途使用其价格有所差异。

例如，某宗房地产城市规划规定既可以作商业用途，也可以作住宅用途，如果作商业用途能取得最大的收益，则估价时应以商业用途为前提，反之则以住宅用途为前提。

(2) 即使房地产的既定用途合理，但由于种种原因其效用或收益也可能没有充分发挥出来。这样，如果按现有的使用情况进行评估，将导致低估其价格。

如某宾馆甲，因经营管理不善，年纯收益为 500 万元，而邻近的且规模与档次相同的另一宾馆乙，其年纯收益则高达 700 万元。若宾馆的资本化率为 10%，则直接按照两个宾馆的实际纯收益估算其价格，分别为 5 000 万元和 7 000 万元。因此，直接根据现有的使用情况来评估宾馆甲，将低估其价格约为 2 000 万元，这样的评估显然是不合理的，是难以令人信服和接受的。

(3) 当房地产的现状限制其最有效使用时，将造成房地产的价格降低。为了确定其减价额，也要判定其最有效使用情况并与之进行比较。这包括如下两种主要情形。

① 土地与建筑物不均衡，造成土地或建筑物价格降低。如在某城区繁华地段有一块空地甲，另有一块附有建筑物的土地乙，这两块土地的位置相当，其他条件也很接近。但附有建筑物的土地因其上的建筑物已破旧，其价格将低于空地价格。这是因为购买者购得土地后还须花费代价拆除建筑物。其拆除费用计算如下：该建筑物的建筑面积为 250 平方米(二层小楼)，此建筑物虽然目前还可使用，但因其设计与设备已陈旧老化需拆除，拆除时的拆迁费用估计约为 125 元/平方米，残值为 50 元/平方米，则因拆除该建筑物所发生的损失造成该房地产相对于空地的减价额为

$$(125-50)\times 250=18\ 750(\text{元})$$

② 房地产与周围环境不协调，造成减价。如某一房地产，其建筑物的设计、建设和设备都非常良好，但坐落的地理位置较差，不能充分发挥该建筑物的效用。该房地产土地面积为 1 000 平方米，价格为 1 500 元/平方米，建筑面积为 5 000 平方米，建造费用为 1 000 元/平方米。如果该房地产与周围环境协调，其房地价应为

$$(1\ 000\times 1\ 500+5\ 000\times 1\ 000)/5\ 000=1\ 300(\text{元/平方米})$$

但因与环境不协调，该房地产价格却为 1 200 元/平方米，其单位面积减价额为 100 元/平方米，总的减价额为 100×5 000=50 万元。在这种情况下，一般视其建筑物价格为

$$(5\ 000\times 1\ 200-1\ 000\times 1\ 500)/5\ 000=900(\text{元/平方米})$$

(4) 因社会发展或城市建设的需要，房地产将会改变目前的用途。

例如：某城市市郊有一块农田，若按农田价格出售则为 100 元/平方米，但根据该城市发展规划，该农田 5 年后的法定用途将变为住宅用地，其价格将达到 1 000 元/平方米。在这种情况下，该土地目前的市场价格就不能按农田评估为 100 元/平方米，在评估时应考虑 5 年后该土地将按宅地使用这一未来情况。若目前该农田的年租金纯收入为 12 元/平方米，当贴现率为 10%时，其评估价格应为

$$\frac{12}{10\%}\times\left[1-\frac{1}{(1+10\%)^5}\right]+\frac{1\ 000}{(1+10\%)^5}=666\,(\text{元/平方米})$$

从以上所列举的主要情况中可以看出，进行房地产价格评估时，必须判定其使用情况是否为最有效状态及其限制有效利用的程度。衡量房地产的使用现状是否为最有效利用主要是根据制约房地产价格的均衡法则、收益递增递减法则、适合法则以及变动法则等进行衡量。对此，参照前面所列举的事例便可说明。因此，最有效使用原则是以有关的价格法则为基础的，尽管它也具有一定的客观性，仍属于建立在价格法则基础之上的评估要求，属估价原则。

如果评估对象房地产城市规划规定有几种用途，在评估时应按最佳用途评估，但最佳用途的选择并不是理论上产生收益最大的那一种用途，而是基于市场调查，选择最有可能实现最大收益的某一种用途作为最佳用途。

特别提示

房地产的最有效使用并不是随心所欲的，必须符合相应的法律规定，即在规划规定范围内的最优选择。如果评估对象房地产城市规划规定有几种用途，在评估时应按最佳用途评估，但最佳用途的选择并不是理论上产生收益最大的那一种用途，而是基于市场调查，选择最有可能实现最大收益的某一种用途作为最佳用途。

3.3.3 估价时点原则

1. 估价时点原则的含义

估价时点又称评估基准日，是估价对象房地产的估价额所指的具体日期，反映了房地产估价的结果具有很强的时间相关性和时效性。估价时点原则要求房地产估价结果应是估价对象在估价时点时的客观合理价值。

影响房地产价格的因素是不断变化的，房地产市场是不断变化的，房地产价格自然也是不断变化的。在不同的时间，同一宗房地产往往会有不同的价格(实际上，房地产本身也是随着时间而变化的，如建筑物变得陈旧过时)。因此，房地产价格具有很强的时间性，每一个价格都对应着一个时间。如果没有了对应的时间，价格也就失去了意义。但是，估价不是求取估价对象在所有时间上的价格，这既无必要，也不大可能。估价通常仅是求取估价对象在某个特定时间上的价格，而且这个特定时间不是估价人员可以随意假定的，必须依据估价目的来确定，这个特定时间就是估价时点。

确立估价时点原则的意义在于：估价时点是评估房地产价格的时间点，例如，运用比较法评估房地产的价格时，如果选用的可比实例的成交日期与估价时点不同(通常都是这种情况)，就需要把可比实例的成交价格调整到估价时点上，如此，可比实例的成交价格才能作为估价对象的价格。

在实际估价中，通常将“估价作业期”(估价的起止年月日，即正式接受估价委托的年月日至完成估价报告的年月日)或估价人员实地查勘估价对象期间的某个日期定为估价时点，但估价时点并非总是在此期间，也可因特殊需要将过去或未来的某个日期定为估价时点。因此，在估价中要特别注意估价目的、估价时点、估价对象状况和房地产市场状况四者的内在联系。

2. 估价时点确定的要求

不同估价目的的房地产估价，其估价时点要求可能不同。

(1) 估价时点为过去的情形。多出现在房地产纠纷案件中，特别是对估价结果有争议而引发的复核估价。例如，某市某大厦强制拍卖的拍卖底价评估结果争议一案，原产权人对估价机构的估价结果有异议，引发了对该估价结果究竟是否合理的争论。此时衡量该估价结果是否合理，要回到原估价时点(原估价时点是 1996 年 3 月 11 日)，相应地，估价对象的产权性质、用地性质、建筑物状况以及房地产市场状况等，也都要以原估价时点 1996 年

3月11日时的状况为准。否则的话，就无法检验该估价结果是否合理。而且任何其他估价项目的估价结果在事后来看也都可能是错误的，事实上可能并没有错误，只是过去的估价结果不适合现在的情况，因为估价对象状况和房地产市场状况可能发生了变化。

(2) 估价时点为现在，估价对象为历史状况下的情形。多出现于房地产损害赔偿案件中。例如，建筑物被火灾烧毁后，确定其损失程度和损失价值，要根据其过去的状况(现在已不存在了)和损毁后的状况的对比来评估。

(3) 估价时点为现在，估价对象为现时状况下的情形。这是估价中最常见、最大量的，包括在建工程估价。

(4) 估价时点为现在，估价对象为未来状况下的情形。如评估房地产的预售或预购价格。

(5) 估价时点为未来的情形。多出现于房地产市场预测、为房地产投资分析提供价值依据的情况中，特别是预估房地产在未来建成后的价值。在假设开发法中，预计估价对象开发完成后的价值就属于这种情况。

现状为在建工程的房地产，可能同时存在着下列3种估价：①估价时点为现在，估价对象为现时状况下的估价，即该在建工程在现在这个样子的价值是多少；②估价时点为现在，估价对象为未来状况下的估价，如该在建工程经过一段时间后将建成，而现在预售或预购它的价值是多少；③估价时点为未来，估价对象为未来状况下的估价，如该在建工程经过一段时间后将建成，在建成时的价值是多少。

特别提示

同一房地产在不同的时点会有不同的价格，对房地产估价的结果一定要交代清楚是哪一个时点的价格，这对估价师来说也是一个责任的交代。估价时点也是确定建筑物折旧、出让土地剩余使用年限、土地增值税等的标准。一般来说，可以将确定估价结果的那一天作为估价时点。估价时点(估价期日)和估价作业日期不同，后者是一个时间段，即从接受估价委托到最终提交评估报告这一时间段，表示方法是：某年某月某日—某年某月某日，估计时点一般在估价作业日期后半段的某一天。同时在估价报告书中要说明估价结果有效期多长，如从估价时点往后推一年作为评估结果的有效期。

3.3.4 替代原则

1. 替代原则的含义

替代原则是指房地产估价必须依据同一市场上具有相近效用的房地产的价值情况，其价格也应相近的一般原理进行估价。替代原则要求房地产估价结果不得明显偏离类似房地产在同等条件下的正常价格。类似房地产是指与估价对象处在同一供求范围内，并在用途、规模、档次、建筑结构等方面与估价对象相同或相近的房地产。同一供求范围是指与估价对象具有替代关系，价格会相互影响的房地产所处的区域范围。

2. 替代原则依据的基本原理

根据经济学原理，在同一市场上，相同的商品，具有相同的价值。房地产价格也符合这一规律，只是由于房地产的独一无二性，使得完全相同的房地产几乎没有，但在同一市场上具有相近效用的房地产，其价格是相近的。在现实房地产交易中，任何理性的买者和卖者，都会将其拟买或拟卖的房地产与类似房地产进行比较，任何买者不会接受比市场上的正常价格高的价格成交，任何卖者不会接受比市场上的正常价格低的价格成交，最终是类似的房地产价格相互牵制、相互接近。

3. 运用替代原则的注意事项

替代原则对于具体的房地产估价，应注意以下几点。

(1) 如果附近有若干相近效用的房地产存在着价格相近性，则可以依据替代原则，由这些相近效用的房地产的价格推算出估价对象的价格。在通常情况下，由于估价人员很难找到各种条件完全相同、可供直接比较的房地产的价格作为依据，因此，实际上是寻找一些与估价对象具有一定替代性的房地产作为参照物来进行估价，然后根据其间的差别对价格做适当的调整修正。

(2) 不能孤立地思考估价对象的价格，要考虑相近效用的房地产的价格牵制。特别是作为同一个估价机构，在同一个城市、同一估价目的、同一时期，对不同位置、档次的房地产的估价结果应有一个合理的价格差，尤其是好的房地产的价格不能低于差的房地产的价格。

(3) 在估价实务中，要尽可能选择房地产个体差异小、区域差异也小的比较对象作为参考，以尽可能减少修正内容和修正误差。

特别提示

替代原则的理论基础是替代原理，这一原则在不少估价方法中得到运用，如市场比较法、成本法、收益还原法等，只要价格、成本、收益具有替代性都可以用此法。这一原则完全符合人们的经济行为，具有较强的说服力。

3.3.5 公平合理原则

1. 公平合理原则的含义

公平原则要求房地产估价必须站在公正的立场上，求取客观合理的房地产评估价格。其实公平不等于天平，天平只要两头平，公平之平甚至超出了三维的问题。公平原则涉及广泛而又深层的问题。如对抵押的在建工程估价，双方的权利界面则应以可让渡为公平，而不是看其房地产形态；对动拆迁房屋和安置用房的价格评估以时点的一致性为公平，并以被拆迁房屋的登记权利灭失为公平；房地产价格的评估值以客观合理为公平，以能有效地调节买卖双方的经济利益和权利为公平，以合法使用前提为公平，以最高最佳的使用为公平，以能符合市场供求为公平，选取的比较案例以能有效地替代为公平。大凡公认的房地产估价原则都是体现公平、维系公平的。

2. 公平合理原则的内容

估价人员和估价机构在执行任何一宗房地产估价时都必须遵守职业道德，房地产纠纷估价突出体现在公正原则、回避原则和保密原则。

(1) 房地产估价为协议、调节、仲裁、诉讼等解决纠纷提供参考依据。它所涉及的双方当事人大都是由于意见不统一而引起纠纷。房地产估价结果关系到房地产权利人及其关系人的切身利益，如果估价结果有失公平合理，就不但解决不了纠纷，还有可能激化矛盾。因此处理房地产纠纷估价时更应该站在公正的立场上，评估人员不能有丝毫的偏见和倾斜，更不能受金钱、权势的诱惑，必须确保评估的公正性。

(2) 国家标准《房地产估价规范》明确规定：估价人员和估价机构应保持估价的独立性，必须回避与自己、亲属及其他有利害关系人有关的估价业务。限于房地产纠纷估价的特殊性，评估人员和评估机构必须坚持回避原则，摆脱亲戚朋友不正当的要求，要主动回避，避免估价工作遭受不正之风的干扰，确保估价工作顺利开展。坚持回避原则也是保证估价结果公正的前提之一。

(3) 对估价报告要坚守保密原则，特别是检察院、纪委等有关单位委托的估价尤其要注意，对委托方提交的资料要妥善保管，未经委托方同意不得向任何人(包括不相关的人)出示。

房地产价格评估的原则，其作用是以整体效用的发挥限定其正确合理的结果，调整方方面面的关系，调节价格的平衡。房地产价格的评估说到底是根据不同的评估目的，遵循相应的估价原则，按照一定的估价程序，采用科学的估价方法，对房地产真实、客观、合理的价格所作的估计和推测性的判断。如果这个判断是正确的，那么判断的价格应当是唯一的。这个唯一不是数学数轴上的一个数点，是一个价格区域，是一个相应的市场行为都可以认可的误差足够小的价格区间。

在处理估价问题的过程中，估价原则的多样性，每条原则都是根据不同的估价实际问题确定着唯一性，唯一性是估价结果正确性最具说服力的大原则，估价结果唯一性往往奠定估价结果正确的基础，如果估价结果不唯一且有两个及以上差异颇大的发散的多解结果，那么可以断定它是非正确的。唯一性原则从逻辑上将估价原则有效地统一了起来，使他们之间的矛盾有机地得到了统一。

特别提示

在估价过程中，估价师要站在公正、公平的立场上，独立对房地产价格进行评估，这是对房地产估价师的基本道德要求。这一点在这里特别强调，如果忽视这一点，估价师很可能要承担很大的风险。

知识链接

房地产估价的原则和价格法则是两个不同的概念，房地产的价格法则是对房地产价格形成与运动的客观规律的简要概括，具体说来，它是由房地产的自然特征、经济特征，尤其是影响房地产价格形成与运动的客观因素所决定的，如供求法则、替代法则、变动法则、收益分配法则、收益递增递减法则、均衡法则、贡献法则、适合法则、竞争法则等。房地产估价原则是对房地产估价业务在操作上的基本要求。与房地产的价格法则相比，房地产的估价原则主要体现在估价师行为的惯例以及政府或有关法规对估价师在估价活动上的总体要求。房地产价格法则是房地产估价原则形成的基础。

本章小结

本章首先简明扼要地阐述了房地产估价的基本概念和工作内容；然后详细叙述了房地产估价的要素和基本估价程序；概述房地产估价的现实必要性及估价行业的发展；重点对房地产评估过程中需要遵循的原则和应注意的基本事项作了概括的阐述；同时对各种估价原则在实务操作过程中的具体要求和注意事项做了简要提示；在对房地产进行估价时，因估价目的不同，具体要遵循的原则也不完全一样，这一点要特别注意。

习题

一、单选题

(1) 把行政划拨的土地当作有偿出让的土地来估价，违背了房地产估价的(　　)原则。

A. 合法　　B. 公平　　C. 替代　　D. 最高最佳使用

(2) 在同一个估价机构，在同一个城市，同一估价目的，同一时期，对不同位置、档次的房地产的估价结果应有一个合理的价格差，这符合(　　)原则。

A. 合法　　B. 公平　　C. 替代　　D. 最高最佳使用

(3) 如果与估价对象有利害关系，估价人员应当回避，这是遵循(　　)原则。

A. 合法　　B. 公平　　C. 估价时点　　D. 最高最佳使用

(4) 适合原理可以帮助人们确定房地产的(　　)。

A. 最佳规模　　B. 最佳集约度　　C. 最佳用途　　D. 最佳经济效益

(5) 当估价对象已做了某种使用时，且现状房地产的价值大于新建房地产的价值减去拆除现有建筑物的费用及建造新建筑物的费用之后的余额，则该估价前提应为(　　)。

A. 保持现状　　B. 装修改造　　C. 重新利用　　D. 转换用途

(6) 在房地产纠纷案件中，特别是对估价结果有争议而引发的复核估价中，估价时点通常为(　　)。

A. 现在　　B. 过去　　C. 未来　　D. 难以把握

(7) 在评估房地产的预售或预购价格时，通常认为(　　)。

A. 估价时点为现在，估价对象为未来

B. 估价时点为过去，估价对象为未来

C. 估价时点为未来，估价对象为未来

D. 估价时点为现在，估价对象为现在

(8) 城市规划规定某块土地的用途可为商业、居住、办公、工业，根据最高最佳使用原则，该土地的用途为(　　)。

A. 居住　　B. 工业　　C. 商业　　D. 办公

(9) 均衡原理是指房地产内部构成要素的组合是否均衡，它可以帮助人们确定房地产的(　　)。

A. 最佳集约度和规模　　B. 最佳用途和规模

C. 最佳集约度和用途　　D. 最佳规模和用途

(10) 房地产估价的合法原则是针对于(　　)来讲的。

A. 估价机构　　B. 估价人员

C. 估价对象　　D. 估价方法

二、判断题

(1) 替代原则要求在同一供求范围的房地产，其价格可以相互替代。(　　)

(2) 估价时点是根据委托人的要求确定的。(　　)

(3) 估价时点总是在“估价作业日期”内。(　　)

(4) 建筑物被火灾烧毁后，在其价值的评估中，估价时点为现在，估价对象为历史。(　　)

(5) 在建工程的评估，其估价时点为现在。(　　)

(6) 公平原则要求房地产估价人员应站在中立的立场上。(　　)

(7) 附有建筑物的土地，其价格通常高于空地的价格。(　　)

(8) 遵循房地产估价的合法原则，即估价机构或人员应具有合法的评估资格。(　　)

(9) 估价时点不一定是现在，也可以是过去或未来。(　　)

(10) 估价报告书的有效期是相对于估价作业日期而言的，而不是相对于估价时点而言的。(　　)

三、简答题

(1) 何谓房地产估价原则？

(2) 房地产估价原则主要有哪几种？

(3) 掌握房地产估价原则有何意义？

(4) 何谓合法原则？遵循合法原则包括哪几个方面？

(5) 何谓最高最佳使用原则？如何衡量最高最佳使用？

(6) 估价对象的使用如果不是最高最佳使用对其价值有何影响？

(7) 在实际估价中如何根据最高最佳原则确定估价前提？

(8) 何谓替代原则？如何遵循替代原则？

(9) 何谓估价时点原则？估价时点是否总为“现在”，为什么？

(10) 如何才能评估出公平合理的价格？

第4章

市场比较法

教学目标

了解市场比较法的含义、理论依据和操作步骤；熟悉交易实例的收集方式和选择可比实例的要求；掌握建立价格可比基础的技术；掌握交易情况、交易日期和房地产状况修正的内涵及修正的方法；掌握综合修正计算方法和综合结果的确立。

教学要求

能力目标	知识要点	权重
了解市场比较法的定义、理论依据、适用对象和条件，以及操作步骤	市场比较法的含义	5%
了解交易实例收集的途径、内容；掌握选取可比实例的含义和要求	选择可比实例	5%
掌握建立价格可比基础的5个方面	建立价格可比基础	10%
理解造成交易价格偏差的情况和交易情况修正的含义；能够利用交易情况修正的方法将可比实例的价格修正为估价对象房地产的价格	交易情况的修正	20%
理解交易日期修正的含义；能够利用交易日期修正的方法将可比实例的价格修正为估价对象房地产的价格	交易日期的修正	20%
理解房地产修正状况的含义和内容；能够利用房地产修正方法将可比实例的价格修正为估价对象房地产的价格	房地产状况修正	20%
理解综合修正计算的步骤；能够运用直接修正法和间接修正法计算可比实例的比准价格，综合测算估价对象房地产的价格	综合修正计算	20%

引　例

王先生欲用其某处房产在银行作抵押贷款，于是王先生委托某房地产估价公司对其房地产进行估价，估价公司经过现场勘查及相关市场调查对估价对象情况了解如下。

该估价对象为××花园小区 49 号楼 402 室房地产，该楼建成于 2009 年 10 月，坐北朝南，为钢筋混凝土框架结构，地面上 7 层，其中一层为储藏室，2～7 层为居住楼层的普通居民楼，外墙贴彩砖，大理石台阶、木扶手、铁栏杆，402 室内情况为实木木地板地面、地暖、乳胶漆墙面、石膏吊顶、防盗门、塑钢窗，水、电、暖、天然气、宽带等齐全，该房产建筑面积 102.78 平方米。

该居住小区位于该市的中心区域，对外交通依靠××路、××路，有 10、1、31、9 等多路公交车经过，出行非常方便。该居住小区周边环境良好，经济较发达，大型的商场、超市主要有：××中心超市；学校主要有：××小学、××小学，生活条件非常方便。

该处房产有许多与估价对象相似的房地产的交易案例。根据上述情况该房地产估价公司决定首先要采用市场比较法对此估价对象进行估价。

思考：为什么房地产估价公司决定首先要采用市场比较法对此估价对象进行估价。

学习房地产估价方法，根本的目的就是对某宗具体的房地产进行客观、准确地估算。对于上述的引例，要估算该宗房地产的价格，一定要严格地按照估价的程序进行(具体内容参见第 2 章，这里主要讲述运用市场比较法的过程)。根据估价人员对该宗房地产估价所拟定的估价技术路线，该宗房地产宜采用市场比较法等方法。那么，什么是市场比较法？怎样才能运用市场比较法客观准确地估算该宗房地产的价格呢？下面就来学习市场比较法的基本原理。

4.1　市场比较法的基本原理

4.1.1　市场比较法的概念

市场比较法(market comparision approach)又称买卖实例比较法、市价比较法、交易实例比较法、市场法，它是房地产估价方法中最常用的估价方法之一，也是目前国内外广泛应用的经典估价方法。

其基本内涵就是将估价对象与近期内已发生交易的类似房地产进行比较，根据类似房地产的成交价格进行适当的修正，以此作为估价对象在估价时点的客观合理价格的估价方法。这里的“类似房地产”，是指在指在同一供求圈内，在用途、建筑结构、规划条件等方面，与估价对象相似的房地产。采用市场比较法求得的价格，称为比准价格。比准价格经过调节后，得出市场价值。

所谓同一供求圈是指与估价对象房地产具有替代关系，价格相互影响的适当范围，包括临近地区和类似地区。

市场比较法是以市场实际交易价格为估价基准，最能直接反映估价对象的市场价格，所以它是一种最具说服力并易于被当事人接受的方法，也是一种普遍应用的重要的估价方法。

4.1.2 市场比较法的理论依据

市场比较法的理论依据是由房地产价格形成的替代原理。根据经济学理论，在同一市场上，具有相同效用的物品，应具有同一的价格，即具备完全的替代关系。这样，在同一市场上，两个以上具有替代关系的商品同时存在时，商品的价格就是由这种有替代关系的商品相互竞争，使其价格相互牵制而终趋于一致，这就是替代原理。这一原理作用于房地产市场，便表现为效用相同、条件相似的房地产价格总是相互牵制，并趋于一致。因此，在房地产市场上，任何有理性的当事人都会以已成交的房地产的价格作为参考依据来决定其行动。

房地产的价格受替代原理的作用，故估价对象房地产的未知价格可以通过类似房地产的已知成交价格来求取。但是，由于房地产市场的不完全性、房地产商品的独一无二性、交易情况不同、交易日期的不一致性，使得交易实例房地产与估价对象房地产之间总是存在一定的差异，这种差异导致估价对象房地产的价格与交易实例房地产的价格有一定差异。因此，采用市场比较法进行估价时，必须将估价对象房地产与交易实例进行认真比较、分析其中的差异，然后对这些差异进行修正、调整，从而求出估价对象房地产的价格。

特别提示

替代原理是这里学习的重点。正是由于替代原理的作用，才使得同一供求圈内的类似房地产的价格互相牵制，趋于一致。

4.1.3 市场比较法的适用对象

市场比较法适用的对象是同种类型的数量较多且经常发生交易的房地产，如房地产开发用地、普通商品住宅、高档公寓、别墅、写字楼、商场、标准工业厂房等，这些房地产由于数量众多、交易频繁，可搜集到大量的交易实例，所以适合采用市场比较法。

而对于那些很少发生交易的房地产，如特殊工业厂房、机场、码头、博物馆、学校、古建筑、教堂、寺庙、纪念馆、医院、行政办公楼、在建工程等，由于数量很少或是可比性较差，则难以采用市场比较法。

4.1.4 市场比较法的适用条件

1. 房地产市场发达、活跃和完善的国家或地区

通常在市场经济发达的国家或地区，其房地产市场也相当发达。频繁的房地产交易使得房地产交易价格的资料很容易就可以从经纪人、法院或政府税收部门获得。相反，在那些房地产市场发育不充分的国家或地区，由于交易活动少，缺乏必要的交易资料，就不宜采用市场比较法来估价。但有时即使在总体上房地产市场比较活跃的国家或地区，在某些情况下市场比较法也是不适用的。例如，1993 年以后一段时期的海南省由于泡沫经济的破裂导致很长一段时间都没什么房地产交易。

2. 具备充足的市场交易资料

充足的市场交易资料取决于活跃的房地产市场。具体来说，充足的市场交易资料包括以下几方面。

(1) 数量充足。一般认为，运用市场比较法需要有 10 个以上的交易实例资料，其中至少要有 3 个具有较高的可比性的交易实例。

(2) 资料可靠。资料可靠主要是指资料来源的可靠和资料本身的可靠。为确保估价的客观公正，在选取可比实例时，要对交易实例资料的完整性和准确性进行核查。

(3) 质量保证。质量保证的标准以可比性和替代性表示。采用市场比较法，需要有与估价对象房地产相关程度高和可比性强的交易实例。可比实例与估价房地产的相关程度越高，估价结果越好，替代性越强，估价结果越准确。

3. 具有丰富估价经验的估价人员

市场比较法要求估价人员具有广博的专业知识、丰富的经验。一方面，在采用市场比较法时，交易实例的交易情况、交易日期、房地产状况这些方面需要估价人员凭借其经验来判断确定修正系数；另一方面，需要估价人员对估价对象所在区域的房地产市场行情和交易习惯非常熟悉，否则，很难运用市场比较法得出准确的估价结果。

4.1.5 市场比较法的操作步骤

运用市场比较法对某宗房地产进行估价时，具体操作步骤如下。

(1) 搜集交易实例。
(2) 选取可比实例。
(3) 建立价格可比基础。
(4) 进行交易情况的修正。
(5) 进行交易日期的调整。
(6) 进行房地产状况的调整。
(7) 求取比准价格。

4.2 搜集选取可比实例

运用市场比较法进行估价，基本前提就是拥有大量真实、可靠的交易实例。因为待估房地产价格的评估结果是否客观合理，在很大程度上取决于对交易实例的分析和比较。因此，应尽可能地搜集较多的交易实例。不过，交易实例的搜集不一定要等到采用市场比较法估价时才进行，也可以在平时工作中进行实例的收集和积累，以备工作之需。

根据市场比较法的操作步骤，估算上述引例的房地产价格，第一步就是搜集交易实例。在此，要了解搜集交易实例的途径和搜集的内容。

4.2.1 搜集交易实例的途径

搜集交易实例及相关参考资料的途径主要有如下几种。

(1) 查阅政府相关部门的房地产交易等资料，如房地产权利人转让房地产时申报的成交价格资料、交易登记资料，政府出让土地使用权的地价资料，政府确定、公布的基准地价、标定地价和房屋重置价格资料等。

(2) 查阅报刊上有关房地产出售、出租的广告，信息等资料。

(3) 参加房地产交易展示会，了解房地产价格行情，收集有关信息，索取有关资料。

(4) 向房地产交易当事人、四邻、经纪人、金融机构、司法机关等调查了解有关房地产交易的情况。

(5) 假装成房地产购买者，与房地产出售者如业主、房地产开放商、经纪代理商等洽谈，取得真实的房地产价格资料。

(6) 同行之间相互提供，估价机构或估价人员可以约定相互交换所收集的交易实例和经手的估价案例资料。

特别提示

除了上述途径，日常工作中也可以留心收集一些交易实例，以备日后需要。

4.2.2 搜集交易实例的内容

搜集交易实例资料时，需要明确搜集哪些内容很重要，这样可以节省资料搜集的时间和精力。资料搜集一般应包括如下内容。

(1) 交易双方的基本情况和交易目的。要说明交易双方是否在公开的市场状况下进行公平自愿的交易，即属正常交易还是非正常交易。交易目的指交易双方为什么而交易，一般包括买卖、入股、抵债等。

(2) 交易实例房地产的状况(权益、区位、实物三方面)，包括坐落位置、形状与面积，用途，地质条件，购物、交通、景观等环境条件，土地利用现状与规划用途，有关地上建筑物的基本情况，权利状况。

(3) 成交日期。

(4) 成交价格，包括房地总价、房屋总价、土地总价及相应的单价和房屋租金等，同时应说明价格类型、价格水平及货币种类和货币单位等情况。

(5) 付款方式，如一次付清、分期付款及比例、抵押贷款比例、租金支付方式等内容。

(6) 交易情况，如交易税费的负担方式，有无隐价瞒价、急买急卖、人为哄抬、亲友间的交易等特殊交易情况。

搜集交易实例的资料时，为了避免遗漏重要事项，估价人员应针对不同类型的房地产编制“交易实例调查表”(表4-1)。搜集实例时，按表填写，既方便又可以避免遗漏。

为了确保估价结果的质量，交易实例及其内容必须真实、可靠。对于搜集到的每个交易实例的每项内容，都应进行调查核实，以保证准确无误。

表 4-1 交易实例调查表

房地产类型：＿＿＿＿＿＿＿＿

<table>
<tr><td>名　称</td><td colspan="3"></td></tr>
<tr><td>坐　落</td><td colspan="3"></td></tr>
<tr><td>卖　方</td><td colspan="3"></td></tr>
<tr><td>买　方</td><td colspan="3"></td></tr>
<tr><td>成交日期</td><td colspan="3"></td></tr>
<tr><td>成交价格</td><td colspan="3"></td></tr>
<tr><td>付款方式</td><td colspan="3"></td></tr>
<tr><td rowspan="2">房地产状况说明</td><td rowspan="2">权益状况说明</td><td>土地性质、使用期限</td><td></td></tr>
<tr><td>房产产权情况</td><td></td></tr>
<tr><td rowspan="12">房地产状况说明</td><td rowspan="6">区位状况说明</td><td>地段位置</td><td></td></tr>
<tr><td>商业繁华度</td><td></td></tr>
<tr><td>配套设施</td><td></td></tr>
<tr><td>交通条件</td><td></td></tr>
<tr><td>环境景观</td><td></td></tr>
<tr><td>……</td><td></td></tr>
<tr><td rowspan="6">实物状况说明</td><td>土地用途</td><td></td></tr>
<tr><td>土地面积</td><td></td></tr>
<tr><td>房屋结构</td><td></td></tr>
<tr><td>房屋成新</td><td></td></tr>
<tr><td>临街情况</td><td></td></tr>
<tr><td>……</td><td></td></tr>
<tr><td>交易情况说明</td><td colspan="3"></td></tr>
<tr><td colspan="2">坐落位置图</td><td colspan="2">建筑平面图</td></tr>
<tr><td colspan="4">资料来源</td></tr>
</table>

调查人员：＿＿＿＿＿＿＿＿　　　　　　　调查日期：＿＿＿＿＿＿＿＿

4.2.3 建立交易实例库

采用市场比较法估价时，经常要搜集大量与估价对象房地产同一供求圈内类似的房地产交易实例，选取合适的交易实例进行分析、比较，以测算出估价对象房地产的价格。为了避免临时手忙脚乱地搜集交易实例资料或难以找到足够的、合适的交易实例资料，房地产估价机构和估价人员应当建立房地产交易实例库，这是从事房地产估价的一项基础性工作。交易实例库的建立可通过制作交易实例卡片分门别类存放，或将收集到的交易实例输入计算机内，这样有利于保存和在需要时快速查找、调用。

4.2.4 选取可比实例

采用市场比较法进行估价时，虽然估价机构和估价人员搜集了大量的交易实例，但是针对某宗具体的估价对象、估价目的、估价时点，并不是所有的实例都适合。这需要估价人员从众多的实例中选出符合一定条件的交易实例作为参照对象。这些用来参照比较的交易实例，就是可比实例。可比实例是指交易实例中房地产状况与估价对象的房地产状况相同或相当、成交日期与估价时点接近、交易类型与估价目的吻合、成交价格为正常市场价格或可修正为正常市场价格的交易实例。可比实例的选取是关系到运用市场比较法成功与否的重要环节。

具体来说，可比实例应满足下列基本要求。

(1) 可比实例应与估价对象处于同一供求圈内或同一地段。可比实例与估价对象应处于同一供求圈内的临近地区或类似地区。如果估价对象是某个住宅小区内的一套普通商品住房，那么选择的可比实例最好是同一小区内的交易实例；如果同一小区内没有合适的交易实例，那么应选取类似地区的普通商品住房作为交易可比实例。

(2) 可比实例的用途应与估价对象的用途相同。房地产的用途分为大类和小类。大类用途包括居住、商业、办公、旅馆、工业、农业等。小类用途是在大类用途的基础上再细分，如居住房地产可细分为普通住宅、高档公寓、豪华别墅等。可比实例的用途如果能做到小类与估价对象相同则更好。如估价对象为市中心的写字楼，则选择的可比实例最好为附近的写字楼。

(3) 可比实例的建筑结构应与估价对象的建筑结构相同。这里的建筑结构主要指大类建筑结构相同，如能做到小类建筑结构相同为最好。所谓大类建筑结构一般包括钢结构、钢筋混凝土结构、砖混结构、砖木结构、简易结构。小类建筑结构是在大类建筑结构的基础上再细分。如估价对象为砖木一等，则选取的可比实例最好也是砖木一等。

(4) 可比实例的规模应与估价对象的规模相当。选取的可比实例规模一般应在估价对象规模的0.5～2倍范围内，不能过大，也不能过小。如估价对象是一宗面积为100平方米的土地，则选取的可比实例的土地面积应在50～200平方米范围之内。

(5) 可比实例的权利性质应与估价对象的权利性质相同。同一宗房地产权利性质不同，测算的价值也不同。因此，可比实例的权利性质应与估价对象一致。如估价对象为出让土地使用权的房地产，则应选取出让土地使用权的房地产作为可比实例，而不能选取划拨土地使用权的房地产作为可比实例。

(6) 可比实例的交易类型应与估价目的相吻合。房地产的交易类型主要有买卖、租赁、抵押、入股、典当等形式。其中根据交易方式，土地的出让又可分为协议、招标、拍卖、挂牌等交易类型。估价目的包括国有土地使用权价格评估、房地产买卖价格评估、房屋租赁价格评估、房地产抵押价值评估、房屋拆迁补偿估价、保险估价、课税估价等。如果对买卖的房地产进行估价，则应选取买卖交易实例作为可比实例。

(7) 可比实例的成交日期应与估价时点接近。估价时点是指决定估价对象估价额的基准日期。在一个动态的房地产市场上，房地产的价格会随着时间的推移而发生变化。因此必须要求可比实例的成交日期与估价对象的估价时点接近。所谓接近，只是个相对的概念，要根据房地产市场的波动情况具体确定。如房地产市场波动较小，那么1～2年内发生的交易也可作为候选对象；如房地产市场波动较大，那么相隔1年的交易也算陈旧。但不管怎样，一般认为，交易实例的成交日期与估价时点相隔一年以上的不宜采用，如一定要采用则在估价报告中必须予以说明。

(8) 可比实例的成交价格应是正常成交价格或能够修正为正常成交价格。所谓正常成交价格，是指在公开的房地产市场上，交易双方充分了解市场信息，以平等自愿的方式达成的交易实例价格。这类交易实例为可比实例的首选。但如果市场上正常成交的实例较少，不得不选取非正常交易实例作为可比实例时，才可以选取能够修正为正常成交价格的非正常交易实例。

理论上，选取的可比实例的数量越多越好，但是如果选取的数量太多，后续进行比较修正的工作量太大。因此，一般要求选取的可比实例数量为 3～10 个(含 3 和 10)。

综合应用案例 4-1

有一栋钢筋混凝土结构的住宅，建筑层数为 18 层，地区级别为 6 级，现空置。要求用市场比较法评估其出售价格。现有 A、B、C、D、E、F 共 6 宗交易实例(表 4-2)，要求从中选取合适的可比实例。

表 4-2　交易实例资料表

房屋性质	是否空置	估价时间、目的	地区级别	市场价格/(元/平方米)
A. 钢筋混凝土结构的 19 层住宅	空置	近期出售	6 级	4 500
B. 钢筋混凝土结构的 8 层住宅	空置	近期出售	6 级	3 800
C. 砖混结构 7 层住宅	空置	近期出售	3 级	3 200
D. 钢筋混凝土结构的 26 层住宅	空置	近期拍卖	6 级	3 800
E. 钢筋混凝土结构 18 层综合楼	空置	近期出售	6 级	4 800
F. 钢筋混凝土结构的 18 层住宅	空置	2 年前出售	6 级	3 500

【案例分析】

实例 A 适合作为可比实例。因为其各种条件均和待估房地产的条件相符，是较为理想的可比实例。

实例 B 不适合作为可比实例。因为层数相隔悬殊，实例是小高层建筑，而估价对象是高层建筑。

实例 C 不适合作为可比实例。原因有 3 点：①它的建筑结构为砖混结构，而估价对象为钢筋混凝土结构；②层数相隔悬殊，实例是小高层建筑，而估价对象是高层建筑；③地区级别为 3 级，与估价对象的地区级别相差太大。

实例 D 不适合作为可比实例。因为它的估价目的是拍卖，而非出售，拍卖价值往往低于市场价格。

实例 E 不适合作为可比实例。因为它是综合楼，与估价对象的用途不同。

实例 F 不适合作为可比实例。因为它的出售时间为 2 年前，距今时间较长，不符合与估价对象估价时点接近的要求。

4.3　建立价格可比基础

选取了可比实例之后，应先对其成交价格进行换算处理，使其口径一致、相互可比，并统一价格单位，为后续的比较修正工作打下基础。

建立价格可比基础包括 5 个方面的内容，即统一付款方式、统一采用单价、统一币种和货币单位、统一面积内涵、统一面积单位。

4.3.1 统一付款方式

由于房地产的总价值大，进行交易时往往采取分期付款的方式。而资金具有时间价值，这使得成交价格与实际价格不符。估价时，为了便于比较，价格通常以一次付清所需支付的金额为基准，因此需要将分期付款的可比实例的成交价格折算为在其成交日期时的一次付清的实际价格。计算方法根据资金的时间价值中的折现公式来计算。

例 4-1

某宗房地产的交易总价款为 80 万元，其中首付款为 30%，30%的价款于半年后支付，余下的 40%一年后支付。假设年利率为 6%，试将其付款方式统一到成交日期时一次性付清的价格。

【解】

$$80\times30\%+\frac{80\times30\%}{(1+6\%)^{0.5}}+\frac{80\times40\%}{(1+6\%)^{1}}\approx77.50\ (\text{万元})$$

思考

如果例 4-1 中利率为月利率 0.5%或季利率 1.5%。那么将其付款方式统一到成交日期时一次性付清的价格有没有变化呢？

特别提示

在统一付款方式时，最难确定的是折现公式中的期数。这时要弄清所给的利率是年、季还是月利率，这决定折现的期数。上题中，由于已知年利率，半年后支付的30%的价款折现的期数是半年，即 0.5；如果已知的是季利率，那么半年后支付的价款折现期数是 2，因为半年为 2 个季度；相应的如果已知的是月利率，那么半年后支付的价款折现期数是 6。

知识链接

资金时间价值的计算

1. 资金时间价值的概念

资金时间价值是指资金在周转使用中由于时间因素而形成的差额价值。时间价值的表现形式是利息与利率。利息的计算有单利计息和复利计息两种。所谓单利，是指只按照规定的利率对本金计息、利息不再计息的方法。所谓复利，是指不仅本金计算利息，而且利息也要计算利息，即每隔一定时期计算一次利息，并将利息并入本金作为下一期计算利息的基数，就是通常所说的“利滚利”。在统一付款方式中，就是采用的复利的计息方式。

2. 资金时间价值计算的基本公式

1) 终值的计算

通常用 P 表示现时点的资金额(简称现值)，用 i 表示资本的利率，n 期期末的复本利和(终值)用 F 表示，则有下述关系成立：

$$F = P(1+i)^n$$

这里的$(1+i)^n$称为一次支付复利终值系数；用符号$(F/P, i, n)$表示，意味着当P、i、n为已知时，求终值F。在财务会计中具体计算时，该因数值不必自行计算，已有现成表格供使用，计算时根据需要直接查表即可。

2) 现值的计算

当将来值F为已知，想求出现值为多少时，只需将终值公式稍加变换即可得到

$$P = F \times \frac{1}{(1+i)^n}$$

上述中，$\frac{1}{(1+i)^n}$称为一次复利现值系数，用符号$(P/F, i, n)$表示，意味着已知F值求现值P为多少。同样，该因数值可由相应因数表中查得，而不必自行计算。

特别提示

在将付款方式统一到成交日期一次付清的价格时，不必查询相应的复利终值系数、复利现值系数因数表，直接通过计算器计算即可。

4.3.2 统一采用单价

为了使可比实例与估价对象之间能够进行比较，应采用统一的价格。其中房地产的价格有总价和单价之分，土地除了单价和总价之外，还有楼面地价。估价时，一般统一采用单价，即单位面积上的价格。大多数房地产通常采用以建筑面积的每平方米的价格为比较单位，有时也采用每平方米套内建筑面积或使用面积为比较单位。估价对象不同，比较单位也有区别，如仓库以单位体积为比较单位、停车场以每个车位为比较单位、旅馆以每个房间或床位为比较单位、电影院以每个座位为比较单位、医院以每个床位为比较单位、保龄球馆以每个球道为比较单位。

4.3.3 统一币种和货币单位

由于各国货币的流通，有时可比实例与估价对象成交时所支付的货币币种存在差异，如人民币、港元、美元、欧元、日元等。为了使可比实例与估价对象之间能够进行比较，需要对不同币种的价格之间进行换算，即统一币种。不同币种之间的换算通常采用成交日期时的市场汇价进行换算。但如果先按照原币种的价格进行交易日期修正，则应采用估价时点时的市场汇价进行换算。

在统一货币单位方面，按照使用习惯，人民币、港元、美元等通常都换算为人民币“元”。

4.3.4 统一面积内涵

在房地产交易中，有时卖方会采用各种面积内涵计价，如有按照建筑面积计价、有按照使用面积计价还有按照套内面积计价。如果可比实例和估价对象的计价面积内涵不同，则应将它们统一成相同的面积内涵。这些面积内涵之间的换算如下：

$$建筑面积下的价格=套内建筑面积下的价格\times\frac{套内建筑面积}{建筑面积}$$

$$建筑面积下的价格=使用面积下的价格\times\frac{使用面积}{建筑面积}$$

$$套内建筑面积下的价格=使用面积下的价格\times\frac{使用面积}{套内建筑面积}$$

4.3.5 统一面积单位

不同的国家或地区，使用的面积单位也有不同。在中国大陆，通常采用“平方米”(土地的面积单位有时还采用“公顷”“亩”)。美国、英国和我国香港特别行政区习惯采用“平方英尺”；日本、韩国和我国的台湾地区一般采用“坪”。如果可比实例和估价对象的面积单位不同，则应将它们统一为相同的面积单位。它们之间的换算如下：

1 公顷=10 000 平方米

1 亩=666.67 平方米

1 平方米=10.764 平方英尺

1 平方英尺=0.092 903 04 平方米

1 坪=3.305 79 平方米

1 平方米=0.303 坪

例 4-2

为评估某宗房地产的价格，在众多的交易实例中，选取了 A、B、C 共 3 宗可比实例。A 交易实例的建筑面积为 200 平方米，成交价格为 160 万元人民币，付款方式为分期付款，其中成交时付款为 50 万元，余款在一年后付清。B 交易实例建筑面积为 140 平方米，套内面积为 105 平方米，套内面积下的价格为每平方米 10 000 元人民币，付款方式为一次性付款。C 交易实例的建筑面积为 3 300 平方英尺，成交价格为 30 万美元，付款方式为一次性付清。现假若年利率为 6%，C 交易实例中成交日的美元与人民币市场汇价为 7.76 元人民币。试将 A、B、C 这 3 宗交易实例的价格统一为人民币表示的每平方米建筑面积单价。

【解】建立价格可比基础，包括统一付款方式、统一采用单价、统一币种和货币单位、统一面积内涵和面积单位。通常将可比实例的价格统一到“元人民币/平方米建筑面积”。下面分别对 A、B、C 这 3 宗交易实例进行价格换算。

1. 对 A 交易实例进行价格换算

1) 统一付款方式

$$A总价=50+\frac{160-50}{1+6\%}=153.77(万元人民币)$$

2) 统一采用单价

$$A单价=\frac{153.77}{200}=7\,688.68(元/平方米)$$

2. 对 B 交易实例进行价格换算

这里只需统一采用单价即可。

$$B单价=10\,000\times\frac{105}{140}=7\,500(元/平方米)$$

3. 对 C 交易实例进行价格换算

1) 统一币种

$$C总价=30\times7.76=232.80(万元人民币)$$

2) 统一面积单位

$$C建筑面积=3\,300\times0.092\,903\,04=306.58(平方米)$$

3) 统一采用单价

$$C单价=\frac{232.8\times10^4}{306.58}=7\,593.45(元/平方米)$$

如果上例中利率为月利率 0.5%或季利率 1.5%，那么将其付款方式统一到成交日期时一次性付清的价格有没有变化呢？

根据上述内容，引例所选定的可比实例的资料恰巧是已知建筑面积的大小、以人民币计单位面积价格，均符合建立统一价格基础的要求，所以对引例中的房地产估价省略了这一步骤。

4.4 进行交易日期、交易情况及房地产状况的修正

完成了建立统一的价格基础这项工作之后，就要对可比实例进行其他方面的修正工作。因为房地产具有独一无二性，所以即使选取了合适的可比实例，也要对影响房地产价格的主要因素的相似和差异性进行比较分析。这些差异因素包括交易日期、交易情况和房地产状况等方面。下面分别对这些因素进行分析、修正。

4.4.1 进行交易日期的修正

1. 交易日期修正的含义

不同时期的房地产市场的状况不同，决定了房地产的市场价格也不同。可比实例房地产的成交日期与估价对象的估价时点不同，这使得它们之间的价格存在一定的差异。因此，应将可比实例在成交日期时的价格调整为在估价时点时的价格，以符合市场行情，才能作为估价对象的参考价格，这种调整称为交易日期修正。

2. 交易日期修正的方法及运用举例

在可比实例的成交日期到估价时点期间，房地产市场状况可能发生了一些变化。这些变化可能使房地产价格发生平稳、上升、下降三种情况。当房地产价格平稳发展时，可比实例的交易日期不需要修正；当房地产价格上升或下降时，必须对可比实例的交易日期进行修正，以使其符合估价时点时的房地产市场状况。

交易日期修正通常采用百分率法，计算公式如下：

可比实例在成交日期时的价格×交易日期修正系数=可比实例在估价时点时的价格

式中，交易日期修正系数应以成交日期时的价格为基础来确定。假设从成交日期到估价时点时，可比实例价格涨跌的百分率为 $T\%$，即当可比实例的价格上涨，为 $+T\%$，计算公式为

$$可比实例在成交日期时的价格\times(1+T\%)=可比实例在估价时点时的价格$$

或

$$可比实例在成交日期时的价格\times\frac{100+T}{100}=可比实例在估价时点时的价格$$

当可比实例的价格下跌时，为 $-T\%$，计算公式为

$$可比实例在成交日期时的价格\times(1-T\%)=可比实例在估价时点时的价格$$

或

$$可比实例在成交日期时的价格\times\frac{100-T}{100}=可比实例在估价时点时的价格$$

其中，$(1\pm T\%)$ 或 $\frac{100\pm T}{100}$ 是交易日期修正系数。

交易日期修正的具体方法有价格指数修正法和价格变动率修正法，如图 4.1 所示。

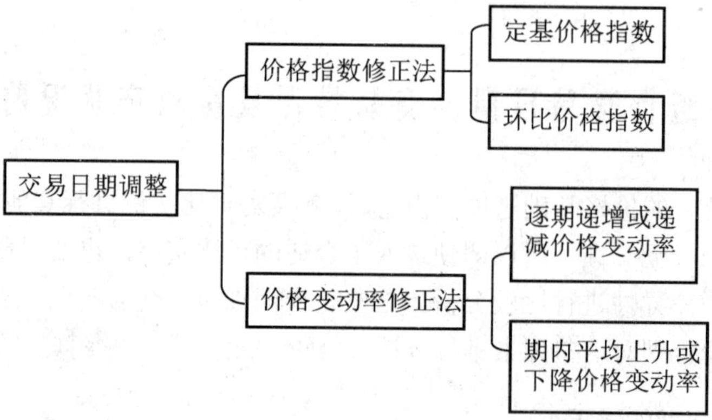

图 4.1　交易日期修正方法

1) 价格指数修正法

价格指数有定基价格指数和环比价格指数。在价格指数编制中，两者的主要区别是选择的基期时期不同。

定基价格指数和环比价格指数的编制原理参见表 4-3。

表 4-3　价格指数编制原理

时间	价格	定基价格指数	环比价格指数
1	P_1	P_1/P_1	P_1/P_0
2	P_2	P_2/P_1	P_2/P_1
3	P_3	P_3/P_1	P_3/P_2
…	…	…	…

续表

时间	价格	定基价格指数	环比价格指数
$n-1$	P_{n-1}	P_{n-1}/P_1	P_{n-1}/P_{n-2}
n	P_n	P_n/P_1	P_n/P_{n-1}

(1) 定基价格指数。在价格指数编制中，以某个固定时期作为基期的，称为定基价格指数。房地产相关的价格指数体系中，较多的采用定基价格指数。采用定基价格指数进行交易日期的修正公式如下。

$$\text{可比实例在成交日期时的价格}\times\frac{\text{估价时点时的价格指数}}{\text{成交日期时的价格指数}}=\text{可比实例在估价时点时的价格}$$

例 4-3

某地区某类房地产2007年3月至9月的价格指数分别为105，113，115，110，118，125，120(以2007年1月为100作为基期)。其中，某宗房地产在2007年5月的价格为4 800元/平方米，对其交易日期进行修正，修正到2007年9月的价格为多少？

【解】该宗房地产在2007年9月的价格计算如下：

$$4\,800\times\frac{120}{115}=5\,008.70\ (\text{元/平方米})$$

(2) 环比价格指数。在价格指数编制中，以上一时期作为基期的，称为环比价格指数。采用环比价格指数进行交易日期的修正公式如下：

$$\begin{matrix}\text{可比实例}\\\text{在成交日}\\\text{时的价格}\end{matrix}\times\begin{matrix}\text{在成交日期}\\\text{的下一时期}\\\text{的价格指数}\end{matrix}\times\begin{matrix}\text{再下一时}\\\text{期的价格}\\\text{指数}\end{matrix}\times\cdots\times\begin{matrix}\text{估价时点}\\\text{时的价格}\\\text{指数}\end{matrix}=\begin{matrix}\text{可比实例}\\\text{在估价时点}\\\text{时的价格}\end{matrix}$$

例 4-4

某地区某类房地产2007年3月至9月的价格指数分别为97，98.6，100.2，103，105.5，109，114(均以上月为100作为基期)。其中，某宗房地产在2007年5月的价格为4 000元/平方米，对其交易日期进行修正，修正到2007年9月的价格为多少？

【解】该宗房地产在2007年9月的价格计算如下：

$$4\,000\times\frac{103}{100}\times\frac{105.5}{100}\times\frac{109}{100}\times\frac{114}{100}=5\,401.09\ (\text{元/平方米})$$

2) 价格变动率修正法

房地产价格变动率有逐期递增或递减的价格变动率和期内平均上升或下降的价格变动率两种。

(1) 逐期递增或递减的价格变动率。采用逐期递增的价格变动率进行交易日期的修正公式为

$$\begin{matrix}\text{可比实例在成交}\\\text{日期时的价格}\end{matrix}\times(1+\text{价格变动率})^{\text{期数}}=\begin{matrix}\text{可比实例在估价}\\\text{时点的价格}\end{matrix}$$

采用逐期递减的价格变动率进行交易日期的修正公式为

$$\text{可比实例在成交日期时的价格}\times(1-\text{价格变动率})^{\text{期数}}=\text{可比实例在估价时点的价格}$$

例 4-5

评估某宗房地产2007年9月末的价格，选取了下列可比实例：成交价格4000元/平方米，成交日期2007年3月末。另据调查获知该类房地产价格2007年3月末至2007年9月平均每月比上月上涨1.5%。对该可比实例进行交易日期修正，修正到2007年9月末的价格为多少？

【解】该宗房地产在2007年9月的价格计算如下。

$$4\,000\times(1+1.5\%)^6=4\,373.77\ (\text{元/平方米})$$

(2) 期内平均上升或下降的价格变动率。采用期内平均上升的价格变动率进行交易日期的修正公式为

$$\text{可比实例在成交日期时的价格}\times(1+\text{价格变动率}\times\text{期数})=\text{可比实例在估价时点的价格}$$

采用期内平均下降的价格变动率进行交易日期的修正公式为

$$\text{可比实例在成交日期时的价格}\times(1-\text{价格变动率}\times\text{期数})=\text{可比实例在估价时点的价格}$$

例 4-6

评估某宗房地产2007年9月末的价格，选取了下列可比实例：成交价格4 000元/平方米，成交日期2007年3月末。另据调查获知该类房地产价格自2007年1月以来平均每月上涨1.5%。对该可比实例进行交易日期修正，修正到2007年9月末的价格为多少？

【解】该宗房地产在2007年9月的价格计算如下：

$$4\,000\times(1+1.5\%\times6)=4\,360\ (\text{元/平方米})$$

特 别 提 示

在具体实践中，逐期递增或递减的价格变动率通常的表达方式为：平均每月比上月上涨或下降多少；期内平均上升或下降的价格变动率表达方式为：平均每月上涨或下降多少。学习时，一定要区分两者表达的意思，然后确定正确的计算公式。否则公式选择不正确，会导致最终的结果不准确。

例 4-7

某个可比实例房地产2007年2月1日的价格为1 000美元/平方米，自2007年1月1日以来，该类房地产以人民币为基准的价格变动，平均每月比上月上涨0.2%。假设人民币与美元的市场汇价2007年2月1日为1美元=7.76元人民币，2007年10月1日为1美元=7.52元人民币。对该可比实例进行交易日期调整，调整到2007年10月1日的价格为多少？

【解】该宗房地产在2007年10月1日的价格计算如下:

$$1\,000\times7.76\times(1+0.2\%)^{8}=7\,885.03(\text{元/平方米})$$

例 4-8

某个可比实例房地产2007年2月1日的价格为1 000美元/平方米，自2007年1月1日以来，该类房地产以人民币为基准的价格变动，2007年2月1日至5月1日平均每月比上月上涨0.2%，以后平均每月比上月下降0.5%。假设人民币与美元的市场汇价2007年2月1日为1美元=7.76元人民币，2007年10月1日为1美元=7.52元人民币。对该可比实例进行交易日期调整，调整到2007年10月1日的价格为多少?

【解】该宗房地产在2007年10月1日的价格计算如下:

$$1\,000\times7.76\times(1+0.2\%)^{3}\times(1-0.5\%)^{5}=7\,613.43(\text{元/平方米})$$

例 4-9

某个可比实例房地产2007年1月31日的价格为1 000美元/平方米，自2007年1月1日以来，该类房地产以美元为基准的价格变动，平均每月比上月下降0.5%。假设人民币与美元的市场汇价2007年1月31日为1美元=7.76元人民币，2007年9月30日为1美元=7.52元人民币。对该可比实例进行交易日期调整，调整到2007年9月30日的价格为多少?

【解】该宗房地产在2007年9月30日的价格计算如下:

$$1\,000\times(1-0.5\%)^{8}\times7.52=7\,224.41(\text{元/平方米})$$

特别提示

可比实例的价格变动可能会根据不同的货币种类为基准进行变动。这时，要注意已知条件的表述。有时，题目中还故意设置一些容易混淆的条件，比如例4-7、例4-8、例4-9中，就给了多个人民币与美元的市场汇价，以引起混淆，所以要根据题目中所给的已知条件来确定用哪一期的市场汇价。

由于不同地区、不同用途或不同类型的房地产，其价格变动的方向和程度并不相同，所以对于具体的可比实例，对其价格进行交易日期调整，最好选用可比实例所在地区的同类房地产的价格指数或价格变动率。

4.4.2 进行交易情况的修正

1. 交易情况修正的含义

可比实例的成交价格有时是客观合理的正常市场价格，也有可能是偏离了正常价格的非正常价格。如果是非正常的价格，应将其修正调整为正常价格，这种修正称为交易情况修正。经过了交易情况修正后，可比实例的非正常价格就修正为正常价格。

2. 造成交易价格偏差的因素

由于房地产本身具有不可移动性、独一无二性、价值高等特性，以及房地产市场是不完全市场，所以房地产的成交价格往往受一些特殊因素的影响，从而使其偏离正常的市场价格。这些特殊因素比较复杂，归纳起来主要体现在如下8个方面。

(1) 利害关系人之间的交易。在房地产交易中，买卖双方之间常常具有利害关系，如父子之间、亲友之间、兄弟之间、同事之间、公司与职工之间的房地产交易。像这些情况的交易，成交价格往往会低于正常的市场价格。

(2) 急于出售或急于购买的交易。急于出售的情形有欠债到期要归还、投资转向需变现等；急于购买的情形有工作调往外地、房屋遇到拆迁等。在急于出售的情况下，成交价格往往偏低，相应地在急于购买的情形下，成交价格往往偏高。

(3) 交易双方或某一方对市场行情缺乏了解的交易。在现实的房地产交易中，买方、卖方很可能对市场行情不了解，盲目购买或盲目出售，导致成交价格偏高或偏低。

(4) 交易双方或某一方有特别动机或偏好的交易。这种情况也会使交易价格偏离正常的价格。如买方或卖方对其所购买的房地产有特别的爱好、感情，买方执意要买，卖方不舍出售，在这种情况下成交价格会偏高。

(5) 特殊交易方式的交易。房地产正常成交价格的形成方式，应是买卖双方经过充分讨价还价的协议价格。但某些特殊交易如拍卖、招标、哄抬或抛售往往使成交价格偏离正常的价格。

(6) 交易税费非正常负担的交易。在房地产交易中，买卖双方需要缴纳一定的税费，如营业税、土地增值税、城市维护建设税、教育费附加、契税、印花税、交易手续费、个人所得税、补交土地使用权出让金等。按照国家或地方有关的税法规定，有的税费由卖方负担，有的税费由买方负担，有的税费由买卖双方各自负担一部分。正常成交价格是指在买卖双方各自缴纳自己应该缴纳的税费下的价格。但在实际交易中，往往会出现一方缴纳或负担全部税费的情形，即本由卖方负担的税费，买卖双方协议由买方来缴纳，或本由买方负担的税费，结果双方协议由卖方来缴纳。这时成交价格往往偏离了正常的价格，需要进行修正。对于交易税费非正常负担的修正，只要调查清楚交易税费负担的情况，然后根据下面两个公式即可修正为正常价格。

正常成交价格=卖方实际得到的价格+应由卖方负担的税费

正常成交价格=买方实际付出的价格−应由买方负担的税费

例 4-10

某宗房地产的正常成交价格为4 800元/平方米，卖方应缴纳的税费为正常成交价格的7%，买方应缴纳的税费为正常成交价格的5%，则卖方实际得到的价格是多少，买方实际付出的价格是多少？

【解】根据正常成交价格=卖方实际得到的价格+应由卖方负担的税费

正常成交价格=买方实际付出的价格−应由买方负担的税费

得：卖方实际得到的价格=4 800−4 800×7%=4 464(元/平方米)

买方实际付出的价格=4 800+4 800×5%=5 040(元/平方米)

例 4-11

某宗房地产交易，买卖双方在合同中写明，买方付给卖方 4 650 元/平方米，买卖中涉及的税费均由买方负担。据悉，该地区房地产买卖中应由卖方缴纳的税费为正常成交价格的 7%，应由买方缴纳的税费为正常成交价格的 5%。则该宗房地产交易的正常交易价格为多少？

【解】根据正常成交价格-应由卖方负担的税费=卖方实际得到的价格

应由卖方负担的税费=正常成交价格×应由卖方缴纳的税费比率

得：正常成交价格=卖方实际得到的价格/(1-应由卖方缴纳的税费比率)

则　　正常成交价格=4 650/(1-7%)=5 000(元/平方米)

例 4-12

上题中，若买方付给卖方 5 250 元/平方米，买卖中涉及的税费均由卖方负担，其他条件不变，则该宗房地产的正常成交价格为多少？

【解】根据正常成交价格+应由买方负担的税费=买方实际付出的价格，

应由买方负担的税费=正常成交价格×应由买方缴纳的税费比率

得：正常成交价格=买方实际付出的价格/(1+应由买方缴纳的税费比率)

则　　正常成交价格=5 250/(1+5%)=5 000(元/平方米)

(7) 相邻房地产的合并交易。影响房地产价格的因素中还有土地面积、土地形状、建筑规模等。形状不规则或面积、规模过小的房地产，价格通常偏低。但这类房地产若与相邻的房地产合并后，其效用会增加，因此相邻房地产合并交易的价格往往高于其单独出售时的正常价格。

(8) 受债权债务关系影响的交易。有债权债务存在的房地产，由于受交易方式的特殊性和交易时间的局限性等因素的影响，交易价格就会偏离正常的市场价格，如设立了抵押权、典权或有拖欠工程款的房地产交易往往比正常的价格低。

3. 交易情况修正的方法及运用举例

像上述的非正常价格成交的房地产是不适合作为可比实例的。但如果可供选择的交易实例数量较少不得不选取时，则要对其成交价格进行修正。

交易情况修正的方法通常采取百分率法，其一般公式如下。

可比实例的成交价格×交易情况修正系数=可比实例的正常价格

其中，交易情况修正系数应以正常价格为基准来确定。假设可比实例的成交价格比其正常市场价格高低的百分率为 $S\%$，即当可比实例的价格比正常市场价格高，为 $+S\%$，计算公式为

$$\text{可比实例的成交日价格}\times\frac{1}{1+S\%}=\text{可比实例的正常价格}$$

或

$$可比实例的成交价格\times\frac{100}{100+S}=可比实例的正常价格$$

当可比实例的价格比正常市场价格低，为$-S\%$，则

$$可比实例的成交日价格\times\frac{1}{1-S\%}=可比实例的正常价格$$

或

$$可比实例的成交价格\times\frac{100}{100-S}=可比实例的正常价格$$

其中，$\frac{1}{1\pm S\%}$或$\frac{100}{100\pm S}$是交易情况修正系数。

交易情况修正系数的大小一般根据估价人员的经验加以判定，因此要求估价人员具有丰富的估价经验，否则会使估价结果偏离正常的价格。

例 4-13

某宗可比实例房地产的成交价格为 4 800 元/平方米，在评估调查中获知属于卖方急于出手以获得现金进行其他的投资活动。根据当地的市场行情，此次交易大约比正常的市场价格低了8%，那么进行交易情况的修正计算结果为多少？

【解】 根据$可比实例的成交日价格\times\frac{1}{1-S\%}=可比实例的正常价格$

得：正常价格=4 800/(1−8%)=5 217.39(元/平方米)

例 4-14

某宗可比实例房地产的成交价格为 6 500 元/平方米，在评估调查中获知该交易属于买方工作调动急于购买的情况。根据当地的市场行情，此次交易大约比正常的市场价格高了 5%，那么进行交易情况的修正计算结果为多少？

【解】根据$可比实例的成交价格\times\frac{1}{1+S\%}=正常价格$

得：正常价格=6 500/(1+5%)=6 190.48(元/平方米)

4.4.3 进行房地产状况的修正

1. 房地产状况修正的含义

房地产本身的状况是影响房地产价格的一个重要因素。房地产是一个特殊的商品，它的独一无二性决定了每宗房地产的状况都有所不同，这就决定了可比实例的房地产与估价对象的房地产之间必定存在一些差异，为了消除两者之间的差异对价格的影响，需要进行房地产状况的修正，即将可比实例在其房地产状况下的价格调整为在估价对象房地产状况下的价格，这就是房地产状况修正。

2. 房地产状况修正的内容

房地产是实物、权益、区位三者的综合体。要弄清楚房地产的状况离不开对房地产的实物、权益、区位三方面状况的分析。因此房地产状况修正的内容可分为实物状况修正、权益状况修正、区位状况修正。在这三方面的修正中，还可细分为若干个因素的修正。

(1) 实物状况修正的内容：对于土地来说，包括面积大小、形状、基础设施完备程度、土地平整程度、地势、地质水文状况等对房地产价格的影响；对于建筑物来说，包括新旧程度、建筑规模、建筑结构、设备、装修、平面布置、工程质量等对房地产价格的影响。进行实物状况修正，应根据对房地产价格有影响的房地产实物因素，将可比实例房地产在其实物状况下的价格调整为估价对象房地产实物状况下的价格。

(2) 权益状况修正的内容包括土地使用年限、城市规划限制条件等因素对房地产价格的影响。进行权益状况修正，应将可比实例房地产在其权益状况下的价格调整为估价对象房地产权益状况下的价格。

(3) 区位状况修正的内容包括繁华程度、交通便捷程度、公共设施完备程度、临路状况、朝向、楼层等因素对房地产价格的影响。不同类型的房地产对区位状况的要求也有所不同。因此，在进行区位状况修正时，应根据房地产类型选择对房地产价格有影响的因素来将可比实例房地产的价格调整为估价对象房地产区位状况下的价格。

3. 房地产状况修正的方法及运用举例

房地产状况修正按照以下的步骤进行。

(1) 首先列出对估价对象这类房地产的价格有影响的房地产状况各方面(包括区位、权益和实物等)的因素。

(2) 其次判定估价对象房地产和可比实例房地产在这些因素方面的状况。

(3) 然后将可比实例房地产与估价对象房地产在这些因素方面的状况进行逐项比较，找出它们之间的差异造成的价格差异程度。

(4) 最后根据价格差异程度对可比实例的价格进行调整。

总之，如果可比实例房地产状况好于估价对象房地产状况，则应对可比实例价格做减价调整，反之应做增价调整。

房地产状况调整的方法主要采用百分率法，其公式如下：

$$\begin{matrix}\text{可比实例在其房地}\\\text{产状况下的价格}\end{matrix}\times\begin{matrix}\text{房地产状况}\\\text{修正系数}\end{matrix}=\begin{matrix}\text{在估价对象房地}\\\text{产状况下的价格}\end{matrix}$$

式中，房地产状况修正系数应以估价对象的房地产状况为基数来确定。假设可比实例在其房地产状况下的价格比在估价对象房地产状况下的价格高、低的百分率为 $R\%$，即当可比实例在其房地产状况下的价格比在估价对象房地产状况下的价格高时，为 $+R\%$，计算公式为

$$\text{可比实例在其房地产状况下价格}\times\frac{1}{1+R\%}=\text{在估价对象房地产状况下的价格}$$

或

$$\text{可比实例在其房地产状况下价格}\times\frac{100}{100+R}=\text{在估价对象房地产状况下的价格}$$

当可比实例在其房地产状况下的价格比在估价对象房地产状况下的价格低时，为$-R\%$，计算公式为

$$可比实例在其房地产状况下价格\times\frac{1}{1-R\%}=在估价对象房地产状况下的价格$$

或

$$可比实例在其房地产状况下价格\times\frac{100}{100-R}=在估价对象房地产状况下的价格$$

其中，$\frac{1}{1\pm R\%}$或$\frac{100}{100\pm R}$是房地产状况修正系数。

采用百分率法修正房地产状况的具体方法有直接比较修正法和间接比较修正法。

(1) 直接比较修正法。以估价对象房地产状况为基准(通常定为 100)，将可比实例房地产的各项因素与估价对象房地产的各项因素逐项进行比较、打分，然后将所得的分数转化为调整价格的比率，这就是直接比较修正法，其计算公式如下：

$$可比实例在其房地产状况下价格\times\frac{100}{(\quad)}=在估价对象房地产状况下的价格$$

式中，(　　)内的数字为可比实例房地产状况相对于估价对象房地产状况的得分。

例 4-15

有一可比实例成交价格为 4 480 元/平方米，该可比实例在房地产区位、权益、实物等方面的综合得分为 104(以估价对象房地产 100 分为基准)，经过修正后，可比实例在估价对象房地产状况下的价格应为多少？

【解】根据可比实例在其房地产状况下价格$\times\frac{100}{(\quad)}$=在估价对象房地产状况下的价格

得：在估价对象房地产状况下的价格=4 480×100/104=4 307.69(元/平方米)

在进行房地产状况的各因素比较分析时，会发现影响房地产价格的因素有很多，而有些因素影响的程度大，有些因素影响的程度小。为了区分不同因素对房地产价格的影响程度，就赋予这些因素一定的权重。如某商业房地产，影响其价格的房地产状况因素有区位状况下的商业繁华度、交通条件、环境景观等，其中商业繁华度的影响程度最大，就赋予它最大的权重 0.6，而环境景观对它的影响程度最小，就赋予它 0.1 的权重，交通条件对它的影响程度中等，就赋予它 0.3 的权重。然后综合分析区位因素对该商业房地产价格的影响，见表 4-4。

表 4-4　某商业房地产区位状况下的因素权重

对房地产价格影响因素	影响程度	权重
商业繁华度	最大	0.6
交通条件	中等	0.3
环境景观	最小	0.1

例 4-16

有一可比实例成交价格为 4 480 元/平方米，该可比实例在房地产区位、权益、实物等因素方面的权重分别为 0.4、0.3、0.3，与估价对象房地产相比较，区位、权益、实物方面的得分分别为 96、102、100(以估价对象房地产 100 分为基准)，经过修正后，可比实例在估价对象房地产状况下的价格应为多少？

【解】根据可比实例在其房地产状况下价格×$\frac{100}{(\quad)}$=在估价对象房地产状况下的价格

得：在估价对象房地产状况下的价格=4 480×100/(0.4×96+0.3×102+0.3×100)

=4 480×100/99

=4 525.25(元/平方米)

(2) 间接比较修正法。间接比较修正法是设想一个标准的房地产状况，以此标准的房地产为基准(通常定为 100 分)，将估价对象和可比实例的房地产状况与它逐项比较、打分，然后将所得的分数转化为调整价格的比率。其计算公式如下：

可比实例在其房地产状况下价格×$\frac{100}{(\quad)}$×$\frac{(\quad)}{100}$=在估价对象房地产状况下的价格

式中，$\frac{100}{(\quad)}$中的(　　)内数字为可比实例房地产状况相对于标准房地产状况的得分，通常把$\frac{100}{(\quad)}$称为标准化修正系数；

$\frac{(\quad)}{100}$中的(　　)内数字为估价对象房地产状况相对于标准房地产状况的得分，通常把$\frac{(\quad)}{100}$称为房地产状况修正系数。

例 4-17

某估价公司在采用市场比较法估价时，要对可比实例房地产状况进行修正，选用了一标准房地产，可比实例房地产的综合因素优于标准房地产 2%，其成交价为 5 180 元/平方米，而估价对象房地产的综合因素劣于标准房地产 2%，那么对可比实例房地产状况进行修正后的价格为多少？

【解】根据可比实例在其房地产状况下价格×$\frac{100}{(\quad)}$×$\frac{(\quad)}{100}$=在估价对象房地产状况下的价格

得：在估价对象房地产状况下的价格=5 180×$\frac{100}{(100+2)}$×$\frac{(100-2)}{100}$=4 976.86(元/平方米)

4.5 求取比准价格及市场法的运用

4.5.1 求取与某个交易实例相应的比准价格的方法

根据前述内容，采用市场比较法要对可比实例房地产的交易日期、交易情况、房地产状况三方面进行修正。修正的结果转成了估价对象房地产在估价时点时的客观合理的价格。如果将这三方面的结果进行综合计算，就能得出估价对象的价格。其计算公式如下：

$$\text{估价对象的价格}=\text{可比实例的价格}\times\text{交易情况修正系数}\times\text{交易日期修正系数}\times\text{房地产状况修正系数}$$

由于房地产状况修正有直接比较修正法和间接比较修正法，所以综合修正的计算公式也分为两种，即直接比较修正法公式和间接比较修正法公式。

1. 直接比较修正法

直接比较修正法计算公式为

$$\text{估价对象的价格}=\text{可比实例的价格}\times\frac{\text{正常市场价格}}{\text{实际成交价格}}\times\frac{\text{估价时点价格}}{\text{成交日期价格}}\times\frac{\text{估价对象状况价格}}{\text{可比实例状况价格}}$$

$$=\text{可比实例的价格}\times\frac{100}{(\quad)}\times\frac{(\quad)}{100}\times\frac{100}{(\quad)}$$

式中：交易情况修正的分子为 100，表示以正常价格为基准；

交易日期修正的分母为 100，表示以成交日期时的价格为基准；

房地产状况修正的分子为 100，表示以估价对象的房地产状况为基准。

2. 间接比较修正法

间接比较修正法计算公式为

$$\text{估价对象的价格}=\text{可比实例的价格}\times\frac{\text{正常市场价格}}{\text{实际成交价格}}\times\frac{\text{估价时点价格}}{\text{成交日期价格}}\times\frac{\text{标准状况价格}}{\text{可比实例状况价格}}\times\frac{\text{估价对象状况价格}}{\text{标准状况价格}}$$

$$=\text{可比实例的价格}\times\frac{100}{(\quad)}\times\frac{(\quad)}{100}\times\frac{100}{(\quad)}\times\frac{(\quad)}{100}$$

式中：标准化修正的分子为 100，表示以标准房地产的状况为基准；

分母是可比实例房地产相对于标准房地产所得的分数；

房地产状况修正的分母为 100，表示以标准房地产的状况为基准，分子是估价对象房地产状况相对于标准房地产状况所得的分数。

4.5.2 求取综合比准价格

现在有了 3 个比准价格，到底哪个价格能作为估价对象的客观、合理的价格呢？大家都知道，采用市场比较法通常需要的可比实例为 3～10 个，对这些可比实例进行了上述的综合修正后，得出了每个可比实例的比准价格，而每个比准价格不可能完全一致，这需要将它们综合成一个比准价格，以此作为估价对象房地产的价格。进行综合处理可通过如下方法计算。

1. 简单算术平均法

简单算术平均法是把修正出来的各个价格直接相加，再除以这些价格的个数，所得的数值即为综合出的价格。假设 n 个可比实例的比准价格分别为 V_1，V_2，V_3，…，V_n，则其简单算术平均数的计算公式如下：

$$V=\frac{V_1+V_2+V_3+\cdots+V_n}{n}=\frac{1}{n}\sum_{i=1}^{n}V_i$$

如果现对某 3 宗可比实例 A、B、C 进行了修正，修正的结果分别为 5 280 元/平方米、5 400 元/平方米、5 150 元/平方米，则采用简单算术平均法得出的价格为(5 280+5 400+5 150)÷3=5 276.67(元/平方米)。这是在房地产估价中使用最多的一种方法。

2. 加权算术平均法

加权算术平均法是按照可比实例与估价对象房地产类似程度不同，赋予每个价格不同的权重，然后综合出一个价格。通常对与估价对象房地产类似程度最高的赋予最大的权数，反之，则赋予最小的权数。假设 n 个可比实例的比准价格分别为 V_1，V_2，V_3，…，V_n，其权数分别为 f_1，f_2，f_3，…，f_n，则其加权算术平均数的计算公式如下：

$$V=\frac{V_1f_1+V_2f_2+\cdots V_nf_n}{f_1+f_2+\cdots f_n}=\frac{\sum_{i=1}^{n}V_if_i}{\sum_{i=1}^{n}f_i}$$

如果假设上例中的 3 个可比实例的与估价对象房地产的类似程度不同，其中 A 的类似程度最高，赋予 0.5 的权数，B 的类似程度其次，赋予 0.3 的权数，C 的类似程度最低，赋予 0.2 的权数，采用加权算术平均法计算得出的价格为 5280×0.5+5400×0.3+5150×0.2=5 290(元/平方米)。

3. 众数

众数是一组数值中出现的频数最多的数值。如一组数值为 2 580，2 550，2 620，2 580，2 650，2 580，那么它的众数是 2 580。因为这种方法需要较多的可比实例，所以在房地产估价中很少采用。

4. 中位数

中位数是把修正出的各个价格按从低到高的顺序排列，当项数是奇数时，位于中间位置的那个价格为综合得出的价格；当项数为偶数时，位于中间位置的那两个价格的简单算术平均数为综合得出的价格。如某宗估价对象的可比实例有 5 个，修正的价格分别为 4 280 元/平方米，4 360 元/平方米，4 450 元/平方米，4 520 元/平方米，4 600 元/平方米，则采用中位数综合得出的价格为 4 450 元/平方米。如果其可比实例有 6 个，修正的价格分别为 4 280 元/平方米，4 360 元/平方米，4 450 元/平方米，4 520 元/平方米，4 600 元/平方米，4 650 元/平方米，则采用中位数综合得出的价格为(4 450+4 520)÷2=4 485(元/平方米)。

5. 其他方法

还有其他的方法将修正后的多个价格综合成一个价格，如去掉一个最高值和一个最低值，将余下的简单算术平均，求出的结果即为综合得出的价格。如一组价格分别为 2 600、2 650、2 780、2 800、2 860、2 920、2 980，去掉最高值 2 980 和最低值 2 600，综合得出的价格为 2 802。

4.5.3 市场比较法的运用举例

例 4-18

某房地产估价所拟采用市场比较法评估某宗房地产价格，从众多交易实例中选取了 A、B、C 共 3 宗可比实例，有关可比实例的资料见表 4-5。

表 4-5 例 4-18 可比实例的资料

项目	可比实例 A	可比实例 B	可比实例 C
建筑面积	1 000 平方米	1 200 平方米	9 687.6 平方英尺
成交价格	240 万元人民币	300 美元/平方米	243 万元人民币
成交日期	2005 年 12 月初	2006 年 6 月初	2006 年 2 月初
交易情况	−5%	0%	0%
状况因素	0%	+2%	+5%

经调查得知：可比实例 B、C 的付款方式均为一次性付清；可比实例 A 为分期付款，首期付款 96 万元，第一年末付 72 万元，其间月利率为 1%，第二年末又付款 72 万元，其间月利率为 1.05%。又知 2006 年 6 月初美元与人民币的市场汇价为 1∶8.5。该地区该类房地产的人民币价格 2005 年 12 月以来逐月上涨 1.2%。1 平方米=10.764 平方英尺。试根据上述资料，评估该宗房地产在 2006 年 8 月初的正常单价(若需计算平均值，可采用简单算术平均值)。

【解】该宗房地产 2006 年 8 月初的正常单价测算如下。

1. 测算公式

$$\text{估价对象的价格}=\text{可比实例的价格}\times\text{交易情况修正系数}\times\text{交易日期修正系数}\times\text{房地产状况修正系数}$$

2. 建立统一价格可比基础

1) 可比实例 A

(1) 统一付款方式。240 万元人民币换算成一次性付款的价格如下：

$$96+\frac{72}{(1+1\%)^{12}}+\frac{72}{(1+1\%)^{12}\times(1+1.05\%)^{12}}=216.27(\text{万元人民币})$$

(2) 统一采用单价如下：

$$216.27\div1000=2\,162.70(\text{元/平方米})$$

2) 可比实例 B

统一货币单位。因为货币单位是以美元为计价单位，故要换算成以人民币为货币单位，换算如下：

$$300\times8.5=2\ 550(\text{元/平方米})$$

3) 可比实例 C

(1) 统一面积单位：因为是以平方英尺为面积单位，故要换算成以平方米为计价单位。

$$9\ 687.6\div10.764=900(\text{平方米})$$

(2) 统一采用单价如下

$$243\div900=2\ 700(\text{元/平方米})$$

3. 求取交易情况修正系数

可比实例 A: $\dfrac{100}{100-5}=\dfrac{100}{95}$

可比实例 B: $\dfrac{100}{100-0}=\dfrac{100}{100}$

可比实例 C: $\dfrac{100}{100-0}=\dfrac{100}{100}$

4. 求取交易日期修正系数

可比实例 A: $(1+1.2\%)^8=110.01\%$

可比实例 B: $(1+1.2\%)^2=102.41\%$

可比实例 C: $(1+1.2\%)^6=107.42\%$

5. 求取房地产状况修正系数

可比实例 A: $\dfrac{100}{100-0}=\dfrac{100}{100}$

可比实例 B: $\dfrac{100}{100+2}=\dfrac{100}{102}$

可比实例 C: $\dfrac{100}{100+5}=\dfrac{100}{105}$

6. 求取可比实例 A、B、C 的比准价格

可比实例 A 的比准价格$=2\ 162.7\times\dfrac{100}{95}\times110\%\times\dfrac{100}{100}=2\ 504.18$(元/平方米)

可比实例 B 的比准价格$=2\ 550\times\dfrac{100}{100}\times102.4\%\times\dfrac{100}{102}=2\ 560$(元/平方米)

可比实例 C 的比准价格$=2\ 700\times\dfrac{100}{100}\times107.42\%\times\dfrac{100}{105}=2\ 762.23$(元/平方米)

7. 将上述 3 个比准价格的简单算术平均数作为市场比较法的测算结果

估价对象房地产的价格$=(2\ 504.18+2\ 560+2\ 762.23)\div3=2\ 608.8$(元/平方米)

例 4-19

某房地产估价所拟采用市场比较法评估某宗房地产价格，从众多交易实例中选取了 A、B、C 共 3 宗可比实例，有关可比实例的资料见表 4-6。

表4-6 例4-19可比实例的资料

项目		可比实例A	可比实例B	可比实例C
成交价格(元/平方米)		3 800	4 100	3 950
成交日期		2005年9月末	2006年4月末	2006年5月末
交易情况		+2%	+3%	−3%
房地产状况	区位状况	+3%	0	−2%
	权益状况	0	+2%	−1%
	实物状况	−2%	0	+2%

表4-6中各百分数均以估价对象为标准，正数表示比估价对象好，负数表示比估价对象差。2005年6月初至2006年3月初，该类房地产市场价格每月平均比上月上涨1.5%。以2006年3月初为基准，以后每月递减1%。试利用上述资料评估该房地产在2006年9月末的正常价格。

【解】 该宗房地产2006年9月末的正常单价测算如下。

1. 测算公式

$$\text{估价对象的价格}=\text{可比实例的价格}\times\text{交易情况修正系数}\times\text{交易日期修正系数}\times\text{房地产状况修正系数}$$

2. 求取交易情况修正系数

可比实例A: $\dfrac{100}{100+2}=\dfrac{100}{102}$

可比实例B: $\dfrac{100}{100+3}=\dfrac{100}{103}$

可比实例C: $\dfrac{100}{100-3}=\dfrac{100}{97}$

3. 求取交易日期修正系数

可比实例A: $(1+1.5\%)^5\times(1-1\%)^7=100.41\%$

可比实例B: $(1-1\%)^5=95.10\%$

可比实例C: $(1-1\%)^4=96.06\%$

4. 求取房地产状况修正系数

可比实例A: $\dfrac{100}{100+3}\times\dfrac{100}{100+0}\times\dfrac{100}{100-2}=0.99$

可比实例B: $\dfrac{100}{100+0}\times\dfrac{100}{100+2}\times\dfrac{100}{100+0}=0.98$

可比实例C: $\dfrac{100}{100-2}\times\dfrac{100}{100-1}\times\dfrac{100}{100+2}=1.01$

5. 求取可比实例A、B、C的比准价格

可比实例A的比准价格 $=3\,800\times\dfrac{100}{102}\times100.4\%\times0.99=3\,702.99$(元/平方米)

可比实例B的比准价格 $=4\,100\times\dfrac{100}{103}\times95.10\%\times0.98=3\,709.82$(元/平方米)

可比实例 C 的比准价格=3 950×$\frac{100}{97}$×96.06%×1.01=3 950.84(元/平方米)

6. 将上述 3 个比准价格的简单算术平均数作为市场比较法的测算结果

估价对象房地产的价格=(3 702.99+3 709.82+3 950.84)÷3=3 787.88(元/平方米)

综合应用案例 4-2(引例)

(以引例为例)

××花园小区 49 号楼 402 室房地产抵押估价技术报告(节选)

一、个别因素分析(略)

二、区域因素分析(略)

三、市场背景分析(略)

四、最高最佳使用分析(略)

五、估价方法选用

房地产估价的常用方法有：市场法、成本法、收益法、假设开发法，估价方法的选择应按照中华人民共和国国家标准《房地产估价规范》执行，根据当地房地产市场发育状况，并结合项目的估价目的及估价的技术路线等选择适当的估价方法。

所谓市场法，是指将估价对象与在估价时点近期有过交易的类似房地产进行比较，对这些类似房地产的成交价格做适当的修正和调整，以此求取估价对象的客观合理价格或价值的方法。其估价的技术路线为：目前与委估对象类似的房产交易市场比较活跃，选择类似区域、用途相似、结构相似等类似房地产交易实例，通过对交易实例与委估标的的分析、比较，在对交易实例进行交易情况、交易日期、区域因素和个别因素的修正后，确定委估房产的价值。所谓类似房地产，是指与估价对象处在同一供求圈内，并在用途、规模、档次、建筑结构等方面与估价对象相同或相近的房地产。

具体步骤：①搜集交易实例；②选取可比实例(3 例)；③建立价格可比基础；④进行交易情况修正；⑤进行交易日期修正；⑥区域因素修正；⑦个别因素修正；⑧综合评定估价值。由于估价对象所在区域内与其用途和现状相同或相似的房地产交易资料较多，所以本次估价采用市场法。

六、市场法测算过程

根据人们掌握的市场资料，按房地产交易中的替代原则，依据估价对象的用途、建筑规模、档次及坐落位置，选取与估价对象类似的房地产实例，并分别进行实地勘察，做出交易情况、交易日期、区位因素与个别因素的修正，具体测算过程如下。

1. 选取可比案例

案例 A

地点：某花园小区 9 号楼 303 室

交易类型：现房

建筑面积：102.8 平方米

用途：住宅

案例A所在小区与待估对象为同一居住小区，基础设施及公共服务设施完备；建筑物为7层框架结构全新住宅楼。估价对象位于3层，结构为三室两厅一厨一卫。该物业与评估物业在使用功能、交易日期、地理位置上都具有较强的相似性和可比性。

据调查，该交易案例成交日期为2012年8月，交易总价格为668 200.00元，单价为6 500.00元/平方米。

案例B

地点：某花园小区6号楼506室

交易类型：现房

建筑面积：98.25平方米

用途：住宅

案例B所在小区与待估对象相邻，基础设施及公共服务设施完备；建筑物为7层框架结构全新住宅楼。估价对象位于5层，结构为三室两厅一厨一卫。该物业与评估物业在使用功能、交易日期、地理位置上都具有较强的相似性和可比性。

据调查，该交易案例成交日期为2012年8月，交易总价格为636 600.00元，单价为6 480.00元/平方米。

案例C

地点：某花园小区17号楼404室

交易类型：现房

建筑面积：87.12平方米

用途：住宅

案例C所在小区与待估对象为同一居住小区，基础设施及公共服务设施完备；建筑物为7层框架结构全新住宅楼。估价对象位于4层，结构为三室两厅一厨一卫。该物业与评估物业在使用功能、交易日期、地理位置上都具有较强的相似性和可比性。

据调查，该交易案例成交日期为2012年8月，交易总价格为555 826.00元，交易单价为6 380元/平方米。

2) 比较因素的选择

根据评估对象与交易案例实际情况，选用影响价值的比较因素，主要包括交易情况、交易时间、区域因素和个别因素等。3案例条件比较详见表4-7。

表4-7 因素条件说明表

比较因素		估价对象	案例A	案例B	案例C
项目名称		某花园小区49号楼402室	某花园小区9号楼303室	某花园小区6号楼506室	某花园小区 17 号楼404室
交易日期		2012年8月	2012年8月	2012年8月	2012年8月
单位售价(元/平方米)		待估	6 500	6 480	6 380
土地权益状况		出让	出让	出让	出让
交易情况		正常	正常	正常	正常
区域因素	社会环境	良好	良好	良好	良好
	交通便捷度	交通便利	交通便利	交通便利	交通便利
	繁华程度	繁华	繁华	较繁华	繁华
	环境质量优劣	较好	较好	较好	较好

续表

比较因素		估价对象	案例 A	案例 B	案例 C
区域因素	教育福利设施	较好	较好	较好	较好
	噪声污染程度	无污染	无污染	无污染	无污染
	公服设施完备度	完备	完备	完备	完备
	基础设施完备度	七通一平	七通一平	七通一平	七通一平
	距市级商业中心距离	较近	较近	较近	较近
	城市规划限制	有限制	有限制	有限制	有限制
个别因素	朝向	朝南	朝西南	朝南	朝南
	楼层	4 层	3 层	5 层	4 层
	建筑结构	框架	框架	框架	框架
	新旧程度	新房	新房	新房	新房
	设施设备	好	好	好	好
	户型面积/平方米	102.78	102.8	98.25	87.12
	房型布局	合理	合理	合理	合理
	物业管理	较好	较好	较好	较好

3) 编制比较因素条件指数表

将交易案例与评估对象进行比较，从交易情况、交易时间、区域因素(交通条件、商服繁华度、环境质量优劣度、基础设施完善度、公用设施完备度)和个别因素(物业管理、设备及装修、配套服务设施)等方面编制比较因素条件指数表，见表 4-8。

表 4-8 比较因素条件指数表

比较因素		估价对象	案例 A	案例 B	案例 C
项目名称		某花园小区 49 号楼 402 室	某花园小区 9 号楼 303 室	某花园小区 6 号楼 506 室	某花园小区 17 号楼404 室
交易日期		100	100	100	100
权益状况		100	100	100	100
交易情况		100	100	100	100
区域因素	社会环境	100	100	100	100
	交通便捷度	100	100	100	100
	繁华程度	100	100	98	100
	环境质量优劣	100	100	100	100
	教育福利设施	100	100	100	100
	噪音污染程度	100	100	100	100
	公服设施完备度	100	100	100	100
	基础设施完备度	100	100	100	100
	距市级商业中心距离	100	100	100	100
	城市规划限制	100	100	100	100
区域因素修正系数合计			1.0	1.020 4	1.0

续表

比较因素		估价对象	案例A	案例B	案例C
个别因素	朝　向	100	99	100	100
	楼　层	100	99	99	100
	建筑结构	100	100	100	100
	新旧程度	100	100	100	100
	设施设备	100	100	100	100
	户型面积	100	100	100	98
	房型布局	100	100	100	100
个别因素修正系数合计			1.020 3	1.010 1	1.020 4

4) 因素修正

在各条件指数表的基础上，进行比较实例估价期日修正、交易情况、因素修正，即估价对象的因素条件指数与比较实例的因素条件进行比较，得到各因素修正系数(表4-9)，计算得出估价对象每平方米建筑面积的价格。

表4-9　因素比较修正系数表

项目	案例A	案例B	案例C
交易单价	6 500	6 480	6 380
交易日期修正	1.0	1.0	1.0
权益状况	1.0	1.0	1.0
交易情况修正	1.0	1.0	1.0
区域因素修正	1.0	1.020 4	1.0
个别因素修正	1.020 3	1.010 1	1.020 4
修正后单价	6 632.0	6 679.0	6 510.0

5) 估价对象比准价格

因为比较案例与评估对象用途相同、位置相近，故取3个比较案例比准价格的算术平均值作为本次市场比较法评估测算结果。

单位价值=(6 632+6 679+6 510)÷3=6 607(元/平方米)

物业总值=6 607×102.78=679 067.0(元)

七、估价结果确定

估价人员根据估价目的，遵循估价原则，采用科学的估价方法，在认真分析所掌握资料与影响估价对象价值诸因素的基础上，采用市场法计算结果为估价结果，最后确定估价对象在估价时点的房地产价值为人民币679 067.00元(取整)，大写：人民币陆拾柒万玖仟零陆拾柒元整。

×××房地产评估有限公司

2012年8月15日

综合应用案例 4-3

运用市场比较法评估房地产价格

1. 估价对象概况

本估价对象为武汉市某酒楼的部分房地产，即酒楼的第 2、3 层房地产，建筑面积为 2 628.70 平方米。估价对象于 1994 年建成，××实业有限公司拥有估价对象的土地使用权和房屋所有权，土地使用权年限截至 2034 年。该酒楼位于武汉市经济开发区新华路 15 号，属武汉市新建城区，4 级地段。随着近几年的建设开发，周边大型物业较多，交通便利。

2. 估价要求

需要评估该酒楼 2004 年 4 月 9 日的房屋租赁价格。

3. 估价过程

1) 估价方法选用

估价人员认真分析所掌握的资料，进行了实地勘察和调查，根据估价对象的特点及估价目的，确定运用市场比较法、收益法和成本法作为本次估价的基本方法。

根据《房地产估价规范》，“有条件选用市场比较法进行估价的，应以市场比较法作为主要估价方法”，本估价报告采用市场比较法，遵循市场比较法可比实例的选取原则，根据估价人员掌握的房地产交易市场资料，在估价对象同一供求圈内选择 3 个与估价对象用途、规模、档次、建筑结构相同或相似的近期交易实例作为可比实例，对影响价格的各项因素及其影响程度进行分析，建立估价对象与可比实例的价格可比基础，并分别进行交易情况修正、交易日期调整、房地产状况调整，求取估价对象房地产比准价格。

2) 市场比较法估价测算过程

这里只对市场比较法的测算过程进行陈述，收益法和成本法的过程略去。

(1) 可比实例的选取，见表 4-10。

表 4-10　可比实例的选取

比较项目	实例 A	实例 A	实例 A	估价对象
坐落	青年路	宝丰路	香港路	新华路
地段等级	4 级	4 级	4 级	4 级
用途	餐饮	餐饮	餐饮	餐饮
结构	框架	框架	砖混	砖混
装修档次	中高档	中高档	中高档	不含装修
楼层	第 2、3 层	第 2、3 层	第 2、3 层	第 2、3 层
交易情况	正常	正常	正常	
交易日期	近期	近期	近期	
租赁单价/(元/平方米·月)	42.0	36.5	43.5	

(2) 修正与调整系数，见表 4-11。

表 4-11　修正与调整系数

修正与调整项目		实例A	实例B	实例C
交易情况修正		100/100	100/100	100/100
交易日期调整		100/100	100/100	100/100
房地产状况调整	区位状况	100/105	100/95	100/105
	实物状况	100/115	100/110	100/115

(3) 表 4-12 情况说明。

① 交易情况修正：可比实例 A、B、C 均为正常交易，交易情况无需修正，故可比实例 A、B、C 交易情况修正系数分别为 100/100、100/100、100/100。

② 交易日期调整：可比实例 A、B、C 均为近期交易案例，而近期内房地产(商业)无大波动，故可比实例 A、B、C 交易日期调整系数分别为 100/100、100/100、100/100。

③ 区位状况调整：可比实例 A、C 在商业繁华度、交通便捷度方面略优于估价对象，可比实例 B 在商业繁华度、交通便利度方面稍差于估价对象，故可比实例 A、B、C 区位状况调整系数分别为 100/105、100/95、100/105。

④ 实物状况调整：可比实例 A、B、C 有不同档次的装修，而本估价对象不含装修，故可比实例 A、B、C 实物状况调整系数分别为 100/115、100/110、100/115。

(4) 根据修正和调整系数测算估价对象房地产价格。

A 单价=42.0×100/100×100/100×100/105×100/115=34.8(元/平方米)

B 单价=36.5×100/100×100/100×100/95×100/110=34.9(元/平方米)

C 单价=43.5×100/100×100/100×100/105×100/115=36.0(元/平方米)

对以上计算得出的可比实例 A、B、C 的比准价格运用简单算术平均值，得出估价对象房地产的第 2、3 层比准价格为(34.8+34.9+36.0)/3=35.2(元/平方米)。

3) 估价结果确定

经以上计算，综合分析 3 种方法所得价格，并根据租赁市场发育程度，取市场价、成本价(估价对象房地产每月的租赁价格为 3.99 元/平方米)、收益价格(根据计算估价对象房地产的每月租赁单价为 23.94 元/平方米)的权重分别为 0.6、0、0.4，估价对象房地产每月的租赁单价为 30.7 元/平方米。

4. 案例分析

本酒楼租赁价格采用市场比较法、收益法和成本法等 3 种方法进行估价是适当的。估价过程总体符合《房地产估价规范》要求，测算思路及过程基本清晰。不足之处在于以下两方面。

(1) 采用市场比较法进行可比实例修正、调整时，应增加“层数”栏目。因为“层数”不同，多层与高层的建安工程造价也有较大差异，而且各层租金水平也不相同，应有所区别。

(2) 可比实例的建筑结构应与估价对象相同，估价对象为砖混结构，可比实例也应选砖混结构，当然，如果当地的框架结构住宅造价与砖混结构基本相同，选择框架结构作为可比实例也可以，但要加以说明。

本章小结

本章按照市场比较法的操作步骤对市场比较法进行了全面的讲解。具体内容为市场比较法的基本原理、收集交易实例、选取可比实例、建立统一价格可比基础、交易日期修正、交易情况修正、房地产状况修正等。

在房地产市场发育完善、交易实例资料比较丰富的地区，市场比较法既可直接用于评估房地产的价格或价值，还可用于其他估价方法中有关参数的求取。它是各种估价方法中最常用的方法之一。

市场比较法根据类似房地产的成交价格来求取估价对象的价值，要求类似的房地产与估价对象房地产处于同一供求圈内，而且成交日期与估价时点接近。因此，首先要搜集大量的交易实例，并针对具体的估价对象、估价时点和估价目的，从中选取一定数量、符合一定条件的可比实例。然后，将这些可比实例与估价对象进行比较修正，即分别建立统一价格可比基础、交易情况、交易日期、房地产状况的修正。最后，将这些经过修正的若干可比实例价格，通过数学方法进行综合处理得出一个客观合理的估价对象的价格或价值。

习题

一、选择题

1. 单选题

(1) 比准价格是一种(　　)。

A. 公平价格　　B. 理论价格　　C. 评估价格　　D. 市场价格

(2) 市场比较法是在求取一宗待评估土地的价格时，根据(　　)，将待估土地与在较近时期内已经发生交易的类似土地交易实例进行比较对照，并根据后者已知的价格，参照该土地的交易日期、交易情况、区域以及个别因素等差别，修正得出待估土地评估时日地价的方法。

A. 类似原则　　B. 替代原则　　C. 预期原理　　D. 生产费用价值论

(3) 市场比较发达地区的经常性交易的房地产价格的评估适用(　　)。

A. 市场比较法　　B. 收益法　　C. 成本法　　D. 假设开发法

(4) 下列哪一种情况会导致房地产的价格偏高？(　　)

A. 卖方不了解行情　　B. 政府协议出让土地

C. 设立抵押的房地产　　D. 购买相邻房地产

(5) 运用市场比较法估价时，我国要求所选取的可比实例至少(　　)个。

A. 2　　B. 3　　C. 4　　D. 5

(6) 运用市场比较法评估宗地地价，在选择比较交易案例时，该案例发生的区域与待估宗地所处区域相比(　　)。

A. 土地质量相同或相似　　B. 相邻地区

C. 同一供需圈　　D. 用途相同

(7) 市场比较法要求比较案例最长不超过(　　)年。

A. 1　　B. 2　　C. 3　　D. 5

(8) 假如可比实例房地产与估价对象房地产本身有若干差异，则在评估时，当已进行了交易情况修正和交易日期调整后，还需要进行关于(　　)的调整。

A. 市场状况　　B. 经济状况

C. 房地产状况　　D. 物价状况

(9) 某宗房地产交易，买卖双方在合同中写明买方付给卖方 2 325 元/平方米，买卖中涉及的税费均由买方来负担。该地区房地产买卖中应由卖方交纳的税费为正常交易费的 7%，应由买方交纳的税费为正常成交价格的 5%，则该宗房地产的正常成交价格为(　　)。

A. 2 625 元/平方米　　B. 2 500 元/平方米
C. 2 214 元/平方米　　D. 2 173 元/平方米

(10) 某房地产在用市场比较法估价时得出了 3 个估价结果：1 900 元/平方米、1 850 元/平方米、1 820 元/平方米，若采用加权算术平均数方法求比准价格，赋予的权数分别为 0.2、0.3、0.5，则该宗房地产的价格为(　　)。

A. 1 869 元/平方米　　B. 1 857 元/平方米
C. 1 850 元/平方米　　D. 1 845 元/平方米

2. 多选题

(1) 所谓类似房地产，一般是指在(　　)等几个方面与估价对象房地产是相同或相类似的。

A. 所处地区　　B. 建筑结构
C. 房产用途　　D. 使用年限
E. 建筑高度

(2) 市场比较法中，建立价格比较基础包括(　　)。

A. 统一付款方式　　B. 统一币种
C. 统一面积内涵　　D. 统一面积单位
E. 统一采用单价

(3) 市场比较法中关于房地产状况调整，可以分为(　　)等几项。

A. 实物状况修正　　B. 交易状况修正
C. 区位状况修正　　D. 交易日期调整
E. 权益状况修正

(4) 下列交易方式中(　　)会造成价格偏低。

A. 买方不了解市场　　B. 卖方不了解市场
C. 急欲脱售　　D. 急欲购买
E. 相邻地块房地产的合并交易

(5) 在下列各个选项中，属于市场比较法估价适用对象的是(　　)。

A. 城市规划用地　　B. 智能化写字楼
C. 标准厂房　　D. 高级豪华公寓
E. 风景园林别墅

(6) 当两宗相邻房地产合并交易时，房地产的价格常会受到(　　)的影响。

A. 建筑规模　　B. 土地形状
C. 土地使用权年限　　D. 土地面积
E. 地理位置

(7) 市场比较法应用的基础是(　　)。

A. 发达的房地产市场　　B. 充足的交易资料

C. 丰富估价经验的人员　　D. 交易类型全面

E. 待估房地产与交易实例有替代性

(8) 市场比较法中实物状况修正的内容包括(　　)等几项。

A. 面积大小　　B. 建筑结构

C. 容积率　　D. 工程质量

E. 楼层朝向

(9) 用市场比较法评估土地时，可利用与待估宗地同类型的具有替代性宗地的(　　)推测待估土地价格。

A. 拍卖底价　　B. 转让地价

C. 出让地价　　D. 资产核算价

E. 抵押价

(10) 交易实例可通过(　　)途径收集。

A. 查阅政府有关部门资料　　B. 查阅报刊消息

C. 根据需要自制　　D. 市场调查

E. 同行间相互提供

二、判断题

(1) 在运用市场比较法估价时，所选取的交易实例都可以作为可比实例。(　　)

(2) 类似地区是指与待估房地产所隶属的相邻区域相类似的、不在同一供需圈的其他区域。(　　)

(3) 在市场比较法估价中，统一中外货币单位时，均应采用成交日的市场汇率来进行换算。(　　)

(4) 运用市场比较法测算的价格能反映近期市场行情，具有较强的现实性。(　　)

(5) 市场比较法估价程序先后为收集交易资料、确定可比实例、修正、确定房地产价格。(　　)

(6) 在市场比较法估价中，可比实例的房地产状况应该是可比实例房地产在待估房地产的估价时点下的房地产状况。(　　)

(7) 采用期内平均上升或下降的价格变动率进行交易日期修正的公式为：可比实例在成交日期时的价格×(1+价格变动率×期数)=在估价时点的价格。(　　)

(8) 以一个标准宗地或条件俱佳的土地为基准，把交易案例和待估土地均与其逐项比较，然后将结果转化为修正价格，此方法为直接比较。(　　)

(9) 正常和非正常交易均可作为比较交易案例，通过修正予以运用。(　　)

(10) 运用市场比较法，可评估土地价格、建筑物价格，还可评估土地及建筑物为一整体的价格。(　　)

三、简答题

(1) 什么是市场比较法？它的理论依据、适用对象和条件是什么？
(2) 市场比较法的操作步骤包括哪些？
(3) 交易实例可通过哪些途径获取？
(4) 选取可比实例的要求是什么？
(5) 为什么要建立价格可比基础？它的内容包括哪些？
(6) 交易日期修正的方法有哪些？

四、计算题

(1) 某宗房地产的交易总价款为30万元，其中首付款为10万元，余款20万元于半年后一次性付清。假设月利率为1%，则其在成交日期时一次性付清的价格为多少？

(2) 某宗房地产交易，买卖双方在合同中写明买方付给卖方 2 325 元/平方米，买卖中涉及的税费均由买方来负担。该地区房地产买卖中应由卖方交纳的税费为正常成交价格的7%，应由买方负担的税费为正常成交价格的5%。则该宗房地产的正常成交价格为多少？

(3) 已知某地区某类房地产于2004年10月末至2005年2月末的价格平均每月比上月下降1.5%，2005年2月末至2005年6月末平均每月比上月下降0.5%，而2005年6月末至2005年10月末平均每月上涨1.2%，2004年11月末成交的实例价格为4 500元/平方米。若修正到2005年9月末，其价格为多少？

(4) 为评估某商品住宅2005年10月1日的正常市场价格，在该住宅附近调查选取了A、B、C共3宗类似住宅的交易实例作为可比实例，有关资料如下。

① 可比实例的成交价格和成交日期见表4-12。

表4-12 可比实例的成交价格和成交日期

可比实例	A	B	C
成交价格	3 700元/平方米	4 200元/平方米	3 900元/平方米
成交日期	2005年5月1日	2005年8月1日	2005年9月1日

② 交易情况的分析判断结果见表4-13。

表4-13 交易情况的分析判断结果

可比实例	A	B	C
交易情况	−2%	0	+1%

交易情况的分析判断是以正常市场价格为基准，正值表示可比实例成交价格高于其正常市场价格的幅度，负值表示低于其正常市场价格的幅度。

③ 该类住宅2005年4月至10月的价格指数见表4-14。

表 4-14 价格指数表

月份	4	5	6	7	8	9	10
价格指数	100	92.4	98.3	98.6	100.3	109.0	106.8

表 4-15 中的价格指数为定基价格指数。

④ 房地产状况的比较判断结果见表 4-15。

表 4-15 房地产状况的比较判断结果

房地产状况	权重	估价对象	可比实例 A	可比实例 B	可比实例 C
因素 1	0.5	100	105	100	80
因素 2	0.3	100	100	110	120
因素 3	0.2	100	120	100	100

试利用上述资料测算该商品住宅 2005 年 10 月 1 日的正常市场价格。

第5章

收益还原法

教学目标

通过本章学习，了解收益还原法的基本思想和基本原理，掌握收益还原法的使用范围和操作步骤，并具备对有收益或有潜在收益的房地产进行实务操作的能力。

教学要求

能力目标	知识要点	权重
了解收益还原法的概念、基本原理和思想	收益还原法的理论基础	10%
掌握收益还原法的使用范围和各种情况下的还原方法	收益还原法的应用范围	25%
掌握收益还原法的操作流程	收益还原法的基本操作步骤	25%
具备对有收益或有潜在收益的房地产进行实务操作的能力	收益还原法的实务训练	40%

引 例

武汉市现有一座供出租的写字楼，土地总面积为 12 000 平方米，总建筑面积为 52 000 平方米，建筑物层数为地上 22 层、地下 2 层，建筑结构为钢筋混凝土结构，土地使用年限为 50 年，从 2003 年 10 月 1 日起计。

思考：试根据案例的有关情况对该写字楼于 2008 年 10 月 1 日的价格进行估算。

常用的房地产估价方法中，收益还原法也很重要。它是目前国际上流行的资产评估三大方法之一，该方法是利用资金时间价值原理，将房地产未来收益折现求其现在市值的一种评估方法。房地产估价常用的方法中，收益还原法相对较难，但它却以其充分的理论依据在国外被广泛应用于收益性或有潜在收益性房地产的估价中，并被许多房地产估价专家尊崇为房地产估价法中的“王后”。

对于上述引例，如何对该估价对象写字楼进行估价呢？根据估价人员对该宗房地产估价所拟定的估价技术路线，该宗房地产是供出租的写字楼为收益性房地产，适宜采用收益还原法等方法估价。那么，什么是收益还原法？怎样才能运用收益还原法客观准确地估算该宗房地产的价格呢？下面就来学习收益还原法的基本原理和计算公式。

5.1 收益还原法的基本原理

5.1.1 收益还原法的概念

收益还原法(income approach，income capitalization approach，investment method)是房地产估价中最常用的方法之一，它是对具有稳定收益或潜在收益的房地产和其他性质资产评估的基本方法。收益还原法是将待估房地产未来每年的预期客观纯收益以一定的资本化率(还原利率)统一折算到估价期日现值的一种估价方法。

收益还原法在国内外的称谓很多，主要有收益还原法、收益现值法、收益资本化法等。在我国房地产估价中通常叫做收益还原法。

收益还原法是通过求取估价对象未来的正常净收益、选用适当的资本化率将其折现到估价时点后累加，以此估算估价对象的客观合理价格或价值的方法。采用收益还原法测算出的价格，通常称为收益价格。

特 别 提 示

收益还原法有其理论基础，将房地产未来各年纯收益进行贴现再相加求和就是该房地产的价格，该试算价格称为收益价格。

5.1.2 收益还原法的理论依据

收益还原法是基于预期原理，即未来收益权利的现在价值。其基本思想首先可以粗略地表述如下：由于房地产的使用寿命相当长久，占用某一收益性房地产，不仅现在能取得一定的纯收益，而且能期待在将来继续取得这个纯收益，这样，该宗房地产的价格就相当于这样一个货币额，如果将这个货币额存入银行也会源源不断地带来一种与这个纯收益等量的收入。形象一点表示：某一货币额×利息率=房地产纯收益。那么，这某一货币额就是该宗房地产的价格。将这个等式变换一下便得出

房地产价格=纯收益/利息率

例如，假设某人有一房地产，每年可产生10万元的纯收益，同时此人有200万元货币，以5%的年利率存入银行，每年可得到10万元的利息，则对该人来说，理论上这宗房地产与200万元的货币等价，即值200万元。

上述收益还原法的基本思想，是一种朴实、简单明了、便于人们理解的表达，严格来说不是很确切。在后面将会看到，上面的例子在下述前提条件下才成立，即纯收益每年不变，资本化率每年不变，获取纯收益的年限为无限年，并且投资房地产的风险与银行存款的风险相当的收益还原法情形。

如果纯收益每年不是一个固定值，而是时为20万元，时为25万元，那么就很难用一个固定的货币额和一个固定的收益率与它等同；如果在收益率也变化的情况下，如时为5%，时为6%，那么就更不易确定房地产的价格。如果再加上购买的房地产使用年期有限(如土地使用年限不是无限年期而是40年，像通过土地使用权有偿出让取得的土地；或由于其他原因造成获取纯收益的年期有限，如预计30年后某处房地产将被海水淹没或沙漠化)，问题就更加复杂。

一个货币额存入银行所得的利息，理论上是未来无限年都有的。另外，为什么收益还原法中的收益率硬要与银行的利息率等同起来，而不与其他可能获得更高利息(收益)的资本的利息率(收益率)等同起来，在后面也会看到，收益还原法中的收益率等同于一定的银行利息率也是一个特例。

考虑到上述种种情况，现可进一步将普遍适用的收益还原法原理表述如下：将估价时点视为现在，那么在现在购买有一定年限收益的房地产，预示着在其未来的收益年限内可以源源不断地获取净收益，如果现有某一货币额可与这未来源源不断的净收益的现值之和等值，则这一货币额就是该房地产的价格。

收益还原法是建立在货币具有时间价值的观念上的。货币的时间价值是指现在的钱比将来的钱有更高的价值；或者说，现在的钱比将来的钱更值钱。俗话说“多得不如现得”就是这种观念的反映。收益性房地产的价值就是该房地产的未来净收益的现值之和，其高低取决于下列3个因素：①可获净收益的大小；②可获净收益期限的长短；③获得该净收益的可靠性。

5.1.3 收益还原法的特点

1. 收益还原法具有严格的理论基础

地租地价理论和生产要素分配理论是收益还原法的理论依据，房地产中的土地、建筑物、人员、管理等要素组合产生的收益应当由各要素分配。

2. 收益还原法只对有收益或有潜在收益的房地产进行评估

收益还原法以收益为出发点评估房地产的价格，所以求得的价格通常称为“收益价格”。

3. 收益还原法评估结果的准确度取决于未来房地产的纯收益和收益率确定的准确度

这两点是收益还原法评估的关键，它们受政治、经济、工商企业以及房地产市场的发展变化的影响。因此房地产评估从业人员认为收益还原法应用有一定难度，这也是收益还原法的一个缺点。

5.1.4 收益还原法的适用范围

收益还原法是以求取房地产纯收益为途径评估房地产价值的一种方法，它只适用于有收益或有潜在收益的房地产估价。如写字楼、住宅、商店、旅馆、游乐场、影剧院、停车场、加油站、标准厂房(用于出租的)、仓库(用于出租的)、农地等。它不限于估价对象现在是否有收益，只要估价对象所属的这类房地产有获取收益的能力即可。由于它具有理论依据而应用很广，但对于无收益的房地产估价则不适用。

5.1.5 收益还原法的操作步骤

运用收益还原法估价一般可按照以下 4 个步骤来进行。

(1) 搜集并验证可用于预测估价对象未来收益的有关数据资料，例如估价对象及其类似房地产过去和现在的收入、费用等数据资料。

(2) 预测估价对象的未来收益(如净收益)。

(3) 求取报酬率或资本化率、收益乘数。

(4) 选用适宜的收益还原法公式计算收益价格。

5.2 收益还原法的基本公式

5.2.1 最一般的情形

根据复利计算公式

$$V=\frac{a_1}{(1+r_1)}+\frac{a_2}{(1+r_1)(1+r_2)}+\frac{a_3}{(1+r_1)(1+r_2)(1+r_3)}+\frac{a_4}{(1+r_1)(1+r_2)(1+r_3)(1+r_4)}$$
$$+\cdots+\frac{a_n}{(1+r_1)(1+r_2)(1+r_3)\cdots(1+r_n)}$$

式中： V——房地产价格；

a_1、a_2、a_3、…、a_n——房地产未来各年的纯收益；

r_1、r_2、r_3、…、r_n——房地产未来各年的收益率。

说明：①此公式实际上是收益还原法基本原理的公式化；②当公式中 a、r、n 变化时可以导出下述各种公式，可见下述各种公式只是本公式的一个特例；③本公式只有理论分析上的意义，实际估价中无法操作。

5.2.2 最简单的情形

$$V=\lim_{n\to\infty}\frac{a}{r}[1-\frac{1}{(1+r)^n}]=\frac{a}{r}[1-\lim_{n\to\infty}\frac{1}{(1+r)^n}]=\frac{a}{r}[1-0]=\frac{a}{r}$$

式中：V——房地产价格；

a——房地产的纯收益；

r——房地产的收益率。

此公式的假设前提是：①a 每年不变；②r 每年不变且大于零；③n 年期无限。

例 5-1

有一房地产，利用该宗房地产正常情况下每年所获得的总收益为 20 万元，每年所需支出的总费用为 12 万元，该类房地产的收益率为 8%，假定可收益期限为无限长，计算该宗房地产的收益价格。

【解】该宗房地产的价格计算如下：

$$V=(20-12)/8\%=100(万元)$$

实际运用此公式时，通常是用估价对象前 2 年或 3 年以上的纯收益的平均值来替代 a，而不是预测未来的 a。

5.2.3 有限年期且其他因素不变的情形

这具体有两种情况，一是收益率大于零，二是收益率等于零。

1. 收益率大于零的情况

公式如下：

$$V=\frac{a}{(1+r)}+\frac{a}{(1+r)^2}+\frac{a}{(1+r)^3}+\cdots+\frac{a}{(1+r)^n}=\frac{a}{r}[1-\frac{1}{(1+r)^n}]$$

式中：V、a、r——含义同前；

n——房地产的使用年限或仅有收益的年限。

此公式的假设前提是：①a 每年不变；②r 每年不变且大于零。

例 5-2

有一房地产，正常情况下利用该宗房地产，每年所获得的总收益为 20 万元，每年所需支出的总费用为 12 万元，该类房地产的收益率为 8.5%，另外，该宗房地产是在政府有偿出让土地使用权的地块上建造的，当时获得的土地使用权年限为 50 年，现已使用了 6 年，计算该宗房地产的收益价格。

【解】该宗房地产的收益价格计算如下：

$$V=\frac{20-12}{8.5\%}[1-\frac{1}{(1+8.5\%)^{50-6}}]=91.5\ (万元)$$

上述公式还有一些其他用途，如可利用该公式说明在不同收益率下土地使用权年限长与短，土地使用权价格接近于无限期时的土地价格。假设收益率分别为 8%、9%、12%、14%、16%、20%，土地使用权价格接近于无限期的年限分别为 140 年、120 年、90 年、80 年，70 年、60 年。

从上面的分析可以发现，收益率越高，接近于无限年期的价格越快。当收益率为 8%时为 140 年，9%时为 120 年，16%时为 70 年。当收益率为 20%时，只要 60 年就相当于无限年期的价格。

上述文字还可以用作比较两宗房地价格高低。如在收益率为 4%时，A 房地产使用年期为 50 年，单价 110 元/平方米；B 房地产使用年期 70 年，单价 115 元/平方米。如果要比较房地产的单价高低，直接比较是不合理的，因为年期不同不可比。为使之可比，可利用有限年期的修正公式。

$$\text{A 房地产}=\frac{110}{1-\frac{1}{(1+4\%)^{50}}}=128.01(\text{元/平方米})$$

$$\text{B 房地产}=\frac{115}{1-\frac{1}{(1+4\%)^{70}}}=122.89(\text{元/平方米})$$

通过比较可知，名义上 A 房地产的价格低于 B 房地产的价格，而实际上 A 房地产的价格高于 B 房地产的价格。当收益率也不相同时，同样可采用此方法进行比较。这里要说明的是，将不可比的年期、收益率化为可比，对于运用市场比较法估价时进行有关修正是特别有用的，即可以利用下列公式进行年限修正。

$$K_n=1-\frac{1}{(1+\mathrm{r})^n}$$

式中，r、n 的含义同前，K_n 表示 n 年时的 K 值，K 表示房地产使用年期修正系数，如 K_{70} 表示 n 为 70 年时的 K 值，K_n 表示 n 为无限年期时的 K 值。另用 V_n 表示有限年期的房地产价格，如 V_{50} 表示 50 年期的价格，V_{30} 表示 30 年期的价格。则具体修正方法如下。

若已知 V_∞，求 V_{70}、V_{30}，公式如下：

$$V_{70}=V_\infty\times K_{70}$$

$$V_{30}=V_\infty\times K_{30}$$

若已知 V_{50}、V_{30}，求 V_{40}，公式如下：

$$V_\infty=V_{50}\times\frac{1}{K_{50}}$$

$$V_{40}=V_{50}\times\frac{K_{40}}{K_{50}}$$

如将上述公式一般化，则有

$$V_n=V_N\times\frac{K_n}{K_N}=V_N\times\frac{(1+\mathrm{r})^{N-n}[(1+r)^n-1]}{(1+r)^N-1}$$

2. 收益率等于零的情况

公式如下：

$$V=\frac{a}{(1+r)}+\frac{a}{(1+r)^2}+\frac{a}{(1+r)^3}+\cdots+\frac{a}{(1+r)^n}=a\times n$$

式中：V、a、n——含义同前。

此公式的假设前提是：①a 每年不变；②r 等于零；③年期有限为 n。

5.2.4 纯收益在前若干年有变化的情形

这具体有两种情况，一是年期无限，二是年期有限。

1. 无限年期的情况

$$V=\sum_{i=1}^{t}\frac{a_i}{(1+r)^i}+\lim_{n\to\infty}\frac{a}{r(1+r)^t}[1-\frac{1}{(1+r)^{n-r}}]=\sum_{i=1}^{t}\frac{a_t}{(1+r)^i}+\frac{a}{r(1+r)^t}$$

式中：V、a、n——含义同前；

a_i——第 i 年的纯收益；

t——纯收益有变化的年限。

该公式的假设前提是：①t 年以前(含第 t 年)纯收益有变化；②t 年以后纯收益无变化为 a；③r 每年不变且大于零；④n 年期无限。

该公式有重要的实用价值，在于现实估价中如果单纯采用公式 $V=a/r$，在大多数情况下未免太片面。但如果根据纯收益每年都有变化的实际情况来估价，又不可能。为了解决这个矛盾，一般情况是根据经营状况和市场条件，对房地产在未来 3～5 年(或可以预测的更长年限)的纯收益做出预测，并且假设从此以后到未来无穷远年房地产将保持固定的纯收益，然后对这两部分纯收益分别进行资本化处理，计算出房地产价格。

例 5-3

有一房地产，通过预测得到其未来 4 年的纯收益分别为 10 万元、13 万元、15 万元、18 万元，假设从第 5 年到未来无穷远每年的纯收益将稳定在 22 万元左右，该类房地产的收益率为 8%，计算该宗房地产的收益价格。

【解】该宗房地产的收益价格计算如下。

$$V=\frac{10}{1+8\%}+\frac{13}{(1+8\%)^2}+\frac{15}{(1+8\%)^3}+\frac{18}{(1+8\%)^4}+\frac{22}{8\%\times(1+8\%)^5}$$
$$=232.70\ (\text{万元})$$

2. 有限年期的情况

$$V=\frac{a_1}{(1+r)}+\frac{a_2}{(1+r)^2}+\cdots\frac{a_t}{(1+r)^t}+\frac{a}{(1+r)^{t+1}}+\frac{a}{(1+r)^{t+2}}+\cdots+\frac{a}{(1+r)^n}$$
$$=\sum_{i=1}^{t}\frac{a_i}{(1+r)^i}+\frac{a}{r(1+r)^t}[1-\frac{1}{(1+r)^{n-t}}]$$

式中：V、a、a_i、r、t、n——含义同前。

该公式的假设前提是：①t 年以前(含第 t 年)纯收益有变化；②t 年以后纯收益无变化为 a；③r 每年不变且大于零；④年期有限为 n。

例 5-4

已知某宗房地产可取得收益的年限为 38 年，通过预测知其今后 5 年的净收益分别是 20 万元、22 万元、25 万元、28 万元、30 万元，从第 6 年起到第 38 年，每年的净收益将有可能稳定在 35 万元左右，假如该类房地产的报酬率为 10%，则该宗房地产的收益价格为多少？

【解】该宗房地产的收益价格计算如下。

$$V=\frac{20}{1+10\%}+\frac{22}{(1+10\%)^2}+\frac{25}{(1+10\%)^3}+\frac{28}{(1+10\%)^4}+\frac{30}{(1+10\%)^5}$$

$$+\frac{35}{10\%}\times[1-\frac{1}{(1+10\%)^{38-5}}]\times\frac{1}{(1+10\%)^5}$$

$$=300.86\ (\text{万元})$$

5.2.5 预知未来若干年后的房地产价格的情形

$$V=\frac{a_1}{(1+r)}+\frac{a_2}{(1+r)^2}+\cdots\cdots+\frac{a_t}{(1+r)^t}+\frac{V_t}{(1+r)^t}=\sum_{i=1}^{t}\frac{a_i}{(1+r)^i}+\frac{V_t}{r(1+r)^t}$$

式中：V、a_i、r——含义同前；

t——预知的未来房地产的年限；

V_t——未来第 t 年的房地产价格。

该公式的假设前提是：①已知未来某年的房地产价格为 V_t；②在已知房地产价格的年份以前的纯收益有变化；③r 每年不变且大于或等于零。

当目前的房地产价格难以知道，但根据发展前景比较容易预测未来的房地产价格水平时适宜于用上述公式。

例 5-5

某宗地产近期的价格水平为 3 500 元/平方米，年纯收益为 180 元/平方米，收益率为 8%，现获知该地区将兴建一座大型的现代化长途汽车站，该长途汽车站将在 4 年后建成投入使用，到那时该地区将达到该城市现有长途汽车站地区的繁荣程度。在该城市现有长途汽车站地区，该类房地产价格为 5 000 元/平方米，据此预计新长途汽车站建成投入使用后，新长途汽车站地区该类房地产价格水平将达到 5 000 元/平方米。试求兴建长途汽车站后该宗房地产的价格。

【解】该宗房地产的收益价格计算如下。

$$V=\frac{180}{8\%}\times[1-\frac{1}{(1+8\%)^4}]+\frac{5000}{(1+8\%)^4}=4\ 271.33\ (\text{元/平方米})$$

可见，该宗房地产在获知兴建新车站后，价格由每平方米 3 500 元涨到每平方米 4 271 元。

5.2.6 纯收益按等差级数递增的情形

这具体有两种情况，一是年期无限，二是年期有限。

1. 无限年期情况

$$V=\lim_{n\to\infty}\{(\frac{a}{r}+\frac{b}{r^2})[1-\frac{1}{(1+r)^n}]-\frac{b\times n}{r(1+r)^n}\}=\frac{a}{r}+\frac{b}{r^2}$$

式中：V、a、r——含义同前；

b——纯收益按等级数递增的数额，如纯收益第1年为 a，则第2年为 $a+b$，第3年为 $a+2b$，第 n 年尾 $a+(n-1)b$。

该公式的假设前提是：①纯收益按等差级数递增；②r 每年不变且大于零；③年期无限。

例 5-6

有一房地产，未来第一年的纯收益为20万元，预计此后各年的纯收益会在上一年的基础上增加2万元，该类房地产的收益率为8%，则该宗房地产的收益价格为多少？

【解】该宗房地产的收益价格计算如下。

$$V=\frac{20}{8\%}+\frac{2}{8\%^2}=562.5(万元)$$

2. 有限年期的情况

$$V=\frac{a}{r}[1-\frac{1}{(1+r)^n}]+\frac{b}{r^2}[1-\frac{1}{(1+r)^n}]-\frac{b\times n}{r(1+r)^n}$$
$$=(\frac{a}{r}+\frac{b}{r^2})[1-\frac{1}{(1+r)^n}]-\frac{b\times n}{r(1+r)^n}$$

式中：V、a、r、b、n 的含义同前。

此公式假设前提是：①纯收益按等差级数递增；②r 每年不变且大于零；③年期有限为 n。

例 5-7

预计某宗房地产未来第一年的净收益为16万元，此后每年的净收益会在上一年的基础上增加2万元，收益年限可视为40年。该类房地产的报酬率为9%。试计算该宗房地产的收益价格。

【解】该宗房地产的收益价格计算如下。

$$V=(\frac{16}{9\%}+\frac{2}{9\%^2})[1-\frac{1}{(1+9\%)^{40}}]-\frac{40\times 2}{9\%(1+9\%)^{40}}=382.87\ (万元)$$

5.2.7 纯收益按等差级数递减的情形

具体有两种情况，一是年期无限，二是年期有限。

1. 无限年期情况

$$V=\lim_{n\to\infty}\{(\frac{a}{r}-\frac{b}{r^2})[1-\frac{1}{(1+r)^n}]+\frac{b\times n}{r(1+r)^n}\}$$
$$=\frac{a}{r}-\frac{b}{r^2}$$

式中：V、a、r——含义同前；

b——纯收益按等级数递减的数额，如纯收益第 1 年为 a，则第 2 年为 $a-b$，第 3 年为 $a-2b$，第 n 年尾 $a-(n-1)b$。

该公式的假设前提是：①纯收益按等差级数递增；②r 每年不变且大于零；③年期无限。

例 5-8

预计某宗房地产未来第一年的净收益为 16 万元，此后每年的净收益会在上一年的基础上减少 0.2 万元，收益年限可视为无限年。该类房地产的报酬率为 9%。试计算该宗房地产的收益价格。

【解】该宗房地产的收益价格计算如下。

$$V=\frac{16}{9\%}-\frac{0.2}{9\%^2}=153.09\,(\text{万元})$$

2. 有限年期的情况

$$V=\frac{a}{r}[1-\frac{1}{(1+r)^n}]-\{\frac{b}{r^2}[1-\frac{1}{(1+r)^n}]-\frac{b\times n}{r(1+r)^n}\}$$
$$=(\frac{a}{r}-\frac{b}{r^2})[1-\frac{1}{(1+r)^n}]+\frac{b\times n}{r(1+r)^n}$$

式中：V、a、r、b、n 的含义同前。

公式假设前提是：①纯收益按等差级数递减；②r 每年不变且大于零；③年期有限为 n。

例 5-9

预计某宗房地产未来第一年的净收益为 16 万元，此后每年的净收益会在上一年的基础上减少 0.2 万元，收益年限可视为 40 年。该类房地产的报酬率为 9%。试计算该宗房地产的收益价格。

【解】该宗房地产的收益价格计算如下。

$$V=(\frac{16}{9\%}-\frac{0.2}{9\%^2})[1-\frac{1}{(1+9\%)^{40}}]+\frac{0.2\times 40}{9\%(1+9\%)^{40}}=151.04\,(\text{万元})$$

5.2.8 纯收益按一定比率递增的情形

这具体有两种情况：一是年期无限，二是年期有限。

1. 无限年期的情况

$$V=\lim_{\substack{n\to\infty\\ r>s}}\frac{a}{r-s}[1-(\frac{1+s}{1+r})^n]=\frac{a}{r-s}$$

式中：V、a、r、n——含义同前。

s——纯收益逐年递增的比率，如纯收益第 1 年为 a，则第 2 年为 $a(1+s)$，第 3 年为 $a(1+s)^2$，第 4 年为 $a(1+s)^{n-1}$。

此公式的假设前提是：①纯收益按等比级数递减；②r 每年不变且大于 s；③年期无限。

例 5-10

有一房地产未来第一年的纯收益为15万元，预计此后各年的纯收益会在上一年的基础上增长2%，该类房地产的收益率为9%，则计算该宗房地产的收益价格。

【解】 该宗房地产的收益价格计算如下。

$$V=\frac{15}{9\%-2\%}=214.3\,(\text{万元})$$

若总收益与总费用的递增比率不等，设 A 表示总收益，每年递增的比率为 s_1，C 表示总费用，每年递增的比率为 s_2，则

$$V=\frac{A}{r-s_1}-\frac{C}{r-s_2}$$

2. 有限年期的情况

$$V=\frac{a}{(1+r)}+\frac{a(1+s)}{(1+r)^2}+\cdots+\frac{a(1+s)^{n-1}}{(1+r)^n}$$
$$=\frac{a}{(1+r)}[1+(\frac{1+s}{1+r})+(\frac{1+s}{1+r})^2+\cdots+(\frac{1+s}{1+r})^{n-1}]$$

设 $\frac{1+s}{1+r}$=x，则上式变为

$$V=\frac{a}{1+r}[1+x+x^2+\cdots+x^{n-1}]$$

如果 x=1，即 r=s 时，上式变为

$$V=\frac{a}{1+r}[1+\overbrace{1+1+\cdots+1}^{n-1}]=\frac{a\times n}{1+r}$$

如果 $x\neq 1$，即 $r\neq s$ 时，上式变为

$$V=\frac{a}{1+r}(\frac{1-x^n}{1-x})$$
$$=\frac{a}{1+r}\times\frac{1-(\frac{1+s}{1+r})^n}{1-\frac{1+s}{1+r}}$$
$$=\frac{a}{1+r}\times\frac{1-(\frac{1+s}{1+r})^n}{\frac{(1+r)-(1+s)}{1+r}}$$
$$=\frac{a}{r-s}[1-(\frac{1+s}{1+r})^n]$$

故有

$$V=\{\frac{a\times n}{1+r},\ r=s;\ \ \frac{a}{r-s}[1-(\frac{1+s}{1+r})^n],\ r\neq s\}$$

式中：V、a、r、n 的含义同前。

公式的假设前提是：①纯收益按等比级数递增；②r 每年不变，且 $r \neq s$；③年期有限为 n；④递增时 s 为正，递减时 s 为负。

例 5-11

有一房地产，未来第一年的纯收益为 16 万元，预计此后各年的纯收益会在上一年的基础上增长 2%，该类房地产的收益率为 9%，另外，该宗不动产是在政府有偿出让土地使用权的地块上建造的，当时获得的土地使用权年限为 50 年，现已使用了 6 年，则该宗房地产的收益价格为多少？

【解】该宗房地产的收益价格计算如下：

$$V = \frac{16}{9\% - 2\%}\left[1 - \left(\frac{1+2\%}{1+9\%}\right)^{50-6}\right] = 217.78\,(\text{万元})$$

特别提示

在对纯收益进行资本化还原时，一定要注意年纯收益的变化情况、投资收益率的稳定情况和土地的使用年期，对不同的情况要选择合适的还原方式。

5.3 收益还原法的操作步骤

5.3.1 搜集整理资料

1. 资料搜集的途径

房地产估价所需的资料，主要通过走访有关部门及个人，搜集现有资料、实地调查获取。在资料调查基础上，应根据样本资料的类别和特点分级别归档。对于应用收益还原法评估时，应根据待估房地产的位置和特点，选择同一级别相同性质的适宜调查样本作为下一步计算的依据。资料调查途径见表 5-1。

表 5-1 房地产交易资料调查途径一览表

房地产转移类型	资料来源
房地产租赁	租赁双方及主管部门、各省市建筑定额标准、各地房屋拆迁补偿标准、工商、建设、物价等部门、街道办事处、房地产开发公司
商品房出售	各省市建筑定额标准、房地产开发公司、买房单位、房地产交易所、物价、税务、建行、建设及规划部门
房屋买卖	交易双方及主管部门、各省市建筑定额标准、各地房屋拆迁补偿标准、房地产交易所、公证处、物价、税务、建行等部门
土地使用权出租	租赁双方及主管部门、公证处、税务局、街道办事处
土地使用权转让	交易双方及主管部门、公证处、税务、财政部门、街道办事处
企业效益资料	企业、工商、税务、财政部门

2. 资料的整理

在资料调查的基础上，应根据样本资料的类别和特点分级别归档。对于应用收益还原法评估时，应根据待估房地产的位置和特点，选择同一级别相同性质的适宜调查样本作为下一步计算的依据。

根据资料收集这一步骤对引例的写字楼的估价也要进行资料的收集。通过调查研究，收集的有关资料如下。

(1) 租金按净使用面积计。可供出租的净使用面积总计为 31 200 平方米，占总建筑面积的 60%，其余部分为大厅、公共过道、楼梯、电梯、公共卫生间、大楼管理人员用房、设备用房等占用的面积。

(2) 租金平均为 35 元/(平方米·月)。

(3) 空房率年平均为 10%，即出租率年平均为 90%。

(4) 建筑物原值 5 500 万元。

(5) 家具设备原值 500 万元。

(6) 费用支出平均每月 10 万元，包括人员工资、水电、空调、维修、清洁、保安等费用支出。

(7) 房产税依照建筑物原值减去 30%后的余值的 1.2%计算缴纳(每年)。

(8) 其他税费约为月总收入的 6%(每月)。

5.3.2 确定总收益

房地产的收益(毛收入)可分为实际收益和客观收益两类。实际收益是指待估房地产在现状的经营管理水平条件下实际取得的收益。它是个别企业在个别的经营管理等情况下的实际收入水平，未排除个别因素对房地产的影响，所以它不可作为估价的依据。而客观收益是指排除了各个企业实际收益中特殊的、偶然的要素对实际收益的影响后得到的一般正常收益，它可直接应用于估价中。

房地产收益分为有形收益和无形收益。在估价过程中既要考虑企业的有形收益，还要考虑企业的各种无形收益。但值得注意的是，如果无形收益已通过有形收益得到体现，如在当地能显示其形象、地位的写字楼，承租者租用该写字楼办公可显示其实力，该因素往往会包含在写字楼的较高租金中，则不应再单独考虑，以免重复。

在确定房地产客观收益时，应根据一定的原则，全面分析各种因素对收益的影响，从而确定出合理的客观收益。确定客观收益一般要考虑以下条件。

(1) 从客观上看，房地产的总收益是由具备良好素质及正常使用能力的使用者使用，并能产生收益。

(2) 必须是持续且有规律地产生的收益。

(3) 收益是安全可靠的收益：是指符合国家规定并经批准的经营项目所产生的收益，未批准的经营项目和违法的经营项目收益不能作为计算客观收益的依据。

房地产总收益产生的形式有以下两种情况。

(1) 房地产出租的租金：是指房地产出租过程中，出租方获得的实际租金额以及其他有关的收益，如押金利息等。客观收益水平的确定，要通过对实际租赁合同金额与当地估价期日同类型房地产的租金额、租赁市场状况以及同类型的租赁市场状况综合分析后得到。

(2) 企业经营收益：是指企业在正常经营管理水平下，每年所获得的与同类型企业相类似的客观收益。排除企业中的不正常收益，还应当考虑估价对象所引起的其他衍生收益，如房地产租赁过程中承租方所支付的押金的利息收益、企业生产经营过程中的副产品销售收益等，同时还应充分考虑收益的损失，如房地产租赁的出租率或空房损失率等对总收益的影响。

5.3.3 确定总费用

总费用是指出租或经营房地产期间，房地产拥有者取得总收益而必须支付的有关费用。根据总收益获取的形式不同，总费用的内涵和计算也有所不同，总费用计算可分为以下两种情形。

1. 房地产出租中总费用的计算

根据房地产出租中租金的构成因素分析，计算房地产的总费用主要包括以下几项。

(1) 管理费：是指出租房地产要进行的必要管理所需的费用，如管理人员的工资和出租过程中所消耗的公共设施的费用。管理费的计算方法在我国有两种，一种是按照可出租面积平均计算；另一种是依据租金的一定比例计算，通常为年租金的2%～5%。

(2) 维修费：是指为保证房屋正常使用每年所支付的房屋的维护费用(修缮费用)。此费用计算起来十分复杂，维护并不一定每年一样，为了计算方便，我国通常按建筑物重置价格的一定比例计算。

(3) 保险费：是指房地产拥有者为防止拥有的房产免遭意外(火灾等)而向保险公司支付的费用。我国一般按房屋重置价格或现值的0.15%～0.2%计。

(4) 税金：是指房地产拥有者由于房地产出租而应按照国家有关规定向税务机关缴纳的房产税和营业税等。关于纳税标准，国家和各省市县均有具体规定。营业税、城市建设附加税和教育附加税国家均为统一标准，它们分别为房地产租金的5%、0.35%、0.05%。

(5) 中介费用：是指通过中介机构发生租赁的，应当由房地产所有者支付给中介机构的费用，一般为一个月的租金额。

2. 企业经营费用的计算

企业经营费用是指企业在经营过程中为获得经营效益而必须支付的一切费用。由于企业的性质不同，费用的构成也不同，但主要有两大类，即商品经营服务型企业和生产型企业。商业经营服务型房地产在经营过程中的费用主要有商品销售成本、经营费用、管理费用、商品销售税金及附加、财务费用和商业利润等；生产型房地产在经营过程中的费用主要有生产成本、产品销售费用、产品销售税金及附加、财务费用、管理费用和厂商利润等。

特别提示

费用是以年计的，而且是每年都持续、有规则产生的，如扣除建筑物折旧是年折旧而不是总折旧。在计算总收益和总费用时，一是要避免漏算，二是要避免扩大化。

5.3.4 计算纯收益

根据具体估价对象选择不同的计算方法，按照总费用介绍的两种形式，纯收益的计算公式也有以下两种。

1. 房地产出租中纯收益的计算

出租型房地产是收益还原法估价的典型对象，包括出租的住宅(公寓)、写字楼、商场、停车场、标准工业厂房、仓库和土地等，其净收益根据租赁资料来索取，通常为租赁收入扣除维修费、管理费、保险费(如房屋火灾保险费)、房地产税(如房产税、城镇土地使用税)和租赁代理费等后的余额。租赁收入包括有效毛租金收入和租赁保证金、押金等的利息收入。在实际求取时，维修费、管理费、保险费、房地产税和租赁代理费是否要扣除应在分析租赁契约的基础上决定。如果保证合法、安全、正常使用所需的费用都由出租方负担，则应将它们全部扣除；如果维修、管理等费用全部或部分由承租方负担，则出租方所得的租金就接近于净收益，此时扣除的项目要相应地减少。另外，如果租金中包含了无偿提供使用水、电、燃气、空调、暖气等，则要扣除水、电、燃气、空调、暖气等费用。还要考虑是否连同家具等房地产以外的物品一起出租。如果是，则租赁收入中包含了家具等的贡献，这部分是否扣除视评估价格是否需要包含此部分的价值来定。

房地产纯收益=房地产总收益-房地产总费用

若费用都由房地产出租方承担，计算纯收益时则应全部扣除；若维修费、管理费等费用的全都或部分由承租方负担，计算纯收益时，费用中由承租方负担的部分不计入总费用，予以扣除。

2. 企业经营中的房地产纯收益的计算

企业经营中的房地产年纯收益=年总收益-年经营总费用

3. 尚未使用和自用的房地产纯收益的计算

可比较有收益的类似房地产的有关资料，按上述相应的方式计算净收益，或直接比较得到净收益。

特别提示

用于进行还原的纯收益必须是客观标准的纯收益，即排除特殊的、偶然性因素对年收益的影响。为得到客观标准的纯收益，总收益和总费用也必须是客观标准的。

根据上述内容，第二步计算引例中的写字楼年净收益。净收益的计算需要计算年有效毛收入和年运营费用，两者相减即可得到年净收益。

1) 年有效毛收入

年有效毛收入=31 200×35×12×90%=1 179.36(万元)

2) 年运营费用

(1) 经常费。

年经常费=10×12=120(万元)

(2) 房产税。

年房产税=5 500×(1-30%)×1.2%=46.20(万元)

(3) 家具设备折旧费。这可采用直线折旧法计算每年家具设备的折旧费。家具设备的经济寿命推定平均为10年，残值率为4%。

年家具设备折旧费=500×(1-4%)÷10=48(万元)

(4) 其他费用。

年其他费用=31 200×35×90%×6%×12=70.76(万元)

(5) 年运营费用。

年运营费用=①+②+③+④=120+46.20+48+70.76=284.96(万元)

3) 年净收益

年净收益=年有效毛收入−年运营费用=1 179.36−284.96=894.40(万元)

5.3.5 确定资本化率

1. 资本化率的重要性

资本化率是将房地产的净收益转换成价值的比率。收益还原法中资本化率究竟应该如何选取，是很重要又比较困难的问题。由于资本化率的微小变化会导致价值的很大变化，资本化率如果选取不当(如大 1%或小 1%)，计算结果就会出现很大的差异，从而即使净收益的估算很精确，计算结果仍然不可信。表 5-2 可以说明这一点。

表 5-2 产生定额净收益的房地产在不同资本化率下的评估价格

净收益/万元	资本化率/%	评估价格/万元
5	4	125.00
5	5	100.00
5	6	83.33
5	8	62.50
5	10	50.00
5	12	41.67

从上表中可以看出，每年都产生 5 万元净收益的房地产，在 6%的资本化率下，评估价格约为 83 万元。但如果选取的资本化率不是 6%，而是 8%，则评估价格变为大约 62 万元，两者相差近 21 万元。而造成这样大的差异的原因，仅仅是资本化率从 6%增加到 8%，即相差 2%。

充分认识资本化率的重要性，能使人们对资本化率的选取抱着更加科学与慎重的态度。资本化率的重要性集中体现在资本化率对估价结果的影响上。选择的资本化率的大小不同，估价结果就会发生很大的差别。

2. 资本化率的界定

为避免歧义，首先需要指明哪种是资本化率。简单地说，所谓资本化率是将纯收益资本化(或转换)为价格的比率。但这样的界定还不够，还不能使人完全明白，需要再看具体例子。在收益还原法中，由于纯收益的特性不同，具体的计算公式会不同。例如，在纯收益每年均不变、并且持续无限年的情况下，收益还原法的公式为 $V=\dfrac{a}{r}$；但在有限年的情况下，收益还原法的公式为 $V=\dfrac{a}{r}[1-\dfrac{1}{(1+r)^n}]$。在纯收益每年按一定比率增加且为无限年的情况下，收益还原法的公式为$V=\frac{a}{r-s}$。上述3种情况下，r就是资本化率。

对资本化率做上述说明很有必要，因为有些人不分收益还原法的具体公式如何，将所有情况下的纯收益与价格的比率都说成是资本化率。若按此说法，则在上述第2种情况下，资本化率就不是r，而变成了$\frac{r}{1-\frac{1}{(1+r)^n}}$。在上述第3种情况下，资本化率变成了$r-s$。如果是这样的话，就会引起一系列理论上的混乱，无法规范地研讨资本化率的实质及其如何求取等问题。因此，在这个问题上，必须严格地将资本化率与纯收益本身的变化、获取纯收益的年限等问题区分开来。

3. 资本化率的实质

资本化率(又可称为房地产还原利率、综合收益率、综合还原利率)不是房地产纯收益与房地产价格的比率，其实质是资本投资的收益率。在收益还原法中资本化率确定的准确与否，直接关系到房地产价格的定位。购买房地产可以看成是一种投资，这种投资所需投入的资本是房地产价格，这笔投资试图获得的收益是房地产每年产生的纯收益。因此，资本化率实质上是一种资本投资的收益率(由一笔投资赚回的收益的百分数，有若干种不同的名称，诸如收益率、获利率、报酬率、利润率、回报率、赢利率和利率)。以最小的风险来获得最大的收益虽然是所有出资者的愿望，但在一个较为完善的市场中，要获得高的投资收益意味着要承担高的风险，即收益率与投资风险成正相关，风险大者收益率也高，反之则低。例如，将资金存入国家银行，风险小，但利息率也低；而将资金搞投机冒险，收益率高，但风险也大。

认识到资本化率实质上是一种收益率，在观念上就把握住了求取资本化率的方法：收益还原法中应采用的资本化率，等同于与获取估价对象房地产所产生的纯收益具有同等风险的资本的收益率。

对资本化率应等同于具有同等风险的资本的收益率这样一种认识，使资本化率的确定可以包容多种情况，避免一些过于武断或只适合于某些特定情况下的结论。拿土地来说，如像马克思所讲的那样，当人们把土地所有权看做所有权的特别高尚的形式并且把购买土地看做特别可靠的投资时，资本化率就要低于其他较长期投资的收益率，甚至比银行的利率还要低。但当情况不再是这样，如拥有土地者不再有任何特殊地位，受自然或社会因素的影响获取地租并不稳定、有风险时，资本化率就高于其他较长期投资的收益率。因为土地的不可移动性使它不易于逃避一些政策、社会动荡和天灾的影响。不同地区、不同时期、不同性质、不同用途的房地产，由于其投资的风险性不同，收益率是不尽相同的。因此，在房地产估价中并不存在一个统一不变的资本化率。

4. 资本化率的种类

房地产的资本化率可分为3类，即综合资本化率、建筑物资本化率和土地资本化率。它们既有严格的区分，又有相互的联系。若知道其中两个资本化率以及它们的价格，便可求出另一个资本化率，其计算公式如下：

$$R_0=\frac{R_L\times V_l+R_B\times V_B}{V_L+V_B}$$

式中：R_0——综合资本化率，适合于土地和建筑物合一的估价；

R_L——土地资本化率；

R_B——建筑物资本化率；

V_L——土地价格；

V_B——建筑物价格。

有时建筑物资本化率和土地资本化率可以获取，而土地和建筑物价格难以获取，但知道土地价格占房地产价格的比例或知道建筑物价格占房地产价格的比例，也可求综合资本化率，计算公式如下：

$$R_0=L\times R_L+B\times R_B$$

式中：R_0、R_L、R_B——含义同上；

L——土地价格占房地产价格的比例；

B——建筑物价格占房地产价格的比例；

$L+B=100\%$。

在美国房地产估价中，收益率(R)是用于直接资本化法中的回报率。直接资本化法是以收益率将单一年度收益期望值转化成房地产价值的方法。它可以用来折现潜在总收益、有效总收益、净经营收益或税前现金流量。收益率是单一年度的收益与其房地产价值的比率，是静态指标。一般以第一年度的收益除以价值来计算，也可以用各年平均收益作为代表性年收益来计算。应用收益率可以一步计算出房地产价值。已知标的房地产的年收益和收益率，即

价值=收益/收益率

收益率分为综合资本化率、期末资本化率、自有资金资本化率、抵押贷款资本化率(抵押贷款常数)、建筑物资本化率、土地资本化率。这些比率之间存在着内在的联系。其中，最基本的比率是综合资本化率。

1) 综合资本化率

综合资本化率(R_0)是房地产单一年度净经营收益期望值与房地产总价值或总价格的比率。净经营收益是房地产的有效总收益扣除经营费用但未扣除贷款本息偿还额及账面折旧额的余额。

计算综合资本化率的方法有：市场抽取法，投资组合法(包括抵押贷款与自有资金组合和土地与建筑物组合两种)和债务保障公式，也可以从有效总收益乘数中求算。

市场抽取法要求市场发育良好，相同类型物业的销售资料充足。在用这种方法计算 R_0 时，要求比较案例与标的房地产具有相似性，否则要对存在的差异进行修正。估价师要搜集每宗比较案例的售价、收益、费用、融资条件，销售时的市场条件、产权情况、风险状况。确定每宗比较案例应按照相同的计算方式计算净经营收益。例如，比较案例的净租金每年上涨 3%，综合资本化率是 10%，标的房地产的净租金每年上涨 2%，虽然二者在其他条件上具有相似性，但标的房地产不能以 10%作为它的综合资本化率，必须进行修正，后者的 R_0 要比前者的 R_0 高。又如，比较案例为一宗旧物业，购买时的 R_0 为 10%，但在 2 年内需要重新装修，标的房地产为刚竣工的新物业，虽然二者在同一区位，交易时间接近，但由于后者不需要从经营费用中扣除装修费用，故不能用前者作为后者的综合资本化率，应该进行修正，即标的房地产的 R_0 应该低于 10%。

应用市场抽取法计算综合资本化率的具体步骤如下。

(1) 估价师收集与标的案例具有可比性的比较案例，列出它们的售价、租金标准、费用、融资条件、市场状况、销售时间、产权状况等资料。

(2) 估价师利用比较案例的资料，计算出每宗案例的净经营收益，然后将具有可比性的每宗比较案例的净经营收益除以售价，可以得到每宗房地产的综合资本化率，并形成一个综合资本化率取值范围。

(3) 估价师确定标的房地产的综合资本化率。可以根据其与比较案例的可比性，在比较案例估算出来的综合资本化率一定的范围内进行修整，再根据估价师的经验判断而形成。

投资组合法也是计算综合资本化率的方法，一般可以分为两种组合，即土地与建筑物组合和抵押贷款与自有资金组合。在20世纪中期以前，人们将房地产划分为土地和建筑物两种投资成分。在估价中，由于贷款利率较低，资本投资收益稳定，估价师一般不考虑融资的问题和资本收益，仅使用实体剩余法分别计算土地的资本化率和建筑物的资本化率。1959年，埃尔伍得对收益资本化法作出了重要的贡献，他在估价中引进了“房地产总价值必须反映抵押贷款价值及自有资金价值”的观念，即在估价中，不仅要分析土地和建筑物的价值，也要分析抵押贷款和自有资金的价值，分别计算他们的资本化率(即抵押贷款常数和自有资金资本化率)，以此来表达放款人和自有资金投资者对投资收益的判断。这主要是由于通货膨胀和房地产价值实质增值已经超过了建筑物实体折旧对房地产价值的影响以及房地产投资者投资行为日益复杂、收益流量不稳定、短期投资增多等因素形成的。

2) 土地资本化率和建筑物资本化率

在投资组合技术中，需应用到土地资本化率和建筑物资本化率两个技术指标。土地与建筑物组合计算综合资本化率的公式如下：

$$R_o=L\times R_L+B\times R_B$$

式中：L——土地价值占整个房地产价值的百分比；

B——建筑物价值占整个房地产价值的百分比；

R_L——土地的资本化率；

R_B——建筑物的资本化率。

土地资本化率是土地的年净经营收益与土地价值的比率，建筑物资本化率是建筑物的净经营收益与建筑物价值的比率。土地资本化率和建筑物资本化率可以从市场资料中应用市场提取法计算出来。在建筑物剩余法中，使用土地资本化率、建筑物资本化率和其他资料可以计算建筑物价值，将其与已知的土地价值相加，得到整个房地产价值。这种剩余法应用范围非常有限，可以应用到房地产(指建筑物折旧)有大量累计折旧的情况下计算房地产价值，也可以用来直接衡量建筑物对整个房地产价值的贡献度。

3) 抵押贷款常数和自有资金资本化率

抵押贷款常数和自有资金资本化率应用在投资组合技术中计算综合资本化率，抵押贷款与自有资金组合公式如下：

$$R_o=M\times R_M+E\times R_E$$

式中：M——贷款价值比，是贷款占房地产总投资的百分比；

R_M——抵押贷款常数；

E——自有资金占房地产投资的百分比；

R_E——自有资金资本化率。

抵押贷款常数是每年的本金和利息偿还额之和与抵押贷款本金总额的比率。它是放款者所要求的放款的利率报酬。自有资金资本化率是房地产年度税前现金流量与自有资金总额的比率。自有资金资本化率可以从充足的市场资料的比较实例中计算出来，即由每一个比较实例的年度税前现金流量除以自有资金总额得到。年度税前现金流量通常是房地产持有期第一年的预期现金流量。自有资金资本化率用来表示资本化自有资金的收益。

已知自有资金资本化率、抵押贷款利率以及抵押贷款总额等资料，应用自有资金剩余法可以计算出自有资金的剩余收益，它用于分析新开发的房地产的绝对所有权(或称为房地产的完全所有权，它不受其他任何权利的支配，仅受政府课税，房地产征收的限制)收益，或者评估受特定抵押贷款限制的房地产的自有资金收益。

4) 期初资本化率和期末资本化率

期初资本化率是房地产被购入第一年的净经营收益与房地产现值的比率。期末资本化率是用来估计房地产期末出售价值的综合资本化率，它高于平均综合资本化率和期初资本化率，这是因为在房地产持有期期末，建筑物的经济寿命已减少、获得经济收益的风险较高的原因。

5. 资本化率确定的原则

资本化率是影响评估价值的重大因素。其微小扰动，就可能会使整个评估结果无限放大。普利高津的混沌学在这里得到了鲜明的体现。紧抓资本化率的适宜性意义重大。为了确定适宜的资本化率，应该遵循以下原则。

(1) 匹配原则。匹配原则就是要根据委估资产的目的与估价的需要，采用与各种评估依据与数据价格类型相适宜的资本化率来进行资产评估。具体来说，评估资本化率参数的匹配原则指评估资本化率参数与收益还原法之间、评估资本化率参数与评估预期收益额之间、评估资本化率参数与评估收益期之间、评估资本化率参数与其他评估依据资料之间，都保持财务内涵的统一和计算统计口径的统一。在应用收益还原法时，由于未来预期收益口径、未来收益期等有不同的含义，因此，要求资本化率与未来预期收益额、未来收益期等的口径匹配十分重要。

(2) 考虑风险报酬原则。企业追求的不仅仅是无风险报酬，还要认识到追求风险报酬是推进企业发展的一大原动力。在进行企业资产价值评估时，必须承认和考虑风险报酬因素的存在。确定风险报酬率主要考虑委托方的经营风险、行业风险、市场风险、政策风险等因素。在分析委托方的经营现状、发展态势等的基础上，结合高技术、高风险、高回报的基本特性，适当借鉴同行业特别是同类上市公司的投资报酬率等情况最后加以确定。

6. 资本化率的确定

在房地产估价实务中，资本化率确定的方法主要有市场提取法、安全利率加风险调整值法、复合投资收益率法、投资收益率排序插入法和收益风险倍数法。这些方法将在 5.4 资本化率求算的方法中详细介绍。

此外，国内外学者对于资本化率的求取还有不同的观点，具有代表性的主要有以下几种。

(1) 马克思对地租资本化中的利息率的一些论述。关于地租资本化中的利息率，马克思在《资本论》中同时提到5种利息率的可能性：①平均利息率；②资本投在有息证券上的利息率；③借贷资本的利息率(即贷款利息率)；④普通利息率；⑤资本增值率。同时，马克思还提到，地租资本化的利息率比长期投资的利息率还要低。

(2) 中国台湾林英彦提出，收益还原法中的还原利率应采用实质利率。所谓实质利率，是以一年期定期存款利率为基础，并用物价指数调整以后，再扣除一成的所得税得到的比率，这个比率可直接作为土地还原利率。

(3) 中国台湾柯傅义在其编译的资料中介绍了西方选择还原利率所使用的方法：①市场投资品质比较法；②投资组合法；③银行家利率选择法；④重叠法。

(4) 日本杉木正幸著的《房地产价格》一书中，总结了以往学说上关于决定还原利率的种种主张。主要有：①地方的一般利率说；②地方的习惯利率说；③地方的土地税率说；④普通的一般利率说；⑤长期投资利率说；⑥相当于抵押贷款利率与剩余贷款利率的复合利率说；⑦相当于纯粹利息与风险贴补金的复合利率说。

(5) 美国雷利·巴洛维教授在《土地资源经济学——房地产经济学》一书中指出，确定还原利率主要采用3种方法：①加总法；②“投资分段理论”；③对比选择法。另外，他补充提到了第4种方法，即银行家利率选择法。雷利·巴洛维的加总法与柯傅义的重叠法是一回事，投资分段理论与投资组合法是一回事，对比选择法与市场投资品质比较法是一回事，仅是用词或翻译不同。

(6) 日本及中国台湾有关房地产估价法规中规定了求取还原利率的方法。日本《房地产鉴定评价基准》规定：还原利率以最具一般性的投资利润为标准。中国台湾《地价调查估计规则》规定：还原利率采用通行投资年利率。

(7) 其他有关文献也有一些不同主张，如：①银行存款利率；②产业平均获利率；③政府统计的经济增长率；④安全利率加上风险调整值，其中的安全利率一般可以用银行的定期存款利率(在美国为长期债券利率)，风险调整值则根据当时影响地价的社会经济环境决定；⑤房地产的租价比，即还原率=租金/价格。

收益还原法中采用的还原率，从纯理论上讲，应等于与获取纯收益具有同等风险和资本的获利率。因此，采用安全利率加上风险调整值比较合适。同时，采用租金与价格的比率是比较实用的。

特别提示

资本化率也就是还原利率，其实质就是某房地产的投资收益率，资本化率的确定是否客观，对估价结果影响很大，因此一定要慎重。

根据以上内容，现在进行到估价的第3步——确定引例中的估价对象写字楼的资本化率。鉴于市场调查的情况，在市场上相似风险的投资所要求的资本化率的基础上，确定资本化率为10%。

5.3.6 求取收益价格

应选择适当的资本化率对房地产纯收益进行还原，从而求取房地产价格。

通常选取多个可行的资本化率，计算得到几个价格，对它们与其他估价方法的估价结果进行比较分析，最终确定可能的价格，作为此方法的估计价格。

当建筑物耐用年限短于土地使用年限时，先根据建筑物耐用年限确定未来可获收益的年限，选用有限年的收益还原法计算公式，净收益中不应扣除建筑物的折旧和土地取得费用的摊销；然后再加上土地使用权年限超出建筑物耐用年限的土地剩余使用年限价值的现值。

当建筑物耐用年限长于土地使用年限时，根据《中华人民共和国城镇国有土地使用权出让和转让暂行条例》(1990 年 5 月 19 日国务院令第 55 号)规定，土地使用期满而使用者未申请续期的，土地使用权由国家无偿收回，《中华人民共和国城市房地产管理法》未作具体规定。因此，房地产使用者可使用房屋的年限不得超过土地使用权出让年限。故而房屋的耐用年限只能按土地使用权出让年限计算。

根据上述内容，引例中的写字楼的估价进行到最后一步，即计算该房地产的收益价格。现判断净收益基本上每年不变，且因收益年限为有限年，那么具体的计算公式如下：

$$V=\frac{a}{r}[1-\frac{1}{(1+r)^n}]$$

根据引例所给的资料和信息，该写字楼的收益年限为 45 年(即从 2003 年 10 月 1 日起计土地使用年限为 50 年，2003 年 10 月 1 日到 2008 年 10 月 1 日为 5 年，此后的收益年限为 45 年)，则有

$$V=\frac{894.4}{10\%}[1-\frac{1}{(1+10\%)\times 45}]=8\,821.30(\text{万元})$$

写字楼建筑面积下的单价为：

写字楼的单价=8 821.30÷5.2=1 696.40(元/平方米)

那么，本估价对象写字楼的估价结果为：根据上述的计算结果，并参考估价人员的估价经验，确定本估价对象 2008 年 10 月 1 日的购买总价为 8 821.30 万元，每平方米建筑面积的价格为 1 696.40 元。

5.4 资本化率求算的方法

5.4.1 市场提取法

该方法是利用收益还原法的公式，通过收集市场上类似区域相同或相类似的房地产的纯收益和价格等资料，求出房地产的资本化率。应用该方法应收集市场上 3 宗以上近期发生的类似房地产的净收益和价格等资料，选用相应的收益还原法计算公式，求出资本化率，包括以下几种情况。

(1) 在$V=\frac{a}{r}$的情况下，$r=\frac{a}{V}$，即可以采用同一市场上类似房地产的净收益与其成交价格的比率作为资本化率。具体方法是：如果需要求取某宗房地产的资本化率，可以在市场上抽取与该房地产具有相似特点的房地产的净收益与价格的比率作为依据，通常为避免偶然性，需要抽取多宗房地产，求取其净收益与价格之比的平均数。具体要求是选择近期发生的 3 宗以上与估价对象房地产相似的交易实例。举例说明，见表 5-3。

表 5-3　选取的 6 个可比实例及其相关资料

可比实例	净收益/(万元/年)	价格/万元	资本化率/%
1	12	102	11.8
2	23	190	12.1
3	10	88	11.4
4	65	542	12.0
5	90	720	12.5
6	32	250	12.8

(2) 在 $V=\frac{a}{r}[1-\frac{1}{(1+r)^n}]$ 的情况下，是通过 $V-\frac{a}{r}[1-\frac{1}{(1+r)^n}]=0$ 来求取 r。具体是先采用试错法，计算到一定精度后再采用线性内插法求取，即 r 是通过试错法与线性内插法相结合的方法来求取。

试错法是先以任何方式挑选一个认为是最可能的 r，通过计算这一选定 r 下公式左边的结果来检验它。如果计算出的结果正好等于零，则通过；如果计算结果为正值，则通常表明必须试一下较小的 r；相反，如果计算结果为负值，就必须试一下较大的 r。这个过程一直进行到找到一个使计算结果等于零的 t 为止。在不利用计算机的情况下，求解 r 必须进行反复的人工试算。在利用计算机的情况下，只要输入 V、a、n，让计算机来做计算就可以了。

(3) 在 $V=\frac{a}{r-g}$ 的情况下，$r=\frac{a}{V}+g$。

5.4.2　安全利率加风险调整值法

安全利率指无风险的资本投资的收益率。可选用同一时期的一年期国债年利率或中国人民银行公布的一年期定期存款年利率；风险调整值应根据估价对象所在地的经济现状及对未来的预测、估价对象的用途及新旧程度等确定。

安全利率加风险调整值法又称累加法，是以安全利率为基础，再加上风险调整值作为资本化率的方法，其基本公式如下：

资本化率=安全利率+投资风险补偿+管理负担补偿+缺乏流动性补偿−投资带来的优惠

这种方法的具体操作是首先找出安全利率。其次确定在安全利率基础上的加码(或扣减)，包括对投资风险、管理负担和投入资金缺乏流动性的各项补偿。其中流动性指在不损失太多价值的条件下，将非现金资产的各项资产转换为现金的速度。速度愈快则流动性愈好，反之愈差。房地产买卖通常耗时甚久，在市场上不易找到合适的买者，因此房地产缺乏流动性。投资风险、管理负担和缺乏流动性的补偿是根据估价对象所在地区现在和未来的经济状况、估价对象的用途及新旧程度等来确定的。此外，投资估价对象也可能得到某些额外的好处，投资者因此会降低所要求的收益率，所以还应扣除这种投资所带来的优惠。

完全无风险的投资在现实中难以找到，对此可选用同一时期的一年定期法定利率(或一年期国债利率)去代替安全利率。于是，投资风险补偿就变为投资估价对象相对于投资一年定期存款的风险补偿；管理负担补偿变为投资估价对象相对于投资一年定期存款的管理负担的补偿；缺乏流动性补偿变为投资估价对象相对于投资一年定期存款的缺乏流动性的补偿；投资所带来的优惠变为投资估价对象相对于投资一年定期存款所带来的优惠。

5.4.3 复合投资收益率法

将购买房地产的抵押贷款收益率与自有资金收益率的加权平均数作为资本化率，按下式计算

$$R=M\times R_M+(1-M)\times R_E$$

式中：R——资本化率，%；

M——贷款价格比率，即抵押贷款额占房地产价格的比率，%；

R_M——抵押贷款资本化率，即第一年还本息额与抵押贷款额的比率，%；

R_E——自有资金要求的正常收益率，%。

要掌握此方法，应理解以下内容。

(1) 拥有房地产是持有货币的一种形式。

(2) 购买房地产可看做是投资行为，房地产价格为投资额，房地产收益是投资收益。

(3) 购买房地产的资本可分为抵押贷款和自有资金两种，两种之和即为房地产价格。

(4) 房地产纯收益=抵押贷款带来的收益+自有资金收益。

(5) 抵押贷款额×抵押贷款利息率+自有资金额×自有资金收益率=房地产价格×资本化率。

例 5-12

某人购买某房地产，到银行办理抵押贷款，获得购房资金的 70%，贷款的年利息率为 5%，自有资金的一般收益率为 8%，试计算房地产的资本化率。

【解】该房地产的资本化率计算如下。

房地产资本化率=抵押贷款额占房地产价格的比例×抵押贷款利息率
+自有资金额占房地产价格的比例×自有资金收益率

房地产资本化率= 70%×5%+30%×8%=5.9%

5.4.4 投资收益率排序插入法

找出相关投资类型及其收益率，将收益率由高到低或由低到高的顺序排列，制成图表，再将估价对象房地产与其他投资进行比较分析，考虑投资的风险程度、管理难易度、安全性等，找出同等风险投资，从而判断资本化率应落在的区域范围，最终判断、确定资本化率。

投资收益率排序插入法的操作步骤和内容如下。

(1) 调查、搜集估价对象所在地区的房地产投资、相关投资及其收益率和风险程度的资料，如各种类型的银行存款、贷款、政府债券、保险、企业债券、股票以及有关领域的投资收益等。

(2) 将所搜集到的不同类型投资的收益率按从低到高的顺序排列，制成图表(图 5.1)。

(3) 将估价对象与这些类型投资的风险程度进行分析比较，考虑投资的流动性、管理

的难易以及作为资产的安全性等，判断出同等风险的投资，确定估价对象风险程度应落的位置。

(4) 根据估价对象风险程度所落的位置，在图表上找出对应的收益率，从而就确定出了所要求取的资本化率。

值得注意的是，尽管这些方法为我国房地产估价中资本化率的求取方法，但这些方法并不能确切地表明资本化率在某个时期究竟应该是一个多大的数值。这些方法求取的资本化率都含有某些主观选择。这就需要读者不仅学会这些方法，还要在实际估价工作中运用自己掌握的有关知识、实际估价经验和对当地的投资环境及房地产市场进行充分了解等，只有这样才能做出较为准确的判断。资本化率的确定就是估价工作精髓的具体体现，它是科学、艺术与经验的结合。

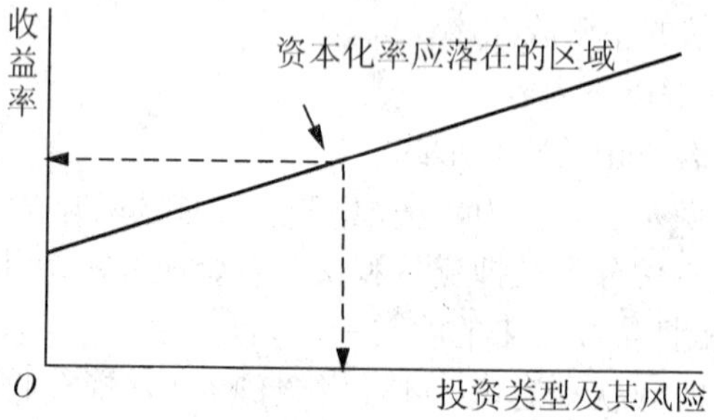

图 5.1　投资收益率排序插入法示意图

5.4.5　收益风险倍数法

收益风险倍数法是在参照投资收益率排序法的基础上，对安全利率加调整值法加以改进的方法，即把安全利率加风险调整值法中要求取的风险调整值改变为确定房地产投资与安全投资年回收额的多出倍数。

因房地产投资的风险高于国债，在投资收益率排序上，房地产投资收益率应高于同期国债年利率。具体思路是：假设以房地产投资方式购买收益性房地产的总价额为 V，尚可使用年限为 n，资本化率为 r，年纯收益为 a，同时以安全投资方式(购买国债)投资金额为 P，期限也为 n，年利率为 i，连本带息年回收额为 A，则有

$$V=\frac{a}{r}\times[1-\frac{1}{(1+r)^n}]$$

$$P=A\frac{(1+i)^{n-1}}{i\times(1+i)^n}$$

由于房地产投资的风险、收益均要比国债投资大，如果两种投资额相等，收益期相同，那么房地产投资的年回报额(纯收益)要比国债投资的本息回收额要大。假定房地产投资的年回收额比国债投资的本息回收额高出的倍数为 b，则有

$$a=(1+b)\times A$$

因 $V=P$

故有

$$\frac{(1+i)^{n-1}}{i\times(1+i)^n}=\frac{1+b}{r}\times[1-\frac{1}{(1+r)^n}]$$

进一步简化即为

$$\frac{1}{i\times(1+i)}=\frac{1+b}{r}\times[1-\frac{1}{(1+r)^n}]$$

该公式就是收益风险倍数法确定资本化率的基本公式，式中的 b 称为收益风险倍数。利用此公式，只要事先知道 i、n，就可根据收益风险倍数，确定资本化率 r。

特别提示

不同类型的房地产、同类型不同地区、甚至同类型房地产在同一城市不同区域投资收益率是不一样的，因此资本化率也不一样，千万不能认为资本化率是固定不变的。

5.5 收益还原法的运用举例

例 5-13

某大城市一旅馆需要转让估价。该旅馆共有床位 400 张，平均每张床位每天向客人实收 58 元，年平均空房率为 25%，平均每月运营费用为 18 万元。据调查，当地同档次的旅馆一般床价为每床位每天 50 元，年平均空房率为 20%，正常营业每月总费用平均占每月总收入的 30%；该类房地产的资本化率为 10%。试选用所给资料测算该旅馆的价值。

【解】在估价中，这类题目主要应注意区分实际收益和客观收益，以及在什么情况下采用哪种收益进行估价。一般而言，除了有租约限制的房地产外，都应采用正常的客观收益进行估价。根据本题所给的资料，该旅馆的估价应采用客观收益，故该旅馆的价值计算如下。

年有效毛收入=400×50×365×(1-20%)=584(万元)

年运营费用=584×30%=175.20(万元)

年净收益=584-175.20=408.80(万元)

旅馆的价值=408.80÷10%=4 088(万元)

例 5-14

7 年前，甲公司提供一宗 40 年使用权的土地出让，与乙公司合作建设一办公楼，总建筑面积为 3 000 平方米，于 4 年前建成并投入使用，办公楼正常使用寿命长于土地使用年限。甲、乙双方当时合同约定，建成投入使用后，其中的 1 000 平方米建筑面积归甲方，2 000 平方米建筑面积由乙方使用 15 年，期满后无偿归还甲方。现乙方欲拥有该办公楼的产权，甲方也愿意将其产权转让给乙方。据调查得知，现时该类办公楼每平方米建筑面积的月租金平均为 80 元，出租率为 85%，年运营费用约占租赁有效毛收入的 35%，资本化率为 10%。试估算乙方现时应出资多少万元购买甲方的权益。

【解】本题的估价对象是未来 11 年后(因为乙公司的整个使用期限是 15 年，扣除已使用的 4 年，剩余的使用期限为 11 年)的 22 年土地使用权(因为土地使用年限是 40 年，扣除乙公司的使用期限 15 年和 3 年的建设期，还剩 22 年)和该办公楼现在的所有权价值。估价思路之一是采用收益还原法(即未来净收益的现值之和)，其中又有两种求法：一是先求取未来 33 年净收益的现值之和及未来11年净收益的现值之和，然后两者相减即可；二是直接求取未来11年后的22年净收益的现值之和。估价思路之二是采用市场比较法，寻找市场上类似房地产33年的价值和11年的价值，然后求取其差额即可。

下面采用第一种方法即收益还原法来求取该办公楼的现时价值。

根据题中的信息，可求取该办公楼的年净收益，即

$$年有效毛收入=2\,000\times80\times85\%\times12=163.20(万元)$$

$$年运营费用=163.20\times35\%=57.12(万元)$$

$$年净收益=163.20-57.12=106.08(万元)$$

(1) 求取未来33年的净收益现值之和

$$V_{33}=\frac{106.08}{10\%}[1-\frac{1}{(1+10\%)^{33}}]=1\,015.13(万元)$$

(2) 求取未来11年的净收益现值之和

$$V_{11}=\frac{106.08}{10\%}[1-\frac{1}{(1+10\%)^{11}}]=689(万元)$$

(3) 求取未来11年后的22年的土地使用权和房屋所有权在估价时点时的价值

$$V_{22}=V_{33}-\mathrm{V}_{11}=1\,015.13-689=326.13(万元)$$

知识链接

收益还原法适用的对象是有收益或有潜在收益的房地产，如写字楼、住宅(公寓)、商店、旅馆、餐馆、游乐场、影剧院、停车场、加油站、标准厂房(用于出租的)、仓库(用于出租的)、农地等。它不限于估价对象本身现在是否有收益，只要估价对象所属的这类房地产有获取收益的能力即可。例如，估价对象目前为自用或空闲的公寓，虽然目前没有实际收益，但却具有潜在收益，因此可以将其设想为出租的情况下来运用此方法估价，即先通过类似于市场法的方法求出估价对象的净收益或收入、费用等，再利用收益还原法来估价。但对于政府办公楼、学校、公园等公用、公益性房地产的估价，收益还原法大多不适用。

(1) 对于出租性、经营性房地产。根据国家税法应当考虑以下几种税费：城镇土地使用税、房产税、营业税、城市维护建设税、印花税、教育附加费、交通重点建设附加费等。

(2) 对于生产性房地产(企业)。应考虑城镇土地使用税、印花税及房产税等。

(3) 在房地产的税法中，土地增值税、契税及所得税等税种也不应计入该税费项目。

综合应用案例5-1

1. 估价对象概况

某公司于1998年3月以有偿出让方式获得位于某市二级地A地块50年期的土地使用权，面积为3 500平方米；并于1999年9月在此地块上建成9 800平方米的写字楼，当时建筑造价为1 500元/平方米；其经济耐用年限为60年。目前该建筑物全部出租，每月实收租金27元/平方米。

2. 估价机构掌握的经筛选后的资料

目前当地同类建筑物出租租金一般为28元/平方米，该类建筑物重置价格为1 700元/平方米，残值率为2%，房地产所有者需支付的年管理费为建筑物年租金的2%，年维修费、年保险费分别为建筑物重置价格的2%、0.5%，每年支付土地使用税及房产税为每建筑平方米32元，

土地资本化率和建筑物资本化率分别为 5%和 7%。

3. 估价要求

根据以上资料估算 A 地块在 2001 年 3 月的土地使用权价格。

1) 解题思路

依据收益还原法以外的方法求取房地产的纯收益和建筑物的价格；然后从房地产的纯收益中扣除建筑物的纯收益，得到土地的纯收益；再以选取的土地资本化率，应用有限年期的收益公式还原，即可得到有限年期的土地使用权的收益价格。

2) 估价过程

(1) 待估房地产出租。为有收益的房地产，适宜采用收益还原法评估 A 地块的价格。

(2) 计算总收益。根据估价机构掌握的经筛选的资料，目前当地同类建筑物出租租金一般为 28 元/平方米，则

$$年总收益=28\times9\ 800\times12=3\ 292\ 800(元)$$

(3) 计算出租年总费用。

总费用包括以下几项。

① 年管理费=年总收益×2%=3 292 800×2%=65 856(元)

② 年维修费=建筑物重置价格×2%=1 700×9 800×2%=333 200(元)

③ 年保险费=建筑物重置价格×0.5%=1 700×9 800×0.5%=83 300(元)

④ 年税金=建筑面积×32=9 800×32=313 600(元)

小计：795 956(元)

(4) 计算房屋年纯收益。

① 计算房屋年折旧：由于土地使用年限小于建筑物耐用年限，根据《中华人民共和国城镇国有土地使用权出让和转让暂行条例》(1990 年 5 月 19 日国务院令第 55 号)明确规定，土地使用期满而使用者未申请续期的，土地使用权由国家无偿收回，而《中华人民共和国城市房地产管理法》未作具体规定。因此，房地产使用者可使用房屋和土地的年限不得超过土地使用权出让年限；故而当房屋的耐用年限超过土地使用年限时，房屋的耐用年限只能按土地使用权出让年限计算，在土地使用年限内房屋的残值也应收回，所以在计算年折旧时不应考虑残值。对于此次评估，房地产所有者可使用房屋的年限为 50−1.5(建设期)=48.5 年；而房屋的残值房地产所有者在土地使用期满时也不能由其收回。因此，房屋的重置价格必须在土地使用期内收回，则此待估房屋的年折旧费如下。

$$\begin{aligned}年折旧费&=房屋重置价/房屋可使用年限\\&=9\ 800\times1\ 700/48.5=343\ 505.2\ (元)\end{aligned}$$

② 计算房屋现值。

$$\begin{aligned}房屋现值&=房屋重置价格-年折旧费\times房屋已使用年限\\&=9\ 800\times1\ 700-343\ 505.2\times1.5=16\ 144\ 742.3(元)\end{aligned}$$

③ 计算房屋年纯收益。

$$\begin{aligned}房屋年纯收益&=房屋现值\times房屋资本化率\\&=16\ 144\ 742.2\times7\%=1\ 130\ 131.9(元)\end{aligned}$$

(5) 计算土地年纯收益。

$$\begin{aligned}土地年纯收益&=房地产总收益-房地产总费用-房屋年纯收益\\&=3\ 292\ 800-795\ 956-1\ 130\ 131.9\\&=1\ 366\ 712.1(元)\end{aligned}$$

(6) 估算2001年3月的土地使用权价格。由于待估宗地于1998年3月以有偿出让方式获得50年期的土地使用权，距估价期日已有3年整，则剩余土地使用年限为47年。

$$47年期土地使用权价格=\frac{a}{r}[1-\frac{1}{(1+r)^n}]$$
$$=\frac{1\,366\,712.1}{5\%}\times[1-\frac{1}{(1+5\%)^{47}}]$$
$$=24\,574\,872(元)$$

综合应用案例5-2

1. 估价对象概况

某公司于1998年10月通过出让方式获得一5 000平方米土地的使用权，出让年限为50年，根据规划，该地块用途为综合，容积率为3。该公司于1999年10月动工兴建一座钢混结构的综合大楼。由于建设资金紧张，该公司拟于2000年10月将土地使用权向银行抵押。

2. 估价机构掌握的经筛选后的资料

该大楼1～3层为商场，建筑面积为3 000平方米，4～15层为办公楼。大楼开发周期预期两年，第一年投入60%，第二年投入40%。大楼建成后该公司计划自留2 000平方米用作办公用房，其余部分以出租方式经营，预计商场与办公楼的出租率分别是90%和80%。目前同类建筑物的建安综合造价为每建筑平方米3 000元，同类物业的商场市场租金水平每月300元/平方米，办公楼市场租金水平150元/平方米。房屋出租年经营费用中管理费为年租金的10%，维修费为年租金的8%，保险费为建安造价的2‰，税金为年租金的12%；项目投资回报率取建安造价的30%；建筑物经济耐用年限为70年，残值率为2%。另外，当地土地还原率为8%，综合还原率为10%，银行贷款利息率为10%。

3. 解题思路

运用收益还原法估算房地合一的房地产价格；然后运用剩余法估算土地价格。根据题目提供的贷款要求推算可以贷款的额度。

4. 估价要求

根据以上资料，如果以该宗土地使用权评估价的70%贷款，估算该公司能贷多少款。

5. 估价过程

1) 用收益还原法测算房地产总价

(1) 计算年出租总收入。

在计算年出租总收入时，应明确：①房地产的总建筑面积以及不同类型房地产的物业面积分割情况；②办公楼自留使用部分应按市价计算虚拟其出租收入；③对与出租收入有关的各项指标应用。

房地产总建筑面积=土地面积×容积率=5 000×3=15 000m^2

商场建筑面积=3 000m^2

办公楼建筑面积=15 000−3 000=12 000m^2

房地产年出租总收入=300×3 000×12×90%+150×12 000×12×80%

=9 720 000+17 280 000

=27 000 000(元)

=2 700(万元)

(2) 计算年房地费用。

年管理费=年租金×10%=2 700×10%=270(万元)

年维修费=年租金×8%=2 700×8%=216(万元)

年保险费=建安造价×2‰=3 000×(3×5 000)×2‰=9(万元)

年税金=年租金×12%=2 700×12%=324(万元)

年折旧=建安造价÷47=(3 000×5 000×3)÷47=95.74(万元)

小计：270+216+9+324+95.74=914.74(万元)

(3) 加算年房地纯收益。

年房地纯收益=年出租总收入−年房地费用

=2 700−914.74=1 785.26(万元)

(4) 计算房地产总价。

在本题中，还原率为综合还原率 10%，项目建成后使用年限应和剩余土地使用年限一致，为 50-3=47 年。

根据已知条件，有

$$房地产总价=1\,785.26÷10\%×[1-1/(1+10\%)^{47}]=17\,650.18(万元)$$

2) 应用剩余法计算地价

(1) 计算总建筑成本。

根据已知条件，有

项目总建筑成本=项目建筑面积×建安综合造价

=3 000×15 000=45 000 000(元)=4 500(万元)

(2) 计算利息。

需要考虑购地款、第一年开发投入、第二年开发投入等利息。假设地价为 v、银行贷款利率为 10%，则

$$利息=v×[(1+10\%)^3-1]+4\,500×60\%×[(1+10\%)^{1.5}-1]+4\,500×40\%[(1+10\%)^{0.5}-1]$$
$$=0.33v+502.82(万元)$$

在此应当注意，从土地出让取得到开发建设完成经过 3 年时间，故地价计息为 3 年；而开发建设到完成是 2 年时间，其中第一年投入 60%，第二年投入 40%，往往假定在相应年度内均匀投入，则相当于第一年投入集中发生在第一年年中，第二年投入集中发生在第二年年中，故二者距开发建设完成时间分别为 1.5 年和 0.5 年。

(3) 计算利润。

利润=建安造价×项目投资回报率=4 500×30%=1 350(万元)

(4) 计算地价。

地价=房地产价格−总建筑成本−利息−利润

$$v=17\,650.18-4\,500-0.33v-502.82-1\,350$$

计算得出

$$v=8\,494.26(万元)$$

该地价为 50 年期土地使用权价格。而考虑估价时点为 2000 年 10 月，尚剩余土地使用年期 48 年，需要进行年期修正，故估价时点的地价为

$$8\,494.26×[1-1/(1+8\%)^{48}]/[1-1/(1+8\%)^{50}]=8\,463.47(万元)$$

3) 计算可抵押贷款额

可抵押贷款额=地价×70%=8 463.47×70%=5 924.43(万元)

本章小结

本章对收益还原法的概念、基本原理、基本公式、纯收益的求取方法及估价操作步骤做了较详细的阐述。收益还原法适用范围是有收益或有潜在收益的房地产价格的评估。对纯收益进行还原一定要是客观标准的纯收益，同时要注意土地使用年限。不同类型的房地产由于其投资收益率不同，资本化率也不同，同类型房地产不同城市投资收益率也不同，也应取不同的资本化率。本章的教学目标是使学生掌握收益还原法的基本原理、适用范围、操作步骤，并具备运用收益还原法评估房地产价格的实务能力。

习题

一、选择题

1. 单选题

(1) 从理论上讲，获取净收益的可靠性越低，选用的还原利率应(　　)。

A. 越高　　B. 越低　　C. 不变　　D. 越可靠

(2) 某宗房地产正常情况下年总收益 140 万元，年总费用 40 万元，资本化率 12%，出让时的土地使用权年限 50 年，现已使用了 5 年，则该宗房地产的现时总价为(　　)万元。

A. 833.33　　B. 830.45　　C. 828.25　　D. 827.64

(3) 收益还原法中的房屋纯收益是指(　　)。

A. 房屋重置总价×房屋还原率　　B. 房屋单价×房屋还原率

C. 房屋现值×房屋还原率　　D. 房屋总折旧×房屋还原率

(4) 某房地产的报酬率为 8%，收益期限为 30 年的价格为 4 000 元/平方米，若报酬率为 6%，收益期限为 50 年，则该房地产价格为(　　)元/平方米。

A. 3 000　　B. 4 500　　C. 5 200　　D. 5 600

(5) 某宗房地产的收益期限为 40 年，通过预测未来 3 年的年净收益分别为 15 万元、18 万元、23 万元，以后稳定在每年 25 万元直到收益期限结束，该类房地产的报酬率为 8%，则该宗房地产的收益价格最接近于(　　)万元。

A. 280　　B. 285　　C. 290　　D. 295

(6) 某写字楼年出租净收益为 300 万元，预计未来 3 年内仍然维持该水平，3 年后该写字楼价格为现在写字楼价格的 1.2 倍，该类房地产的报酬率为 10%，则该宗写字楼现在的价格为(　　)万元。

A. 4 580　　B. 5 580　　C. 6 580　　D. 7 580

(7) 有收益的房地产最高使用年期为(　　)。

A. 60 年　　B. 40 年　　C. 50 年　　D. 70 年

(8) 运用收益法评估房地产价值时，要求利用与估价对象所在区域相同或相似房地产的客观收益来推算估价对象预期收益，这主要是依据房地产估价中的(　　)。

A. 合法原则　　B. 最高最佳使用原则

C. 替代原则　　　　D. 公平原则

(9) 收益法中所指的收益是(　　)。

A. 估价时点前一年的收益

B. 估价时点前若干年的平均收益

C. 估价时点以后的未来预期正常收益

D. 估价时点前最高盈利年份的收益

(10) 土地价格=[房地净收益-(　　)]÷土地还原利率。

A. 土地净收益　　　　B. 建筑物价格×建筑物还原利率

C. 建筑物总收益　　　　D. 房地费用

2. 多选题

(1) 以下可以使用收益法的对象是(　　)。

A. 游乐场　　　　B. 仓库

C. 廉租住宅　　　　D. 标准厂房

E. 写字楼

(2) 可用于收益法中转换为价值的未来收益主要有(　　)。

A. 潜在毛收入　　　　B. 有效毛收入

C. 净经营收益　　　　D. 税后现金流量

E. 税前现金流量

(3) 收益还原法评估结果的准确度关键取决于(　　)的准确程度。

A. 土地收益　　　　B. 还原率

C. 土地使用权年限　　　　D. 土地收益年限

E. 毛收入

(4) 确定客观收益一般要考虑(　　)。

A. 实际取得的收益

B. 具备良好素质及正常使用者使用产生的收益

C. 持续且有规律产生的收益

D. 安全可靠的收入

E. 产生收益的年限

(5) 出租型房地产是收益资本化法估价的典型对象，其净收益是根据租赁资料来求取，通常为租赁收入扣除(　　)等项以后的余额。

A. 维修费　　　　B. 保险费

C. 房地产税　　　　D. 管理费

E. 租赁代理费

(6) 房地产净收益的求取因估价对象的收益类型不同而有所不同，可以归纳为(　　)。

A. 出租型房地产净收益的求取

B. 买卖型房地产净收益的求取

C. 自用或尚未使用型房地产的净收益的求取

D. 直接经营型房地产净收益的求取

E. 在建工程转让的净收益的求取

(7) 直接经营型房地产的最大特点是房地产所有者同时又是经营者，房地产租金与经营者利润没有分开。直接经营型房地产可以分为(　　)等几类。

A. 写字楼　　B. 出租公寓

C. 仓库　　D. 商业经营型房地产

E. 工业生产型房地产

(8) 收益资本化法估价中采用的(　　)，除了有租约限制的外，都应采用正常的、客观的数据。

A. 潜在毛收入　　B. 运营费用

C. 净收益　　D. 预计利润

E. 有效毛收入

(9) 出租型房地产的租赁收入包括(　　)。

A. 正常运营费用　　B. 潜在毛租金收入

C. 租赁保证金利息收入　　D. 押金利息收入

E. 有效毛租金收入

(10) 运营费用是维持房地产正常生产、经营或使用必须支出的费用以及归属于其他资本或经营的收益。运营费用是从估价角度出发的，不包含(　　)等。

A. 商业、餐饮、工业等经营者的正常利润

B. 土地摊提费

C. 房地产改扩建费用

D. 所得税

E. 房地产抵押贷款偿还额

二、判断题

(1) 某宗房地产，收益年期无限，预计每年的总收益稳定为16万元，总费用未来第一年为8万元，此后每年递增2%。该类房地产的资本化率为10%，则该宗房地产的收益价格为60万元。(　　)

(2) 为帮助房地产开发商进行投资决策，应用收益法对拟开发的项目进行投资价值评估时，应采用与该项目风险程度相对应的社会一般收益率作为资本化率的选取标准。(　　)

(3) 房地产综合资本化率=房屋资本化率+土地资本化率。(　　)

(4) 应用收益法评估出租型房地产价格时，净收益的确定必须从租赁收入中扣除维修费、管理费、保险费、房地产税、租赁代理费等。(　　)

(5) 用收益还原法求出的房地产的试算价格称为积算价格。(　　)

(6) 一般而言，房地产价格与利率正相关，利率上升时房地产价格会上升，利率下降时房地产价格会下降。(　　)

(7) 收益还原法只适用于商业房地产价格的评估。(　　)

(8) 同一类房地产可以取相同的还原利率。(　　)

(9) 资本化率的大小与风险大小有关。(　　)

(10) 利用房屋出租资料计算房地产价格时，应扣除的总费用是承租者经营所承担的所

有费用。 ( )

三、简答题

(1) 简述收益还原法的基本原理。

(2) 简述收益还原法的适用范围。

(3) 简述资本化率的实质。

(4) 简述收益还原法的操作步骤。

(5) 简述几种确定资本化率的方法。

四、计算题

(1) 某宗房地产是于 3 年前通过出让方式取得，当时获得的土地使用期限为 50 年并约定不可续期，判定其未来每年的净收益基本稳定。预计该宗房地产在正常情况下未来 4 年的净收益分别为 31 万元、29 万元、30.5 万元、29.5 万元，报酬率为 8%。用未来数据资本化公式法计算该宗房地产的收益价格是多少万元？

(2) 某公司购买一宗房地产，土地使用期限为 40 年，不可续期，至今已使用了 8 年。该宗房地产当时在正常情况下第 1 年获得净收益 6 万元，以后每年净收益增长 2%，从第 8 年开始，净收益保持稳定，该宗房地产的报酬率为 7%，则该宗房地产的现时收益价格为多少万元？

(3) 某房地产占地 4 000 平方米，土地使用年限为 50 年，容积率为 6，共 24 层，每层建筑面积相同。该房地产经过两年开发建成。预计再经过一年销售招租完毕，届时各层使用情况预计如下：第 1 层的大堂部分占该层建筑面积的 60%，其余部分的 75%可用于商业铺位出租，正常出租率为 90%，每平方米出租面积每月可得净租金 60 元；第 2、3 层为商场，营业面积占该层建筑面积的 70%，每平方米营业面积年正常收入为 8 500 元，每年正常营业需投入 1 000 万元，而该市经营同类商业项目的每平方米营业面积的正常年利润为 600 元；第 4 层出租开酒楼，可出租面积占该层建筑面积的 70%，每平方米出租面积的月租金为 50 元，出租人每年需支付 8 万元的运营费用；第 5～10 层为用于出租的办公用房，每层共 20 间，当地同类同档次办公用房每间每月租金 1 800 元，出租率为 80%，出租人需承担相当于租金收入 10%的运营费用；第 11～24 层为商品住宅，其中第 11 层以每平方米建筑面积 3 800 元的优惠价格售给公司员工，其他层则平均以每平方米建筑面积 4 200 元对社会售出，当地同类同档次商品住宅的售价为每平方米建筑面积 4 000 元。试评估该房地产销售招租完毕时的市场价值(设资本化率分别为商场 10%，酒楼 8%，办公楼 7%)。

(4) 某一商业门面房，结构为钢混，建筑面积 $80m^2$，土地面积 $85m^2$，于 2005 年 10 月出租，当时出租时月租金 2 000 元，2008 年该房出租月租金达 2 500 元，一年中有一个月的空房损失。该类房屋重置单价为每平方米 1 000 元，评估时该房屋已使用 8 年，土地使用年限尚有 32 年。已知：管理费按年租金的 3%计，年维修费按年折旧的 90%计，房地产税按租金的 12%计，营业税按租金的 5%计，无保险费。又知该结构房屋耐用年限为 70 年，残值为 0；土地还原率取 8%，房屋还原率取 10%。试评估该房地产在 2008 年 10 月的土地总价和单价。

第6章

成 本 法

教学目标

了解成本法的理论依据，熟悉成本法的概念、适用对象和条件、重新构建价格和建筑物折旧的内涵，掌握成本法估价的程序、基本公式，以及建筑物折旧的求取。

教学要求

能力目标	知识要点	权重
了解成本法的定义、理论依据、适用对象和条件，以及操作步骤；掌握成本法的基本计算公式	成本法的含义	15%
了解重新构建价格的概念，理解重新构建价格求取的途径，理解建筑物和土地的重新构建价格的计算，熟悉建筑物重新构建价格的求取方法，掌握房地产价格的构成要素，能够根据房地产价格的构成要素计算房地产价格	重新构建价格的测算	50%
了解建筑物折旧的概念和折旧引起的原因，掌握建筑物折旧求取的方法，能够运用年限法、市场提取法、分解法求取建筑物的折旧	建筑物折旧的求取	35%

引 例

2010 年 10 月，××市××电子有限公司欲拥有房地产和土地作为抵押物向银行申请贷款，然后委托××房地产估价有限公司对其拥有房地产和土地进行了估价，估价公司进行了实地现场勘查并向委托方了解相关情况的基础上，采用了成本法对估价对象进行了估价，估价对象情况见表 6-1。

表 6-1 估价对象情况

序号	用途	建筑年代	层数	层高	结构	建筑/土地面积/m^2
1	1、2 号厂房	2008	1	6	钢	9 574.0
2	食堂	2008	1	3.6	钢筋混凝土框架	1 142.0
3	办公	2008	2	3.8	钢筋混凝土框架	3 366.0
4	宿舍	2008	4	3	砖混	3 874.0
5	建筑物合计					17 956.0
6	土地					33 326.0

××市××电子有限公司××市经济技术开发区××路南、××路西，其国有土地使用证证号为国用(2007)字第 165 号，土地使用者为××电子有限公司，用途为工业用地，使用权类型为出让，使用权面积为 33 326.00 平方米，终止日期为 2057 年 7 月 26 日。

思考：评估适用主要的估价方法是什么？为什么？

成本法也是常用的房地产估价方法之一。《房地产估价规范》5.1.7 条指出："在无市场依据或市场依据不充分而不宜采用市场比较法、收益法、假设开发法进行估价的情况下，可采用成本法作为主要的估价方法。"从这里可以看出成本法虽然在房地产估价中的地位较低，但在某些方面却是不可替代的。对于上述的引例，根据估价人员对该宗房地产估价所拟定的估价技术路线，该宗房地产宜采用成本法等方法。那么，什么是成本法？怎样才能运用成本法客观准确地估算该宗房地产的价格呢？下面就来学习成本法的基本原理和计算公式。

6.1 成本法的基本原理

6.1.1 成本法的概念

成本法，又叫重置成本法、成本逼近法，简要地说，它是根据估价对象的重新购建价格来求取估价对象价值的方法；较具体地说，是求取估价对象房地产在估价时点的重新购建价格，再扣除折旧，以此估算估价对象房地产的客观合理价格或价值的方法。

采用成本法估价求得的价格称为积算价格。

特别提示

成本法，实际上是以房地产价格构成部分的累加来估算房地产价格的方法。成本法这个概念中的"成本"，并不是通常意义上的成本，而是指价格。

6.1.2 成本法的理论依据

成本法的理论依据——生产费用价值论，具体又可以从卖方与买方不同的角度来考虑。从卖方的角度考虑，房地产价格是基于房地产开发建造中投入的“生产费用”，也就是卖方愿意接受的最低交易“价格”，不能低于开发或建造该房地产已花费的代价，如果低于该代价，就要亏本；进一步说，当一种房地产的市场价格低于它的成本(包含利润)时，就不会有市场供给。从买方的角度考虑，房地产价格是基于其社会上的“生产费用”，类似于“替代原理”，即买方愿意支付的最高“价格”，不能高于他所预计的重新开发建造该房地产所需花费的代价，如果高于该代价，还不如自己开发建造(或者委托他人开发建造)。

一个是不低于开发建造已花费的代价，一个是不高于预计重新开发建造所需花费的代价，买卖双方可接受的“价格”必然是等于正常的代价(包含正常的费用、税金和利润)。因此，可以根据开发或建造估价对象所需的正常费用、税金和利润之和来估算其价格。

6.1.3 成本法的适用对象和条件

1. 成本法的适用对象

一般而言，只要是可以估算出其开发建造成本的房地产，不论是新建的，还是计划建造的，甚至是假设重新开发建造的，都可以采用成本法估价。遵循市场规则与《房地产估价规范》5.1.7 条规定，特别适合用成本法进行估价的房地产有以下几种。

(1) 既无收益又很少发生交易的房地产，如住宅、学校、图书馆、医院、政府办公楼、军队营房、公园等公用、公益房地产。

(2) 有独特设计或只针对个别用户的特殊服务体系而建的房地产，如特殊工业厂房、油库、发电站、码头、油田等。

(3) 单纯的建筑物或装饰装修部分。

(4) 市场不完善或狭小市场上无法运用比较法进行估价的房地产。

此外一些特殊目的的房地产估价，如在房地产的征税工作中、法庭解决房地产权益纠纷中、在房地产保险及赔偿中通常也采用成本法估价。

成本法还经常用于市场比较法和收益还原法的估价结果的验证。

特别提示

成本法估价比较费时费力，测算重新购建价格和折旧也有相当大的难度，尤其是那些建筑物过于老旧的房地产。如果一个建筑物已非常旧了，基本上没有什么使用价值，这时采用成本法估价就没有什么意义了。因此，成本法主要适用于评估建筑物是新的或者比较新的房地产的价值，不适用于评估建筑物过于老旧的房地产的价值。

2. 成本法估价需要具备的条件

运用成本法对房地产进行估价，可以简单理解为“价格=成本+平均利润”。但是要注意，现实中的房地产价格特别是具体一宗房地产的价格，直接取决于其效用而非花费的成本，成本的增加一定要对效用的增大有所作用才能构成价格。房地产成本的增加并不一定能增加其价值，投入的成本不多也不一定说明其价值不高。“价格=成本+平均利润”是在长时期内平均来看的，并且需要具备以下两个条件：一是自由竞争(即可以自由进退市场)，二是该种商品本身可以大量重复生产。

在供求规律和利润激励等的作用下，房地产市场通常会出现周期效应，如图 6.1 所示。

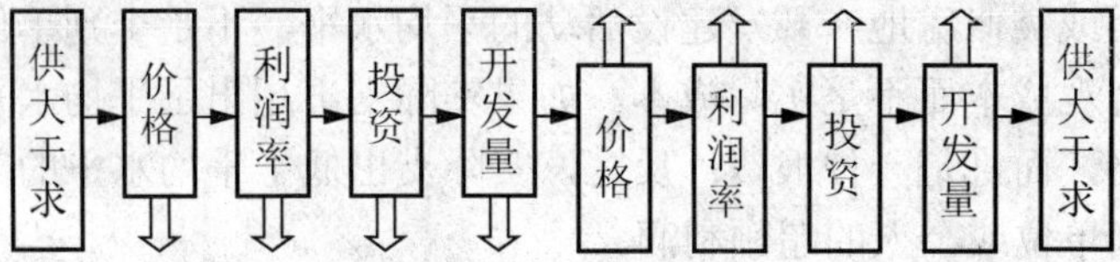

图 6.1 房地产市场的周期效应

显而易见，如果不是在长时期内、没有自由竞争，商品本身不可以大量重复生产，这个循环就不能成立，价格就不会等于成本加平均利润。实际上，即使具备这些条件，价格等于成本加平均利润也是偶然的，价格仅仅是围绕着“成本+平均利润”而上下波动，趋向于“成本+平均利润”。因此，房地产的开发建设成本高，并不一定意味着房地产的价格就高；房地产的开发建设成本低，也不一定说明房地产的价格就低。也正是因为房地产的价格与其开发建设成本不是始终成正比，才出现了盈亏问题。

特别提示

在运用成本法时注意“逼近”。一应采用客观成本而不是实际成本，二应在客观成本的基础上结合市场供求分析进行调整，三应在客观成本的基础上结合选址、规划设计等的分析进行调整。

6.1.4 成本法估价的程序

根据房地产估价规范第 5.4.1 条，运用成本法估价的程序一般分为 4 个步骤。

(1) 弄清估价对象房地产的价格构成，搜集相关资料。

(2) 测算重新购建价格。

(3) 测算建筑物折旧。

(4) 求取积算价格。

6.1.5 成本法的基本公式

根据成本法的理论依据，可以将成本法的计算看作是开发建设的全部费用，再适当考虑折价因素，即将成本法基本的公式归纳为

房地产价格(积算价格)=重新购建价格−建筑物的折旧

具体应用时，通常根据估价对象，上述公式应作相应变化。其不同变化，在 6.4 节中将详细讲解。

6.2 重新购建价格的测算

6.2.1 重新购建价格

1. 重新购建价格的含义

重新购建价格也称为重新购建成本，是指假设在估价时点重新购买取得、重新开发建设取得全新状况的估价对象所需的一切必要费用、税金和应得利润之和。

重新购建价格应是客观的价格，也就是说，所必须付出的成本、费用、税金和应当获得的利润，为同类或类似房地产开发建设活动的平均水平，不是个别单位或个人实际的支出和利润，亦即客观成本而不是实际成本。如果实际支出超出了平均水平，则超出的部分不仅不能构成价格，而且是一种浪费；反之，实际支出低于平均水平的部分，不会降低价格，只会形成个别单位或个人的超额利润。

特别提示

在理解房地产的重新购建价格时，还应特别注意：建筑物的重新购建价格应是在估价时点时全新状况下的价格，土地的重新购建价格应是在估价时点状况下的价格。

2. 重新购建价格的求取路径

通常认为，求取房地产的重新购建价格有两大途径。

1) 将土地和建筑物视为一个整体求取

将土地和建筑物视为一个整体，模拟房地产开发商的房地产开发过程，按照房地产价格构成的基础求取。

2) 将房地分为土地和建筑物两个相对独立的部分求取

将房地分为土地和建筑物两个相对独立的部分，先求取土地的重新购建价格，再求取建筑物的重新购建价格，然后将两者相加来求取。

6.2.2 房地产价格构成

运用成本法估价的一项基础性工作，是要弄清房地产价格的构成。从“取得房地产开发用地进行房屋建设，然后销售所建成的商品房”这种典型的房地产开发经营方式来看，房地产价格通常由7项构成，如图6.2所示。

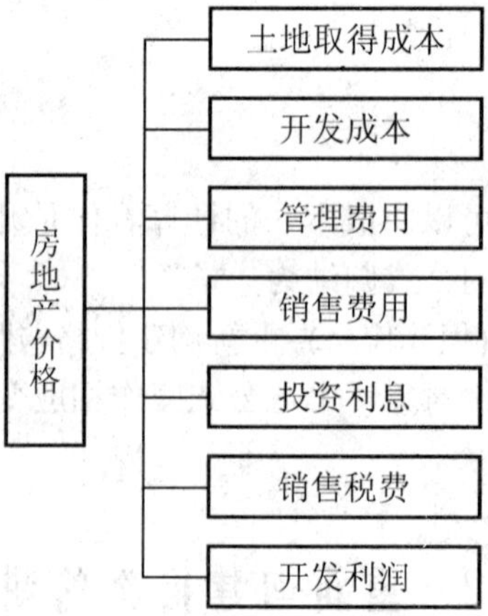

图6.2 房地产价格构成

1. 土地取得成本

土地取得成本是指取得房地产开发用地的必要支出。土地取得成本的构成因取得房地产开发用地的途径不同而不同。取得房地产开发用地途径的可归纳为：通过市场购买取得、通过征收集体土地取得、通过国有土地房屋征收取得3类情况。

1) 市场购买下的土地取得成本

在完善、成熟的土地市场购买土地，目前主要是从土地一级市场以招标、拍卖、挂牌方式购买已完成征收或拆迁补偿安置的土地使用权，或者购买其他开发商转让的已完成征收或拆迁补偿安置的土地使用权。这种情况下土地取得成本一般为

土地取得成本=土地使用权购买价格+开发商应缴纳的税费

其中：土地使用权购买价格，一般是采用市场法求取，也可以采用基准地价修正法、成本法求取；开发商应当缴纳的税费包括契税、印花税、交易手续费等，通常根据税法及中央和地方政府的有关规定，按照土地使用权购买价格的一定比例来测算。

例 6-1

某宗面积为 10 000 平方米的房地产开发用地，市场价格(楼面地价)为 400 元/平方米，容积率为 2，受让人需按照受让价格的 3%缴纳契税等税费，则土地取得成本为多少？

【解】该块土地的取得成本测算如下。

(400×10 000×2)+(400×10 000×2×3%)=824(万元)

2) 征收集体土地下的土地取得成本

征收集体土地取得土地使用权与购买土地使用权相比较，主要是还要增加征地费用，这种情况下土地取得成本为

土地取得成本=征地补偿安置费用+相关税费+土地使用权出让金

其中：征地补偿安置费用与相关税费，这些集体土地征收费用一般根据有关规定的标准求取；土地使用权出让金等土地有偿使用费，一般依照有关规定的标准或采用市场法求取。

知 识 链 接

集体土地征收费用的有关规定

集体土地征收费用是指国家征收农民集体所有的土地所发生的必要支出。根据《物权法》、《土地管理法》、《关于完善征地补偿安置制度的指导意见》(2004 年 11 月 3 日国土资发[2004]238 号)等的规定，集体土地征收费用项目如图 6.3 所示。

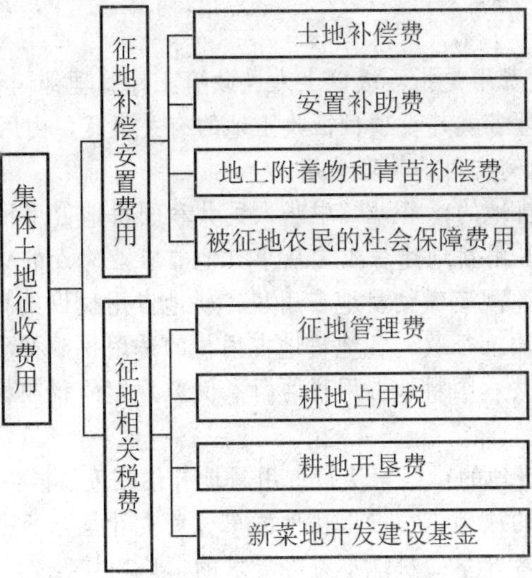

图 6.3 集体土地征收主要费用构成

(1) 征地补偿安置费用(又称为征地补偿费用)。

① 土地补偿费。征收耕地的土地补偿费，为该耕地被征收前3年平均年产值的6～10倍。征收其他土地的土地补偿费标准，由省、自治区、直辖市参照征收耕地的土地补偿费的标准规定。土地补偿费的计算公式为

$$土地补偿费=被征土地前3年平均年产值\times补偿倍数$$

② 安置补助费。征收耕地的安置补助费，按照需要安置的农业人口数计算。需要安置的农业人口数，按照被征收的耕地数量除以征地前被征收单位平均每人占有耕地的数量计算。每一个需要安置的农业人口的安置补助费标准，为该耕地被征收前3年平均年产值的4～6倍。但是，每公顷被征收耕地的安置补助费，最高不得超过被征收前3年平均年产值的15倍。征收其他土地的安置补助费标准，由省、自治区、直辖市参照征收耕地的安置补助费的标准规定。安置补助费的计算公式为

$$(被征土地需安置人数\times补偿倍数)\leqslant 15 时$$

$$总安置补助费=被征土地前3年平均年产值\times补偿倍数\times被征土地需安置人数$$

$$(被征土地需安置人数\times补偿倍数)>15 时$$

$$总安置补助费=被征土地前3年平均年产值\times 15$$

依照规定支付土地补偿费和安置补助费，尚不能使需要安置的农民保持原有生活水平的，经省、自治区、直辖市人民政府批准，可以增加安置补助费。但是，土地补偿费和安置补助费的总和不得超过土地被征收前3年平均年产值的30倍。若土地补偿费和安置补助费合计按30倍计算，尚不足以使被征地农民保持原有生活水平的，由当地人民政府统筹安排，从国有土地有偿使用收益中划出一定比例给予补贴。经依法批准占用基本农田的，征地补偿按当地人民政府公布的最高补偿标准执行。

③ 地上附着物和青苗的补偿费。地上附着物补偿费是对被征收土地上诸如房屋及其他建筑物(含构筑物)、树木、鱼塘、农田水利设施、蔬菜大棚等给予的补偿费；青苗补偿费是对被征收土地上尚未成熟、不能收获的诸如水稻、小麦、蔬菜、水果等给予的补偿费。可以移植的苗木、花草以及多年生经济林木等，一般是支付移植费；不能移植的，给予合理补偿或作价收购。地上附着物和青苗的补偿标准，由省、自治区、直辖市规定。

④ 安排被征地农民的社会保障费用。

(2) 征地相关税费。

① 征地管理费。该项费用是指县级以上人民政府土地管理部门受用地单位委托，采用包干方式统一负责、组织、办理各类建设项目征收土地的有关事宜，由用地单位按照征地费总额(征地补偿安置费用)的一定比例支付的管理费用。

② 耕地占用税(占用耕地的)。根据《中华人民共和国耕地占用税暂行条例》(1987年4月1日国发(327号))的规定，占用耕地建房或者从事其他非农业建设的单位和个人，都是耕地占用税的纳税义务人，应当按照规定缴纳耕地占用税。耕地占用税以纳税义务人实际占用的耕地面积计税，按照规定税额一次性征收。各地耕地占用税的适用税额标准，由各省、自治区、直辖市人民政府在《中华人民共和国耕地占用税暂行条例》规定的税额标准幅度以内，根据本地区的实际情况具体核定。

③ 耕地开垦费(占用耕地的)。国家实行占用耕地补偿制度。非农业建设经批准占用耕地的，按照“占多少，垦多少”的原则，由占用耕地的单位负责开垦与所占用耕地的数量和质量相当的耕地；没有条件开垦或者开垦的耕地不符合要求的，应当按照省、自治区、直辖市的规定缴纳耕地开垦费，专款用于开垦新的耕地。

④ 新菜地开发建设基金(征收城市郊区菜地的)。征收城市郊区的菜地，用地单位应当按照国家有关规定缴纳新菜地开发建设基金。新菜地开发建设基金的缴纳标准由省、自治区、直辖市规定。

此外，还有政府规定的其他有关费用。部分省、自治区、直辖市还规定收取防洪费、南水北调费等。具体费用、税收项目和收取标准应根据国家和当地政府的有关规定执行。

3) 征收国有土地上房屋的土地取得成本

征收国有土地上房屋的土地取得成本一般包括房屋征收补偿费用、地上物拆除和清运费以及城市基础设施建设费、土地使用权出让金等土地有偿使用费 3 部分，具体如图 6.4 所示。

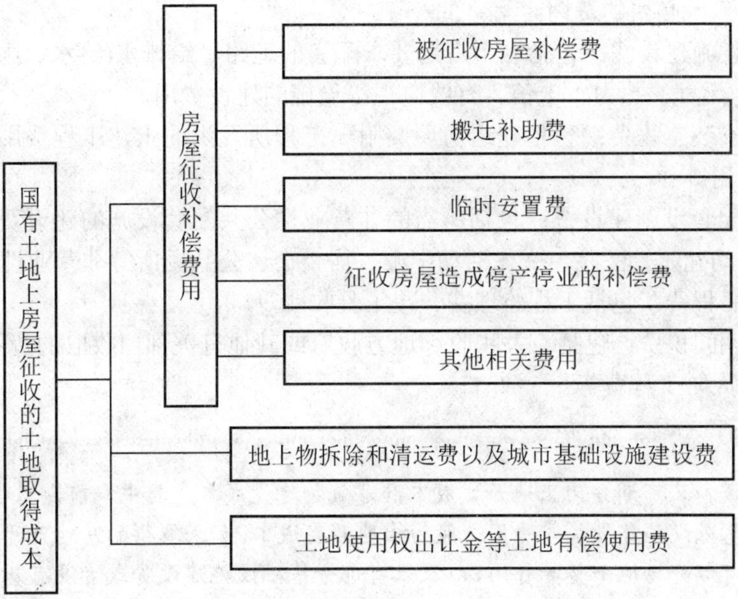

图 6.4 国有土地上房屋征收的土地取得成本

特别提示

房屋征收补偿费用一般由下面 5 项构成。

(1) 被征收房屋补偿费。被征收房屋补偿费是对被征收房屋价值的补偿。被征收房屋价值包括被征收房屋及其占用范围内的土地使用权和其他不动产的价值，由房地产估价机构评估确定。

(2) 搬迁补助费是指：拆迁住宅房屋的，包括搬家费、家用电器(如分体式空调、热水器)拆装费、电话移机费、有线电视费等；拆迁非住宅房屋的，包括机器设备的拆卸、搬迁、重新安装费用等；无法恢复使用的家用电器、机器设备，通常按照其重置价格重新给予补偿。

(3) 临时安置费：根据被征收房屋的区位、用途、建筑面积等因素，按照类似房地产的市场租金结合过渡期限确定。

(4) 征收房屋造成停产停业的补偿费。这些补助费、补偿费的标准，由省、自治区、直辖市人民政府规定。

(5) 其他相关费用包括如下几方面。

① 房屋征收估价费(房地产价格评估费)。该项费用是承担房屋征收估价服务的房地产估价机构向房屋征收部门收取的费用。

② 房屋征收服务费。该项费用是承担房屋征收服务的实施单位按照一定比例向房屋征收部门收取的费用。

③ 政府规定的其他相关费用。这些费用一般是按照规定的标准收取。

2. 开发成本

开发成本是指在取得的房地产开发用地上进行基础设施建设、房屋建设所必要的直接费用和开发期间税金等，主要包括下列几项。

(1) 勘察设计和前期工程费：例如市场调查、可行性研究、工程勘察、环境影响评价、规划及建筑设计、建设工程招投标、施工的通水、通电、通路、场地平整及临时用房等开发项目前期工作所必要的费用。

(2) 基础设施建设费：包括城市规划要求配套的道路、给排水(给水、雨水、污水、再生水)、电力、燃气、热力、电信、有线电视等设施的建设费用。

(3) 建筑安装工程费：包括建造房屋及附属工程所发生的土建工程费用、安装工程费用以及装修费用。

(4) 公共配套设施建设费：包括所需的非营业性公共配套设施的建设费用，如城市规划要求配套的幼儿园、医院、文化活动中心、居委会、公共厕所等非营业性设施。

(5) 其他工程费：包括工程监理费、竣工验收费等。

(6) 开发期间税费：包括有关税收和地方政府或其他有关部门收取的费用，如报建费、绿化建设费、人防工程费等。

特别提示

上述开发成本又可划分为土地开发成本和建筑物建设成本。其中，前期工程费用中的场地平整等费用与基础设施建设费等费用一般为土地开发成本。如果取得的房地产开发用地是熟地，则没有或者只有部分场地平整等费用，以及只有部分基础设施建设费或者没有基础设施建设费。公共配套设施建设费等费用视土地市场成熟度、房地产开发用地大小等情况，归入土地开发成本或建筑物建设成本中或者在两者之间进行合理分摊。

勘察设计和前期工程费中的如市场调查、可行性研究、工程勘察、环境影响评价、规划及建筑设计、建设工程招投标等费用和其他工程费，常常又称为专业费用。

3. 管理费用

管理费用是指房地产开发商为组织和管理房地产开发经营活动所必要的费用，包括房地产开发商的人员工资及福利费、办公费、差旅费等。

尽管不同类型开发的管理费用不一样，但也可统计出一定的水平比例，在估价时，管理费用通常可按照土地取得成本与开发成本之和乘以这一比例(如5%)来测算。

4. 销售费用

销售费用也称为销售成本，是指预售未来开发完成的房地产或者销售已经开发完成的房地产所必要的费用，包括广告费、销售资料制作费、样板房或样板间建设费、售楼处建设费、促销费用或者销售代理费等。

销售费用通常按照售价乘以一定比例来测算，例如售价的4%。

5. 投资利息

投资利息是指在房地产开发完成或实现销售之前发生的所有必要费用应计算的利息(资金的机会成本)，而不仅是借款的利息和手续费(财务费用)。

投资利息一般按复利进行计算，计息期根据不同费用发生的时间考虑。

特别提示

土地取得成本、开发成本、管理费用和销售费用，无论它们是来自借贷资金还是自有资金，均应计算利息。从估价的角度看，为了使评估出的价值客观合理，也要把房地产开发商的自有资金应获得的利息与其应获得的利润分开，不能算作开发利润。

为便于投资利息的测算，销售费用应当区分为销售之前发生的费用和与销售同时发生的费用。广告费、销售资料制作费、样板房或样板间建设费、售楼处建设费一般是在销售之前发生的，销售代理费一般是与销售同时发生的。

6. 销售税费

销售税费是指预售未来开发完成的房地产或者销售已经开发完成的房地产应由卖方(房地产开发商)缴纳的税费，可分为下列两类。

(1) 销售税金及附加：包括营业税、城市维护建设税和教育费附加(通常简称为“两税一费”)。

(2) 其他销售税费：包括印花税、交易手续费等。

销售税费一般是按照售价的一定比例收取的，例如“两税一费”，一般为售价的5.5%，印花税为合同额的0.03%。因此，在估价时通常按照售价乘以一定比例来测算。

特别提示

这里的销售税费不包括应由买方缴纳的契税等税费，因为评估价值是建立在买卖双方各自缴纳自己应缴纳的交易税费下的价值。

为便于实际估价中正常开发利润率的调查、估计，销售税费一般也不包括应由卖方缴纳的土地增值税、企业所得税。因为土地增值税是以纳税人转让房地产取得的增值额为计税依据的，每笔转让房地产取得的增值额都可能不同，从而应缴纳的土地增值税会有所不同；企业所得税是以企业为对象缴纳的，一个企业可能同时有多种业务或者多个房地产开发项目，有的业务或项目可能盈利较多，有的业务或项目可能盈利较少，有的业务或项目甚至亏损，从而不同的企业应缴纳的企业所得税会有所不同。

7. 开发利润

开发利润是指房地产开发商(业主)的利润，而不是建筑承包商的利润。建筑承包商的利润已包含在建筑安装工程费等费用中。

应以土地取得费用与开发成本之和作为计取开发利润的基数，并根据市场上开发同类房地产的平均利润水平来确定利润率。

例 6-2

某幢房屋的建筑面积为300平方米，土地取得成本为48万元，该类用途、建筑结构和档次的房屋的单位建筑面积建筑安装工程费为1 200元/平方米，专业费用为建筑安装工程费的8%，管理费用为土地费用、建筑安装工程费与专业费用之和的3%，销售费用为房地产价格的2.5%，建设期为6个月，土地费用一次性投入，其他费用可视为在建设期内均匀投入，年利率为6%，开发商成本利润率为15%，销售税费为房地产价格的6%。计算该房地产的价格。

【解】设该房地产价格为 V，计算如下。

(1) 土地取得成本=48×10 000=480 000(元)

① 建筑安装工程费=1 200×300=360 000(元)

② 专业费用=①×8%=28 800(元)

(2) 开发成本=①+②=388 800(元)

(3) 管理费用=[(1)+(2)]×3%=26 064(元)

(4) 销售费用=V×2.5%=0.025V(元)

(5) 投资利息=(1)×$[(1+6\%)^{0.5}-1]$+[(2)+(3)+(4)]×$[(1+6\%)^{0.25}-1]$

=20 277.90+0.000 367V(元)

(6) 销售税费=V×6%=0.06V(元)

(7) 开发利润=[(1)+(2)+(3)+(4)+(5)+(6)]×15%

=137 271.29+0.012 805V(元)

(8) 房地产价格 V=(1)+(2)+(3)+(4)+(5)+(6)+(7)

=1 052 413.22+0.098 172V(元)

即：房地产价格 V=116.7(万元)

6.2.3 土地重新购建价格

求取土地的重新购建价格，通常是假设该土地上没有建筑物，除此之外的状况均维持不变，然后采用市场法、基准地价修正法(有关内容详见本书第 8 章)等求取该土地的重新购置价格。这种求取思路特别适用于城市建成区内难以求取重新开发成本的土地。

求取土地的重新购建价格，也可以通过土地取得与开发的费用构成来求取其重新开发成本，即土地的重新购建价格可进一步分为重新购置价格和重新开发成本。按照房地产价格构成来看，其中前期工程费用中的场地平整等费用与基础设施建设费等费用一般为土地重新开发成本，其公式为

土地重新购建价格=土地取得成本+土地开发费用

在求取旧的房地特别是其中建筑物破旧的土地重新购建价格时应注意，有时需要考虑土地上已有的旧建筑物导致的土地价值减损，即此时空地的价值大于有旧建筑物的土地价值，甚至大于有旧建筑物的房地价值。

6.2.4 建筑物重新购建价格

1. 建筑物重新购建价格的求取思路

建筑物的重新购建价格，是假设该建筑物所占用的土地已经取得，并且该土地上除了该建筑物外，其余全为空地，在其他状况均维持不变的情况下，在该土地上建造与该建筑物相同或者具有同等效用的全新建筑物所必要的支出和应得的利润。

或者将该全新建筑物发包给建筑承包商(施工企业)建造，由建筑承包商将能直接使用的全新建筑物移交给发包人，这种情况下发包人应支付建筑承包商的全部费用(即建设工程价款或工程承发包价格)，再加上发包人的其他必要支出(如管理费用、销售费用、投资利息、销售税费等)及发包人的应得利润。

2. 建筑物重新购建价格的类型

按照建筑物重新建造方式的不同，建筑物的重新购建价格可进一步分为重建价格和重置价格。

1) 重建价格

重建价格也称为重建成本，是指采用与估价对象建筑物相同的建筑材料、建筑构配件、建筑设备和建筑技术及工艺等，在估价时点时的国家财税制度和市场价格体系下，重新建造与估价对象建筑物相同的全新建筑物的必要支出和应得利润。

这种重新建造方式可以形象地理解为“复制”。

2) 重置价格

重置价格也称为重置成本，是指采用估价时点时的建筑材料、建筑构配件、建筑设备和建筑技术及工艺等，在估价时点时的国家财税制度和市场价格体系下，重新建造与估价对象建筑物具有同等效用的全新建筑物的必要支出和应得利润。

重置价格的出现是技术进步的必然结果，也是“替代原理”的体现。由于技术进步，原有的许多材料、设备、结构、技术、工艺等都已过时落后或者成本过高，而采用新的材料、设备、结构、技术、工艺等，不仅功能更加完善，而且成本会降低，因此，重置价格通常比重建价格低。

一般的建筑物适用重置价格，有历史或美学价值的建筑物适用重建价格。但因年代久远、已缺乏与旧建筑物相同的建筑材料、建筑构配件和建筑设备，或因建筑技术、工艺和建筑标准改变等，使“复制”有困难的建筑物，一般只好使用重置价格，或者尽量做到“形似”。

3. 建筑物重新购建价格的求取方法

求取建筑物的重新购建价格方法主要有：①结合房地产市场价格采用市场法来计算；②通过有关部门、机构公布的房屋重置价格标准来套算；③利用建筑安装工程费为基础采用成本法求取。其中使用最多的是利用建筑安装工程费为基础采用成本法求取，这种求取的公式为

$$\begin{matrix}\text{重新购}\\\text{建价格}\end{matrix}=\begin{matrix}\text{安装工}\\\text{程费}\end{matrix}+\begin{matrix}\text{专业}\\\text{费用}\end{matrix}+\begin{matrix}\text{管理}\\\text{费用}\end{matrix}+\begin{matrix}\text{销售}\\\text{费用}\end{matrix}+\begin{matrix}\text{投资}\\\text{利息}\end{matrix}+\begin{matrix}\text{销售}\\\text{税费}\end{matrix}+\begin{matrix}\text{开发}\\\text{利润}\end{matrix}$$

求取其中的建筑安装工程费的方法又有单位比较法、分部分项法、工料测量法和指数调整法。

1) 单位比较法

单位比较法是以估价对象建筑物为整体，选取某种与该类建筑物的建筑安装工程费用密切相关的计量单位(如单位建筑面积、单位体积、延长米等)作为比较单位，然后调查、了解在估价时点的近期建成的类似建筑物的这种单位建筑安装工程费，并对其进行适当地修正、调整。单位比较法主要有单位面积法和单位体积法。

(1) 单位面积法。单位面积法是调查、了解在估价时点的近期建成的类似建筑物的单位建筑面积建筑安装工程费，然后对其进行适当地修正、调整。这种方法主要适用于同一类型建筑物的单位建筑面积建筑安装工程费基本相同的建筑物，如住宅、办公楼等。

例 6-3

某幢房屋的建筑面积为 300m^2，该类用途、建筑结构和档次的房屋的单位建筑面积建筑安装工程费等开发成本为 1 200 元/平方米。计算该房屋的重新购建价格。

【解】 该房屋的重新购建价格计算如下。

$$重新购建总价=1\ 200\times300=360\ 000(元)$$

即：该房屋的重新购建价格为 36 万元。

(2) 单位体积法。单位体积法与单位面积法相似，是调查、了解在估价时点的近期建成的类似建筑物的单位体积建筑安装工程费，然后对其进行适当地修正、调整。

这种方法主要适用于同一类型的建筑物的单位体积建筑安装工程费基本相同的建筑物，如储油罐、地下油库等。

特别提示

单位比较法实质上是一种市场法。其中的修正、调整包括：①将实际的可能不正常的单位建筑安装工程费，修正为正常的单位建筑安装工程费；②将建造日期时的建筑安装工程费，调整为估价时点时的建筑安装工程费；③根据可比实例建筑物与估价对象建筑物在对单位建筑安装工程费有影响的建筑规模、设备、装饰装修等方面的差异，对单位建筑安装工程费进行调整，即可得到估价对象建筑物的单位建筑安装工程费。单位比较法较为简单、实用，因此被广泛使用，但这种方法比较粗略。

2) 分部分项法

分部分项法是先假设将估价对象建筑物分解为各个独立的构件或分部分项工程，并测算每个独立构件或分部分项工程的数量，然后调查、了解估价时点时的各个独立构件或分部分项工程的单位价格或成本，最后将各个独立构件或分部分项工程的数量乘以相应的单位价格或成本后相加，来求取建筑物建筑安装工程费的方法。

特别提示

在运用分部分项法测算建筑物的重新购建价格时，需要注意以下两点：①应结合各个构件或分部分项工程的特点使用计量单位，有的要用面积，有的要用体积，有的要用长度，有的要用容量(如千瓦、千伏安)。例如，基础工程的计量单位通常为体积，墙面抹灰工程的计量单位通常为面积，楼梯栏杆工程的计量单位通常为延长米；②既不要漏项也不要重复计算，以免造成测算不准。

3) 工料测量法

工料测量法是先假设将估价对象建筑物还原为建筑材料、建筑构配件和设备，并测算重新建造该建筑物所需要的建筑材料、建筑构配件、设备的种类、数量和人工时数，然后调查、了解估价时点时相应的建筑材料、建筑构配件、设备的单价和人工费标准，最后将各种建筑材料、建筑构配件、设备的数量和人工时数乘以相应的单价和人工费标准后相加，来求取建筑物建筑安装工程费的方法。

工料测量法的优点是详细、准确，缺点是比较费时、费力并需要其他专家(如建筑师、造价工程师)的参与，它主要用于求取具有历史价值的建筑物的重新购建价格。

4) 指数调整法

指数调整法也称为成本指数趋势法，是利用有关成本指数或变动率，将估价对象建筑物的历史成本调整到估价时点的成本来求取建筑物建筑安装工程费的方法。

6.3 建筑物折旧的求取

6.3.1 建筑物折旧的含义和原因

1. 建筑物折旧的含义

估价上的折旧与会计上的折旧，虽然都称为折旧，但两者的内涵与本质是不同的。估价上的建筑物折旧是指各种原因造成的建筑物价值损失，其金额为建筑物在估价时点的市场价值与在估价时点的重新购建价格之差，即

建筑物折旧=建筑物重新购建价格-建筑物市场价值

2. 建筑物折旧的原因

引起建筑物折旧的原因是多方面的，具体又可分为物质折旧、功能折旧和经济折旧三大类。

1) 物质折旧

物质折旧也称为有形损耗，是指建筑物在实体上的老化、磨损、损坏所造成的建筑物价值损失。其主要原因有 4 个。

(1) 自然经过的老化。自然经过的老化主要是随着时间的流逝由自然力作用引起的，例如风吹、日晒、雨淋等引起的建筑物腐朽、风化、基础沉降等。

(2) 正常使用的磨损。正常使用的磨损主要是由人工使用引起的，例如使用过程中的磨损，以及受到废气、废液等的不良影响等。

(3) 意外破坏的损毁。意外破坏的损毁主要是由突发性的天灾人祸引起的，例如地震、水灾、风灾、雷击、人为失火、碰撞等。

(4) 延迟维修的损坏残存。延迟维修的损坏残存主要是由于没有适时地采取预防、养护措施或者修理不及时所引起的，它造成建筑物不应有的损坏或提前损坏，或者已有的损坏仍然存在，例如门窗有破损，墙体或地面有裂缝、洞等。

2) 功能折旧

功能折旧也称为无形损耗，是指建筑物在功能上的缺乏、落后或过剩所造成的建筑物价值损失。导致建筑物功能缺乏、落后或过剩的原因，可能是建筑设计上的缺陷，过去的建筑标准过低，人们的消费观念改变，建筑技术进步，出现了更好的建筑物等。

知识链接

功能缺乏、功能落后与功能过剩的含义

(1) 功能缺乏是指建筑物没有其应该有的某些部件、设备、设施或系统等。例如，住宅没有卫生间、燃气、电话、有线电视等；办公楼没有电梯、空调、宽带等。

(2) 功能落后是指建筑物已有的部件、设备、设施或系统等的标准低于正常标准而阻碍其他部件、设备、设施或系统等的正常运营。例如，设备、设施陈旧落后或容量不够，建筑式样过时，空间布局欠佳等。以住宅为例，现在时兴“三大、一小、一多”式住宅，过去建造的卧室大、客厅小、厨房小、卫生间小的住宅，相对而言就过时了；再如高档办公楼，现在要求有较好的智能化系统，如果某个所谓高档办公楼的智能化程度不够，相对而言其功能就落后了。

(3) 功能过剩是指建筑物已有的部件、设备、设施或系统等的标准超过市场要求的标准而对房地产价值的贡献小于其成本。例如，某幢厂房的层高为5.5m，但如果当地厂房的标准层高为5m，则该厂房超高的0.5m因不能被市场接受而使其所多花的成本成为无效成本。

3) 经济折旧

经济折旧也称为外部性折旧，是指建筑物以外的各种不利因素所造成的建筑物价值损失。例如，一个高级居住区附近兴建了一座工厂，该居住区的房地产价值下降，这就是一种永久性的经济折旧；再如，在经济不景气时期房地产的价值下降，这也是一种经济折旧，但这种现象不会永久下去，当经济复苏之后，这种经济折旧也就消失了。

知识链接

影响经济折旧的不利因素有：①经济因素(如市场供给过量或需求不足)、区位因素(如环境改变，包括景观被破坏、自然环境恶化、环境污染、交通拥挤、城市规划改变等)；②其他因素(如政府政策变化、采取宏观调控措施等)。

例 6-4

某套旧住宅，测算其重置价格为50万元，地面、门窗等破旧引起的物质折旧为2万元，户型设计不好、没有独用厕所和共用电视天线等导致的功能折旧为6万元，位于城市衰落地区引起的经济折旧为3万元。求取该套旧住宅的折旧总额和现值。

【解】该旧住宅的折旧总额求取如下。

该旧住宅的折旧总额=物质折旧+功能折旧+经济折旧

=2+6+3=11(万元)

该旧住宅的现值=重置价格−折旧

=50−11=39(万元)

6.3.2 建筑物折旧的求取方法

1. 年限法

年限法也称为年龄—寿命法，是根据建筑物的经济寿命、有效年龄或剩余经济寿命来求取建筑物折旧的方法。

1) 建筑物的寿命

建筑物的寿命，可分为自然寿命和经济寿命。建筑物自然寿命是指从建筑物竣工之日开始，到建筑物的主要结构构件和设备的自然老化或损坏而不能继续保证建筑物安全使用为止的时间；建筑物的经济寿命是从建筑物竣工之日开始，到建筑物对房地产价值不再有贡献为止的时间。

建筑物的经济寿命常常短于其自然寿命。对于收益性房地产来说，建筑物的经济寿命如图 6.5 所示。

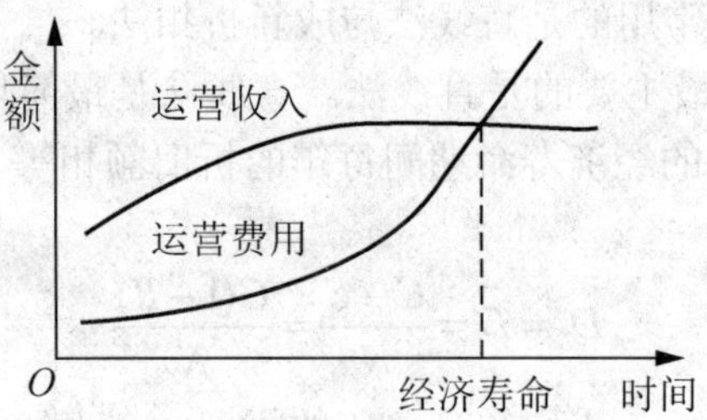

图 6.5 建筑物的经济寿命

2) 建筑物的年龄

建筑物的年龄，可分为实际年龄和有效年龄。建筑物的实际年龄是指从建筑物竣工之日开始到估价时点为止的日历年数，类似于人的实际年龄；建筑物的有效年龄是指估价时点时的建筑物状况和效用所显示的年龄，类似于人看上去的年龄。

建筑物的有效年龄与实际年龄不完全一致，类似于有的人看上去比实际年龄小，有的人看上去比实际年龄大。实际年龄是估计有效年龄的基础，即有效年龄通常是在实际年龄的基础上进行适当的调整后得到的：①当建筑物的维修养护正常时，其有效年龄与实际年龄相当；②当建筑物的维修养护比正常维修养护好或者经过更新改造时，其有效年龄小于实际年龄；③当建筑物的维修养护比正常维修养护差时，其有效年龄大于实际年龄。

3) 建筑物的剩余寿命

建筑物的剩余寿命是其寿命减去年龄后的寿命，分为剩余自然寿命和剩余经济寿命。建筑物的剩余自然寿命是其自然寿命减去实际年龄后的寿命；建筑物的剩余经济寿命是其经济寿命减去有效年龄后的寿命，即

$$剩余经济寿命=经济寿命-有效年龄$$

因此，如果建筑物的有效年龄比实际年龄小，就会延长建筑物的剩余经济寿命；反之，就会缩短建筑物的剩余经济寿命。建筑物的有效年龄是从估价时点向过去计算的时间，剩余经济寿命是从估价时点开始到建筑物经济寿命结束为止的时间，两者之和等于建筑物的经济寿命。如果建筑物的有效年龄小于实际年龄，就相当于建筑物比其实际竣工之日晚建

成。此时，建筑物的经济寿命可视为从这个晚建成之日开始到建筑物对房地产价值不再有贡献为止的时间。

特 别 提 示

利用年限法求取建筑物的折旧时，建筑物的寿命应为经济寿命，年龄应为有效年龄，剩余寿命应为剩余经济寿命。因为只有这样，求出的建筑物折旧以及求出的建筑物价值才能符合实际。例如，两幢同时建成的完全相同的建筑物，如果维修养护不同，其市场价值就会不同，但如果采用自然寿命、实际年龄来计算折旧，那么它们的价值就会相同。进一步来说，新近建成的建筑物未必完好，从而其价值未必高；而较早建成的建筑物未必损坏严重，从而其价值未必低。

4) 年限法求取折旧的方法

运用年限法求取建筑物折旧的方法很多，如直线法、余额递减法、年金法、年数合计法、成新折扣法等，其中最常用的是直线法与成新折扣法。

(1) 直线法。年限法中最主要的是直线法。直线法是最简单和应用最普遍的一种折旧求取方法，它假设在建筑物的经济寿命期间每年的折旧额相等。直线法的年折旧额计算公式为

$$D_i = D = \frac{C-S}{N} = \frac{C(1-R)}{N}$$

式中：D_i——第 i 年的折旧额，或称作第 i 年的折旧；在直线法的情况下，每年的折旧额 D_i 是一个常数 D；

C——建筑物的重新购建价格；

S——建筑物的净残值，是建筑物的残值减去清理费用后的余额；建筑物的残值是预计建筑物达到经济寿命后，不宜继续使用时，经拆除后的旧料价值；清理费用是拆除建筑物和搬运废弃物所发生的费用；

N——建筑物的经济寿命；

R——建筑物的净残值率，简称残值率，是建筑物的净残值与其重新购建价格的比率，即

$$R = \frac{S}{C} \times 100\%$$

另外，$(C-S)$称为折旧基数；年折旧额与重新购建价格的比率称为年折旧率，如果用 d 来表示，即

$$\begin{aligned} d &= \frac{D}{C} \times 100\% \\ &= \frac{C-S}{C \times N} \times 100\% \\ &= \frac{1-R}{N} \times 100\% \end{aligned}$$

有效年龄为 t 年的建筑物折旧总额的计算公式为

$$E_t = D \times t = (C-S)\frac{t}{N}d$$

$$= C(1-R)\frac{t}{N}$$

$$= C \times d \times t$$

式中：E_t——建筑物的折旧总额。

采用直线法折旧下的建筑物现值的计算公式为

$$V = C - E_t$$

$$= C - (C - S)\frac{t}{N} \times C[1-(1-R)]\frac{t}{N}$$

$$= C(1 - d \times t)$$

式中：V——建筑物的现值。

例 6-5

某幢平房的建筑面积 50m^2，单位建筑面积的重置价格为 600 元/平方米，判定其有效年龄为 10 年，经济寿命为 40 年，残值率为 5%。用直线法计算该房屋的年折旧额、折旧总额，并计算其现值。

【解】 已知 C=600×50=30 000(元)，R=5%，N=30 年，t=10 年　则

该房屋的年折旧额 D=C(1−R)/N=30 000×(1−5%)/30=712.5(元/年)

该房屋的折旧总额 E_{10}=D×t=712.5×10=7 125(元)

该房屋的现值 V=C−E_{10}=30 000−7 125=22 875(元)

(2) 成新折扣法。根据建筑物的建成年代、新旧程度或完损程度等，判定出建筑物的成新率，或者用建筑物的寿命、年龄计算出建筑物的成新率，然后将建筑物的重新购建价格乘以该成新率来直接求取建筑物的现值。这种方法被称为成新折扣法，计算公式为

$$V = C \times q$$

式中：V——建筑物的现值；

C——建筑物的重新购建价格；

q——建筑物的成新率，%。

这种成新折扣法主要用于初步估价，或者需要同时对大量建筑物进行估价的场合，尤其是大范围的建筑物现值摸底调查，但比较粗略。在实际运用中常结合建筑物的经济寿命、有效年龄或剩余经济寿命来求取建筑物的成新率，则成新折扣法就成了年限法的另一种表现形式。用直线法计算成新率的公式为

$$q = [1-(1-R)\frac{t}{N}] \times 100\%$$

$$= [1-(1-R)\frac{t}{n+t}] \times 100\%$$

$$= 100\% - d \times t$$

式中：n——剩余经济寿命。

例 6-6

有一座15年前建成交付使用的房屋，在此15年间维修养护情况正常，房地产估价师经实地查看判定其剩余经济寿命为45年，残值率为零。用直线法计算该房屋的成新率。

【解】已知 t=15 年　n=45 年　R=0，则

该房屋的成新率 $q=n/(n+t)\times100\%=75\%$

2. 市场提取法

市场提取法是利用与待估价建筑物具有类似折旧状况的建筑物的可比实例，来求取待估价建筑物折旧的方法。

市场提取法是基于先知道旧的房地价值，然后利用适用于旧房地的成本法公式反求出建筑物折旧。适用于旧房地的成本法公式为

旧的房地价值=土地重新购建价格+建筑物重新购建价格-建筑物折旧

因此，如果知道了旧的房地价值、土地重新购建价格、建筑物重新购建价格，便可以求出建筑物折旧，从而进一步求出其总折旧率(可比实例的建筑物折旧除以建筑物重新购建价格)或年平均折旧率，接着将待估价建筑物的重新购建价格乘以总折旧率，或者乘以年平均折旧率再乘以建筑物年龄，便可以得到待估价建筑物折旧。即

建筑物折旧=建筑物重新购建价格×总折旧率

或者

建筑物折旧=建筑物重新购建价格×年平均折旧率×建筑物年龄

特别提示

总折旧率与成新率的关系：建筑物成新率=1-总折旧率。

3. 分解法

分解法是对建筑物各种类型的折旧分别予以分析和估算，然后将它们加总来求取建筑物折旧的方法。分解法是求取建筑物折旧最详细、最复杂的一种方法。

分解法认为，建筑物各种类型的物质折旧、功能折旧和经济折旧应根据各自的具体情况分别采用适当的方法来求取，即

建筑物折旧=物质折旧+功能折旧+经济折旧

在求取各类型折旧时，又将其分为可修复项目和不可修复项目两类。修复是指恢复到新的或者相当于新的状况，有的是修理，有的是更换。预计修复所必要的费用小于或者等于修复所能带来的房地产价值增加额的，是可修复的；反之，是不可修复的。

对于可修复项目，估算在估价时点采用最优修复方案使其恢复到新的或者相当于新的状况下所必要的费用作为折旧额。

对于不可修复项目，根据其在估价时点的剩余使用寿命是否短于整体建筑物的剩余经济寿命，将其分为短寿命项目和长寿命项目两类。短寿命项目分别根据各自的重新购建价格(通常为市场价格、运输费、安装费等之和)、寿命、年龄或剩余使用寿命，利用年限法计算折旧额；长寿命项目是合在一起，根据建筑物重新购建价格减去可修复项目的修复费

用和各短寿命项目的重新购建价格后的余额、建筑物的经济寿命、有效年龄或剩余经济寿命，利用年限法计算折旧额。

例 6-7

某建筑物的重置价格为 180 万元，经济寿命为 50 年，有效年龄为 10 年。其中，门窗等损坏的修复费用为 2 万元；装饰装修的重置价格为 30 万元，平均寿命为 5 年，已使用为 3 年；设备的重置价格为 60 万元，平均寿命为 15 年，已使用为 10 年；残值率假设均为零。计算该建筑物的折旧额。

【解】该建筑物的折旧额计算如下。

门窗等损坏的修复费用额=2(万元)

装饰装修的折旧额=30×1/5×3=18(万元)

设备的折旧额=60×1/15×10=40(万元)

长寿命项目的折旧额=(180−2−30−60)×1/50×10=17.6(万元)

该建筑物的折旧额=2+18+40+17.6=77.6(万元)

知识链接

求取建筑物折旧应注意的问题

1) 估价上的折旧与会计上的折旧的区别

在求取建筑物折旧时，应注意估价上的折旧与会计上的折旧的本质区别：估价上的折旧注重的是市场价值的真实减损，科学地说不是“折旧”，而是“减价调整”；会计上的折旧注重的是原始价值的分摊、补偿或回收。有些房地产，尽管在会计账目上折旧早已提足或者快要提足，但估价结果却显示其仍然有较大的现时价值，例如保存完好的旧建筑物；而有些房地产，尽管在会计账目上折旧尚未提足甚至远未提足，但估价结果却显示其现时价值已所剩无几，例如存在严重工程质量问题的新建房屋。

2) 土地使用期限对建筑物经济寿命的影响

在土地有期限的使用权下，建筑物经济寿命与土地使用期限可能不是同时结束，因此，在求取建筑物折旧时应注意土地使用期限对建筑物经济寿命的影响。计算建筑物折旧所采用的建筑物经济寿命遇到下列情况的处理分别如下。

建筑物经济寿命早于土地使用期限结束的，应按照建筑物经济寿命计算建筑物折旧；

建筑物经济寿命晚于土地使用期限结束的，分为在土地使用权出让合同中未约定不可续期和已约定不可续期两种情况。对于在土地使用权出让合同中未约定不可续期的，应按照建筑物经济寿命计算建筑物折旧；对于在土地使用权出让合同中已约定不可续期的，应按照建筑物经济寿命减去其晚于土地使用期限的那部分寿命后的寿命计算建筑物折旧。

① 假设是在出让土地上建造的普通商品住宅，土地使用权出让年限为 70 年，建设期为 2 年，建筑物经济寿命为 50 年，如图 6.6(a)所示。在这种情况下，应按照 50 年计算。

② 假设是一幢旧办公楼，在其建成 15 年后补办了土地使用权出让手续，土地使用权出让年限为 50 年，建筑物经济寿命为 60 年，如图 6.6(b)所示。在这种情况下，应按照 60 年(建筑物经济寿命)计算。

③ 假设是一幢在出让土地上建造的商场，土地使用权出让年限为 50 年，建设期为 2 年，建筑物经济寿命为 60 年，如图 6.6(c)所示。在这种情况下，应按照 38 年计算。

④ 假设是一幢旧厂房改造的超级市场，在该旧厂房建成 7 年后补办了土地使用权出让手续，土地使用权出让年限为 40 年，建筑物经济寿命为 50 年，如图 6.6(d)所示。在这种情况下，应按照 47 年计算。

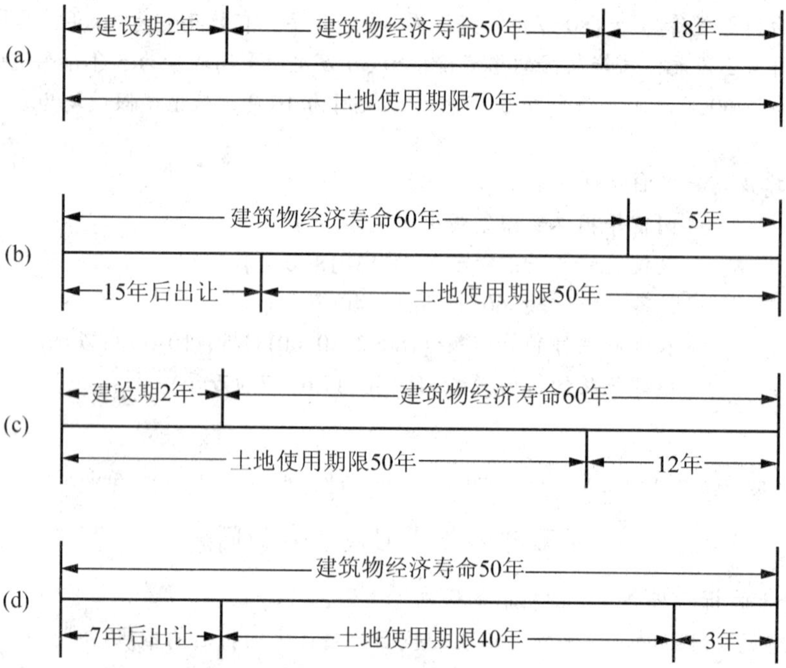

图 6.6　土地使用期限对建筑物经济寿命的影响

6.4　成本法的公式与运用

在 6.1 中介绍了成本法的基本公式，即：房地产价格(积算价格)=重新购建价格-建筑物的折旧；在 6.2 与 6.3 中，分别对重新购建价格与建筑物折旧做了较为详尽的分析。本小节将具体说明在运用基本公式时应该根据估价对象的不同而具体化。

6.4.1　新开发的房地产的公式

新开发的房地产可以分为新开发的土地、新建成的建筑物和新开发的房地 3 种情况。

1. 新开发的土地的基本公式

新开发的土地通常是指填海造地，开山造地，征收集体土地并进行“三通一平”，城市房屋拆迁并进行基础设施改造的土地等。在这些情况下，成本法的基本公式为

新开发土地价值 = 取得待开发土地成本 + 土地开发成本 + 管理费用 + 销售费用 + 投资利息 + 销售税费 + 开发利润

上述公式中的后面 5 项是与取得待开发土地的成本、土地开发成本相应的部分。在实

际运用成本法评估新开发的房地产价值时，一般是模拟房地产开发商的房地产开发过程，在 6.2.2 房地产价格构成的基础上，根据估价对象及当地的实际情况，对上述基本公式进行具体化，然后进行价值测算。例如，新开发区成片土地中某宗土地单价的估价公式如下：

$$新开发区某宗土地的单价=(C_1+C_2+C_3+C_4+C_5+C_6+C_7)\div(S_{总}\times q)\times f$$

式中 C_1——取得开发区成片用地的总成本；

C_2——成片土地开发总成本；

C_3——成片土地开发总管理费用；

C_4——成片土地开发总销售费用；

C_5——成片土地开发总投资利息；

C_6——成片土地开发总销售税费；

C_7——成片土地开发总开发利润；

$S_{总}$——开发区成片用地总面积；

q——开发完成后可转让土地面积的比率，q=开发后可转让土地面积÷$S_{总}$；

f——用途、区位等因素调整系数。

新开发区土地的分宗估价，成本法是一种有效的方法，因为新开发区在初期，房地产市场一般还未形成，土地收益也还没有。

例 6-8

某成片荒地面积 2 平方公里，取得该荒地的代价为 12 000 万元，将其开发成“五通一平”熟地的开发成本和管理费用为 25 000 万元，开发期为 3 年，贷款年利率为 8%，销售费用、销售税费和开发利润分别为可转让熟地价格的 2%、5.5%和 10%，开发完成后可转让土地面积的比率为 60%。求取该荒地开发完成后可转让熟地的平均单价(假设开发成本和管理费用在开发期内均匀投入，开发完成时即开始销售，销售费用在开发完成时投入)。

【解】设该荒地开发完成后可转让熟地平均单价为 V，则

$$V=[12\,000\times(1+8\%)\times3+25\,000\times(1+8\%)\times1.5]/[1-(2\%+5.5\%+10\%)]$$
$$\div(2\,000\,000\times70\%)=509(元/平方米)$$

2. 新建成的建筑物的基本公式

新建成的建筑物价值为建筑物建设成本及与该建设成本相应的管理费用、销售费用、投资利息、销售税费和开发利润，不应包含土地取得成本、土地开发成本以及与其相应的管理费用、销售费用、投资利息、销售税费和开发利润。因此，测算新建成的建筑物价值的基本公式为

$$\begin{matrix}新建成建\\筑物价值\end{matrix}=\begin{matrix}建筑物建\\设成本\end{matrix}+\begin{matrix}管理\\费用\end{matrix}+\begin{matrix}销售\\费用\end{matrix}+\begin{matrix}投资\\利息\end{matrix}+\begin{matrix}销售\\税费\end{matrix}+\begin{matrix}开发\\利润\end{matrix}$$

3. 新开发的房地的基本公式

在新开发的房地的情况下，成本法的基本公式为

$$\begin{matrix}新开发的房\\地产价值\end{matrix}=\begin{matrix}土地取\\得成本\end{matrix}+\begin{matrix}开发\\成本\end{matrix}+\begin{matrix}管理\\费用\end{matrix}+\begin{matrix}销售\\费用\end{matrix}+\begin{matrix}投资\\利息\end{matrix}+\begin{matrix}销售\\税费\end{matrix}+\begin{matrix}开发\\利润\end{matrix}$$

房地产价值具体根据 6.2 的房地产价格构成，先测算各个构成部分的金额，然后将其累加。

特别提示

新开发的房地产采用成本法估价虽然一般不存在物质折旧，但应考虑其选址是否适当、规划设计是否合理、工程质量的优劣、周围环境景观的好坏、该类房地产的供求状况等，全面衡量其功能折旧、经济折旧以及可能的增值因素，予以适当的减价或增价调整。例如，运用成本法评估某个在建工程的市场价值，虽然在建工程实实在在投入了较多费用，或者不管谁来开发建设都需要这么多支出，但在房地产市场不景气时应当予以减价调整。

6.4.2 旧的房地产的基本公式

成本法的典型估价对象是旧的房地产。旧的房地产可以分为旧的房地和旧的建筑物两种情况。

1. 旧的房地的基本公式

在旧的房地的情况下，成本法的基本公式为

旧的房地价值=房地重新购建价格-建筑物折旧

或者

旧的房地价值=土地重新购建价格+建筑物重新购建价格-建筑物折旧

上述两个公式分别对应的是求取房地重新购建价格的第一个路径和第二个路径，具体见本章 6.2 中的房地重新购建价格的求取思路。

2. 旧的建筑物的基本公式

在旧的建筑物的情况下，成本法的基本公式为

旧的建筑物价值=建筑物重新购建价格-建筑物折旧

6.4.3 成本法运用实例

例 6-9

案例背景参见引例。

利用成本法对该估价对象进行估价，过程如下。

××电子有限公司欲拥有房地产和土地估价技术报告(节选)

一、个别因素分析

估价对象位于××市经济技术开发区××路南、××路西，紧邻××市经济技术开发区出口加工区。

估价对象在现场查勘的状况如下。

1. 1号和2号厂房为钢结构，共一层，建成于2008年，建筑面积为9 574.00m^2，该建筑物为轻钢外墙面，铝合金窗，铁门，轻钢斜屋面，室内为绝缘地面，墙面刮大白，轻钢龙骨泡沫板吊顶，配套设施水、电、暖齐全。

2. 食堂系框架结构，建于2008年，建筑面积为1 142.00m^2，地上一层，层高为3.6米，外墙刷涂料，内墙刮腻子刷乳胶漆，地面铺釉面地板砖，塑钢窗，木门，平屋顶，水、电、暖等配套设施齐全。

3. 办公楼楼系框架结构，建成于2008年，建筑面积为3 366.00m^2，共二层，层高为3.8米，外墙刷涂料，内墙刮腻子刷乳胶漆，地面铺釉面地板砖，铝合金窗，木门，平屋顶，室内楼梯，花岗岩楼梯面，水、电、暖等配套设施齐全。

4. 职工宿舍楼系砖混结构，建成于2008年，建筑面积为3 874.00m^2，共四层，外墙刷涂料，内墙刮腻子刷乳胶漆，铝合金窗，彩钢板推拉门，水、电等配套设施齐全。

估价对象的用途、房屋结构均根据实际情况确认。估价对象的现状，得到委托方代表的认可。

委托方使用的房屋登记状况为：××房权证字第20××018××号、×房权证字第20××018××号、×房权证字第20××018××号和×房权证字第20××018××号。

委托方使用的土地登记状况为：国有土地使用证证号为××国用(2007)字第165号，土地使用者为××电子有限公司，用途为工业用地，使用权类型为出让，使用权面积为33 326.00m^2，终止日期为2057年7月26日。

二、区域因素分析

1. 基础设施情况

估价对象位于××市经济技术开发区××路南、××路西，基础设施完善，供水、供电、供暖、供燃气、排水情况良好，通讯状况良好。

2. 交通条件

估价对象临××路和××路，紧邻××市经济技术开发区出口加工区，附近多路公交车通过并设站点，出行非常方便。

3. 周边环境及其他情况

估价对象距××市经济技术开发区繁华地带较近，区内绿化较好，环境优美，距海边较近。附近的市政配套设施齐全，幼儿园、学校、超市、银行及政府机关等分布，生活、工作、学习都较为便利。学校有××市××小学、××中学，商场超市有××超市等。

三、市场背景分析

××市地处××省最东端，北东南三面濒临黄海，北与辽东半岛相对，东及东南与朝鲜半岛和日本列岛隔海相望，海岸线长达1 000km，该市经济较为发达，地理位置优越，交通便捷，旅游资源丰富，城市基础设施建设及环境综合治理较为完善，是中国著名的港口城市及优秀旅游城市，被联合国确定为“改善人类居住环境全球最佳范例城市”，2003年10月又获得全球人居领域的最高奖项——“联合国人居奖”。××是中国经济最具活力的城市之一。自1987年地级××市成立以来，全市GDP年均增长18%，被列为全国投资硬环境40优和中国综合经济实力50强城市。××市现辖三市三区，总面积5 436km^2，常住总人口277.59万人。近年来，随着经济体制改革的不断深入和市政公用设施的不断完善，××市的城市建设呈现良好的发展势头，××高级公路都已开通，××至大连、韩国仁川的海上航线成为全市与东北三省及韩国经济往来的捷径，××至韩国的航班为两国经济发展架起了空中桥梁，××机场已开通至北京、广州、哈尔滨、沈阳、上海等地的航线，所开通的航线已贯通华北、华南、东北、西南的等地区的枢纽机场，××火车已开通北京、济南、汉口等旅客列车、货运列车可达全国各地，××的交通形成了海、陆、空立体化交通运输体系，由于以上因素的影响，近年来，××房地产市场一直发展良好，房地产价格呈现出一种稳中有升的趋势。

四、最高最佳使用分析

最高最佳使用原则，是指房地产估价要以房地产的最高最佳使用为前提。所谓最高最佳使用，是估价对象的一种最可能的使用，这种最可能的使用是法律上允许、技术上可能、经济上可行，经过充分合理的论证，使估价对象能带来最高价值的使用。

最高最佳使用分析真正体现了估价的客观性。估价对象房地产是否处于最优使用状态，主要从下列方面来衡量、判断。

1. 法律上允许(规划及相关政策法规许可)。即不受现时使用状况的限制，而依照法律规章、规划发展的方向，按照其可能的最优用途估价。

2. 技术上可行。即不能把技术上无法做到的使用当作最高最佳使用，而要按照房屋建筑工程方面的技术要求进行估价。

3. 经济上可行。即估价价格应是各种可能的使用方式中，以经济上有限的投入而能获得最大收益的使用方式的估价结果。

4. 土地与建筑物的均衡性。即以房地产内部的构成要素的组合是否达到均衡来判断其是否处于最优使用状态，也就是说，估价时，把建筑物与土地区位是否相匹配、是否具有投资集约度的因素考虑进去。

5. 房地产与周围环境的协调性。即房地产与外部环境是否均衡和协调的问题。也就是说，估价时不按原用途，而按房地产与其周围环境相协调能获得大量外部经济效益的最优使用的新用途进行估价。

6. 可持续发展性。即在估价时不仅要研究过去和现在的价格状况，而且还要研究房地产市场的现状、发展趋势，以及政治经济形式和政策变化对房地产形成的影响，以预测未来价格和收益变动趋势。

五、估价方法的选用

所谓成本法，是求取估价对象在估价时点的重新购建价格，然后扣除折旧，以求取估价对象的客观合理价格或价值的方法。具体步骤有4步：①搜集有关房地产开发建设的成本、税费、利润等资料；②测算重新购建价格；③测算折旧；④求取积算价格。

基准地价系数修正法，是我国土地估价的基本方法之一。它是利用城镇基准地价和基准地价修正系数表等评估成果，按照替代原则，就待估宗地的区域条件和个别条件等与其所处区域的平均条件相比较，并对照修正系数表选取相应的修正系数对基准地价进行修正，进而求取待估宗地在估价期日价格的方法。

六、估价测算过程

(一) 土地的估价过程(略)

土地的估价过程略

采用基准地价系数修正法进行土地取得成本及开发成本测算。

(二) 房屋的估价过程

基于委托方委托，本次采用成本法对房屋价格进行评估。

评估思路：遵循合法原则，并同时考虑估价目的对价格的影响，本次仍以实际使用用途估价，不考虑改变用途对价格的影响。

1. 1号和2号厂房的估价过程

按成本法对委估房产进行测算，建筑物的重置全价是由建筑物开发成本、开发管理费、投资利息、销售费用、开发利润、销售税费等项目构成。

(1) 建筑物开发成本是由建筑物建造成本、专业人士及前期工程费、不可预见费构成。

① 建筑物建造成本。

根据建筑物的结构类型和实际情况，参照××市有关工程计价办法和定额标准进行测算，并参考近期同类型建筑物的结算价格，综合考虑后确定建筑物的直接成本，包括建筑安装工程费、红线内基础设施工程费、施工技术措施费、不可预见费等，估价对象为钢结构，综合估价对象的建筑档次，确定估价对象的单位建造成本为 1 210.00 元/平方米。各项费用见表 6-2。

表 6-2　建筑物建造成本

序号	成本项目	取费标准	备注
a	建安费用	1 100.00	参照定额测算
b	红线内基础设施配套	110.00	建造费用的 10%
	建筑物建造成本合计	1 210.00	

② 专业人士及前期费用。

包括人防费、基础设施配套费、工程勘察费等，根据××市涉及房地产企业收费情况计算，具体见表 6-3。

表 6-3　专业人士及前期费用

序号	费用项目	费用金额	备注
a	人防费	112.00	按建筑面积
b	基础设施配套费	80.00	按建筑面积
c	养老保险金	28.60	按建安费用的 2.6%
d	环境影响咨询费、地震安全性评价费	1.00	按建筑面积
e	环境噪声费	4.00	按建筑面积
f	电气设施消防安全检测费	1.00	按建筑面积
g	水土保持设施补偿费	2.00	按建筑面积
h	防雷装置施工质量及竣工验收检测费	1.20	按建筑面积
i	城市规划技术服务费	2.00	按建筑面积
j	工程监理费	8.00	按建筑面积
k	工程勘察费	2.00	按建筑面积
l	工程造价咨询费	2.20	按建安费用的 0.2%
m	施工图设计及审查费	25.3	按建安费用的 2.3%
n	招标代理费	5.5	按建安费用的 0.5%
n	其他费用	55.0	按建安造价 5%
	专业人士及前期费用合计	329.8	

③ 不可预见费用。

按建安成本的 5%计算，则不可预见费用为

$$1\ 100\times5\%=55.0(\text{元/平方米})$$

综上，建筑物的开发成本为 1 210.00+329.8+55.00=1 594.8(元/平方米)

(2) 开发管理费：开发管理费按建筑物开发成本的 3%计算，则开发管理费计算确定为 47.84 元/平方米。

$$1\ 594.8\times3\%=47.84(\text{元/平方米})$$

(3) 计算建设期投资利息：估价人员调查同类房地产的开发建设周期，确定估价对象的合理工期为2年，利率按同期中国人民银行公布的一年期基准贷款利率6.0%计算，假设建设期投入为均匀投入，则建筑物的投资利息为

(1 594.8+47.84)×[(1+6.0%)2/2−1]=98.56(元/平方米)

(4) 销售费用：按重置价格的3%取费。

(5) 开发利润：按照××市当前类似物业的市场状况，根据估价对象现状情况，确定开发利润为12%。

(1 594.8+47.84)×12%=197.12(元/平方米)

(6) 销售税费：根据有关规定，销售税费包括城市维护建设税、营业税和教育费附加、交易手续费等，销售税费取市场价格的5.65%。

(7) 重置价格的测算：重置价格为上述1～6项之和，设估价对象建筑物的重置价格为X，则

$$X=1\,594.8+47.84+98.56+3\%X+197.12+5.65\%X$$

$$X=2\,122.00(\text{元/平方米})$$

(8) 成新率的确定。

根据《房地产估价规范》的规定，估价对象为钢结构、耐用年限为50年，残值为0。估价对象建成于2008年7月，至估价时点已使用4年，故估价对象的成新率为：(50−4)/50=92%

以上计算汇总见表6-4。

表6-4　计算汇总表

序号	评估价格构成	单价	备注
	建筑物重置价值	2 122.00	
(一)	建筑物开发成本	1 594.80	1+2+3
1	建造费用	1 210.00	a+b
a	建安费用	1 100.00	参照定额测算
b	红线内市政配套	110.00	建造费用的10%
2	专业人士及前期费用	329.8	a+b+…+o
a	人防费	112.00	按建筑面积
b	基础设施配套费	80.00	按建筑面积
c	养老保险金	28.60	按建安费用的2.6%
d	环境影响咨询费、地震安全性评价费	1.00	按建筑面积
e	环境噪声费	4.00	按建筑面积
f	电气设施消防安全检测费	1.00	按建筑面积
g	水土保持设施补偿费	2.00	按建筑面积
h	防雷装置施工质量及竣工验收检测费	1.20	按建筑面积
i	城市规划技术服务费	2.00	按建筑面积
j	工程监理费	8.00	按建筑面积
k	工程勘察费	2.00	按建筑面积
l	工程造价咨询费	2.20	按建安费用的0.2%
m	施工图设计及审查费	25.3	按建安费用的2.3%

续表

序号	评估价格构成	单价	备注
n	招标代理费	5.5	按建安费用的 0.5%
o	其他费用	55.0	按建安造价 5%
3	不可预见费	55.0	按建安造价 5%
(二)	开发管理费	47.84	建筑物开发成本×3%
(三)	建筑物的投资利息	98.56	利率取 6.0%，开发期取 2 年
(四)	销售费用	63.66	按重置价值的 3%计算
(五)	建筑物的开发利润	197.12	开发利润率取 12%
(六)	建筑物的销售税费	119.89	税率取 5.65%

(9) 1 号和 2 号厂房价格确定。

1 号和 2 号厂房重置价格=2 122.0×9 574.00=20 316 028.00(元)

厂房的成新率为 92%，则

房屋评估价格=20 316 028.00×92%=18 690 746.0(元)

2. 办公楼的估价过程(略)

3. 食堂的估价过程(略)

4. 宿舍的估价过程(略)

七、估价结果

依照本次评估目的，根据委托方提供的资料、估价人员现场勘察情况和市场调查资料，结合估价对象的实际情况，采用成本法对房屋和附属物进行评估，采用基准地价系数修正法对土地使用权进行评估。经分析和测算，结合估价师的经验，在满足本估价报告中“估价的假设和限制条件”下，估价对象在估价时点为 2012 年 7 月 15 日的市场价格为：重置全价合计为人民币 52 996 731.38 元，其中：房屋 33 286 490.92 元，土地使用权 19 710 240.46 元。

现价合计为人民币 50 668 082.29 元；其中：房屋 30 957 841.83 元，土地使用权 19 710 240.46 元。

××房地产评估有限公司

2012 年 7 月 15 日

例 6-10

某宗房地产的建筑面积为 2 000 平方米，土地面积为 1 000 平方米。土地是 10 年前通过征收集体土地取得的，当时取得的费用为 18 万元/亩，现时重新取得该类土地需要的费用为 310 元/平方米(楼面地价)；建筑物是 9 年前建成交付使用的，当时的建筑造价为每平方米建筑面积 700 元，现时建造类似建筑物的建筑造价为每平方米建筑面积 1 200 元，经观察评估该建筑物有八成新。选用所给资料测算该宗房地产的现时总价和单价。

【解】待估价房地产的价值测算如下。

待估价房地产的现时总价=土地重新购建价格+建筑物重新购建价格×成新率

=310×2 000+1 200×2 000×80%=2 540 000(元)

待估价房地产的现时单价=该宗房地产的现时总价÷建筑面积

=2 540 000÷2 000=1 270(元/平方米)

例 6-11

估价对象概况：本估价对象是一个专用仓库；位于某城区内；土地面积 4 000 平方米，建筑面积 8 500 平方米；建筑物建成于 1988 年 8 月底，建筑结构为钢筋混凝土结构；土地原为划拨土地使用权，2007 年 6 月 15 日补办出让手续，补交出让金等费用，取得了 50 年出让土地使用权。

估价要求：需要评估该专用仓库 2008 年 8 月 30 日的价值。

【估价过程】

(1) 选择估价方法。本估价对象为专用仓库，所在城市尚无该类仓库的买卖实例，该仓库及类似仓库目前也无稳定的经济收益，故选用成本法进行估价。

(2) 选择计算公式。该宗房地产估价属于成本法中的旧的房地产估价，需要评估的价值包含土地和建筑物的价值，故选择的计算公式为

旧的房地价值=土地重新购建价格+建筑物重新购建价格-建筑物折旧

(3) 求取土地重新购建价格。由于该土地位于城区内，难以直接求取其重新开发成本，政府尚未公布基准地价，因此拟通过以下两个途径求取该土地的重新购建价格：①采用市场法，利用当地类似土地的出让或转让价格求取土地的重新购置价格；②采用成本法，利用当地征地费加土地使用权出让金和土地开发成本等，再加上地段差价的办法求取土地的重新开发成本。

① 采用市场法，利用当地类似土地的出让或转让价格求取土地的重新购置价格。调查选取了 A、B、C 3 个可比实例(表 6-5)并进行有关修正、调整。

表 6-5 交易实例调查表

可比实例	土地面积/m^2	成交日期	成交价格/(元/平方米)
A	4 300	2006-09	605
B	5 500	2007-01	710
C	4 800	2007-06	633

按照市场法将各交易可比实例修正与调整计算公式：

$$\text{比准价格}=\text{可比实例成交价格}\times\text{交易情况修正系数}\times\text{市场状况修正系数}\times\text{房地产状况修正系数}$$

结合相关资料得到

$$V_A=605\times\frac{100}{100}\times\frac{107}{100}\times\frac{100}{95}=681.4\,(\text{元/平方米})$$

$$V_B=710\times\frac{100}{100}\times\frac{103}{100}\times\frac{100}{106}=689.9\,(\text{元/平方米})$$

$$V_C=633\times\frac{100}{95}\times\frac{101}{100}\times\frac{100}{99}=679.8\,(\text{元/平方米})$$

故待估价对象土地的单价=(681.4+689.9+679.8)÷3=684(元/平方米)

② 采用成本法，利用当地征地费加土地使用权出让金和土地开发成本等，再加上地段差价的办法求取土地的重新开发成本。

在估价时点(2008 年 8 月 30 日)征收郊区集体土地平均每亩需要支付土地补偿费、安置补助费、地上附着物和青苗的补偿费等费用共计 10 万元，约合 150 元/平方米；向政府缴纳土地使

用权出让金等土地有偿使用费 35 元/平方米；将土地开发成能直接在其上进行房屋建设的土地，需要“五通一平”，为此，每平方米还需要 105 元(含开发土地的必要支出和应得利润)。以上合计为 290 元/平方米，可视为城市边缘熟地的价格。

该城市土地分为 6 个级别，城市边缘熟地列为最差级，即处于第 6 级土地上，而估价对象房地产处于第 3 级土地上，因此，还需要进行土地级别对地价影响的调整。各级土地之间的地价差异见表 6-6。

表 6-6　××市土地价格分级别差异系数表

土地价格级别	Ⅰ	Ⅱ	Ⅲ	Ⅳ	Ⅴ	Ⅵ
与次级倍数	1.30	1.30	1.30	1.30	1.30	1.00
与最次级倍数	3.71	2.86	2.20	1.69	1.30	1.00

根据表 6-6，待估价对象土地的单价=290×2.20=638(元/平方米)

通过以上两个途径求得估价对象土地的单价分别 684 元/平方米和 638 元/平方米。该房地产估价主要是以前者为基础，但对于后者也加以充分考虑，并考虑当地房地产市场业内人士的意见，确定估价对象土地的单价为 680 元/平方米。故

待估价对象土地的总价=680×4 000=272.0(万元)

(4) 求取建筑物重新购建价格。现时(在估价时点 2008 年 8 月 30 日)与估价对象建筑物类似的不包括土地价格在内的建筑物的重置价格(含必要支出和应得利润)为 1 000 元/平方米×建筑面积。故

待估价对象建筑物的重新购建总价=1 000×8 500=850.0(万元)

(5) 求取建筑物折旧。采用直线法求取折旧额。参照有关规定并根据估价师到实地查看的判断，该专用仓库建筑物的经济寿命为 60 年，有效年龄为 20 年，残值率为零。由于土地使用权剩余期限近 49 年，建筑物剩余经济寿命 40 年，建筑物的经济寿命早于土地使用期限结束，应按照建筑物的经济寿命 60 年计算建筑物折旧，故

待估价对象建筑物的折旧总额=850.0×20/60=283.3(万元)

同时，估价师到实地查看，认为该专用仓库建筑物七成新，与上述计算结果基本吻合。

(6) 求取积算价格。

旧的房地价值=土地重新购建价格+建筑物重新购建价格−建筑物折旧
=272.0+850.0−283.3
=838.7(万元)

估价结果：根据上述计算结果并参考估价师的估价经验，将本估价对象专用仓库 2008 年 8 月 30 日的价值总额评估为 838.7 万元，即每平方米建筑面积 987 元。

例 6−12

××房地产估价有限公司，2006 年 3 月 17 日接受××公司房地产抵押价值评估业务委托，其中估价对象坐落于××市××镇，根据委托方提供的资料获悉，估价对象为公司厂内三栋厂房、一栋办公楼、一栋宿舍、二栋附属用房及厂区所占土地，具体情况见表 6-7。

表 6-7　具体情况表

序号	权证号	用途	建筑年代	层数	层高	结构	建筑(土地)面积/m^2
1	00022832	厂房	2003	1	9	钢	3 809.72
2	00008656	厂房	2002	1	9	钢	1 443.27
3	00022833	厂房	2003	1	9	钢	927.47
4	00008655	办公	2002	2	3	混合	396.75
5	00008657	宿舍	2002	1	3	钢	150.23
6	00008653	传达室	2002	1	3	混合	24.08
7	00008654	附属用房	2002	1	3.5	混合	37.03
8	国用 165	土地					9 578.00

国有土地使用证证号为长国用(2003)字第 165 号，土地使用者为××有限公司，用途为工业用地，使用权类型为出让，使用权面积为 9 578.00m^2，终止日期为 2053 年 8 月 17 日。

采用成本法对该估价对象进行估价，过程如下。

1. 因素分析与现场勘察

经评估基准日现场勘察及了解，估价对象 7 栋建筑物基本情况为：3 栋厂房均为 9m 左右高钢结构；办公楼为混合结构，外墙粉刷，内部中档装修；宿舍也为 3m 左右高钢结构；所有建筑均属完好房。

1) 交通条件

公路：估价对象临××国道以及长永高速公路。

铁路：估价对象铁路运输方便，距火车站十多千米。

航空：估价对象航空运输便利，距××国际机场仅 1.5km，该机场客货运量较大，有航线 39 条，现正在建设成为现代化国际空港。

2) 基础设施与公用设施条件

估价对象所处区域内基础设施条件达到“五通一平”(通上水、通下水、通电、通路、通信、场地平整)，水、电、气保障度高，双环形供电；电信、网络畅通完善，城市干道四通八达；有建行、工行等多家银行营业网点，并且学校、医院、邮电网点、超市、菜市场、酒店等公用配套设施较齐全。

3) 环境质量

估价对象所处区域内没有严重的水污染及大气污染，也无周期性洪水灾害。

2. 市场背景分析(略)

3. 估价方法选用

根据《房地产估价规范》，通常的房地产估价方法有比较法、收益法、假设开发法、成本法几种。

估价对象为工业厂房、集体宿舍、办公楼，市场交易案例不多，宜采用成本法进行评估，采取“房地分估”方式分别计算出土地价格和建筑物价格，然后加总求出房地产总值；土地价格采用成本逼近法，建筑物价格采用重置成本结合成新率的方法求得。

4. 估价测算过程

1) 建筑物现值

成本法计算公式

$$建筑物价格=重置价格\times 成新率\times 建筑面积$$

(1) 重置价格的确定。

根据估价对象房地产的特点宜采用重置成本法评估，即依现场勘察情况，判断出估价对象结构类型，然后按《建筑工程造价手册》中的有关规定、数据并结合市场行情测算出同类型建筑物定额直接费用，并依据现行取费文件计算出工程成本，再考虑前期费用、资金成本等测算出建筑物重置全价。计算过程见表 6-8～表 6-10。

表 6-8　建筑物部分钢结构重置单价的确定

(单位：元/平方米)

项目	计算基础与计算式	数额	费率
A 直接工程费	(一)+(二)+(三)	845.52	
(一)直接费		780.00	
(二)其他直接费	(一)×费率	23.40	3.00%
(三)现场经费	(一)×费率	42.12	5.40%
B 间接费	A×费率	64.34	7.61%
C 利润	A×费率	50.73	6%
E 税前工程造价	A+B+C	960.60	
F 税金	E×费率	32.79	3.41%
G 劳保基金	(E+F)×费率	30.30	3.05%
H 工程造价	E+F+G	1 023.68	
I 前期费用	H×费率	225.21	22.00%
J 资金成本	H×费率	57.12	0.055%
K 重置单价	H×I+G	1 306.01	

估价对象所属的钢结构类型，其建筑物重置单价为 1 306 元/平方米。

表 6-9　建筑物部分混合结构重置单价的确定

(单位：元/平方米)

项目	计算基础与计算式	数额	费率
A 直接工程费	(一)+(二)+(三)	542.00	
(一)直接费		500.00	
(二)其他直接费	(一)×费率	15.00	3.00%
(三)现场经费	(一)×费率	27.00	5.40%
B 间接费	A×费率	41.25	7.61%
C 利润	A×费率	32.52	6%
E 税前工程造价	A+B+C	615.77	
F 税金	E×费率	21.02	3.41%
G 劳保基金	(E+F)×费率	19.42	3.05%
H 工程造价	E+F+G	656.20	
I 前期费用	H×费率	144.36	22.00%
J 资金成本	H×费率	36.62	0.055%
K 重置单价	H+I+G	837.19	

估价对象所属的混合结构类型，其建筑物重置单价为837元/平方米。

表6-10 建筑物价格的确定

(综合成新率取：0.82)

序号	权证号	用途	结构	单价/元	建筑面积/m²	总价/元
1	00022832	厂房	钢	1 306×0.82	3 809.72	4 079 905
2	00008656	厂房	钢	1 306×0.82	1 443.27	1 545 626
3	00022833	厂房	钢	1 306×0.82	927.47	993 246
4	00008655	办公	混合	837×0.82	396.75	272 305
5	00008657	宿舍	钢	1 000×0.82	150.23	123 189
6	00008653	传达室	混合	837×0.82	24.08	16 527
7	00008654	附属用房	混合	837×0.82	37.03	25 415
合　计					6 788.55	7 056 213

注：宿舍为简易钢结构。

(2) 综合成新率的计算。

① 按使用年限计算成新率。

2003年至2006年评估基准日已使用了3年，钢结构生产用房屋其经济使用年限可按50年计，则尚可使用47年，其年限成新率=(1−3/50)=94%。

② 按完损等级法计算成新率为66.76%，分项计分见表6-11。

③ 综合成新率的确定

$$
\begin{aligned}
\text{综合成新率} &= \text{完好率}\times 60\% + \text{年限成新率}\times 40\% \\
&= 73.8\%\times 60\% + 94\%\times 40\% \\
&= 0.442\,8 + 0.376 \\
&= 0.818\,8
\end{aligned}
$$

取整为82%。

表6-11 建筑物完损等级分项记分表

分类	项目	分值	实际完损情况	记分	成新率/%
结构部分	基础	0.19	较好	80	15.2
	承载构件	0.19	较好	80	15.2
	非承载构件	0.11	一般	80	8.8
	屋面	0.15	无渗漏	90	13.5
	楼面	0.11	无破损	90	0.99
装饰部分	门窗	0.03	陈旧	75	2.25
	外粉饰	0.024	无破损	80	1.92
	内粉饰	0.042	较好	80	3.36
	顶棚	0.024	无脱落	90	2.16
设备部分	水卫	0.07	较好	80	5.6
	电气	0.06	较好	80	4.8
合计		1.00			73.8

2) 成本逼近法评估土地价格

成本逼近法估价方法如下。

根据《城镇土地估价规程》，通行的地价评估方法有市场比较法、收益还原法、剩余法、成本逼近法、基准地价修正系数法等。在充分收集估价所需资料的前提下，根据此次评估目的和评估对象区位条件，评估宗地处于××市××镇内，可运用成本逼近法进行评估。

成本逼近法是以土地取得费、土地开发所耗各项费用之和为主要依据，再加上一定的利润、利息、应缴纳的税金和土地增值收益来确定土地价格的估价方法(具体见第 8 章地价评估内容)。

其计算公式为

土地价格=土地取得费+税费+土地开发费+投资利息+投资利润+土地增值收益

(1) 土地取得费。

评估宗地位于长沙市黄花镇内，根据评估人员实地调查勘察，评估宗地周边的土地利用状况，目前宗地所在区域农用地大多为一类耕地；本次评估征用土地类型为一类耕地。根据《中华人民共和国土地管理法》、《长沙市征地补偿安置条例》及《长沙市征地补偿安置条例实施办法》，目前征用上述土地的土地取得费包括：土地补偿费、青苗及地上附着物补偿费、劳动力安置补助费等。

① 土地补偿费。

根据《××市征地补偿安置条例》第二十条土地补偿费“征用水田、旱土、专业菜地、专鱼池，按该土地被征用前 3 年平均年产值标准的 8～10 倍补偿”；根据《××市征地补偿安置条例实施办法》附件一，一类耕地前 3 年平均年产值 1 330 元/亩，人均耕地面积(亩/人)<0.5，土地补偿费标准为 10 倍，则

土地补偿费=1 330×10(元/亩)

合 19.95 元/平方米

② 安置补助费。

根据《××市征地补偿安置条例实施办法》附件二，一类耕地人均耕地面积(亩/人)<0.350，土地安置补助费标准为前 3 年平均年产值的 12～15 倍，则

土地安置补助费=1 330×15(元/亩)

合 29.92 元/平方米

③ 青苗补偿费。

根据《××市征地补偿安置条例》第二十三条“青苗(包括各类蔬菜、稻谷、麦、薯类作物等)，生长期不到一年的按被征用前 3 年平均年产值标准的百分之五十补偿”，则

青苗补偿费=1 330×0.5(元/亩)

合 1 元/平方米

土地取得费=①+②+③=50.87(元/平方米)

(2) 有关税费。

① 土地管理费。

根据××省物价局、××省财政厅[1994]第 78 号《关于发布国土系统行政事业性收费项目和标准的通知》及《××市人民政府关于规范和降低基本建设项目收费的通告》([1997]21 号)，征用划拨土地时土地管理费按土地取得费的 1.48%～3.94%征收，此次评估取 3.94%，则土地管理费=50.87×3.94%=2(元/平方米)

② 防洪保安基金。

根据××省人民政府[1994]31 号文件及“××市人民政府关于规范和降低基本建设项目收费的通告”，征用划拨土地时防洪保安基金按每亩 984 元征收，即

防洪保安基金=1.48(元/平方米)

③ 耕地占用税。

考虑征用的土地为耕地，根据××省人民政府发[1987]35 号文件规定，耕地占用税收取标准为 5～10 元/平方米，结合目前××市耕地占用税的实际收取标准，此次评估耕地占用税取 10 元/平方米。

④ 耕地开垦费。

根据[2001]25 号文件《××省关于进一步加强耕地开垦费征收使用管理的通知》，非农业建设占菜地，标准征收根据××市实际执行标准，此次评估耕地开垦费 1.6 万元/亩计算，合 23.94 元/平方米。

有关税费=①+②+③+④=37.42(元/平方米)

(3) 土地开发费。

根据委托方提供的资料及受托方评估人员实地勘察、市场调查，考虑到评估宗地所处位置为××市××镇，并参照《××市城关镇基准地价评估技术报告》，评估地块所在区域宗地红线外“四通”(通路、通电、红线外通水、通信)，红线内场地平整的土地开发费平均为 150 元/平方米，则本次评估取土地开发费为 150 元/平方米。

(4) 投资利息。

××市工业用地土地开发期一般为一年，评估设定土地取得费及有关税费为征地时一次性投入，土地开发费为建设周期内平均投入，以估价基准日银行一年期贷款利息率 5.31%作为土地投资利息率，则

投资利息=土地取得费及有关税费×开发周期×投资利息率
+土地开发费×开发周期×1/2×投资利息率
=8.67(元/平方米)

(5) 投资利润。

土地作为一种生产要素进入企业的生产过程，根据等量资金得到相应收益的原理，土地资产与其他生产要素相结合产生了利润，土地投资应获得与其资产量相对应的回报，根据××市土地开发及该区域企业投资利润率情况，决定取土地投资开发利润率为 10%，则

投资利润=(土地取得费+有关税费+土地开发费)×10%
=23.83(元/平方米)

(6) 土地成本价格计算。

土地成本价格=土地取得费+相关税费+土地开发费+投资利息+投资利润
=270.79(元/平方米)

(7) 土地增值收益。

根据对××市土地增值收益情况及目前××市土地出让金收取情况的调查测算，目前××市土地增值收益率为土地成本价格(土地取得费及有关税费+土地开发费+投资利息+投资利润)的 25%左右，此次评估确定取土地成本的 25%为土地增值收益率。

土地增值收益=土地成本价格×土地增值收益率
=270.79×25%
=67.7(元/平方米)

(8) 土地使用年期修正。

土地使用年期修正系数=$1-1/(1+r)^n$=0.935 3

式中：r——土地还原利率，根据银行贷款利率，综合考虑土地开发投资风险，取6%；

n——剩余土地使用年期，本次评估设定剩余土地使用年期为47年。

(9) 区位条件修正。

成本逼近法测算价格为区域的一般价格，考虑到各宗地之间的差异，取宗地形状、临路宽度、环境污染程度等因素对宗地进行修正。修正系数确定见表6-12～表6-16。

表 6-12 宗地形状的修正

宗地形状	规则	较规则	不规则
修正系数	1.01	1.0	0.99

表 6-13 临路宽度的修正

交通条件	三面临路	二面临路	一面临路	不临路
修正系数	1.04	1.02	1.00	0.98

表 6-14 环境污染程度修正

污染程度	有严重污染	有较重污染	有一定污染	污染小	无污染
修正系数	0.98	0.99	1.0	1.01	1.02

表 6-15 产业聚集度

产业聚集度	产业聚集度高	产业聚集度一般	产业聚集度低
修正系数	1.03	1.00	0.97

表 6-16 评估宗地条件说明表及修正系数、地价的确定

宗地形状	交通条件	污染程度	产业聚集度	合计	修正前价格/(元/平方米)	修正后价格/(元/平方米)
较规则 1.00	一面临路 1.00	无污染 1.02	一般 1.00	1.02	338.49	345.26

(10) 地价计算。

根据《城镇土地估价规程》

土地单价=宗地条件修正后价格×土地使用年期修正系数

=345.26×0.935 3=323(元/平方米)

成本逼近法评估结果为：估价基准日2006年4月17日，评估设定土地用途为工业用地，土地开发程度为宗地红线外“四通”(通电、通路、红线外通水、通信)及红线内场地平整，设定剩余土地使用年限47年的土地使用权价格。

土地总价=9 578×323=309(万元)

3) 房地产总价值

房地产总价值=土地价格+建筑物价格

=309+706=1 015(万元)

5. 估价结果确定

根据上述步骤，对建筑物和土地分别采用重置成本法和成本逼近法进行测算，综合得出7

栋总建筑面积6 788.55m^{2}的建筑物及其所占9 578m^{2}土地使用权的市场价值为1 015万元(大写：人民币壹仟零壹拾伍万元整)。

本章小结

成本法的典型估价对象是现有建筑物与土地综合体的房地产(即旧的房地)，其价值等于房地重新购建价格减去建筑物折旧，或者土地重新购建价格加上建筑物重新购建价格减去建筑物折旧。

其中，房地重新购建价格可模拟房地产开发商的房地产开发建设过程，根据房地产价格构成，采用成本法求取；或者先分别求取土地和建筑物的重新购建价格，然后将两者相加来求取。土地重新购建价格分为重新购置价格和重新开发成本，重新购置价格可采用市场法、基准地价修正法求取，重新开发成本可采用成本法求取。建筑物重新购建价格分为重建价格和重置价格，一般的建筑物适用重置价格，有特殊保护价值的建筑物适用重建价格，求取的方法主要有单位比较法、分部分项法、工料测量法、指数调整法。

建筑物折旧分为物质折旧、功能折旧和经济折旧，求取的方法主要有年限法、市场提取法和分解法。

习题

一、选择题

1. 单选题

(1) 成本法中的“开发利润”是指(　　)。

A. 开发商所期望获得的利润
B. 开发商最终获得的利润
C. 开发商所能获得的平均利润
D. 估价人员任意给定的利润

(2) 投资利润是按一定基数乘以相应的平均利润率来计算的，这里的“基数”是(　　)。

A. 土地取得成本+开发成本
B. 土地取得成本+开发成本+管理费用
C. 土地取得成本+开发成本+管理费用+销售费用
D. 开发完成后的房地产价值

(3) “开发利润”与“土地取得成本+开发成本”的比值称为(　　)。

A. 直接成本利润率　　B. 投资利润率
C. 成本利润率　　D. 销售利润率

(4) 利用成本法所得到的评估价格称为(　　)。

A. 比准价格　　B. 积算价格
C. 收益价格　　D. 实际上是成本

(5) 重新购建价格是假设在(　　)重新取得或重新开发、重新建造全新状态的估价对象所需的一切合理、必要的费用、税金和应得的利润之和。

A. 估价对象在建造时　　B. 现在某一时刻

C. 将来某一时刻　　D. 估价时点

(6) 通常情况下，对于同一旧建筑物重建价格与重置价格相比(　　)。

A. 前者较低　　B. 前者较高

C. 两者相等　　D. 两者不可比

(7) 成本法求取折旧中，建筑物的寿命应为(　　)。

A. 自然寿命　　B. 经济寿命

C. 实际经过年数　　D. 有效经过年数

(8) 某住宅，在取得土地使用权(70年)的当年开始建造，建造期2年，建筑物经济寿命60年，则该住宅建筑物的折旧年限是(　　)。

A. 70年　　B. 62年

C. 60年　　D. 68年

(9) 某办公楼建造期3年，在建成10年后改变了用途，同时补办土地使用权出让(年限50年)，建筑物的经济寿命为45年，则该建筑物的折旧年限是(　　)。

A. 35年　　B. 45年

C. 48年　　D. 50年

(10) 某商业房地产，在取得土地使用权(40年)的当年开始建造，建造期3年，建筑物经济寿命60年，则该住宅建筑物的折旧年限是(　　)。

A. 40年　　B. 60年

C. 63年　　D. 37年

2. 多选题

(1) 成本法特别适用于那些既无收益又很少发生交易的房地产估价，这类房地产主要包括(　　)等。

A. 钢铁厂　　B. 空置的写字楼

C. 单纯的建筑物　　D. 加油站

E. 写字楼

(2) 房屋拆迁补偿安置费用包括(　　)。

A. 被拆迁房屋的房地产市场价格

B. 被拆迁房屋室内自行装饰装修的补偿金额

C. 搬迁补助费

D. 安置补助费

E. 拆迁非住宅房屋造成停产停业的补偿费

(3) 一般房地产价格构成包括(　　)。

A. 土地取得成本　　B. 开发成本

C. 管理费用　　D. 销售费用

E. 投资利息、销售税费、开发利润

(4) 新建成的建筑物价值包括(　　)。

A. 取得土地的成本　　B. 建筑物建设成本

C. 管理费用、销售费用　　D. 投资利息、销售税费

E. 开发利润

(5) 新开发的房地产价值包括(　　)。

A. 土地取得成本　　B. 开发成本

C. 管理费用、销售费用　　D. 投资利息、销售税费

E. 个别开发商的开发利润

(6) 以下属于土地取得成本构成的项目有(　　)。

A. 农地征用费用　　B. 拆迁安置补偿费用

C. 基础设施配套费用　　D. 勘察设计和前期工程费

E. 土地使用权出让金

(7) 成本法中计算的销售税金及附加包括(　　)。

A. 营业税　　B. 土地使用税

C. 土地增值税　　D. 城市维护建设税

E. 教育费附加

(8) 在房地产估价中计算折旧需要用到(　　)。

A. 剩余经济寿命　　B. 实际经过年数

C. 日历使用年数　　D. 有效经过年数

E. 剩余自然寿命

(9) 求取建筑物重新购建价格的具体方法有(　　)。

A. 单位比较法　　B. 造价分析法

C. 指数调整法　　D. 分部分项法

E. 工料测量法

(10) 以下关于成本法的理解中，正确的有(　　)。

A. 成本法是求取估价对象在估价时点的全部建设成本，然后扣除折旧，以此求取估价对象的价格或价值的方法

B. 成本法的本质是以房地产的开发建设成本为导向求取估价对象的价值

C. 成本法的理论依据是生产费用价值论，从买方的角度来看，房地产的价格是基于社会上的“生产费用”，类似于“替代原理”

D. 成本法即估价人员根据开发建设估价对象所需的正常费用、税金和利润之和来测算其价格

E. 成本法也可以说是以房地产价格各构成部分的累加为基础来测算房地产价格的方法

二、判断题

(1) 成本法主要适用于比较新的建筑物的估价，不大适用于旧的建筑物的估价。(　　)

(2) 对有特殊保护价值的建筑物的估价以重置成本为宜。(　　)

(3) 某一个已经经历了 30 年的旧的建筑物，其现值不可能大于其原值。 (　)

(4) 成本法中所说的利息是正常使用借贷资金发生的正常利息支出。 (　)

(5) 估价上的折旧是指由各种原因所造成的价值损失，其数额为建筑物在估价时点时的市场价值与其重新购建价格之间的差额。 (　)

(6) 建筑物在其寿命期间如果进行了翻修、改造等，自然寿命和经济寿命都有可能得到延长。 (　)

(7) 物质折旧又称物质磨损、有形损耗，是建筑物在实体方面的损耗所造成的价值损失。 (　)

(8) 从理论上来说，同一个房地产开发项目的开发利润，无论采用哪种计算基数及与其相对应的利润来估算，所得的结果应该都是相同的。 (　)

(9) 开发利润是该类房地产开发项目在正常条件下房地产开发商所能获得的平均利润，而不是个别房地产开发商最终实际获得的利润，也不是个别房地产开发商所期望获得的利润。 (　)

(10) 重新购建价格是指在估价时点重新取得全新状况的估价对象的必要支出，或者重新开发建设全新状况的估价对象的必要支出和该估价对象的利润。 (　)

三、简答题

(1) 什么是成本法？成本法中的“成本”是成本还是价格？原因何在？

(2) 成本法的理论依据是什么？成本法与市场法有何异同？

(3) 成本法适用于哪些估价对象？成本法估价需要具备哪些条件？

(4) 什么是重新购建价格？求取房地、土地、建筑物的重新购建价格的思路分别是什么？

(5) 房地产价格是如何构成的？如何测算各个构成部分的金额？

(6) 物质折旧、功能折旧、经济折旧的含义及其之间的异同点是什么？

(7) 什么是年限法？建筑物的寿命、年龄、剩余寿命的含义及其相互关系是什么？

(8) 在建筑物经济寿命结束的时间与土地使用权期间届满的时限不一致的情况下，如何确定计算建筑物折旧的经济寿命？

(9) 成本法最基本的公式是怎样的？成本法中适用于新开发的房地产和旧的房地产的基本公式分别是怎样的？

(10) 新开发的土地有哪几种情况？它们相对应的成本法公式是怎样的？

四、计算题

(1) 今有一幢建筑物，其建筑总面积为 1 200 平方米，耐用年限为 40 年。在估价时点时，已使用了 12 年。已知该类建筑物的重置价格为 600 元/平方米。估价师现场勘察认为该建筑物剩余使用年限为 30 年，残值率为 5%。用直线折旧法计算其年折旧额、折旧总额，并估计其现值。

(2) 某建筑物的重置价格为 180 万元，经济寿命为 50 年，有效经过年数为 10 年。其中，门窗等损坏的修复费用为2万元；装修的重置价格为30万元，平均寿命为5年，已使用3年；设备的重置价格为60万元，平均寿命为15年，已使用10年。残值率假设均为零。计算其折旧总额。

(3) 某建筑物于8年前建成，重置价格为1 000元/平方米，耐用年限为50年，土地总面积2 500平方米，是10年前通过征用农地取得的，当时费用为800元/平方米，现时取得该类土地，每平方米需1 000元，建筑物总建筑面积为6 000平方米，是两年前建成交付使用的，当时建筑造价800元/平方米，现时建造同类建筑物每平方米为1 100元，估计该建筑物有八成新，该类建筑物的残值率为2%，试选用所给的资料评估该房地产的现时总价和单价。

第7章

假设开发法

教学目标

了解假设开发法的理论依据，灵活运用基本公式及公式中各项的求取，熟练掌握运用动、静态分析方法并解决实际问题。

教学要求

能力目标	知识要点	权重
了解该方法的基础知识	理论依据、适用对象及操作步骤	20%
灵活运用公式解决实际问题	公式中各项的求取	25%
能熟练掌握动、静态分析法各知识点，解决评估中的实际问题	动、态静态分析法	25%
能熟练运用动、静态分析方法进行计算	动、静态分析法的实际运用	30%

引例

2008年10月，北京××投资集团在××市以拍卖方式购得一宗220亩土地，共缴纳土地出让金2.8亿元，为此此投资集团同年在当地成立××投资集团××市置业有限公司，以负责此项目的开发建设。根据企业的计划此地块以开发高端房地产项目为主，2010年10月××城际铁路项目立项，该铁路项目要在该项目地块上经过，使该项目的一期一标段27 385平方米的建设工程需要全部征收，从而此项目从2010年10月起全部停工，为此要对65 351平方米的在建工程进行估价。

思考：试根据案例的有关情况选择合适的方法对此在建工程进行估价。

假设开发法也是房地产估价中的常用方法，尤其在房地产商进行开发项目可行性研究时，运用得较多。对于上述的引例，要如何估算该宗房地产的价格呢？根据《国有土地上房屋征收评估办法》第十三条，被征收房屋是在建工程的，应当选用假设开发法评估。那么，什么是假设开发法？怎样才能运用假设开发法客观准确地估算该宗房地产的价格呢？下面就来学习假设开发法的基本原理。

7.1 假设开发法的基本原理

7.1.1 假设开发法的概念

假设开发法是在估算开发完成后估价对象正常交易价格的基础上，扣除未来估价对象正常的开发成本、管理费用、投资利息、开发利润和各种税费等费用后，以剩余之数来确定估价对象不动产价格的一种方法。假设开发法又称剩余法、倒算法、残余法或余值法。

7.1.2 假设开发法的理论依据

假设开发法是一种科学实用的估价方法，其基本理论依据与收益法相同，是预期原理。假设开发法估价的基本思路，用下面模拟一个典型投资者思想活动的例子，可以较好地反映出来。

假设某开发商对想要对一块可供开发利用的地块开发，那么他愿意出多少钱来购买这块土地呢？很明显，他购买这一地块并不是供自己使用，而是通过开发后出售为其赚取利润。他很清楚希望得到这一地块的人不止他一个，他们也都有同样的动机，面对竞争，他期望从这一地块开发中得到的利润不低于社会平均利润，否则他宁愿把这笔资金投到其他方面。也就是说，该开发商希望能从这一土地开发中获取社会上房地产开发的一般利润即可。而为了获取这一地块，开发商首先要仔细研究待开发地块的内外条件，如坐落位置、面积大小、形状、周围环境、规范限制条件等，以便分析该地块在规划许可范围内最适宜的用途和最大开发程度；然后根据目前房地产市场状况，预测建筑完成后的价格，以及为完成这一开发所需花费的建筑费、设计费、相关税费、各类预付资本的利息和开发商应得的正常开发利润。有了上述的分析和测算，开发商就能知道他可能为取得这块土地所支付的最高价格是多少。很明显，这个最高价等于开发完成后的不动产价格扣除开发成本和相应利息、利润等之后的余额。

由以上可以看出，假设开发法在形式上是评估新建房地产价格的成本法的倒算。两者的主要区别是适用范围不同：成本法适用于土地价格已知，需要求取开发完成后不动产价格的情况；假设开发法适用于开发完成后不动产价格可通过预测得到，需要求取土地价格的情况。

7.1.3 假设开发法的特点

(1) 预期性。假设开发法属于预期性房地产估价，这类估价需要预测未来的各种价格和费用(如开发完成后的房地产价格、开发成本、管理费用等)，是估价中的重点和难点。

(2) 时点不同。预期性估价中的各种价格与费用的时间不同。如购买土地的税费、建造费用、未来楼价等，分属不同的投资时间，估价时应考虑资金的时间价值。

(3) 以种种假设或限制条件为前提。①假设估价中涉及的房地产总价、租金和成本数据在开发期间不会发生大的变化；②假设在开发期间各项成本的投入是均匀或分段均匀投入的。③假设不考虑通货膨胀的影响。

7.1.4 假设开发法适用的估价对象

凡是具有开发或再开发潜力并且其开发完成后的价值可以采用市场法、收益法等方法求取的房地产，都适用假设开发法估价，包括可供开发建设的土地(包括生地、毛地、熟地)、在建工程(包括房地产开发项目)、可重新装饰装修改造或改变用途的旧的房地产(包括装修、改建、扩建)。

7.1.5 假设开发法的适用条件

在实际估价中，运用假设开发法估价其结果的可靠性，关键取决于下列两个预测。

(1) 是否根据房地产估价的合法原则和最高最佳使用原则，正确地判断了房地产的最佳开发利用方式，包括用途、规模、档次等。

(2) 是否根据当地房地产市场行情或供求状况，正确地预测了开发完成后的价值。

由于上述两个预测包含着较多的可变因素，假设开发法有时被指责为较粗糙。这一点也可以从同是参加土地使用权拍卖、招标出让，均是采用假设开发法估算报价，但不同的竞买者所愿意出的最高购买价格相差悬殊中反映出来(当然，各个竞买者在测算时所依据的自身条件可能有所不同，其测算结果为投资价值)。不过，当估价对象具有潜在的开发价值时，假设开发法几乎是唯一实用的估价方法。

另外，运用假设开发法估价的效果如何，除了对假设开发法本身的运用技巧掌握得如何，还要求有一个良好的社会经济环境。

(1) 要有一个明朗、开放及长远的房地产政策。

(2) 要有一套统一严谨及健全的房地产法规。

(3) 要有一个完整、公开及透明度高的房地产资料库。

(4) 要有一个稳定、清晰及全面的有关房地产投资开发和交易的税费清单。

(5) 要有一个长远、公开及稳定的土地供给(出让)计划。

如果这些条件不具备，在运用假设开发法估价时会使本来就难以预测的房地产市场的客观方面，掺入许多人为的主观影响因素，使未来的房地产市场变得更加不可捉摸。从而对未来开发完成后的房地产价值、开发成本和税费等的预测也会更加困难。

特别提示

假设开发法是房地产评估中的一种主要方法，假设开发法用于投资分析与用于估价的不同之处是：在选取有关资料数据和测算有关数值时，投资分析是站在某个特定的投资者的立场上，估价是站在一个典型的投资者的立场上；也就是说投资分析是某投资者依据自身实际情况(包括资金实力、管理能力、心理承受能力等方面)所做的一种测算，而估价则是在客观成本或费用的基础上对公平市场价值的评估。

7.1.6 假设开发法的操作步骤

运用假设开发法对某宗房地产进行估价时，具体操作步骤如下。

(1) 调查待开发房地产的基本情况。

(2) 选择最佳的开发利用方式。

(3) 估计开发经营期。

(4) 预测开发完成后的房地产价值。

(5) 估算开发成本、管理费用、投资利息、销售税费、开发利润预付资本的融资成本，不仅是建造工程费用的利息，还应包括土地资本的利息。

(6) 进行具体计算，求出待开发房地产的价值。

知识链接

假设开发法的其他用途

(1) 确定拟开发场地的最高价格。如果开发商有兴趣取得某个开发场地，他必须事先计算出能够接受的最高价格，实际的购买价格应低于或等于此价格，否则不值得购买。

(2) 确定开发项目的利润。在确定预期利润时，是假定开发场地已按照某个价格购买，即场地购置费被看成已知，预计可取得的总收入扣除场地购置费、开发成本及资金利息等后的余值，为开发项目所能产生的利润。此利润如果高于开发商期望的利润，则该开发项目被认为是可行的；否则，应被推迟开发，甚至取消投资。

(3) 确定开发中可能出现的最高费用。在确定最高费用时，场地购置费也被视为已知。确定最高费用的目的是为了使开发利润保持在一个合理的范围内，同时使整个开发成本、费用在开发过程的各个阶段得到有效的控制，不至于在开发过程中出现费用失控。

7.2 假设开发法的基本公式

7.2.1 假设开发法最基本的公式

假设开发法最基本的公式为

待开发房地产的价值=开发完成后的房地产价值-开发成本-管理费用-投资利息-销售税费-开发利润-投资者购买待开发房地产应负担的税费

对于公式中具体应减去的项目，掌握的基本原则是设想得到估价对象后，往后至开发完成还需要支出的一切合理、必要的费用、税金及应得的利润。所以，如果是已经投入的费用，则它就包含在待开发房地产的价值内，不应作为扣除项。例如，评估毛地的价值，即该土地上有待拆迁的房屋，这时减去的项目中还应包括拆迁补偿安置费；如果评估的是已拆迁补偿安置后的土地价值，则不用扣除拆迁补偿安置费。

7.2.2 假设开发法按估价对象细化的公式

运用假设开发法进行具体估价时，一是要把握待开发房地产在投资开发前后的状况，二是要把握投资开发后的房地产经营方式。待开发房地产在投资开发前的状况，即估价对象状况，有土地(又可分为生地、毛地、熟地)、在建工程和旧房等；在投资开发后的状况，有熟地和房屋(包含土地)等。所谓生地，指已完成土地使用批准手续(包括土地使用权出让手续)可用于建筑的土地，该建筑用地无基础设施，或者有部分基础设施，但尚不具备完全的“三通”(通路和临时水，电)条件，同时地上地下待拆除的房屋、构筑物尚未拆迁。所谓毛地，指已完成土地使用批准手续(包括上地使用权出让手续)，具有“三通”(通路和临时水、电)或者条件更完备的基础设施，但未进行拆迁的可用于建筑的土地。所谓熟地，指具有完善的基础设施，且地面平整，可用于建筑的土地。

1. 求生地价值的公式

(1) 适用于将生地建成房屋的公式。

生地价值=开发完成后的房地产价值-由生地建成房屋的开发成本-管理费用-投资利息-销售税费-开发利润-买方购买生地应负担的税费

(2) 适用于将生地开发成熟地的公式。

生地价值=开发完成后的熟地价值-由生地开发成熟地的开发成本-管理费用-投资利息-销售税费-土地开发利润-买方购买生地应负担的税费

2. 求毛地价值的公式

(1) 适用于将毛地建成房屋的公式。

毛地价值=开发完成后的房地产价值-由毛地建成房屋的开发成本-管理费用-投资利息-销售税费-开发利润-买方购买毛地应负担的税费

(2) 适用于将毛地开发成熟地的公式。

毛地价值=开发完成后的熟地价值-由毛地开发成熟地的开发成本-管理费用-投资利息-销售税费-土地开发利润-买方购买毛地应负担的税费

3. 求熟地价值的公式

熟地价值=开发完成后的房地产价值-由熟地建成房屋的开发成本-管理费用-投资利息-销售税费-开发利润-买方购买熟地应负担的税费

4. 求在建工程价值的公式

在建工程价值=续建完成后的房地产价值-续建成本-管理费用-投资利息-销售税费-续建投资利润-买方购买在建工程应负担的税费

5. 求旧房价值的公式

旧房价值=装修改造完成后的房地产价值-装修改造成本-管理费用-投资利息-销售税费-装修改造投资利润-买方购买旧房应负担的税费

7.2.3 按开发后的经营方式细化的公式

1. 适用于开发后出售的公式

$$V=V_P-C$$

式中：V——待开发房地产的价值；

V_P——用比较法或长期趋势法估算的开发完成后的房地产价值；

C——应扣除项目。

2. 适用于开发后出租、直接经营的公式

$$V=V_R-C$$

式中：V_R——用收益法估算的开发完成后的房地产价值。

7.3 动态分析方法和静态分析方法

房地产开发具有开发周期长的特点，各项开发成本、税费、开发完成后的价值等实际发生的时间不尽相同。因此，运用假设开发法估价必须考虑货币的时间价值。考虑资金时间价值的方式有两种，即动态分析方法和静态分析方法。

7.3.1 静态分析方法

静态分析方法是传统评价方法，也称非折现法。对估价对象进行经济评价时，不考虑资金的时间价值的计算形式，即投资成本和收益等资金流量不需要按折现率计算复利现值和年金现值。该方法根据估价时房地产市场状况，测算未来将要发生的现金流量，并通过计息的方式体现资金的时间价值，以此估算待开发房地产价值。静态分析方法简便易行，但不能反映估价对象整个寿命期内真实的资金流量，不能客观而全面地反映投资活动。这种方法常用于短期、小型房地产的估价，其基本公式为

待开发房地产价值=开发完成后房地产价值-开发成本-管理费用-投资利息-销售费用-销售税费-开发利润-购买待开发房地产应负担的税费

例 7-1

有一成片荒地需要估价。获知该成片荒地的面积为 2 000 平方千米，适宜进行“五通一平”的开发后分块有偿转让；可转让土地面积的比率为 60%；附近地区与之位置相当的“小块”“五通一平”熟地的单价为 800 元/平方米；开发期需要 3 年；将该成片荒地开发成“五通一平”熟地的开发成本、管理费用等估计为每平方公里 2.5 亿元；贷款年利率为 10%；投资利润率为 15%；当地土地转让中卖方需要缴纳的税费为转让价格的 6%，买方需要缴纳的税费为转让价格的 4%。试用传统方法估算该成片荒地的总价和单价。

【解】(1) 设该成片荒地的总价为 V。

(2) 该成片荒地开发完成后的总价值=800×2 000 000×60%=9.6(亿元)

(3) 开发成本和管理费用等的总额=2.5×2=5(亿元)

(4) 投资利息总额=$(V+V\times4\%)\times[(1+10\%)^3-1]+5\times[(1+10\%)^{1.5}-1]=0.344V+0.768$(亿元)

(5) 转让税费总额=9.6×6%=0.576(亿元)

(6) 开发利润总额=$(V+V\times4\%+5)\times15\%=0.156V+0.75$(亿元)

(7) 购买该成片荒地的税费总额=$V\times4\%=0.04V$(亿元)

$$V=9.6-5-(0.344V+0.768)-0.576-(0.156V+0.75)-0.04V$$

$$V=1.627(亿元)$$

故

荒地总价=1.627(亿元)

荒地单价=81.35(元/平方米)

7.3.2 动态分析方法

动态分析方法是一种考虑资金时间价值的评价方法。这种方法较全面和客观地反映估价对象整个寿命期的经济效果，是利用特定折现率计算有关年份净现金流量复利现值或年金现值的方法，因此也称为折现法。在中长期房地产评估中应用广泛。

动态分析法预测未来将要发生的现金流量，并通过折现的方法体现资金的时间价值，以此估算待开发房地产的价值。

其基本公式为

待开发房地产价值=开发完成后房地产价值-开发成本-管理费用-销售费用-销售税费-购买待开发房地产应负担的税费

该式中，开发完成后的房地产价值、开发成本和管理费用均是折现值，销售费用和销售税费通常按开发完成后的房地产折现值的一定比率计算(投资利息和开发利润隐含在折现率中)。

例 7-2

需要评估一宗“七通一平”熟地 2004 年 9 月的价格，获知该宗土地的面积为 5 000 平方米，土地剩余使用年限为 65 年，建筑容积率为 2，适宜建造某种类型的商品住宅；预计取得该土地后建造该类商品住宅的开发期为 2 年，建筑安装工程费按建筑面积算为 800 元/平方米，勘察设计等专业费用及管理费为建筑安装工程费的 12%，第一年需要投入 60%的建筑安装工程费、专业费用及管理费用；销售商品住宅时的广告宣传等费用为其售价的 2%，房地产交易中卖方需要缴纳的营业税为售价的 6%，购买土地方需要缴纳的契税等为交易价格的 3%；预计该商品住宅在建成时可全部售出，售出时的平均价格按建筑面积算为 2 000 元/平方米。试利用所给资料用动态方式估算该宗地 2004 年 9 月的总价、单价和楼面地价(折现率为 12%)。

【解】(1) 设该宗土地的总价为 V。

(2) 开发完成后的总价值=$\dfrac{2\,000\times5\,000\times2}{(1+12\%)^2}=1\,594.39$(万元)

(3) 建安工程费等的总额(假设各年建安工程费是均匀投入)为

$$800\times(1+12\%)\times5\,000\times2\times\left[\frac{60\%}{(1+12\%)^{0.5}}+\frac{40\%}{(1+12\%)^{1.5}}\right]=810.36(万元)$$

(4) 销售税费总额=1 594.9×(2%+6%)=127.55(万元)

(5) 购买该宗土地的税费总额$=V\times3\%=0.03V$(万元)

(6) $V=1\,594.39-810.36-127.55-0.03V$

$$V=637.36(万元)$$

故

$$土地单价=V/5\,000=1\,274.72(元/平方米)$$

$$楼面地价=1\,274.72/2=637.36(元/平方米)$$

特别提示

假设开发法的实质是市场比较法和成本法原理的综合运用。其难点在于利润的估算。运用假设开发法估价一定要考虑资金的时间价值，在实际操作中宜采用资金折现的方法；难以进行资金折现时，可采用计算利息的方法。

7.3.3 动态分析法与静态分析法的区别及优缺点

1. 动态分析法与静态分析法的区别

(1) 对开发完成后的房地产价值、开发成本、管理费用、销售税费等的估算，在静态分析中主要是根据估价时的房地产市场状况做出的，即它们基本上是静止在估价作业期时的数额；而在动态分析法中是模拟开发过程，预测它们在未来发生时所发生的数额，即要进行现金流量预测。

现金流量是指一个项目(方案或企业)在某一特定时期内收入或支出的资金数额。现金流量分为现金流入量、现金流出量和净现金流量。资金的收入称为现金流入，相应的数额称为现金流入量。资金的支出称为现金流出，相应的数额称为现金流出量。现金流入通常表示为正现金流量，现金流出通常表示为负现金流量。净现金流量是指某一时点时的正现金流量与负现金流量的代数和，即：净现金流量=现金流入量-现金流出量。

(2) 静态分析法不考虑各项支出、收入发生的时间不同，即没有将它们折算到同一时间上的价值，而是直接相加减，但要计算利息，计息期通常到开发完成时止，即既不考虑预售，也不考虑延迟销售；而动态分析法要考虑各项支出、收入发生的时间不同，即首先要将它们折算到同一时间上的价值(最终是折算到估价时点上)，然后再相加减。

例 7-3

评估一宗待开发土地 2004 年 10 月的价值，要将在未来发生的支出和收入都折算到 2004 年 10 月。如果预测该宗土地 2007 年 10 月开发完成后的房地总价为 9 000 万元，折现率为 10%，则需将这 9 000 万元折现到 2004 年 10 月，即在 2004 年 10 月的房价实际为多少？

【解】 $\dfrac{9\,000}{(1+10\%)^3}=6\,762\,(万元)$

(3) 在静态分析法中投资利息和开发利润都单独显现出来；在动态分析法中这两项都不单独显现出来，而是隐含在折现过程中。所以，动态分析法要求折现率既包含安全收益部分(通常的利率)，又包含风险收益部分(利润)。这样处理是为了与投资项目评估中的现金流量分析的口径一致，便于比较。

2. 动态分析法与静态分析法的优缺点

从理论上讲，动态分析法估算的结果精确，但比较复杂；静态分析法估算的结果粗略，但相对要简单些。就它们的精确与粗略而言，在现实中可能不完全如此。这是因为动态分析法从某种意义上讲要求“先知先觉”，具体需要做到以下 3 点。

(1) 开发期和租售期究竟多长要估计准确。

(2) 各项支出、收入在何时发生要估计准确。

(3) 各项支出、收入在其发生时所发生的数额要估计准确。

由于存在众多的未知因素和偶然因素会使预测偏离实际，准确的预测是十分困难的。尽管如此，估价中宜采用动态分析法，在难以采用动态分析法时可采用静态分析方法。

7.4 假设开发法运用举例

例 7-4

某旧厂房的建筑面积为 5 000 平方米。根据其所在地点和周围环境，适宜装修改造成商场出售，并可获得政府批准，但需补交土地使用权出让金等 400 元/平方米(按建筑面积计)，同时取得 40 年的土地使用权。预计装修改造期为 1 年，装修改造费为每平方米建筑面积 1 000 元；装修改造完成后即可全部售出，售价为每平方米建筑面积 4 000 元；销售费用和销售税费为售价的 8%；购买该旧厂房买方需要缴纳的税费为其价格的 4%。试利用上述资料用现金流量折现法测算该旧厂房的正常购买总价和单价(折现率为 12%)。

【解】设旧厂房总价为 V，则

(1) 装修改造后的总价值=4 000×5 000/(1+12%)=1 785.71(万元)

(2) 装修改造总费用=1 000×5 000/(1+12%)$^{0.5}$=472.46(万元)

(3) 销售费用和销售税费总额=1 785.71×8%=142.86(万元)

(4) 购买该旧厂房的税费总额=V×4%=0.04V(万元)

(5) 需补交土地使用权出让金等的总额=400×5 000=200(万元)

(6) V=1 785.71−472.46−142.86−0.04V−200
=933.07(万元)

故

旧厂房总价=933.07(万元)

旧厂房单价=1 866.13(元/平方米)

例 7-5

某在建工程开工于 2006 年 1 月 1 日，总用地面积 4 000 平方米，规划总建筑面积 14 400 平方米，用途为写字楼。土地使用年限为 40 年，从开工之日起计；当时取得土地的花费为楼面地价 700 元/平方米。该项目的正常开发期为 3 年，建设费用(包括前期工程费、建筑安装工程费、管理费等)为每平方米建筑面积 2 400 元。至 2007 年 10 月 1 日实际完成了主体结构，已投入40%的建设费用。但估计至建成尚需1年，还需投入60%的建设费用。建成后半年可租出，可出租面积的月租金为70元/平方米，可出租面积为建筑面积的80%，正常出租率为75%，出租的运营费用为有效毛收入的25%。当地购买在建工程买方需要缴纳的税费为购买价格的4%，同类房地产开发项目的销售费用和销售税费为售价的8%。试利用上述资料用现金流量折现法测算该在建工程于2007年10月1日的正常购买总价和按规划建筑面积折算的单价(资本化率为8%，折现率为10%)。

【解】设该在建工程的正常购买总价为V，则

续建完成后的总价值

$$=\frac{70\times12\times144\,00\times80\%\times75\%\times(1-25\%)}{8\%}\times[1-\frac{1}{(1+8\%)^{40-1.5-1-0.5}}]\times\frac{1}{(1+10\%)^{1.5}}$$

$$=5\,555.62(万元)$$

$$续建总费用=2\,400\times14\,400\times60\%\times\frac{1}{(1+10\%)^{0.5}}=1\,977.1(万元)$$

$$销售税费=5\,555.62\times8\%=444.45(万元)$$

$$购买在建工程应负担的税费=V\times4\%=0.04V(万元)$$

$$V=5\,555.62-1\,977.1-444.45-0.04V$$

$$V=3\,013.53(万元)$$

$$单价=3\,013.53\div1.44=2\,092.73(元/平方米)$$

综合应用案例7-1(引例)

××投资集团××置业公司所有的在建工程征收估价技术报告(节选)

一、个别因素分析(略)

二、区域因素分析(略)

三、市场背景分析(略)

四、最高最佳使用分析(略)

五、估价方法选用

房地产估价的常用方法有：市场法、成本法、收益法、假设开发法，估价方法的选择应按照中华人民共和国国家标准《房地产估价规范》执行，根据当地房地产市场发育状况，并结合项目的估价目的及估价的技术路线等选择适当的估价方法。根据《国有土地上房屋征收评估办法》第十三条，被征收房屋是在建工程的，应当选用假设开发法评估。

所谓假设开发法，是在求取待估房地产的价格时，假设将其开发后所能实现的房地产价值，然后减去预测的未来开发成本、税费和利润等来求取估价对象价值的方法。具体步骤为：①调查待开发房地产基本情况；②选择最佳的开发利用方式；③估算开发经营期；④预测开发完成后房地产的价值；⑤预测开发成本、管理费用、投资利息、销售费用、销售税费、开发利润；⑥进行具体计算，求出待开发房地产价值。

对于利用假设开发法时，需要估算的开发完成房地产价值，可采用市场比较法。所谓市场比较法，是指将估价对象与在估价时点近期有过交易的类似房地产进行比较，对这些类似房地产的成交价格做适当的修正和调整，以此求取估价对象的客观合理价格或价值的方法。其估价

的技术路线：目前与委估对象类似的房产交易市场比较活跃，选择类似区域、用途相似、结构相似等类似房地产交易实例，通过对交易实例与委估标的的分析、比较，在对交易实例进行交易情况、交易日期、区域因素和个别因素的修正后，确定委估房产的价值。所谓类似房地产，是指与估价对象处在同一供求圈内，并在用途、规模、档次、建筑结构等方面与估价对象相同或相近的房地产。

具体步骤：①搜集交易实例；②选取可比实例(三例)；③建立价格可比基础；④进行交易情况修正；⑤进行交易日期修正；⑥区域因素修正；⑦个别因素修正；⑧综合评定估价值。

六、估价测算过程

技术路线：假设估价对象按照原有的开发计划和正常情况下的建设进度，考虑评估基准日到估价对象开发建设完成之日所在区域楼市的发展变化情况，计算总开发价值，减去开发工程中在现状基础上续建的建筑安装成本、管理费用、销售税费、利息、利润等，以价格余额来估算该在建工程的价格。

计算公式如下：

在建工程价值=开发总价值-房屋续建成本-基础设施配套费-管理费用和不可预见费-销售税费-销售利润-购买在建工程应负担的税费

(一) 开发完成后的价值

开发完成后的总价值在用市场比较法来计算，市场比较法的测算过程略，最终确定开发完成后的价值为 13 680.0 元/平方米。

(二) 预计开发周期

根据待估在建工程建设规模和估价师掌握的××市区类似规模住宅小区的建设周期，预计该在建工程全部完工需 12 个月时间。

(三) 房屋的续建成本

依据××市建设咨询服务业协会，××建协发《关于发布 2011 年单位工程平方米造价参考指标的通知》，根据估价对象的实际情况(估价对象以毛坯交房)，取此住宅单位工程造价为 1 500.0 元/平方米，已投入的建设成本平均为 6 284 795.43/18 445=350.0 元/平方米(取整)，后续建筑安装工程费用为 1 500−350=1 150.0 元/平方米，以规划批准的建筑面积计价。本次估价假设估价对象后续成本在建设期内均匀投入。

(四) 小区基础设施建设费及公共配套设施建设费

根据××市同类高档小区基础设施建设费包括：①红线内给排水 50.0 元/平方米，包括自来水(小区室外管网安装费、小区室外中水管网安装费)、污水管道工程费(污水、雨水)；②红线内电力 92.0 元/平方米，(开闭所电力安装及设备费、室外电缆箱变、一户一表、开闭所、电力设计费)；③小区绿化、景观、硬化(绿化、回填种植土、小区水系建设、小区主干路、室外硬化)600 元/平方米(咨询××同类项目)；④小区内供热 55.0 元/平方米；⑤小区内燃气 30.0 元/平方米；⑥小区内弱电项目费 20 元/平方米(有线电视、宽带等)；以上合计为 847.0 元/平方米。

(五) 管理费、不可预见费

(1) 管理费：即建设单位为组织开发经营活动所必须发生的费用，包括工资、职工福利、折旧费、修理费、办公费、水电费、劳动保护费、周转房摊销等，并假设在建设期内均匀投入。管理费用依据建筑物结构规模确定费率，管理费一般为续建费用的 1%～3%，由于估价对象续建工程复杂性较小并根据估价对象实际情况及社会一般水平，本次估价确定为 2%，则

$$管理费=(1\,150+847)\times 2\%=39.94(元/平方米)$$

(2) 不可预见费：不可预见费是指项目开发过程中发生的不可预见性的费用，根据实际情况确定费率，取值标准一般为续建成本，管理费用之和的 1%～2%。考虑本次估价对象的实际情况及社会一般水平，确定取值 1%。则

不可预见费=(1 150+847+39.94)×1%=20.37(元/平方米)

(六) 利息

由于修建××铁路的影响，2010 年 10 月底此房地产开发项目开始停工，至今按照正常的房地产开发周期，此项目到估价时点应完成，造成原投入资金时间价值的损失，所以原在建工程投入部分不应计算利息，计息基数为后续投入部分。取中国人民银行公布的一年期贷款利率为 6.0%。工期为 1 年，假设建设工程投资均匀投入。

$$投资利息=(1\ 150+847+39.94+20.37)\times[(1+6.0\%)^{建设期/2}-1]$$
$$=60.82(元/平方米)$$

(七) 销售费用和税金

销售税费包括销售费用、销售税金及附加、其他销售税费。一般按售价的一定比率计算。

① 销售费用，包括销售广告宣传费、委托销售代理费、由卖方负担的印花税、交易手续费、产权转移登记费等，按社会一般水平本次估价费率取 4%。

② 销售税金及附加，包括营业税、城市建设税和教育费附加(通常简称为“两税一费”)。

根据《中华人民共和国营业税暂行条例》(1993 年 12 月 13 日国务院令第 136 号)：销售不动产的营业税率为销售额的 5%；根据《中华人民共和国城市维护建设税暂行条例》(国发[1985]19 号：城市维护建设税为营业税的 7%；根据《中华人民共和国征收教育费附加的暂行规定》(国务院【1990】第 60 号)和《国务院关于修改〈征收教育费附加的暂行规定〉的决定》(2005 年中华人民共和国国务院令 448 号)：教育费附加为营业税的 3%；根据×财综[2010]162 号关于印发《××省地方教育附加征收使用管理办法》的通知：地方教育附加为营业税的 2%；根据××市人民政府关于印发《××市地方水利建设基金筹集和使用管理办法》的通知(×政发[2011]45 号)：地方水利建设基金为营业税的 1%。

本次估价费率确定为 5.65%。

故本次估价销售税费的综合费率为 9.65%

销售费用和税金为

13 680×9.65%=1 320.12(元/平方米)

(八) 开发利润

开发利润通常按照一定的基数乘以同一市场上类似房地产开发项目所要求的相应利润率来测算。因此开发利润应与同行业的投资回报相一致。本次估价测算采用成本利润率作为开发利润率，经调查，近年××市房地产行业相近开发周期的相似房地产项目的成本利润率一般为 25%～60%。综合考虑取 50%作为本次评估低层住宅的成本利润率。

低层住宅开发利润为

$$开发利润=(V+1\ 150+847+39.94+20.37+60.82+1\ 320.12)\times 50\%$$
$$=1\ 719.13+0.5V$$

V 为估价对象于估价时点的价值。

(九) 购买在建工程应负担的税费

由于此项目是征收类项目，非交易类项目的评估，故本次估价不考虑交易所产生的税费。

(十) 求取估价对象价值

低层住宅价格为

$$13\,680=V+1\,150+847+39.94+20.37+60.82+1\,320.12+1\,719.13+0.5V$$

$$V=5\,682.0(\text{元/平方米})$$

$$5\,682.0\times27\,385.0=155\,601\,570.0(\text{元})$$

各项成本构成汇总表见表 7-1。

表 7-1 各项成本构成汇总表

序号	费用类别	单价(元/平方米)
1	在建工程价值	5 682
2	续建工程费	1 150
3	基础设施及公共设施费	847
4	后续管理费及不可预见费	60.31
5	后续投资利息	60.82
6	销售费用及税金	1 320.12
7	开发利润	4 560.13
8	开发完成后的售价	13 680

经运用假设开发法测算，估价对象在估价时点的房地产公开市场价值取整数为人民币 155 601 570.0 元，大写：人民币壹亿伍仟伍佰陆拾万壹仟伍佰柒拾元整。

七、估价结果确定

我公司依照本次评估目的，根据委托方提供的资料、估价人员现场勘察情况和市场调查资料，结合估价对象的实际情况，采用假设开发法对委估在建工程进行了评估。经分析和测算，结合估价师的经验，在满足本估价报告中“估价的假设和限制条件”下，估价对象在估价时点为 2012 年 7 月 16 日的市场价格为人民币 155 601 570.0 元，大写：人民币壹亿伍仟伍佰陆拾万壹仟伍佰柒拾元整。

××房地产评估有限公司

2012 年 7 月 16 日

综合应用案例 7-2

东辰房地产开发公司在 2004 年 7 月欲购买一块“七通一平”的待建筑空地，该土地总面积为 10 000m^2，土地形状规则，允许用途为商业居住混合，覆盖率为 50%，土地使用权限为 50 年。

东辰房地产开发公司的这块土块该如何去估价呢？该地块为待开发土地，适宜于用假设开发法(剩余法)进行估价。

案例分析如下。

第一步：确定评估基准日为 2004 年 10 月 15 日。

第二步：选择最佳开发利用方式。通过调查研究得知这块土地最佳的开发利用方式如下。

用途为商业居住混合。

建筑容积率为 6。

建筑覆盖率 50%。

建筑总面积 60 000m^2。

建筑物层数为 12 层。

各层建筑面积均为5 000m²。

地上1、2层为商店，建筑面积为10 000m²。

地上3～12层为住宅，建筑面积为50 000m²。

第三步：预计建设期。预计需2年时间建成投入使用，即2006年10月完工。

第四步：预计售楼价。估计开工后一年，其中的商业楼和住宅楼的50%可预售出去；住宅楼的30%在建造完成后可售出，其余20%完工一年后才能售出。预计商业楼出售当时的平均售价为每建筑平方米5 000元，住宅楼出售当时的平均售价为每建筑平方米2 500元。

第五步：估计开发费以及开发商利润。

估计总建筑费为5 000万元。

专业费用为建筑费的8%。

年利息率为10%。

销售费用为楼价的3%。

税费为楼价的6%，即建成出售时由卖方承担的那部分营业税、印花税、交易手续费等，其他类型的税费已考虑在建筑费之中。

投资利润率为25%。

在未来2年的建设期内，开发费用的投入情况如下。第一年需投入60%的建筑费及相应的专业费用；第二年需投入40%的建筑费及相应的专业费用。

第六步：计算地价。采用的计算公式如下。

地价=楼价−建筑费−专业费用−利息−销售费用−税费−开发商利润

1. 采用静态方式计算地价

总楼价=5 000×10 000+2 500×50 000=17 500(万元)

总建筑费=5 000(万元)

总专业费用=总建筑费×8%=5 000×8%=400(万元)

总利息=(总地价+总建筑费+总专业费用)×利息率×计息期

=总地价×10%×2+5 000×(1+8%)×60%×10%×

1.5+5 000×(1+8%)×40%×10%×0.5

=总地价×0.2+594(万元)

上述总利息的计算采用的是单利，计息期到2006年10月止。各年建筑费和专业费用的投入实际上是覆盖全年的，但计息时是假设各年建筑费和专业费用的投入集中在各年的年中，则有总利息计算中的计息年数分别为1.5、0.5的情况。

总销售费用=总楼价×3%=17 500×3%=525(万元)

总税费=总楼价×6%=17 500×6%=1 050(万元)

总利润=(总地价+总建筑费+总专业费用)×利润率

=总地价×25%+(5 000+400)×25%

=总地价×0.25+1 350(万元)

将上述各值代入假设开发法公式中，即

总地价=17 500−5 000−400−(总地价×0.2+594)−525−1 050−(总地价×0.25+1 350)

总地价=8 581÷(1+0.45)=5 918(万元)

2. 采用动态方式计算地价

计算的基准时间定为该块土地的出售时间，即2004年10月15日，年折现率选为15%。

(1) 总楼价

$$=\frac{(5\,000\times10\,000+2\,500\times50\,000\times50\%)}{1+15\%}+\frac{2\,500\times50\,000\times30\%}{(1+15\%)^2}+\frac{2\,500\times50\,000\times20\%}{(1+15\%)^3}$$

$$=875\,000\,000\times0.87+37\,500\,000\times0.756+250\,000\,000\times0.658$$

$=12\,092.5$(万元)

(2) 总建筑费$=\frac{5\,000\times60\%}{(1+15\%)^{0.5}}+\frac{5\,000\times40\%}{(1+15\%)^{1.5}}$

$=3\,000\times0.935+2\,000\times0.813$

$=4\,431$(万元)

注：上式采用插值法计算。

$$\frac{0.5}{1}=\frac{i-1}{0.87-1}$$

$$i=0.935$$

$$\frac{0.5}{1}=\frac{ii-0.87}{0.756-0.87}$$

$$ii=0.813$$

各年建筑费的投入实际上是覆盖全年的，但为贴现计算的方便，假设各年建筑费的投入是集中在各年的年中，这样，就有上述总建筑费计算公式中的贴现年数分别是 0.5、1.5 的情况。

(3) 总专业费用=总建筑费×8%=4 431×8%=354.48(万元)

(4) 总利息=(总地价+总建筑费+总专业费用)×利息率×计息期

由于总地价、总建筑费、总专业费用在动态方式中均已考虑了时间因素，实际上均已含计息，故在此不再单独计算总利息。

(5) 总销售费用=总楼价×3%=12 092.5×3%=362.78(万元)

(6) 总税费=总楼价×6%=12 092.5×6%=725.55(万元)

(7) 总利润=(总地价+总建筑费+总专业费用)×利润率

=总地价×25%+(4 431+354.48)×25%

=总地价×0.25+1 196.37(万元)

将上述(1)～(7)代入假没开发法公式中，即

总地价=12 092.5−4 431−354.48−362.78−725.55−(总地价×0.25+1 196.37)

总地价=4 017.86(万元)

综合应用案例 7-3

某估价对象是一块“三通一平”的建设用地；土地总面积 10 000m^2，且土地形状规则；规划许可用途为商业和居住，容积率≤5，建筑覆盖率≤50%；土地使用权出让时间为 2008 年 10 月，土地使用年限从土地使用权出让时起为 50 年。需要评估该块土地于 2008 年 10 月出让时的正常购买价格。

(1) 选择估价方法。该块土地属于待开发房地产，适用假设开发法进行估价，故选用假设开发法。具体是采用假设开发法中的现金流量折现法。

(2) 选择最佳的开发利用方式。通过市场调查研究，得知该块土地的最佳开发利用方式如下。

① 用途为商业与居住混合。

② 容积率为5，故总建筑面积为50 000平方米。

③ 建筑覆盖率宜为30%。

④ 建筑物层数确定为18层；其中，1、2层的建筑面积相同，均为3 000平方米，适宜为商业用途；3～18层的建筑面积相同，均为2 750平方米，适宜为居住用途；故商业用途的建筑面积为6 000平方米，居住用途的建筑面积为44 000平方米。

(3) 预计开发期。预计共需3年时间才能完全建成投入使用，即2011年10月建成。

(4) 预测开发完成后的房地产价值。根据对市场的调查分析，预计商业部分在建成后可全部售出，居住部分在建成后可售出30%，半年后再售出50%，其余20%需一年后才能售出；商业部分在出售时的平均价格为每平方米建筑面积9 500元，居住部分在出售时的平均价格为每平方米建筑面积5500元。

(5) 测算有关税费和折现率。建筑安装工程费预计为每平方米建筑面积1 200元；勘察设计和前期工程费及管理费等预计为每平方米建筑面积500元；估计在未来3年的开发期内，开发建设费用(包括勘察设计和前期工程费、建筑安装工程费、管理费等)的投入情况如下。第一年需投入20%，第二年需投入50%，第三年投入余下的30%。销售费用和销售税费预计为售价的9%，其中广告宣传和销售代理费为售价的3%，两税一费和交易手续费等为售价的6%。折现率选取14%。据了解，如果得到该土地，还需要按取得价款的3%缴纳有关税费。

(6) 求取地价。计算的基准时间定为该块土地的出让时间，即2008年10月。

$$\text{建成后的总价值}=9\,500\times6\,000/(1+14\%)^{3}+5\,500\times44\,000\times[30\%/(1+14\%)^{3}+50\%/(1+14\%)^{3.5}+20\%/(1+14\%)\times4]=19\,262.54(\text{万元})$$

$$\text{开发建设费用总额}=(1\,200+500)\times50\,000\times[20\%/(1+14\%)^{0.5}+50\%/(1+14\%)^{1.5}+30\%/(1+14\%)^{2.5}]=6\,921.57(\text{万元})$$

$$\text{销售费用和销售税费总额}=\text{建成后的总价值}\times9\%=1\,733.63(\text{万元})$$

$$\text{购地税费总额}=\text{总地价}\times3\%$$

$$\text{总地价}=(19\,262.54-6\,921.57-1\,733.63)/(1+0.03)=10\,298.39(\text{万元})$$

以上述计算结果为主，并参考估价人员的经验，将总地价确定为10 298万元。

对于房地产开发用地的估价，通常要给出3种价格形式，即总地价、单位地价和楼面地价。这样，该块土地在2008年10月出让时正常购买价格的测算结果为：总地价10 298万元，单位地价10 298元/平方米，楼面地价2 059元/平方米。

本章小结

假设开发法本质上是一种收益法，形式上是成本法的倒算法；根据考虑资金时间价值的方式不同，分为动态分析(折现)与静态分析(计息)；估价结果为预测的开发完成后的房地产价值，减去后续的正常开发成本、管理费用、销售费用、投资利息、销售税费、开发利润以及取得待开发房地产的税费。

假设开发法适用的估价对象是具有开发或再开发潜力并且其开发完成后的价值可以采用市场法、收益法等方法求取的房地产，统称为待开发房地产，可分为可供开发建设的土地、在建工程、可装饰装修改造或可改变用途的旧的房地产三大类；可供开发建设的土地又可分为生地、毛地、熟地三类。

开发完成后的房地产状况，对于生地和毛地的估价对象来说，有熟地和房屋(含土地)两类；对于熟地、在建工程和旧的房地产的估价对象来说，只有房屋(含土地)一类。

习 题

一、选择题

1. 单选题

(1) 假设开发法是一种科学实用的估价方法，其基本理论依据是(　　)。

A. 均衡原理　　B. 预期原理
C. 价值原理　　D. 替代原理

(2) 假设开发法是求取估价对象房地产未来开发完成后的价值，减去未来的正常开发成本、(　　)和利润等，以此估算估价对象的客观合理价格或价值的方法。

A. 地价　　B. 佣金
C. 税费　　D. 造价

(3) 用假设开发法的静态分析法估算投资利息时，对应利息的项目均做考虑以后，(　　)一般是不计息的。

A. 待开发的房地产的价值　　B. 开发成本
C. 管理费用　　D. 销售税费

(4) 假设开发法在形式上是(　　)的倒算法。

A. 评估新建建筑物价格的成本法
B. 评估旧有建筑物价格的成本法
C. 评估新建房地产价格的成本法
D. 评估旧有房地产价格的成本法

(5) 现有一宗规划用途为商住综合的城市土地，采用假设开发法估价，假设按纯商业用途的估算结果为 800 万元，按纯居住用途的估价结果为 1 000 万元。该宗土地的评估价值应为(　　)。

A. 800 万元　　B. 1 000 万元
C. 1 800 万元　　D. 800～1 000 万元

(6) 以下对假设开发适用条件表述最为准确的是(　　)。

A. 新开发房地产项目
B. 用于出售用途的房地产项目
C. 具有投资开发或者再开发潜力的房地产
D. 用于投资或者再开发的房地产

(7) 运用假设开发法评估某待开发房地产的价值时，若采用现金流量折现法计算，则该待开发房地产开发经营期的起点应是(　　)。

A. 待开发房地产开发建设开始时的具体日期
B. 待开发房地产建设发包日期
C. 取得待开发房地产的日期
D. 房地产开发完成并投入使用的日期

(8) 下列关于假设开发法的表述中，不正确的是(　　)。

A. 假设开发法在形式上是评估新开发完成的房地产价格的成本法的倒算法

B. 运用假设开发法可测算开发房地产项目的土地最高价格、预期利润和最高费用

C. 假设开发法适用的对象包括待开发的土地、在建工程和不得改变现状的旧房

D. 假设开发法通常测算的是一次性的价格剩余

(9) 现有某待开发项目建筑面积为 3 850 平方米，从当前开始开发期为 2 年。根据市场调查分析，该项目建成时可出售 50%，半年和一年后分别售出其余的 30%和 20%，出售的平均单价为 28 507 元/平方米，若折现率为 15%，则该项目开发完成后总价值的当前现值为(　　)万元。

A. 766　　　　B. 791

C. 913　　　　D. 1 046

(10) 评估某宗房地产开发用地 2005 年 10 月 16 日的价值，要将在年末的支出和收入都折算到 2005 年 10 月 16 日。如果预测该宗土地 2008 年 10 月 15 日开发完成后的房价为 3 000 万元，折现率为 12%，则需要将这 3 000 万元折现到 2005 年 10 月 16 日，即在 2005 年 10 月 16 日的房价为(　　)万元。

A. 2 526　　　　B. 2 241

C. 2 135　　　　D. 2 985

2. 多选题

(1) 在实际估价中，运用假设开发法估价结果的可能性，关键取决于(　　)。

A. 房地产具有开发或者再开发的潜力

B. 将预期远离作为理论依据

C. 正确判断了房地产的最佳开发方式

D. 正确量化了已经获得的收益和风险

E. 正确预测了未来开发完成后的房地产价值

(2) 假设开发法中，选择最佳的开发利用方式最重要的是要选择最佳用途；而最佳用途的选择要考虑土地位置的(　　)。

A. 可接受性　　　　B. 保值增值性

C. 现实社会需要程度　　　　D. 未来发展趋势

E. 固定性

(3) 用假设开发法进行房地产估价，在估算投资利息时必须考虑和把握好(　　)等方面。

A. 计息的项目　　　　B. 计息期的长短

C. 资本化率　　　　D. 计息的方式

E. 名义利率和有效利率

(4) 假设开发法在形式上是评估新建房地产的成本法的倒算法，适用于具有投资开发

或再开发潜力的房地产的估价，运用假设开发法估价的步骤包括(　　)。

A. 估算运营费用

B. 估计开发经营期

C. 估算潜在毛收入

D. 调查待开发房地产的基本情况

E. 估算开发成本、管理费用、投资利息、销售税费、开发利润及投资者购买待开发房地产应负担的税费

(5) 下列估价中宜采用假设开发法的有(　　)。

A. 在建工程估价

B. 拆迁补偿估价

C. 可装修改造的旧房估价

D. 已办理出让手续的熟地估价

E. 已办理出让手续的生地估价

(6) 房地产开发具有周期长的特点，其开发成本、管理费用、开发完成后的价值等实际发生的时间不尽相同，故在房地产开发项目中，运用假设开发法估价的方法有(　　)。

A. 求生地法　　B. 求熟地法

C. 在建工程价值法　　D. 现金流量折现法

E. 计算利息的传统方法

(7) 假设开发法中的开发经营期包括(　　)。

A. 前期　　B. 建设期

C. 开发期　　D. 预售期

E. 租售期

(8) 用假设开发法进行房地产项目估价，投资利息估算中的应计息项目包括(　　)。

A. 开发成本

B. 管理费用

C. 销售税费

D. 未知、需要求取的待开发房地产的价值

E. 投资者购买待开发房地产应负担的税费

(9) 假设开发法估价的关键在于正确地判断与确定(　　)。

A. 最佳开发利用方式　　B. 建筑费

C. 专业费　　D. 租售价格

E. 开发商利润

(10) 有关项目开发商利润计算的基础，应包括(　　)。

A. 地价　　B. 建筑费用

C. 专业费用　　D. 销售费用

E. 租售费用

二、判断题

(1) 假设开发法适用于具有投资开发或再开发潜力的房地产估价，如待开发的土地、在建工程、旧房、现房、期房等。 (　　)

(2) 传统方法对开发完成后的价值等的估算，是根据估价时的房地产市场状况作出的，基本上是静止在估价作业期时的数额；而在现金流量折现法中，是模拟开发过程，预测它们在未来发生时所发生的数额。 (　　)

(3) 地价是地租的资本化。 (　　)

(4) 假设开发法用于投资分析与用于估价的不同之处是：在选取有关参数和测算有关数值时，投资分析是站在一般投资者的立场上，而估价是站在某个特定投资者的立场上。 (　　)

(5) 假设开发法的本质是求土地、在建工程、旧房改造的剩余价值的方法。 (　　)

(6) 假设开发法主要估价新建房地产的价值。 (　　)

(7) 确定开发方案必须满足合法化原则及最高最佳使用原则。 (　　)

(8) 假设开发法所计算的各种必要及合理的费用(成本)与成本法一样，所以两者本质上没有区别。 (　　)

(9) 如果房地产市场越稳定，则假设开发法估价结果越可靠。 (　　)

(10) 对于有规划设计条件要求，但尚未明确的待开发房地产，难以采用假设开发法进行估价。 (　　)

三、简答题

(1) 什么是假设开发法？其理论依据是什么？

(2) 假设开发法适用的条件是什么？

(3) 假设开发法估价的操作步骤是什么？

(4) 适用于将生地建成房屋的假设开发法公式是什么？

(5) 适用于将生地开发成熟地的假设开发法公式是什么？

(6) 假设开发法中的现金流量折现法与传统方法的主要区别有哪些？

(7) 在假设开发法中如何计算开发完成后的房地产价值？

(8) 在假设开发法中如何计算开发成本、管理费用、销售税费？

(9) 假设开发法中的折现率如何求取？

四、计算题

(1) 有一成片荒地需要估价。获知该成片荒地的面积为 2 平方千米，适宜进行“五通一平”的开发后分块有偿转让；可转让土地面积的比率为 60%；附近地区与之位置相当的熟地的单价为 750 元/平方米；开发期需要 3 年；将该成片荒地开发成“五通一平”熟地的开发成本、管理费用等估计为每平方公里 2.5 亿元；贷款年利率为 10%；投资利润率为 13%；当地土地转让中卖方需要缴纳的税费为转让价格的 5%，买方需要缴纳的税费为转让价格的 4%。试用传统方法估算该成片荒地的总价和单价。

(2) 某在建工程开工于 2001 年 3 月 1 日，总用地面积 3 000 平方米，规划总建筑面积 12 400 平方米，用途为写字楼。土地使用年限为 50 年，从开工之日起计；当时取得土地的花费为楼面价 800 元/平方米。该项目的正常开发期为 2.5 年，建设费用(包括前期工程费、建筑安装工程费、管理费等)为每平方米建筑面积 2 300 元。至 2002 年 9 月 1 日实际完成了主体结构，已投入 50%的建设费用。但估计至建成尚需 1.5 年，还需投入 60%的建设费用。建成后半年可租出，可出租面积的月租金为 60 元/平方米，可出租面积为建筑面积的 70%，正常出租率为 85%，出租的运营费用为有效毛收入的 25%。当地购买在建工程买方需要缴纳的税费为购买价的 3%，同类房地产开发项目的销售税费为售价的 8%。试利用上述资料用现金流量折现法估算该在建工程 2002 年 9 月 1 日的正常购买总价和按规划建筑面积折算的单价(资本化率为 9%，折现率为 13%)。

第8章

地 价 评 估

教学目标

了解路线价法的基本原理，掌握“四三二一”法则；了解基准地价和标定地价的基本概念；掌握高层建筑地价分摊的几种方法。

教学要求

能力目标	知识要点	权重
了解路线价法的基本原理，掌握路线价法的“四三二一”法则，运用该法则进行地价的评估	路线价法的基本原理；“四三二一”法则	50%
了解基准地价的概念和特点，了解标定地价的概念，熟悉基准地价评估的步骤，掌握基准地价评估的方法	基准地价的基本原理	25%
了解高层建筑地价分摊的意义，掌握高层建筑地价分摊的方法	高层建筑地价分摊的方法	25%

引例

××市××区××路×号是一块待开发建设的土地，处于市商务中心用地内。该地块南邻××路，西邻步行街，北邻规划路，东邻××街，规划用地11 600平方米。规划建设为集办公、旅馆、公寓及商业、娱乐等综合用途为一体的中商大厦。

该宗土地所处地区是××市涉外建筑最为集中的地方。其周边已开发建设成为××市主要的涉外商贸活动中心。该地区规划布局合理，环境优美，交通便利，周围有多条公共汽车线路，距火车站7.5公里，距机场20公里。该地块内的市政基础设施较完善，供城市生产和居民生活使用的上下水、热水、热力、煤气、电力、电信等市政配套设施完备。

思考：这宗土地的价值如何评估。

在地价评估过程中，路线价法、基准地价评估、高层建筑地价分摊是基本的估价方法。基本估价方法通常都是针对特定条件下个别宗地的地价评估的。对于上述的引例，根据估价人员设计的估价技术路线，适合运用路线价法。而路线价法同基准地价系数修正法一样，是一种适用于在短期内完成对大片土地进行公平合理估价的方法。先从最简单的"四三二一"法则中看地价评估的基本原理。

8.1 路线价法

8.1.1 路线价法的基本原理

1. 路线价定义

路线价法(unit foot appraisal method)是通过对面临特定街道、使用价值相等的市街地设定标准深度，求取该深度上数宗土地的平均单价并附设于特定街道上，即得到该街道的路线价。路线价法是依据路线价，配合深度指数表和其他修正率表，用数学方法计算出面临同一街道的其他宗地地价的一种估价方法。

2. 路线价法的基本原理

城市内各宗土地(以商业用地为主)价格的高低，随其距离道路的远近程度，即临街深度的增加而递减；宗地越接近道路，其利用价值越大，地价也越高；距离道路越远，利用价值越小，地价也越低。路线价法是在各样点宗地价格的基础上，分析宗地地价与影响地价的临街深度因素的相关关系，进而据此估算其他宗地地价的方法。因此，路线价法与市场比较法类似，只不过以路线价取代了市场比较法中的可比实例价格，以深度等差异修正取代了区域因素和个别因素等的修正，其基本原理是替代原理和区位论的具体运用。

在正常市场条件下，具有相同使用价值的土地，在交易双方具有等量市场信息的基础上，应该具有同样价格，即替代原理。

可及性可以视为区位条件的一种表示，因此对于商业用地来讲，可及性是决定其使用价值的主要因素。同一街道，各宗土地价格的高低，随其离开街道的远近程度，即临街深度而递减；同一宗临街宗地，其接近街道部分的地价高于远离街道的部分，越接近道路者利用价值越大，距离街道越远利用价值越小，价格越低。在一个城市中，按土地的可及性可划分不同的地价区段，每个区段表示不同的区域条件及使用价值的差异。

3. 路线价法的基本计算公式

路线价法的一般公式为

宗地总价=路线价×深度百分率×宗地面积+修正额

或

宗地总价=路线价×深度百分率×宗地面积×修正率

对于一般条件的宗地，若形状比较规则，其他因素对土地效用的影响很小，此时适用公式为

宗地总价=路线价×深度百分率×宗地面积

路线价法在英美早已实行，常用于课税标准价格的评定上，尤其在美国，这种估价技术已十分完善。日本在1923年开始使用这种方法，在关东大地震后为复兴城市办理市地重划事业时，用于确定科学的补偿标准，以后主要用于课税额的评价，在方法的应用上并不完全与英美相同，且另具特色。

4. 路线价法的特点与适用范围

(1) 路线价法的实质是一种土地的市场比较法，路线价是标准宗地的单位地价，而面临同一街道的各宗地土地的单位地价，是以路线价为基础，再结合考虑地块的面积、深度、形状、位置、宽度等具体情况，进行各种适当修正的结果，评估结果的正确性取决于路线价、深度指数及各种修正率的正确运用。

(2) 路线价法是一种迅速快捷，省时、省力，适用于对大宗土地进行地价估算的好方法，特别适用于土地课税、土地重划、征地拆迁或其他需要在较大范围内对大宗土地进行评估的场合，而一般的土地估价法仅适用于估算单宗地块。

(3) 运用路线价法的前提条件是，有可供使用的科学合理的深度指数表和其他各种修正率，有完善的城市规划和系统完整的街道，土地排列比较整齐。

(4) 路线价法适用于市街地，主要适用于商业繁华区域土地价格的估算，对道路系统完整、道路两旁的宗地排列整齐的区域和城市，效果更佳。

(5) 路线价法需要较多的交易案例，并且房地产市场比较规范，能够正常运转。否则，路线价的计算结果将会存在误差，影响土地价格评估的精度。

(6) 路线价法能够快速估算多宗土地的价格。由于路线价主要取决于宗地的临街深度，影响地价的因素较少，因此，计算过程耗费的时间较少，速度较快。

(7) 路线价法的精度与路线价及其修正体系密切相关。路线价的估算是先设定标准深度，求得宗地平均单价，然后用深度指数表等途径进行修正，因此，它的估价精度取决于路线价和修正体系。

8.1.2 路线价法的估价步骤

依据路线价估价法的基本原理和估价要求，路线价及其修正体系建立的基本程序如下。

1. 划分路线价区段

根据路线价估价法的基本原理，在划分路线价区段时，可及性大致相等的地段，应划为同一路线价区段。一般情况下，一条街道只设一个路线价，原则上，不同的街道，路线价也不同。但繁华街道有时需将一街道长度作多段划分，附设不同的路线价。而某些不很

繁华的地区，同一路线价区段也可延长至数个街道。另外，在同一街道上，若某一侧的繁华状况与对侧有显著差异，同一路线价区段也可划分为两种不同的路线价，这时在观念上应视为两个路线价区段。

2. 设定标准深度

设定的标准深度，通常是路线价区段内临街各宗土地深度的众数。例如，某路线价区段的临街宗地大部分的深度为16m，则其标准深度应为16m。如果临街宗地普遍的深度为18m，则其标准深度也应为 18m，如此才能使路线价的计算达到简化的目的。因为如果不以众数的深度为标准深度，由此制作的深度指数表将使以后多数宗地的地价计算，都要用深度指数加以修正，这不仅增加计算工作量，而且会使设定的路线价失去其代表性，降低评估精度。

3. 测算路线价

路线价是设定在路线价区段上的标准地价的具有代表性的平均单位地价。路线价的确定方法是先在同一路线价区段内选择若干标准宗地，用市场比较法、收益法等估价方法，分别求出它们的单位地价；然后再求取这些标准宗地单位地价的众数或中位数、简单算术平均数、加权算术平均数，即得该路线价区段的路线价。

路线价是标准宗地的单位价格，路线价的设定必须先确定标准宗地面积。标准宗地的面积大小，随各国而异。美国为使市街地的面积单位计算更容易，把位于街区中间宽1ft，深100ft(1ft=30.48cm)的细长形地块作为标准宗地。日本运用路线价估价法之初，正是旧东京市时代，依其土地交易行情，普遍是以正街深度5间(9m)的平均单价为衡量标准；因此为了便于计算，日本旧复兴局规定原则上采取宽1间，深5间作为标准宗地。现在日本的标准宗地则改为宽 3.63m，深 16.36m 的长方形土地。我国台湾省的标准宗地则取宽 1m，深18m。

将标准宗地的平均价格作为路线价，以此为标准，就可以评定同一地价区段内其他宗地的价格。路线价在美国、我国台湾均以绝对值货币额表示，即美元、新台币元，而在日本是以相对数点数表示的。东京都法则，选择评价对象区域的土地当中价值最高的地段以1 000点表示，其他地段与1 000点相比较，得到以点数表示的相应数值。采用点数表示有以下优点：①点数容易换算成金额；②点数不受币值变动的影响；③点数容易直接估算估价前后的价值差；④点数易求取地价上涨率。而采用货币金额表示则较为直观，易于理解，在交易中便于参考，规定的路线价便于土地持有人及有关人士评判监督。

8.1.3 制定深度修正系数表

1. 深度指数修正表编制的原理

土地使用价值与道路有密切关系。深度指数修正表是反映随宗地临街深度的变化，地价变化相对程度的表格。因此，依路线价对各临街进深不同的宗地进行深度修正，才能求得各宗地的合理价格。

如图8.1所示，现在假设有一临街宽度为 m 米，深度为 n 米的矩形宗地，平均价格为 A 元/m^2，则此宗地的价格应为 $m \times n \times A$ 元。

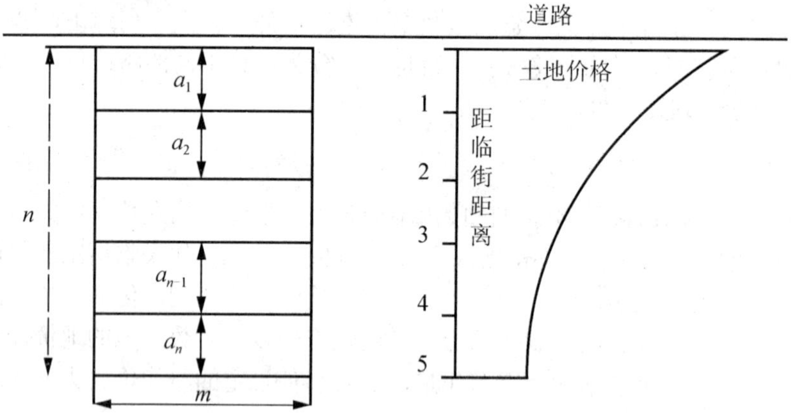

图 8.1　深度指数修正图

沿平行道路的方向，将深度以 lm 为单位加以区分成许多细条的土地，并从临街方向起，按顺序赋予 a_1，a_2，a_3，…a_n 等符号，则越接近道路者，利用价值越大。依图 8.1 而言，a_{n-1} 大于 a_n，a_2 大于 a_3，a_1 大于 a_2，随着土地离道路越来越远，单位地价之差逐渐接近于零。深度指数修正就是要揭示宗地的价值随其临街深度递减的规律。

2．深度修正的各种方法介绍

路线价估价法很早就在英美流行，已有许多值得参考的深度指数的方法，如欧美的“四三二一”法则、苏慕斯法则、霍夫曼法则、哈柏法则等(表 8-1)。

(1) “四三二一”法则。该法则将标准深度 100ft 分为 4 等份，随着道路距离的增加，每一等份的价值占路线价的比例分别为 40%，30%，20%，10%。该法则又称为慎格尔法则。

(2) 霍夫曼法则。该法则认为深度为 100ft 的标准宗地，将标准深度分为 4 等份的情况下，随着由道路距离的增加，每一等份的价值占全部地价的比例分别为 37.5%，29.5%、20.7% 和 12.3%。

(3) 苏慕斯法则。该法则认为深度为 100ft 深的土地价值，前半临街 50ft 部分占全宗地总地价的 72.5%；后半街 50ft，部分占 27.5%；若再深 50ft，则该宗地所增的价值仅为 15%。

(4) 哈柏法则。该法则认为土地的价值与其深度的平方根成正比。当标准深度为 100ft，其深度百分率是深度(ft)平方根的 10 倍，即深度百分率：$(10\times\sqrt{深度})\%$。

3．深度修正表编制

如图 8.2 所示，深度百分率表依下列三种百分率原理制作而成：

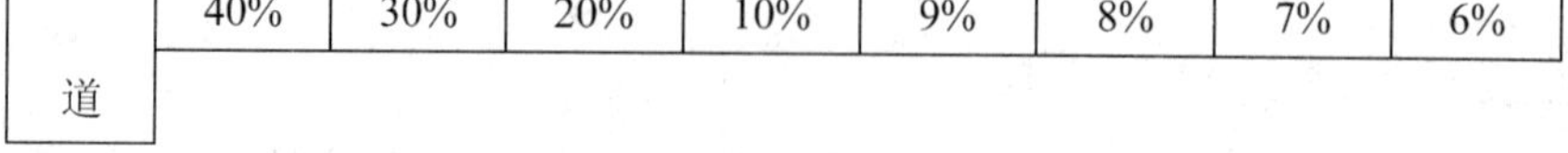

图 8.2　深度百分率制作示例

(1) 单独深度百分率。

$$a_1>a_2>a_3>\cdots>a_n$$

(2) 平均深度百分率。

$$a_1>a_1+a_2/2 > a_1+a_2+a_3/3>\cdots> a_1+a_2+a_3+a_n/n$$

(3) 累计深度百分率。

$$a_1<a_1+a_2< a_1+a_2+a_3<\cdots< a_1+a_2+a_3+a_n$$

制作深度百分率表的步骤如下。①制定标准深度，标准深度——里地线的确定，或以临街宗地的平均进深为准，或以临街宗地进深众数者为准。②确定级距，深度百分率表中级距的选定，应分析比较实例调查中地价变化的规律性，从而确定级距数、级距。③确定单独深度百分率。④选用累计或平均深度百分率制作深度百分率表。

下面通过“四三二一”法则说明深度指数表的制作过程。

“四三二一”法则规定的标准深度为 100ft，级距为 25ft，单独深度百分率为 40%、30%、10%、9%、8%、7%、6%，见表 8-1。

单独深度百分率：40%>30%>20%>…7%>6%

平均深度百分率：40%>35%>30%>25%>…17.7%>16.25%

累计深度百分率：40%<70%<90%<100%<…124%<130%

再将平均深度百分率中标准深度 100ft 的深度百分率 25%转换成 100%，同时使各相对关系保持不变，因此在上述不等式各边同乘以 4，即可得平均深度百分率：160%>140%>120%>100%>…>70.8%>65.0%，由此得出深度百分率，见表 8-1。

表 8-1 深度百分率表

深度/ft	25	50	75	100	125	150	175	200
单独深度百分率	40	30	20	10	9	8	7	6
平均深度百分率	160	140	120	100	87.2	78.0	70.8	65.0
累计深度百分率	40	70	90	100	109	117	124	130

此时平均深度百分率与累计深度百分率的关系为

平均深度百分率=累计深度百分率×标准深度百分率/所给深度

日本和我国台湾省的深度百分率采用平均深度百分率方式制成，所以百分率成递减规律。不过，日本在标准深度内不分级距，百分率均为 100%，而在标准深度外分级距，百分率递减；我国台湾省则相反，它在标准深度内分级距，百分率递减，而在标准深度外不分级距，标准深度外的百分率为 40%。美国则采用累计深度百分率方式制成，所以百分率呈递增现象。

4. 其他修正系数表编制

在同一路线价区段内，虽然临接同一街道，但因各宗地的宽度、形状、面积、位置等不同，需要在深度修正的基础上，进行其他系数修正。

(1) 宽度修正。对临街宽度不同，其他地价是不相等的。由于临街店铺面的宽窄不一，商店对顾客的吸引力会有所差异，进而影响到商店营业额，所以在路线价估价中，必须考虑宽度修正。其计算方法是同一路线价区中进深相等的样本，考虑在不同宽度情况下反映在土地价格上的变动情况，最后确定宽度条件下的修正系数。

(2) 宽深比率修正。一般情况下，大型的商业建筑物，进深较大，地价会随着地块深度的增加，土地价值逐步降低。但是，由于商店大、铺面宽度宽、外观醒目，同样会增加对顾客的吸引力，所以对大型商店单独采用铺面宽度和深度修正不太实际，而且也难于操作。因此，应采用商店的宽度与深度比(即宽深比率系数)来反映这种地价的修正情况。

(3) 容积率修正。按照地价定义，路线价只是代表一定容积率水平下的地价，随着容积率的增加，地价一般会上升。因此，在同一区段内，抽查不同容积率水平下的平均地价，可得到容积率修正系数。

(4) 出让、转让年期修正。土地出让是国家将一定年期内的土地使用权让与土地使用者；土地转让是土地使用者将土地使用权再转移的行为。可根据下述地价计算公式计算出宗地的出让、转让年期修正系数。

$$P=\frac{a}{r}[1-\frac{1}{(1+r)^n}]$$

式中：P——地价；

a——土地年地净收益；

r——资本化率；

n——出让、出租或转让、转租年期。

(5) 朝向修正。建筑物的朝向不同决定了房屋的坐落不同，房屋的坐落、朝向又会对房屋的销售价格产生影响。那么从房屋售价中扣除成本后剩余的地价，也因朝向不同而有所差异，需进行地块环境条件影响修正。

(6) 地价分配率修正。地价分配率是将土地单价(或平面地价)调整，分摊到各楼后的比率。一般来看，随着楼层数的增高，地价分配呈递减趋势，当趋于某一临界值后，地价分配又会呈现增加的势头。为了评估需要，必须制定一个统一的地价分配率以反映依据楼层高低，楼面地价在地块总价格中所占的比例。

8.1.4 路线价在评估中的应用

1. 估价程序

个样点地价所确定的路线价及其深度修正系数表和其他条件修正系数表，是利用路线价法评估宗地价的基准和比较标准。这样需要对其他宗地评估时，评估者就可以对待估宗地的临街深度、宽度、年期等条件进行调查和具体分析，并对照深度修正系数表和其他条件修正系数表确定相应的修正系数，对路线价进行系数修正，从而快速方便地得到宗地价格。路线价估价方法的具体程序如下。

(1) 确定待估宗地所处的路线价区段和路线价。

根据待估宗地的具体位置，对照城镇路线价区段图、路线价图、表等，确定待估宗地所处的路线价区段和所临街道的路线价，作为进一步修正的基准。

(2) 确定待估宗地的临街深度和其他因素条件。

查阅土地登记材料或进行实地勘察，调查待估宗地临街深度的具体数值以及临街宽度、使用年期等具体条件。

(3) 确定待估宗地的深度修正系数和其他条件修正系数。

按照调查到的待估宗地的临街深度和其他条件指标，对照深度修正系数表和其他条件修正系数表，分别确定待估宗地的深度修正系数和其他条件修正系数。

(4) 估算宗地地价。

根据前面所得到的路线价和修正系数，利用本章 8.1 中介绍的公式，对路线价进行系数修正，即可得到待估宗地的地价。

2. 用路线价估价法评估各类宗地地价的方法

在台湾省规定繁华街道的区段以里地线将土地划分为临街地与里地，里地线的标准深度以距离临街线 18m 为准；路角地的范围以纵横里地线与临街线中间的范围为准。路角地中第一宗土地正旁街以路线价较高者为正街，路线价较低者为旁街；如果路线价相等时，则以使用宽度较大者为正街，宽度较小者为旁街。各宗土地地价视其位置与临街深度分别以下列方法计算。

以下结合我国台湾路线价估价法的操作对利用路线价估价法评估各类宗地作一一介绍。

1) 临街地

(1) 临街地深度未达里地线者，其每平方米单价(以下简称单价)以其深度，按表 8-2 深度指数计算(如图 8.3 中计算)。

表 8-2　临街深度指数表

临街深度/m	未满 4	满 4 未满 8	满 8 未满 12	满 12 未满 16	满 16 至 18
深度指数/(%)	130	125	120	110	100

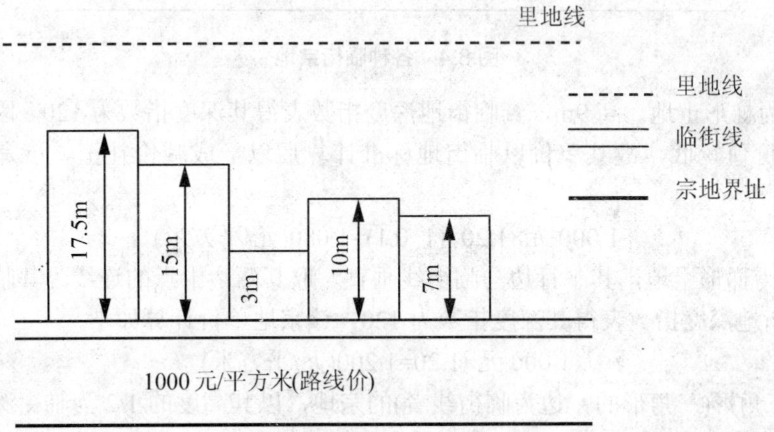

图 8.3　临街宗地深度

依据表 8-2 临街深度指数表，图 8.3 的各宗地(由左至右)的计算为

$$1\,000 元\times1=1\,000(元/平方米)$$

$$1\,000 元\times1.1=1\,100(元/平方米)$$

$$1\,000 元\times1.3=1\,300(元/平方米)$$

$$1\,000 元\times1.2=1\,200(元/平方米)$$

$$1\,000 元\times1.25=1\,250(元/平方米)$$

(2) 平行四边形的宗地，以其高度为临街深度，按临街深度指数计算其单价。

图 8.3 中，宗地 1 为平行四边形土地，高 13m，查临街地深度指数表得其深度指数为

110。该宗地单价计算为 1 000 元×1.10=1 100(元)。

(3) 平行边与临街线一致的梯形宗地，以其高度为临街深度，按临街深度指数求得其单价后，再视其上下两边长短的比例及利用价值进行加价或减价补正，其补正的数额以不超过原计算的单价两成为限。平行边与临街线垂直的梯形宗地，以其两边中点的连线为其临街深度，按临街深度指数计算其单价，不再进行加价或减价补正。

图 8.4 中宗地 2 为梯形土地，高 16.3m，查临街地深度指数表得其深度指数为 100。因该宗地临街较长，利用价值较高，故其单价以临街地标准计算后以二成加价补正。该宗地单价计算如下。

1 000 元×1×(1+0.2)=1 200(元/平方米)

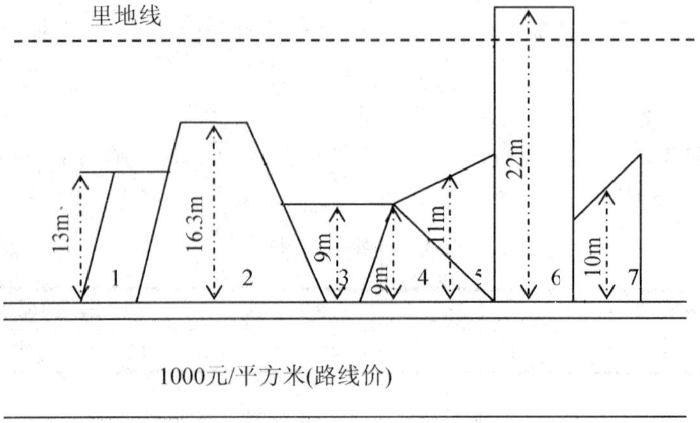

图 8.4　各种临街宗地

宗地 3 为梯形土地，高 9m，查临街地深度指数表得其深度指数为 120。因该宗地临街较短，利用价值较低，故其单价以临街地标准计算后以一成减价补正。该宗地单价计算如下：

1 000 元×1.20×(1−0.1)=1 080(元/平方米)

宗地 7 为梯形土地，其平行边与临街线垂直，取其两边中点的连线为其临街深度，即 10m。查临街地深度指数表得其深度指数为 120。该宗地单价计算如下：

1 000 元×1.20=1 200(元/平方米)

(4) 正三角形(三角形的一边为临街线者)的宗地，以其高度的 1/2 为临街深度，按临街深度指数计算其单价。

图 8.4 中宗地 4 为正三角形土地，高 9m，取其高度的一半即 4.5m 为其临街深度，查临街地深度指数表得其深度指数为 125。该宗地单价计算如下。

1 000 元×1.25=1 250(元/平方米)

(5) 逆三角形(三角形的一顶点在临街线上者)的宗地，以其在临街线上的顶点与底边中点垂直距离的 1/2，及底边中点的深度为起迄深度，比照袋地计算其单价(见图 8.4 中 5 的计算。

图 8.4 中宗地 5 为逆三角形土地，以其顶点与底边中点垂直距离的 1/2 及底边中点的深度为其起迄深度，即 5.5～11m，比照袋地办法计算深度指数，查袋地深度指数表得其深度指数为 74(见表 8-4)。该宗地单价计算如下。

$$1\,000\text{元}\times 0.74=74(\text{元/平方米})$$

(6) 两面临街地，应以中间线分前后两部分，分别按其深度计算其临街单价。

在图 8.5 中该宗地为两面临街，总深度为 27m，以其中间线分前后两部分，临街深度均为 13.5m，查临街地深度指数表得其深度指数为 110。该宗地单价计算如下。

$$1\,000\text{元}\times 1.10\times 1/2+600\text{元}\times 1.10\times 1/2=880(\text{元/平方米})$$

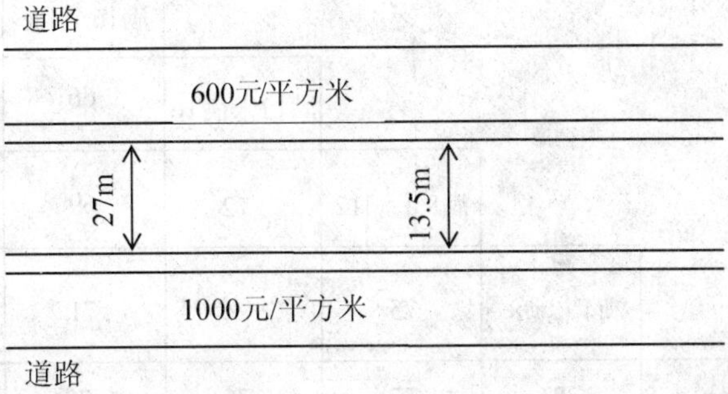

图 8.5　两面临街的宗地

2) 街角地

街角地是指宗地同时受两条相交街道影响的街道。街角地的地价除以正街的临街深度按临街深度指数计算单价后，并斟酌加计旁街地价，加价的方法以纵横临街线的交叉点起每 4.5m 为一级距离，依序按下列成数予以加成(见表 8-3 街角地加成表)。

表 8-3　街角地加成表　(单位：万元/平方米)

	正旁街路线价		
省辖市	<2	2～4(其中一或二街小于 4)	> 4
县辖市	<1.5	1.5～3(其中一或二街小于 3)	>3
乡镇	<1	1～2(其中一或二街小于 2)	>2
加记旁街路线价	不超过一成	二、一成	三、二、一成

根据表 8-4 街角地加成表计算图 8.6 中各宗地的路线价如下。

宗地 1 的单价=60 000×110%+40 000×30%=78 600(元/平方米)

宗地 2 的单价=60 000×120%+40 000×20%=86 000(元/平方米)

宗地 3 的单价=60 000×125%+40 000×10%=79 600(元/平方米)

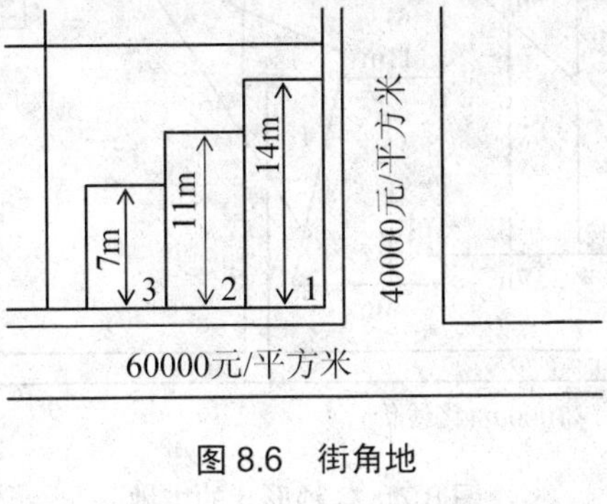

图 8.6　街角地

3) 袋地

袋地是指里地线以内不之直接临街的土地。袋地的深度指数是根据其“起深度”和“迄深度”来确定。深度指数按袋地的深度指数表计算，见表 8-4。

表 8-4　袋地深度指数表

				满16至18	60
			满12未满16	66	63
		满8未满12	72	69	66
	满4未满8	75	74	71	68
未满4	78	77	75	73	70
深度起/m 深度指数/% 深度迄/m	未满4	满4未满8	满8未满12	满12未满16	满16至18

(1) 袋地的形状为平行四边形、梯形、三角形的宗地，其计算方法类似于临街地，只是其深度根据袋地的起讫深度来确定，如图 8.7 中 1、2、3、4 计算。

宗地 1 的起深度为 7m，迄深度为 15m，其单价为

$$1\,000\times0.71=710(元)$$

宗地 2 的起深度为 7m，迄深度为 13m，其单价为

$$1\,000\times0.71=710(元)$$

宗地 3 的起深度为 5m，迄深度为 11m，其单价为

$$1\,000\times0.74=740(元)$$

宗地 4 的起深度在三角形顶点与底边中点距离的 1/2 处(10m)，迄深度为底边中点处的临街深度为 13m，其单价为

$$1\,000\times0.69=690(元)$$

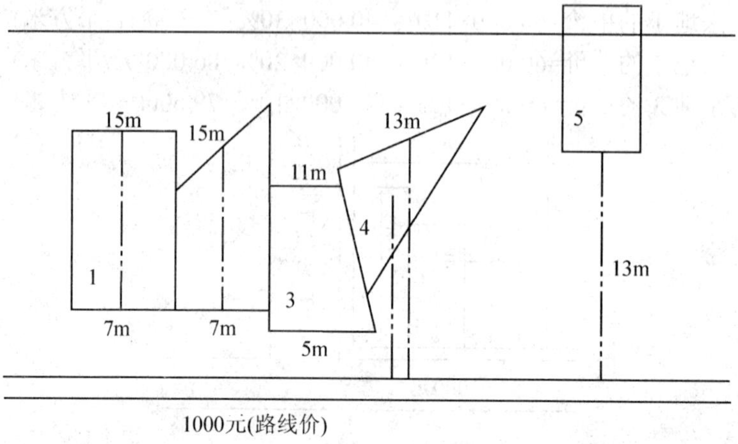

图 8.7　各种形状的袋地

(2) 袋地位于临街地与里地以上者，其单价应以袋地单价与里地单价按面积比例平均计算，如图 8.7 中 5。袋地部分面积占 3/4，其起讫深度为 12～18m；里地部分面积占 1/4，该部分单价按路线价的四成计算。其单价为

$$1\,000\times0.63\times3/4+1\,000\times0.4\times1/4=572.5(\text{元})$$

4) 其他土地

(1) 里地的单价按路线价四成计算(里地地价与路线价四成相差悬殊者，里地应单独划分区段)

(2) 骑楼地已分割者，应并同后面一宗土地计算其临街深度，且后面一宗土地应视为临街地。

(3) 道路预定地已分割者，应以路线价为其单位地价，但后面一宗土地应视为临街地，以现行道路临街线计算其临街深度。

如图 8.8 中，宗地 1 为一边平行于临街线的梯形袋地，以其两边中点的深度为其起迄深度，即 6～13m，查袋地深度指数表得其深度指数为 71。该宗地单价计算如下：

$$1\,000\text{元}\times0.71=710(\text{元})$$

宗地 2 为底边平行于临街线的梯形袋地，以其两底的深度为其起迄深度，即 5～10m，查袋地深度指数表得其深度指数为 74。该宗地单价计算如下：

$$1\,000\text{元}\times0.74=740(\text{元})$$

宗地 3 为逆三角形袋地，以其顶点与底边中点垂直距离的 1/2 及底边中点的深度为起迄深度，即 10～13m，查袋地深度指数表得其深度指数为 69。该宗地单价计算如下：

$$1\,000\text{元}\times0.69=690(\text{元})$$

宗地 4 为位于临街地与里地上的袋地，其属袋地：部分的面积占 3/4，起迄深度为 12～18m，查袋地深度指数表得其深度指数为 63。其属里地部分的面积占 1/4，该部分的单价按路线价的四成计算。该宗地单价计算如下：

$$1\,000\text{元}\times0.63\times3/4+1\,000\text{元}\times0.4\times1/4=572.5(\text{元})$$

以上计算的均是宗地的单价，若要求其总地价，则用单价乘以宗地总面积即可。

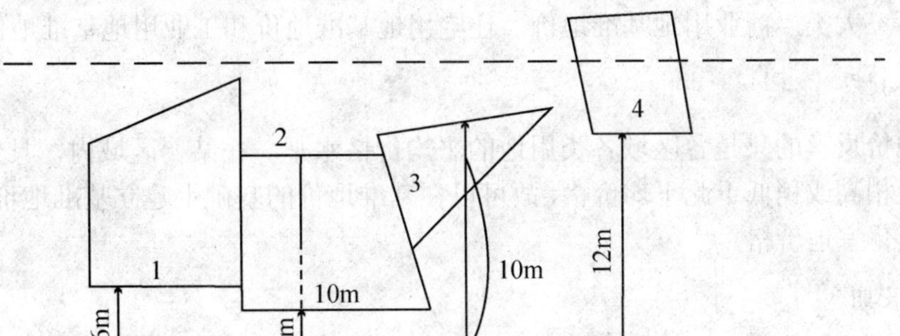

图 8.8 其他各种土地

8.2 城市基准地价与标定地价

8.2.1 基准地价的概念

基准地价包括城镇用地基准地价和农用地基准地价。本节主要介绍城镇用地基准地价。城镇用地基准地价是指在城市规划区范围内，对现状利用和规划利用条件下不同级别的土地或土地条件相当的地域，按照商业、住宅、工业等用途，分别评估确定的某一时点上一定年限的土地使用权的区域平均价格。它是在设定估价基准日、土地开发程度、使用年限下完整土地使用权的区域平均价格。

当区域内土地利用类型单一时，只评估一种用途的基准地价。当土地级别或区域内有多种土地利用类型时，则需分别评估出每种用途的基准地价。目前，我国土地市场还处于发展、完善阶段，能取得收益的土地或以获取收益为目的而进行转让的土地主要是商业、住宅、工业三大类型用地。因此，当前城镇基准地价评估的任务主要是评估商业、住宅、工业用地的基准地价。

8.2.2 基准地价的特征

1. 权威性

基准地价一般由政府组织有关专家组成专门的评估机构进行评定，并由政府审定、认可和定期公布，因而具有权威性。

2. 全域性

城镇内的任何一个区域，至少应有一种用途类型的基准地价。

3. 分用途

同一区域内，不同土地利用类型的土地，有不同的基准地价标准。目前，城镇基准地价主要包括三大类：商业用地基准地价、住宅用地基准地价和工业用地基准地价。

4. 平均性

基准地价反映的只是各区域各类用地的平均价格水平。在某一区域内，具体某一宗地的价格可能稍高或稍低于此平均价格，故可以在基准地价的基础上建立基准地价修正体系，用以评估具体宗地价格。

5. 有限期

基准地价是土地使用权的价格。土地使用权是有时间限制的产权，所以基准地价是有限使用年限的价格。就城镇而言，不同用途土地使用权的出让最高年限不同，不同用途的基准地价的年限也不同。一般而言，各用途基准地价的年限应以各用途的最高出让年限为准。

6. 时效性

基准地价反映的只是一定时期的地价标准，为了保持基准地价的现实性，每隔一定时期应对基准地价进行更新。

7. 控制性

基准地价是国家调控土地市场的价格，不是市场交易价格。市场上最终达成的价格是以基准地价为依据，根据市场行情确定的。

8.2.3 基准地价的作用

基准地价的作用主要表现在以下几个方面。

(1) 宏观控制土地市场，调节土地利用结构。科学与合理的基准地价能反映地产市场中的地价水平和变动趋势，具有一定的宏观调控作用，政府借以掌握土地市场价格水平变化、调节土地供需、促进土地有效配置和土地市场健康发展。根据基准地价的变化，政府可以适时地利用规划和计划手段宏观配置城镇土地并制定相关的管理政策，调控地价变化和土地收益的分配以及土地在总量和结构上的供求平衡。

(2) 为制定出让底价、标定地价提供依据。基准地价是城镇内不同部分土地利用的收益差异较公正、客观的反映，是制定协议、招标、挂牌、确定拍卖国有土地使用权底价的依据和标准。所谓标定地价，是指政府根据管理需要，评估的某一宗地在正常土地市场条件下于某一估价基准日的土地使用权价格，是该类土地在该区域的标准指导价格。

(3) 进一步评估宗地地价。基准地价反映了区域或级别内宗地的平均价格水平，该区域的各宗地地价围绕基准地价上下波动，因此根据宗地条件对基准地价进行修正即可得到具体宗地的地价。

(4) 国家征收有关土地使用税的依据。根据国外经验，土地税都是从价征收。我国目前尚未达到这一步，有关土地使用税不仅征收额偏低，而且不能体现土地收益级差，不能达到利用税收杠杆调节土地利用的目的。因此，科学、合理、公开的基准地价可为科学征收土地使用税费等提供依据。

8.2.4 基准地价评估的原则

进行基准地价评估时，必须遵循以下原则。

(1) 评估用途以实际用途为主，适当考虑规划的原则。基准地价的市场导向性等作用，要求评估出的基准地价应以目前实际存在的土地利用现状为主，据此反映现实土地收益高低和支付地租、地价的能力。目前，我国城镇土地利用结构不甚合理，在没有达到规划的土地条件时，应以原用途为主评估基准地价。但考虑到成果的实用要求，可在以原用途评估基准地价的基础上，适当考虑其规划条件并作相应调整，使最终的估价结果对目前不合理的土地利用结构起到调控作用。

(2) 土地的使用价值评价与土地收益、地租、地价测算相结合的原则。土地的使用价值决定人们对某一类型或某一地块的需要程度，市场供求关系和经济政策等决定地价水平的高低。在正常和完善的市场条件下，相同使用价值的土地，在同一市场供需圈内应具有同样的地价标准。但目前我国土地市场不太成熟，土地使用权转移不很规范，宗地地价多采用收益法评估的收益价格，与土地使用权直接转移所形成的地价具有一定的偏差。因此，基准地价评估要做到土地使用价值评价与土地收益、地租、地价测算相结合。通过对土地使用价值相同类型区域中土地实际收益水平的比较分析，剔除其他因素对地价的非正常影响，较为准确地评估出基准地价。

(3) 根据城镇条件和市场状况选择适当的评估技术路线的原则。不同的城镇根据实际情况可以选择不同的评估技术路线。例如，在工业企业、商业企业占主要成分的城市，评估的技术路线宜采用以土地收益资料评估基准地价；在房地出租、房地出售、土地使用权出租出售、土地联营入股等房地产交易市场较为发达的城镇，宜采用以市场交易资料评估基准地价。

(4) 各类用地分别评估，多种方法综合运用的原则。当评估区域内土地利用类型单一时，只评估一种用途的基准地价，但当区域内有多种土地利用类型时，则需分别评估出每种用途的基准地价。同时，因资料收集 na 途径的差异及各种评估方法固有的优缺点，宜采用多种评估方法相结合，相互验证、相互补充。

(5) 评估资料准确，测算数据符合数理统计要求的原则。评估资料的准确与可靠是科学合理评估基准地价的基础。用于评估基准地价的数据样本要充分并符合数理统计的要求，剔除偏差较大、与样本数据总体不一致的个别数据，保证样本数据的可靠性与一致性。

8.2.5 城市基准地价评估的方法和步骤

城市基准地价评估的方法和步骤一般如下。

(1) 确定基准地价评估的区域范围。这是以一个具体城市为对象，确定其基准地价评估的区域范围，例如是该城市的整个行政区域，还是规划区、建成区或市区等。评估的区域范围大小，主要根据实际需要和可投入评估的人力、财力、物力等情况来决定。

(2) 明确基准地价的内涵、构成、表达方式等。其中，明确基准地价的内涵包括明确基准地价所对应的：①土地的基础设施完备程度和平整程度，例如是三通一平还是五通一平、七通一平；②土地用途，例如是分为商业、办公、居住、工业等不同的用途还是采用综合用途；③土地权利性质，例如是出让土地使用权还是划拨土地使用权；④土地使用年限，例如是不同用途的法定最高年限还是统一为综合用途 50 年或无限年；⑤容积率，例如是不同用途对应的平均容积率还是综合平均容积率；⑥基准日期。

(3) 划分地价区段。所谓地价区段，是将用途相似、地块相连、地价相近的土地加以圈围而形成的一个个区域。一个地价区段可视为一个地价“均质”区域。通常可将土地划分为 3 类地价区段：①商业路线价区段；②住宅片区段；③工业片区段。划分地价区段的方法通常是就土地的位置、交通、使用现状、城市规划、房地产价格水平及收益情形等作实地调查研究，将情况相同或相似的相连土地划为同一个地价区段。各地价区段之间的分界线应以道路、沟渠或其他易于辨认的界线为准，但商业路线价区段应以标准深度为分界线。

(4) 抽查评估标准宗地价格。在划分出的各地价区段内，选择数宗具有代表性的宗地，再由估价人员调查搜集这些宗地的相关经营收益资料、市场交易资料或开发费用资料等，运用收益法、市场法、成本法、假设开发法等适宜的估价方法评估出这些标准宗地在合理市场下可能形成的正常市场价值，通常应求出单价或楼面地价。

(5) 计算区段地价。区段地价是某个特定的地价区段的单价或楼面地价，它代表或反映着该地价区段内土地价格的正常和总的水平。区段地价的计算，是分别以一个地价区段为范围，求各地价区段内所抽查评估出的标准宗地单价或楼面地价的平均数、中位数或众数。计算出的区段地价，对于商业路线价区段来说是路线价，对于住宅片区段或工业片区段来说是区片价。

(6) 确定基准地价。在上述区段地价计算的基础上作适当的调整后即基准地价。在确定基准地价时，应先把握各地价区段之间的好坏层次(通常是从好到差排序)，再把握它们之间的地价高低层次，以避免出现条件较差区段的基准地价高于条件较好区段的基准地价。

(7) 提出基准地价应用的建议和技术。包括该基准地价的作用，将该基准地价调整为各宗地价格的方法和系数，例如具体位置、土地使用年限、容积率、土地形状、临街状况等的调整方法和调整系数。

8.2.6 标定地价

标定地价是政府根据管理需要，评估或认可的具体宗地在正常土地市场和正常经营管理条件下某一期日的土地使用权价格，标定地价是宗地价格的一种。

标定地价的确定同一般宗地地价的确定基本方法相同，包括市场比较法、收益还原法、成本法、假设开发法和基准地价系数修订法等。

标定地价有以下作用：

(1) 是政府出让土地使用权时确定出让底价和出让金额以及优惠幅度的依据。

(2) 是清产核资中确定单位占用的土地资产和股份制试点企业土地作价入股的标准。

(3) 是是否行使土地优先购买权的衡量标准。

(4) 是核定土地增值税和管理地产市场的具体标准。

(5) 是划拨土地使用权转让、出租、抵押时，确定补交出让金的标准。

8.3 高层建筑地价分摊

8.3.1 高层建筑地价分摊的意义

在现代城市中，由于土地越来越稀缺，地价越来越高，以及建筑技术的日益发展，多层、高层建筑物越来越多。不仅办公楼、商店，住宅、厂房等也都出现了多层或高层化。此外，人们的活动还向地下发展，出现了地下商场、地下停车场、地下仓库等。在城市中心商业区，建筑物不仅多层、高层化，而且其用途出现了立体化。典型的一座大厦的立体用途是:地下1.2层为停车场、设备用房，地面1.2层为商店，4.5层为餐饮，往上可能是写字楼，再往上可能为公寓。

与此同时，随着房地产交易活动的日益发展和产权多元化，一幢建筑物只有一个所有者的格局被打破，出现了一幢建筑物内有着众多的所有者或使用者的情况，他们分别拥有该幢建筑物的某一部分，例如，有的拥有地下一层，有的拥有地面一层，有的拥有地上一层。特别是多层、高层住宅或公寓，一户居民往往只拥有其中的一套住房。

但是，整幢建筑物占用的土地只是一块，在实物形态上不可分割。当这幢建筑物的房地产开发商售出其中的某一部分后，该块土地的使用权的一个相应份额也就随之转移，最后是购得这幢建筑物的众多所有者按份共有该块土地的使用权，但是大家各自的份额是多少就成了一个需要解决的现实问题。

拥有一块土地，不仅享有该块土地的一定权利，而且要承担由此权利而产生的义务。例如，在建筑物寿命结束时或者建筑物被火灾毁灭后，大家决定不再重建而是将这该土地出售，但售出后的地价收益如何分配；在建筑物使用过程中，政府要根据这块土地的位置或价值征收土地税费，该土地税费在建筑物各部分所有者之间如何分摊？要解决这些问题，就需要解决在建筑物建成后地价如何合理分摊的问题，由此确定每个所有者应占有的土地份额。知道了每个所有者的土地占有份额，无论是土地的权利还是义务，就都可以通过它顺利地得到解决。

由上可见，通过高层建筑地价分摊可以解决：①各部分占有的土地份额；②各部分享有的土地面积；③各部分享有的地价数额等。

8.3.2 高层建筑地价分摊的方法

1. 按建筑面积进行分摊

按建筑面积进行分摊的方法，是根据各自拥有的建筑面积的多少来分摊的，即如果甲拥有的建筑面积为若干平方米，那么他应享有的地价数额为他所拥有的建筑面积乘以土地总价值与总建筑面积的比率(即楼面地价)，他应占有的土地份额为他所拥有的建筑面积除以总建筑面积。具体公式为

某部分享有的地价数额=(土地总价值/总建筑面积)×该部分的建筑面积

某部分占有的土地份额=该部分享有的地价数额/土地总价值=该部分的建筑面积/总建筑面积

例 8-1

某幢楼房的土地总面积 500m^2，总建筑面积 1 000m^2，某人拥有其中 80m^2 的建筑面积。试按建筑面积分摊方法计算该人占有的土地份额及拥有的土地数量。

【解】该人占有的土地份额为

$$80/1\,000 = 8\%$$

该人拥有的土地数量为

$$500\times 8\% = 40(\text{m}^2)$$

或者 500/1 000=0.5，即 1m^2 的建筑面积附带 0.5m^2 的土地面积。

这种地价分摊方法在中国香港地区曾经使用过，但后来随着情况的变化出现了一些问题。

香港过去主要采用的是英国法律，根据英国法律，一项财产的共同占有人不得分割财产，只能分配在其中占有的份额，但法律却没有规定按何种方法来分配这种份额。20 世纪 60 年代以前最流行的方法是每个单位分配相同的份额，例如，某个大厦有 100 个单位，则每个单位在土地中拥有的份额就是 1/100。那时这种专断的份额分配方法并不影响业主的实际权益，因为它只是在法律虚幻上产生的对土地的权益。然而在 20 世纪 70 年代初期，当许多为期 75 年的地契在 1973 年就要到期时，政府决定再批出另一个 75 年的租期，并需要补地价，这时这种专断的份额分配方法的问题就突出了。从上例来看，如果再批租需要缴

纳 10 万美元的地价，那么将这 10 万美元的地价分摊给各在土地中拥有 1/100 份额的 100 个业主，最自然的做法是每个业主负担地价的 1/100，即 1 000 美元。但是，如果这 100 个单位中有 10 个是处在楼底的商店，而在香港，商店的价值占了大厦价值的大部分，这就引起了对这些商店的业主应该负担比他们在土地中拥有的份额要大的地价份额的争论。经常也会遇到这样一个问题，即同一大厦内各个业主为了再开发而希望集体卖出整个大厦，但如何处理这些名义上的土地份额，也会引起同样的争论。

按建筑面积进行分摊的优点是简便、可操作性强，但存在的问题也是显而易见的，它主要适用于各层用途相同且价格差异不大的建筑物，如用途单一的住宅楼、办公楼。

2. 按房地价值进行分摊

为了克服按建筑面积分摊出现的不同部分的价值不同，却分摊了等量的地价，可以根据各部分的房地价值进行分摊。具体方法如下。

某部分享有的地价数额=土地总价值/房地总价值×该部分的房地价值

某部分占有的土地份额=该部分享有的地价数额/土地总价值=该部分的房地价值/房地总价值

例 8-2

某幢大厦的房地总价值为 5 000 万元，甲公司拥有其中的商业部分，此部分的房地价值为 1 000 万元；乙公司拥有其中的写字楼部分，此部分的房地价值为 500 万元。试按房地价值分摊方法计算甲、乙公司占有的土地份额。

【解】甲公司占有的土地份额为

$$1\,000/5\,000 = 20\%$$

乙公司占有的土地份额为

$$500\,/5\,000 = 10\%$$

但是，按房地价值进行分摊的方法仔细研究起来仍然有一些缺陷，例如，根据这种分摊方法的结果，各层分摊的建筑物价值不相等，这在理论上很难解释。从理论上看，各层房地价值有差异的原因，撇开为各层特殊的装饰装修不谈，应是土地的垂直立体效果不同所造成的，各层的建筑物价值应相同。下面举一个简单的例子，可以使这个问题得到清楚的说明。假设整幢大厦都是住宅，且每层的面积、户型、装饰装修等都相同，但由于楼层不同，售价肯定不同，如最底层与其他层的价格有差异。显然，各层之间的价格差异不是建筑造价不同造成的，只能归因于土地，是各层占据的土地立体空间位置不同，从而其可及性、景观、安宁、空气等不同所造成的。

按房地价值进行分摊比按建筑面积进行分摊要复杂一些，但更符合实际情况，主要适用于各部分的房地价值(单价)有差异但差异不是很大的建筑物。

3. 按土地价值进行分摊

按房地价值进行分摊的方法，当香港地区按建筑面积进行分摊遇到困难时也被提出来过，但它仍然存在上述假设用途、面积、空间布局、装饰装修等相同，仅房地价值不同的各层所分摊的建筑物价值不相等这个理论缺陷，因此，需要进一步寻找更为合理的分摊方法。

更为合理的分摊方法就是依据各部分的土地价值进行分摊，具体方法如下。

某部分占有的土地份额=(该部分的房地价值-该部分的建筑物价值)/(房地总价值-建筑物总价值)

某部分享有的地价数额=该部分占有的土地份额×土地总价值=该部分的房地价值-该部分的建筑物价值

例 8-3

某幢大厦的房地总价值为 5 000 万元，其中建筑物总价值为 2 000 万元。某人拥有该大厦的某一部分，该部分的房地价值为 100 万元，该部分的建筑物价值为 40 万元。试按土地价值分摊方法计算该人占有的土地份额。

【解】该人占有的土地份额为

$$(100-40)/(5\,000-2\,000)=2\%$$

例 8-4

某幢大厦的总建筑面积为 10 000m^2，房地总价值为 6 000 万元，其中土地总价值为 2 500 万元。某人拥有该大厦的某一部分，该部分的建筑面积为 200m^2，房地价值为 130 万元。试按土地价值分摊方法计算该人占有的土地份额。

【解】 该人占有的土地份额为

$$[130-(6\,000-2\,500)/10\,000\times200]/2\,500=2.4\%$$

这种地价分摊方法说来也是较简单的，只要知道了建筑物占用的土地的总价值，知道了建筑物各部分的房地价值，就可以进行。而在现实中这两个价值一般都是已知的。

由于未来的房地价值是不断变动的，土地价值也是不断变动的，所以，按房地价值进行分摊的方法和按土地价值进行分摊的方法，从理论上讲要求地价分摊不断地进行，但这在实际中不可行，因为进行分摊所需要的费用可能很高，另外，土地占有份额一旦确定下来之后也不宜经常变动。而如果间隔一定的年数进行分摊，这种间隔期多长合宜也是值得研究的。

上述讨论的分摊方法不仅适用于多层、高层建筑物的地价分摊，而且适用于同一层或平房的不同部位分别为不同人所有、房地价值不相等时的地价分摊。例如，在繁华地段，沿街部分的房屋比里面的房屋价值高，在这同一房屋分别为两人或两人以上占用的情况下，就需要进行地价分摊，确定各自的土地占有份额。

综合应用案例 8-1

1. 宗地基本情况

位置：××镇××路(属沿湖路～人民路段)

面积：108.49 平方米

所在级别：二级

所在路线价(商服)：749 元/平方米

区片价(住宅)：374 元/平方米

规划要求：用途为商业住宅；4 层：一层为商业，二、三、四层为住宅；建筑密度 100%；容积率为 4(规划要求为假定条件，仅作测算方法说明用)。

基准日：2008 年 12 月 4 日

2. 商服部分地价测算

1) 综合修正

商业用地宗地地价区域因素修正表见表 8-5。

表 8-5 商业用地宗地地价区域因素修正表

因素	因子	修正因素说明	优劣程度	修正系数(%)
繁华程度	距商服中心距离	1 000～2 000m	较劣	-6.679 8
交通条件	距长途汽车站距离	5 00～1 000m	一般	0
	公共汽车流量	50～20(辆/天)	较劣	-1.020 3
	临近道路状况	临次干道	较劣	-3.137 8
基础设施状况	排给水状况	较完善	较优	1.212 8
	供电状况	一般	一般	0
	公用设施完备度	较差	较劣	-1.963 5
环境状况	大气污染状况	一般	一般	0
	地质状况	22～18(T/m^2)	一般	0
合计				-11.588 6

2) 使用年期修正

年期与基准地价设定年期一致，故修正系数为 1。

3) 交易期日修正。

基准地价实施以来地价变化不大，故修正系数为 1

4) 容积率与建筑密度联合修正

商服用地只有第一层，故商业部分容积率为 1，其修正系数为 0.86。

5) 临街深度修正

宗地进深为 13.15 米，其修正系数为 1.04。

6) 街角地修正

不属街角地，不需修正。

7) 宗地面积状况修正

面积较小，对土地利用有一定影响，较劣，修正系数为 0.99。

8) 宗地形状修正

长方形，修正系数为 1.02。

9) 开发程度修正

与基准地价开发程度一致，不需修正。

计算公式：

$$749\times(1-11.588\,6\%)\times1\times1\times0.86\times1.04\times0.99\times1.02=598(\text{元/平方米})$$

3. 住宅部分地价测算

根据住宅用地补办出让地价确定方法，对居民纯住宅用途宗地直接采用其所在区域的住宅区片价测算，据此在商住竖向综合用途测算中住宅部分地价只用区片地价进行楼层地价分摊修正。

$$374\times(1-0.2293)=288(\text{元/平方米})$$

4. 综合地价结果

计算公式:
$$(598+288)\times108.49=96122(\text{元})$$

本章小结

本章对地价评估的相关概念、基本原理和计算方法作了较详细的阐述，包括路线价法、城市基准地价与标定地价、高层建筑地价分摊等方面的知识。

路线价法中重点对路线价的原理和公式以及“四三二一”法则作了介绍；城市基准地价与标定地价中对基准地价的特征、作用、评估方法步骤作了阐述；高层建筑地价分摊中给予了3种高层建筑地价分摊的方法，并各自给出了相关例题。

本章的学习目标是使学生了解地价评估的基本知识，并通过计算公式学会简单的地价计算。

习题

一、选择题

1. 单选题

(1) 路线价法估价的第3个步骤是(　　)。

A. 设定标准深度　　B. 划分路线价区段

C. 选取标准宗地　　D. 调查评估路线价

(2) 在路线价估价法中，(　　)只需深度价格修正率即可计算地价，不必进行其他修正。

A. 一面临街矩形地　　B. 一面临街三角形地

C. 一面临街梯形地　　D. 两面临街矩形地

(3) 路线价法特别适用于(　　)需要在大范围内对大量土地进行的估价。

A. 土地收益测算　　B. 土地课税

C. 土地经济评价　　D. 土地定级

(4) 某临街深度100英尺的矩形宗地，总价为100万元，根据“四三二一”法则，该宗地临街前半部分的价格应为(　　)万元。

A. 50　　B. 70　　C. 30　　D. 40

(5) 某前后两面临街、总深度为60米的矩形宗地，前街路线价为2 000元/平方米，后街路线价为1 000元/平方米，若按重置价值估价法，其前街影响深度为(　　)米。

A. 20　　B. 40　　C. 50　　D. 60

(6) 运用基准地价修正法评估时进行的交易日期修正，是将(　　)在其基准日期的值调整为估价时点的值。

A. 基准地价　　B. 宗地地价

C. 标准宗地价格　　D. 估价对象价格

(7) 基准地价评估的第2个步骤是(　　)。

A. 计算区段地价　　B. 确定评估区域范围

C. 划分地价区段　　D. 确定基准地价

(8) 按(　　)进行分摊，主要适用于各层用途相同且价格差异不大的建筑，如单一的办公楼。

A．土地价值　　B．房地价值
C．建筑面积　　D．建筑物价值

(9) 区段地价是某个特定地区的(　　)。

A．土地单价　　B．标准宗地的总价
C．土地单价或楼面地价　　D．楼面地价

(10) 某幢楼房的土地总面积 $500m^2$，总建筑面积 $1\,000m^2$，某人拥有其中 $80m^2$ 的建筑面积，该人占有的土地份额为(　　)。

A．0.8　　B．0.5　　C．40　　D．0.16

2. 多选题

(1) 路线价估价法的基本原理是(　　)。

A．最有效利用原理　　B．区位论
C．替代原理　　D．变动原理
E．预期原理

(2) 以下关于路线价估价法的说法正确的是(　　)。

A．主要用于商业繁华区域土地价格的评估
B．尤其适用于多宗土地的估价
C．不一定要有规范的土地市场
D．需要较多的交易实例
E．对可及性相当的土地设定标准深度，选取若干标准宗地求其标准价格，此标准价格称为路线价。

(3) 在路线价中，样点宗地单位地价的计算方法有(　　)。

A．收益还原法　　B．标准宗地估价法
C．市场比较法　　D．假设开发法
E．长期趋势法

(4) 用路线价法评估具体宗地的价格时，还应进行宗地条件修正，主要包括(　　)。

A．土地用途　　B．宽深度
C．土地形状　　D．开发程度
E．宗地的权益

(5) 路线价估价法主要是用于(　　)等目的的评估。

A．抵押　　B．课税
C．征地拆迁　　D．买卖
E．市地重划

(6) 在运用路线价估价法时，(　　)需作加价修正。

A．路角地　　B．袋地
C．梯形土地　　D．两面临街地
E．一顶角临街的倒三角形土地

(7) 运用路线价法对土地价格进行评估时，一般可以按照(　　)步骤。

A. 划分路线价区段

B. 设定标准深度，选取标准宗地

C. 调查评估路线价

D. 制作深度价格修正率表和其他条件价格修正率表

E. 计算临街各宗土地的价格

(8) 运用基准地价修正法评估地价应按照(　　)步骤进行。

A. 搜集有关基准地价的资料

B. 查对估价对象所处地段的基准地价

C. 进行交易日期的修正

D. 进行土地状况的修正

E. 求出估价对象宗地的价格

(9) 城市基准地价以一个城市为对象，在该城市一定区域范围内，根据(　　)的原则，划分地价区段，调查评估出的各地价区段在某一时点的平均水平价格。

A. 用途相似　　B. 同一供求圈

C. 地价相近　　D. 成交日期接近

E. 地块相连

(10) 高层建筑的地价分摊，可供选择的分摊方法有(　　)。

A. 按房地价值进行分摊　　B. 按建筑面积进行分摊

C. 按建筑层次进行分摊　　D. 按土地价值进行分摊

E. 按使用面积进行分摊

二、判断题

(1) 路线价估价法仅适用于城市特定土地的估价。(　　)

(2) 一个路线价区段是指具有同一路线价的地段。(　　)

(3) 一般情况下，均以临街土地的临街深度的中位数作为标准深度，这样可以简化以后各宗土地价格的计算。(　　)

(4) 同一街道，某一侧的繁华状况与对侧有显著差异时，可以形成两个路线价区段。

(5) 深度百分率表的制作原理有累计深度百分率、平均深度百分率和个别深度百分率。(　　)

(6) 路线价是指临街多数宗地的平均价。

(7) 高层建筑地价分摊的关键是，确定一栋建筑物的各个所有者应占有的土地份额。

(8) 即使是在不同的时期，基准地价的内涵、构成和表达方式也应该是相同的。

(9) 城市中相同地段在同一时期内的土地资本化率应该是一样的。(　　)

(10) 宗地所处街道的位置不同，对其地价亦有影响，一般从商业用途看，位于普通沿街的宗地其地价要比街角的宗地地价高得多。(　　)

三、简答题

(1) 什么是路线价和路线价法?

(2) 路线价法适用的对象和条件是什么?

(3) 基准地价评估的方法和步骤是什么?

(4) 按建筑面积进行地价分摊的计算公式是什么样的?有何优缺点?

(5) 按房地价值进行地价分摊的计算公式是什么样的?有何优缺点?

(6) 按土地价值进行地价分摊的计算公式是什么样的?有何优缺点?

四、计算题

(1) 某商店的总建筑面积为7 000m^2,房地总价值为4 000万元,其中土地总价值为1 500万元。某单位拥有该商店的一到二层,该部分的建筑面积为450m^2,房地价值为290万元。试按土地价值分摊方法计算该单位占有的土地份额。

(2) 某宾馆的房地总价值为 10 000 万元,其中建筑物总价值为 4 000 万元。某股东拥有该宾馆的某一部分,该部分的房地价值为 200 万元,该部分的建筑物价值为 80 万元。试按土地价值分摊方法计算该人占有的土地份额。

(3) 一宗总深度为 30 米宽度为 40 米的两面临街的矩形土地,前街路线价为 3 000 元/平方米,后街路线价为 2 000 元/平方米。试按“重叠价值估价法”并利用“四三二一”法则求取土地的单价和总价。

第9章

房地产估价程序

教学目标

了解房地产估价程序的含义和作用，熟悉房地产估价业务程序，掌握房地产估价技术路线的设计及估价作业方案的制定。

教学要求

能力目标	知识要点	权重
了解房地产估价程序的含义和作用	房地产估价程序的含义和作用	5%
熟悉房地产估价业务程序	房地产估价程序	40%
掌握房地产估价技术路线的设计及估价作业方案的制定	房地产估价作业方案的制定	55%

引例

某公司有一商场，该公司拥有该商场的划拨土地使用权和房屋所有权，并且此商场处于一栋18层高建筑中的1～3层，1999年进行了一次重新装修，但由于经营管理不善，商场自1999年一直处于亏损状态，因此欲出售该商场，现假设某集团公司欲购买该商场，并委托某估价行评估其客观合理的价格。

思考：若你是估价行的员工，该委托业务由你进行评估，设计估价技术路线。

9.1 房地产估价程序的含义和作用

9.1.1 房地产估价程序的含义

房地产估价是一项复杂、专业技术性强的经济活动，要想使评估活动高效、准确、公正，必须使活动过程遵循一套严谨、科学的工作程序。这套工作程序是进行房地产估价所必须经过的工作阶段，反映了各阶段之间的内在联系，是人们对估价对象形成认识的思维历程，是经过千百万次工作实践总结出来的客观规律。按照房地产估价程序进行评估可以提高效率，减少失误，确保质量。

房地产估价程序是指完成一个房地产估价项目需做的各项工作按照它们之间的内在联系排列出的先后次序。通俗地讲，就是圆满地完成一个房地产估价项目，从头至尾应当做哪些工作，其中哪些工作应当先做，哪些工作应当后做。

房地产估价程序可以分为以下8个步骤：①获取和受理业务；②拟定估价作业方案；③搜集与整理资料；④现场查勘估价对象；⑤综合分析和估算；⑥撰写与审核估价报告；⑦交付估价报告书及收取服务费；⑧估价资料归档。

在实际估价活动中，上述8个步骤并不是完全割裂的，相互之间存在一定的交叉(如③和④就存在交叉，④现场查勘估价对象其实也是搜集资料。)，有时甚至需要一定的反复(如⑤，在分析和估算结果时，有时需要的资料不足，需要再次搜集资料。)，但这8个步骤是缺一不可的。

9.1.2 房地产估价程序的作用

按照事先制定好的科学、全面、严谨的估价程序按部就班地开展估价工作，可以使估价工作具有计划性、规范性，避免出现顾此失彼、疏忽遗漏或者重复浪费，从而可以保证估价工作的质量，提高工作效率，保证估价工作顺利、圆满完成。概括地说，估价程序有以下4个作用。

(1) 规范估价行为。

(2) 避免估价疏漏。

(3) 保障估价质量。

(4) 提高估价效率。

9.2 房地产估价程序概述

9.2.1 获取和受理估价业务

1．估价业务获取

1) 估价业务来源

(1) 被动接受。被动接受就是坐等估价需求者找上门来委托估价服务。估价需求者可能是如下主体。

① 房地产所有者、使用者或者代理人。

② 房地产的欲购买者，如个人、企业、事业单位等，可能要求对其欲购买的房地产进行估价。

③ 作价入股，合资、合作开发经营房地产或者从事其他经营活动的一方或双方。

④ 银行等金融机构，如房地产所有者或使用者将房地产向银行等金融机构进行抵押贷款，银行等金融机构需要对该抵押房地产进行估价。

⑤ 政府机构，如课征房地产税，制定出让底价、标定地价，政府机构需要对该房地产进行估价。

⑥ 法院，如处理涉案的房地产进行拍卖、变卖、抵债、定罪量刑、损害赔偿等，也需要对该房地产进行估价。

⑦ 拆迁人，如城市房地产拆迁人需要对被拆迁的房地产进行估价。

(2) 主动争取。主动争取是走出门去力争为估价需求者提供估价服务。在估价活动社会化、市场化后，特别是在估价机构多、竞争激烈的情况下，这是估价业务的主要来源。

2) 估价申请

委托房地产价格评估时，当事人应向有关的专业评估机构提出书面申请，并填写评估委托书。评估申请书或评估委托书应写明的事项包括以下几方面。

(1) 当事人的姓名、住址、职业等(法人或其他组织名称、隶属关系、所在地址、法定代表人姓名、职务等)。

(2) 评估标的物的名称、类型、面积、地理位置和环境条件等。

(3) 申请评估的原因和用途。

(4) 房屋产权人、土地作用人的领勘人。

(5) 委托评估的要求。除了评估申请书(委托书)以外，申请人还要向房地产估价机构提供各种有关证明资料，如房屋所有权证，土地使用证，买方单独委托评估时房地产权人出具的同意评估的证明，设计和施工图纸，使用期维修、保险及其他费用资料等。

3) 不应承接的估价业务

在获取估价业务中，估价机构和估价师通过与估价需求者接触，根据了解的估价业务情况，判断是否能承接该项估价业务。不应承接的估价业务包括如下情形。

(1) 与当事人有利益冲突或利害关系。

(2) 该业务超出估价机构的业务范围。

(3) 该业务超出估价师的专业能力。

2. 受理业务

房地产估价机构在收到评估委托人的申请书和有关证明及资料后，要在一个有限的时间内(如 3 天)作出是否受理此项业务的决策并通知申请人。估价者在作出接受委托的决策前要对委托人和评估标的物的基本情况进行初步了解，即明确估价的基本事项，来界定有关估价的一些重要问题。这些基本事项主要包括：估价目的、估价对象、估价时点、价值类型等。除此之外，还应向需求者介绍估价服务收费标准、收费依据、付费方式、估价报告的交付日期等估价的其他事项并予以确定，然后应为估价需求者拟好估价委托书和估价委托合同，经估价需求者认可后要求其出具估价委托书(放入未来完成的估价报告的附件中)，并签订估价委托合同。

1) 明确估价目的

房地产价格评估作为房地产业的一项基础工作，可以有多方面的用途，评估委托人也会根据自己不同的需要提出不同的估价目的。房地产估价的目的可以有很多，如：房地产买卖、租赁、抵押、补偿、入股、清产、交换、诉讼、课税、投资决策、统计等。估价目的的不同使价格类型也有所不同，如买卖交易价格、抵押价格、租赁价格、典当价格、课税价格、征用价格等。不同的估价目的，对估价的精度要求不同，对市场价格实现的各种条件限定不同，所采用的估价方法也有所区别。因此估价者对委托人估价目的的明确把握是正确决策和做好估价工作的前提条件。

2) 明确估价对象

明确估价对象的内容包括明确估价对象的实物状况、权益状况和区位状况。

明确估价对象的实物状况，是要弄清委托人要求估价的房地产是如何构成的，范围多大。如作为具体要评估的房地产可能是土地或是建筑物，或是建筑物与土地合一，或是其中的某一部分。除了要对估价对象的大类加以明确外，还要对估价对象的一些基本情况进行初步了解。若是土地，是生地(无开发成本)、新开发地(有开发成本)还是其上附有影响地价的附属建筑物；若是房地合一的估价对象，其建筑物是继续保存，还是将被拆除；若是单纯的房产估价，则要明确建筑物的含义，如是写字楼，是否包括其中配备的设备；如是酒楼，是否包括其中的家具等。

明确估价对象的权益状况，就要弄清估价对象的现实法定权益状况，然后在此基础上明确是评估估价对象的现实法定权益下的价值还是设定权益下的价值。一般情况下，多数估价是评估估价对象在现实法定权益下的价值，不得随意设定估价对象的权益状况来估价。虽然法院委托的强制处分的房地产，现实法定权益不完整，但是通过法院的强制处分，受让人取得的是完整的权利。这时法院委托的估价就属于评估房地产在设定权益下的价值。

明确估价对象的区位状况，是要弄清估价对象的位置、交通、周围环境和景观、外部配套设施等。不同的估价对象，区位状况的界定不同。如一套住宅与整栋住宅，区位状况界定的要素就不同。单套的住宅，区位状况要考虑楼层、朝向，而整栋住宅，不需考虑这些。

3) 明确估价时点

房地产价格受多种因素影响，是不断变化的。对于同一宗房地产来说，在不同的时点上，其价格可能有较大的差别。通常所说的某宗房地产的价格都是指该房地产在某个特定时点上的时价，所要评估的也正是这种时价。非时价的评估不仅是毫无意义的行为，而且也是无法进行的，因此，必须明确估价时点。估价时点一般以年、月、日表示，其详略程度一般是由房地产市场的稳定程度及评估的价格种类所决定的。

4) 明确价值类型

明确价值类型是明确所要评估的价值具体是哪种类型的价值。价值类型和估价时点一样，是由估价目的决定的。大多数的估价是评估公开市场价值，这是估价师们认同的。但根据估价的目的，有时评估的价值类型可能是投资价值、抵押价值、保险价值、课税价值、补偿价值等。

9.2.2 拟定估价作业方案

明确了估价的基本事项，就可以基本把握住整个估价任务。为了保证估价工作高效率、有秩序地展开，应预先拟定出合理的作业计划。

《房地产估价规范》指出“在明确估价基本事项的基础上，应对估价项目进行初步分析，拟定估价作业方案。”因此，在接受估价委托之后，估价人员应着手估价作业方案的拟定，为下一步评估工作的开展做好思路制定、步骤分解、资源组织等工作。尤其是对那些技术难度大、工作量大、没经历过的、重要性强的项目，如果事先没有拟定一个周密的估价作业方案，将会使整个估价工作陷入无序和混乱，浪费大量的人力、物力、财力，最终还不能满足委托人的要求。

估价作业方案主要内容包括如下几个方面。

(1) 确定估价技术路线，初步选择估价方法，以便于以后的工作有目的地进行，详见9.3“房地产估价技术路线”。

(2) 拟搜集的资料及其来源渠道。

(3) 确定所需的时间、人员、经费。这是估价作业计划的关键内容，应根据估价目的、估价对象、估价时点、估价报告交付日期来确定估价任务量的大小、性质及难易程度，从而确定所需的时间、人员数量以及投入的经费。

(4) 拟定作业步骤和进度安排。

估价作业步骤和进度安排，主要是对往后要做的各项工作做出具体安排，包括对作业内容、作业人员、时间进度、经费等的安排，以便控制进度及协调合作，通常会附以流程图、进度表等，特别是对于那些大型、复杂的估价项目。

9.2.3 搜集与整理资料

资料的搜集与整理是估价者在计划指导下充分占有和利用信息资源的阶段，也是为准确估价寻找依据、为现场查勘进行准备的阶段。资料收集的深度和广度很大程度上取决于在计划阶段初选的估价方法，一般应围绕着估价方法所赖以计算的资料数据进行收集。若对供出租用的写字楼拟选用收益还原法来评估其价格，则需收集可供出租的面积、出租率或空置率、租金水平、分摊折旧、负担利息、运营管理费、税收等方面的资料，若某块土地拟选用假设开发法来评估其价格，需收集规定用途、容积率、覆盖率、建筑高度等方面的资料。

资料收集除了来源于评估委托人提供的必要资料和实地查勘所得资料外，估价人员还可以从估价机构建立的资料存储系统提取有关资料，或到政府有关主管部门去查询，或向其他当事者、咨询公司询问。

房地产估价需收集的资料主要包括以下几部分内容。

(1) 产权资料。产权资料是反映房地产所有权归属及其变化情况的综合资料，包括产权所有证、土地所有证、地形图、平面位置图。与房地产权归属及变更有关的资料，如房地产登记的原始记录，接代管产权资料，落实政策资料，房屋买卖、租赁、抵押资料，征地拆迁资料，私房改造资料等。

(2) 房地产建筑开发资料。主要包括建造开发的年代、主要结构材料、内部设计布局、设备装修、建筑造价等。在估价中，有些必需的资料无法从现场查勘中获得，可借助建筑开发的原始资料来确定。

(3) 房地产使用资料。包括房地产使用年限、程序、方式，房地产出租性质、期限、价格，房地产维修保护及现存的借用、占用情况等。

(4) 市场资料。包括房地产所处的地区环境、地理位置、繁荣程度、交通状况、客观环境的优劣，政府的城市规划、政策对房地产征用、改扩建的限制及市场交易的限制，以及相似房地产市场行情，包括成交价格、租赁条件、维修费用、使用收益及当前市场供需状况等。

9.2.4 现场查勘估价对象

现场查勘是指房地产估价人员亲临现场对估价对象的有关内容进行实地考查，以便对待估房地产的实体构造、权利状态、环境条件等具体内容进行充分了解和客观确认。在现场查勘阶段，评估委托人应负领勘之责，派员领勘。

现场查勘的主要内容有以下几方面。

(1) 对土地的查勘。评估人员对土地的查勘主要是了解地块的坐落位置，土地用途、面积、地形、地貌以及地上和地下建筑物的情况，地块与周边地块的搭界情况等。

(2) 对房屋的查勘。对房屋查勘的主要项目如下。

① 鉴定待估房屋的地址、坐落和房屋评估范围。房屋位置的正确性是房屋估价的前提，必须认真核对清楚。对同幢异产的房屋或同一地点内有多幢房屋的情况，要认真核实房屋的评估范围，正确区分产权的独有部分、共有部分或他人所有部分，以免出现误估，发生产权纠纷。

② 确认房屋的结构、装修、设备和面积。房屋契证上一般都有关于房屋结构、面积的记载，但在实际中由于种种情况，如产权登记时的疏忽或房屋所有者自行改建装修等，都会使房屋的结构、面积与契证记载的情况有差异。因此，现场查勘时，应对房屋的结构和面积等情况进一步核查，防止因契证与实地不符而出现估价失误。房屋的装修、设备、层高和朝向是房屋估价的基本内容，它的主要项目是墙体、屋顶、天花板、地面、门窗、隔间、层高、卫生设备和暖气设备等。了解房屋装修情况是一件细致繁锁的工作。

③ 确定房屋的建造年份。确定房屋的建造年份是房屋评估不可缺少的组成部分，是评定房屋折旧情况的主要依据，必须予以查明。

④ 评定房屋成新。房屋成新是影响房屋价格的重要因素。评估人员根据房屋的新旧程度评定标准，采取一听、二看、三查、四问、五测的工作方法鉴定房屋的成新。一听，是

听取住房或使用者对房屋使用状况和破损情况的反映；二看，是根据听到的反映，结合所要评定的结构、装修、设备部分，查看房屋的下部、墙体、屋面的变形和不均匀沉降，以及梁、柱变形等情况，做出直观上的判断；三查，是对房屋承重结构部位、构件本身的刚度、强度进行测量检查，看其是否有潜在的危险；四问，是就查出的问题询问使用人，了解其有关的情况；五测，是在条件具体时，用仪器测量房屋的结构变化情况，主要有地基沉降、墙体倾斜、屋架变形、裂缝等。从实际出发测定房屋成新程度，对解决建造年代不明或年代久远但仍有很大使用价值房屋的估价问题，具有重要意义。

(3) 勘丈绘图。勘丈绘图是指在房区全面查勘丈量的基础上，将房屋的形状、位置、层次、结构、内部设施、墙体归属以及附属搭建等，按照一定比例如实反映到房屋平面图上，同时估价人员应认真逐项填写“房地产查勘评定表”，作为估价的依据。

(4) 拍照、录像。现场查勘中对重要的评估项目要进行拍照或录像。拍照或录像能直观地反映评估对象的特征，尤其是文字叙述未能达到对标的物理想的描述目的时，通过拍照或录像可以弥补其不足。拍照或录像对那些即将拆迁、有可能发生房屋纠纷的评估很有必要。

(5) 对环境条件的确认。环境条件也是影响房地产价格的重要因素，而环境条件往往不是契书等文字材料标明的，另外环境条件的变动性很大，所以估价人员要亲临现场，逐步确认对待估房地产价格有影响的各环境因素的状态，通过实地调查，取得对待估房地产周边环境的客观认识。环境条件包括：商业服务、市政设施、文化教育、交通通信、卫生状况、生态环境、娱乐设施、人文自然景观等。

在进行实地查勘时，估价人员应将有关的情况和数据认真记录下来，形成“实地查勘记录”。

完成实地查勘后，实地查勘的估价人员和领勘人以及被查勘的房地产的业主，应在“实地查勘记录”上签字认可，并注明实地查勘日期。

9.2.5 综合分析和估算

综合分析和估算是房地产估价的实质性阶段。根据较完备的资料，估价人员可选择估价方法，最终估算出房地产价格。这一阶段的作业包括两项。

1. 资料综合分析

资料综合分析的目的是为了确定房地产估算的基本数据，基本数据准确与否对估算的最终结果有直接影响。如果资料综合分析不能如实反映房屋建筑的各类技术数据，甚至发生失误，则会影响到价格评估的正确性，致使当事人蒙受不应有的损失，也会影响到估价者的声誉。

资料综合分析的重点是：①检查资料是否为估价所必需的资料，即注意该资料是否与委托房地产的种类、委托估价的目的及条件相符；②房屋产权的归属是决定评估房屋价格的重要因素，一定要准确。

2. 价格形成分析

房地产价格的形成，一方面是基于它的实体因素，另一方面是基于它的影响因素。房地产价格的实体因素可以通过确认来把握，而影响因素则要通过有经验的评估人员加以分析，以便把握各因素对价格的影响程度。房地产价格的诸多影响因素可以划分为区域因素和个别因素两大方面。

(1) 区域因素分析。所谓区域因素分析，就是分析待估房地产属于何种地区，该地区有何种特征，该特征对房地产价格形成有何影响等。因为房地产价格会随其所处的地区特性的不同而有很大差别，如果不把握地区特征就无法获得房地产客观、合理的价格。进行区域分析时，主要应从房地产的用途分类着手，如住宅区、商业区、工业区等。这种分类并非城市规划上的使用分区，而是实际的使用分区。同时，房地产的价格除受所属地区特性的影响外，类似地区及更广泛的同一供求圈的特性也会对其有重大影响。

因此，区域分析可分为邻近地区和类似地区两部分。邻近地区就是同类地区即待估房地产所属的地区类别，如住宅区、商业区、工业区、文化娱乐区等。估价时首先要判定类别；其次，区域划分的范围不宜过大；再次，类别判定要考虑未来发展。类似地区是指与待估房地产所属地区相类似的其他地区。类似地区也可以用“同一供求圈”的概念解释。在“同一供求圈”内，同类房地产可形成替代关系，因而对价格形成有重大影响。

(2) 个别因素分析。个别因素分析是对待估房地产的个别因素进行的分析，是判定房地产最有效使用方向的工作过程，房地产价格就是以该房地产的最有效使用方向为前提而形成的。个别因素分析应当正确掌握待估房地产的地块条件、街道条件、临近条件、环境条件、行政条件等方面的因素，再依据邻近地区的特征，判断出最有效使用方向。

3. 估价方法的选择和价格估算

(1) 选择估价方法。在作业方案中初选的估价方法在这个阶段可以得到最后的确认并用于计算。尽管房地产估价方法比较多，但最基本的方法还是成本法、市场比较法和收益还原法 3 种。在进行房地产估价时，仅靠一种方法不易达到正常价格，因此需要采用两种或两种以上的估价方法综合运用。估价方法的选择要根据估价对象的具体情况加以选择。

(2) 价格估算。选定估价方法后，可开始对房地产进行测算，其具体测算方法本书其他章节有专门论述。应该注意的是，房地产评估测算时，若有当地政府规定的测算标准，应认真采用，如“土地分等定级标准”“房屋新旧程度评定标准”“房屋耐用年限”“房屋代议书标准”等。

(3) 价格调整。由于资料的限制和房地产价格的复杂性，采用 3 种方法估出的价格难以一致，因此需要进行价格调整。在进行价格调整之前，首先，要对资料的运用等加以检验复核，其主要内容是：资料的选择及运用是否得当；各项房地产估价原则的应用是否得当；一般性因素分析及区域因素分析、个别因素分析是否适当；单价与总价的关联是否适当。其次，要对两种估价方法估算出的价格进行综合，综合的方法有 3 种：①简单算术平均；②加权算术平均，即赋予每个价格不同的权重，然后再综合出一个价格，通常对于评估该房地产最适用可靠的估价方法所算出的结果，赋予较大的权重，反之则赋予较小的权重；③以一种估价方法计算出的结果为主，其他估价方法计算出的结果只供参考。再次，估价人员要根据自己的经验、影响价格诸因素的分析以及市场行情，对综合测算出的结果再作调整，以最后综合评估决定出估价额。在实际工作中，最后决定的估价额，可能以计算出的价格为主，也可能以估价人员的其他判断为主，而计算结果只作为参考。

9.2.6 撰写与审核估价报告

估价人员在确定了最终的估价结果之后，应当撰写估价报告。为保证估价报告的质量，估价机构应当建立估价报告内部审核制度。审核完毕后，审核人员应在审核记录上签名，并注明审核日期。有关的具体内容详见第 10 章。

9.2.7 交付估价报告及收取服务费

完成估价报告后，要将估价报告交付给委托估价者，并可就某些问题作口头说明，至此完成了对委托估价者的估价服务。最后是按照有关规定和收费标准向委托估价者收取估价服务费。

房地产评估收费采用差额定率累进计费，即按房地产价格总额的大小划分费用率档次，分档计算各档次的收费，各档次收费额累计之和为收费总额。表 9-1、9-2、9-3 分别为以房产、一般宗地、城镇基准地价评估收费标准。

表 9-1 以房产为主的房地产价格评估收费标准

档次	房地产价格总额/万元	累进计费率/‰
1	≤100	5
2	101～1 000	2.5
3	1001～2 000	1.5
4	2001～5 000	0.8
5	5001～8 000	0.4
6	8001～10 000	0.2
7	>10 000	0.1

表 9-2 宗地地价评估收费标准

档次	土地价格总额/万元	累进计费率/‰
1	≤100	4
2	101～200	3
3	201～1 000	2
4	1001～2 000	1.5
5	2001～5 000	0.8
6	5001～10 000	0.4
7	>10 000	0.1

表 9-3 基准地价评估收费标准

档次	城镇面积/平方千米	收费标准/万元
1	≤5	4～8
2	5～20	8～12
3	20～50	12～20
4	>50	20～40

例 9-1

某宗房地产的评估价格为 3 500 万元。根据估价收费标准，应该交多少评估费用？

【解】100×5‰+900×2.5‰+1 000×1.5‰+1 500×0.8‰=5.45(万元)

9.2.8 估价资料归档

估价报告交付给委托人之后，估价人员和估价机构应及时对该估价项目的各种文字、图表、声像等不同形式的资料进行清理，对其中有保存价值的资料进行整理、分类，然后妥善保管，即归档。

估价资料归档的目的是建立资料库和备案，以方便今后的估价及管理工作。估价资料归档有助于估价机构和估价人员不断提高估价水平，也有助于解决日后可能发生的估价纠纷，还有助于行政主管部门和行业组织对估价进行资质审查和考核。

应归档的资料包括：委托合同，估价报告，实地勘察记录，项目来源和接洽情况记录，修改或调整估价结果意见记录，审核记录，以及估价人员认为有必要保存的资料等。

资料的保管期从估价报告出具之日起计算，应当不少于 10 年。保管期届满而估价服务的行为尚未了结的估价资料，应当保管到估价服务行为了结为止。例如，10 年前为某笔房地产抵押贷款服务而出具的估价报告，由于抵押贷款的期限是 20 年，则该笔房地产抵押贷款服务的估价档案应当保存 20 年以上。

9.3 房地产估价技术路线

9.3.1 房地产估价技术路线的概念

房地产估价人员接受了估价委托并且明确了估价目的、估价对象、估价时点等估价基本事项之后，接下来要做的一件至关重要的事情就是确定估价技术路线。只有确定了估价技术路线，才能相应地选择估价方法，进而才能开始进行后面的具体估价作业。

房地产估价技术路线是指导整个房地产估价过程的技术思路，是估价人员对估价对象房地产的价格形成过程和形成方式的认识。

确定房地产估价技术路线，也就是确定房地产价格形成过程和形成方式，确定估价技术路线的结果和目的是：确定价格内涵和价格形成过程。

确定房地产估价技术路线，要对估价对象房地产本身有充分的认识，对委托方的要求有充分的理解。

9.3.2 房地产估价技术路线与房地产价格内涵和价格形成过程

房地产估价是估价人员模拟房地产价格形成过程以确定房地产的客观合理价格的过程，房地产估价技术路线就是估价人员模拟房地产价格形成过程、揭示房地产价格内涵时的思路。因此可以说：房地产估价技术路线体现的正是估价对象房地产的价格形成过程，反映的正是估价对象房地产的价格内涵。

从《规范》中的一些条文规定，可以看到房地产估价技术路线与房地产价格内涵和价格形成过程的关系。

以《规范》第6.4.4条为例。

“6.4.4　以划拨方式取得的土地使用权连同地上建筑物抵押的，评估其抵押价值时应扣除预计处分所得价款中相当于应缴纳的土地使用权出让金的款额，可采用下列方式之一处理。

(1) 首先求取设想为出让土地使用权下的房地产的价值，然后预计由划拨土地使用权转变为出让土地使用权应缴纳的土地使用权出让金等款额，两者相减为抵押价值。此时土地使用权年限设定为相应用途的法定最高年限，从估价时点起计。

(2) 用成本法估价，价格构成中不应包括土地使用权出让金等由划拨土地使用权转变为出让土地使用权应缴纳的款额。

这里给出的处理土地使用权出让金问题的两种方式也就是两种估价技术路线，这两种估价技术路线反映了共同的价格内涵：划拨土地使用权的价格内涵是正常的出让土地使用权价格扣除土地使用权价格减去土地使用权出让金等款额，后者是采用成本积算的方法、在积算时不考虑土地使用权出让金等款额。

又例如《规范》第6.12.2条规定：

“6.12.2　房地产损害赔偿估价，应把握被损害房地产在损害发生前后的状态。对于其中可修复部分，宜估算其修复所需的费用作为损害赔偿价值。”

这里所说的“对于其中可修复部分，宜估算其修复所需的费用作为损害赔偿价值”，就是一种估价技术路线。也就是说，在进行房地产损坏赔偿估价时，需要确定的是房地产损坏的程度，这个损坏程度又如何衡量呢？是用对其进行修复所需的费用来衡量的。所以，房地产损坏赔偿估价时，估价结论的价格内涵是“房地产损坏的程度”，或者是“修复所需的费用”。明确了价格内涵，也就明确了该价格形成过程：模拟对损坏的房地产进行修复从而得出修复所需的费用。进而，也就明确了估价的技术路线：估算其修复所需的费用作为损害赔偿价值。

9.3.3　房地产估价技术路线与房地产估价方法

1. 房地产估价技术路线与房地产估价方法的密切关系

房地产估价技术路线是对房地产价格形成过程和形成方式的认识，而房地产估价方法本身也反映了人们对房地产价格形成过程和形成方式的认识，可以说，每种房地产估价方法都体现了一种技术路线。

例如市场比较法，它所反映的是这样一种估价技术路线：房地产的正常市价是该房地产在公开市场上最可能的成交价格，或者说是被大多数买家和大多数卖家认可的价格。正是按照这样的技术路线，市场比较法采用选取类似房地产的实际成交价格作为评估价格的技术路线。

又如成本法，它反映的估价技术路线是：在无法通过市场直接得到估价对象的正常市价的情况下，可以通过对估价对象房地产的价格组成部分进行分解，了解各价格组成部分的正常市价，再累加(积算)作为估价对象的正常市价。也就是说，成本法认可这样一种价格形成过程：房地产的价格是由其各组成部分的价格累加而成的。

再如收益法，它体现了对价格形成过程的这样一种认识：可以将购买房地产作为一种投资，将该投资未来可以获得的所有净收益折现之后累加，所得结果不应小于投资额，进而可以用这个结果作为估价对象的房地产价格。收益法所体现的估价技术路线是：房地产现时的价格是由房地产未来可获得的收益决定的。

最后再看假设开发法，它所体现的房地产价格形成过程即估价技术思路是：未完成的房地产的价格取决于它完成后的价格和从未完成到完成阶段所需增加的各项投入以及相应的利、税。

同样一个估价对象，采用不同的估价方法，实际上是在模拟不同的价格形成过程，体现的是不同的估价方法，不同的估价技术路线。例如对一宗尚未完成的房地产开发项目的估价，可以采用成本法，求取获取土地的价格、已投入的建造成本和各项相关费用、利息、利润、税费，累加即得到其价格。这既是成本法的估价过程，也体现了一种技术路线。它所反映的价格形成过程是：产品的价格是由构成产品价格的各组成部分积算而形成的。还可以采用假设开发法，先确定该项目完成后的市场价格，再扣除由未完成状态继续建造完成所需的各项投入和利息、利润、税费，由此也可得出估价对象的价格，这种方法所反映的价格形成过程是：未完成产品的价格最终取决于它开发建设完成后的市场价格，由后者可以推算出前者。

所以说，房地产估价技术路线与房地产估价方法是一种密不可分的关系。

2. 把握房地产估价技术路线有助于正确运用房地产估价方法

由于房地产估价技术路线反映了房地产价格形成过程和价格内涵，而房地产估价方法的实质也是模拟房地产价格的形成过程确定估价对象的价格，因此把握房地产估价技术路线有助于正确运用房地产估价方法。

9.3.4 房地产估价技术路线的确定

1. 确定房地产估价技术路线要对估价基本事项有充分的认识

确定房地产估价技术路线首先要对估价基本事项有充分的认识，即要充分了解估价对象、估价目的、估价时点。

1) 确定房地产估价技术路线时要充分了解估价对象

估价技术路线反映了估价对象房地产的价格形成过程和形成方式，因此和估价对象本身的情况密切相关。

例如，估价对象原为在农村宅基地上建设的“集资房”，在不影响城市总体规划、能够形成基础设施配套等前提下，经市政府批准，补交土地使用权出让金后，可以发给房地产证，自发证之日起 5 年以后可上市。现由于债务纠纷，法院判决将估价对象抵债，估算其价值。估价时点距离可以上市之日还有 6 个月时间，此时的估价技术路线应该是：先确定估价对象可以上市之日的快速变现价值，再折现到估价时点。

这里对估价对象情况的了解就非常重要，如果不是这样一个特殊的估价对象，就不存在采用“先确定估价对象可以上市之日的快速变现价值，再折现到估价时点”这样的技术路线问题。

2) 确定房地产估价技术路线时要充分了解估价目的

估价目的决定了价格内涵，进而决定了估价技术路线。

例如，银行需要对抵押人提供抵押的一宗房地产进行估价，而且该房地产的土地是划拨取得的，此时银行要了解的是：当因为抵押人所担保的债权不能按时清偿时，银行能够通过变卖抵押房地产获得的最大价值是多少。因此在“抵押评估”的目的下对该抵押房地产进行估价时，就要向估价委托人(银行)说明：在处分该抵押房地产时将要向国家交多少土地使用权出让金，或者换句话说，该房地产在“抵押评估”的目的下所估算的房地产价格的内涵中应该扣除应向国家交付的土地使用权出让金。

又如，为了保险目的进行的房地产估价，其价格内涵将不包括土地的价格，因为保险估价的价值主体(保险公司)所关心的仅仅是房屋的价格，在出险时土地是不会受到损失的。

3) 确定房地产估价技术路线时要充分了解估价时点

确定房地产估价技术路线就是要确定房地产价格的内涵和价格形成过程，而房地产价格内涵与价格形成过程，都与估价时点密切相关。

2. 确定房地产估价技术路线要遵守房地产估价原则

房地产估价技术路线所反映的是房地产价格的形成过程，而房地产估价原则体现的也正是房地产价格的形成原理，因此在确定房地产估价技术路线时要遵守房地产估价原则就是十分自然的事了。

1) 房地产估价技术路线与合法原则

遵循合法原则，应以估价对象的合法使用、合法处分为前提估价。

所谓合法，是指符合国家的法律、法规和当地政府的有关规定。

房地产价格实质上是房地产权益的价格，而房地产权益是由法律法规所确定的，估价所要考虑的也只能是合法的权益价格。又由于房地产价格是在其使用和处分的过程中形成的，因此在确定房地产价格时，就必须坚持其使用和处分的合法性。

合法原则提供了这样的估价技术路线：估价时必须首先确认估价对象具有合法的产权，其次要求估价对象的用途必须是合法的，同时还要求在估价中如果涉及估价对象的交易或处分方式时，该交易或处分方式必须是合法的。

按照“确认估价对象具有合法产权”的估价技术路线，在估价时就必须先确认估价对象房地产具有哪些权利，权利是否完整，以及权利是否合法。例如已经签订了租约的房地产，在租约有效期内，其占有权和使用权已经让渡给承租人；又如违章建筑，对其拥有的占有权是得不到法律保护的。

按照“确定估价对象的合法用途”的估价技术路线，在估价时就要核查估价对象的现状用途是否与其法定用途相符。例如现状用途是商业，而法定用途是住宅，只能按照其法定用途确定其价格，而不能考虑其现状用途；又如在采用假设开发法估价时，需要设定估价对象未来的用途，在设定该用途时，就必须保证该用途的合法性，例如必须符合城市规划限制的要求。

按照“确定合法的交易或处分方式”的估价技术路线，在涉及到划拨土地使用权单独设定抵押的估价时，就必须考虑到划拨土地使用权在得到土地行政主管部门的批准并补交土地使用权出让金或向国家上缴土地收益之后才能设定抵押，此时该目的下的估价对象才具有合法性。

2) 房地产估价技术路线与替代原则

遵循替代原则，要求估价结果不得明显偏离类似房地产在同等条件下的正常价格。替代原则的理论依据是同一市场上相同物品具有相同市场价值的经济学原理。替代原则是保证房地产估价能够通过运用市场资料进行和完成的重要理论前提。只有承认同一市场上相同物品具有相同市场价值，才有可能根据市场资料对估价对象进行估价。

替代原则也反映了房地产估价的基本原理和最一般的估价进程。房地产估价所要确定的估价结论是估价对象的客观合理价格或价值。对于房地产交易目的而言，该客观合理价格或价值应当是在公开市场上最可能形成或者成立的价格，房地产估价就是参照公开市场上足够数量的类似房地产的近期成交价格来确定估价对象的客观合理价格或者价值的。

在确定房地产估价技术路线时，无论采用什么估价思路和估价方法，都必然首先承认替代原则。市场比较法是用相同或类似房地产的成交价格来“替代”估价对象的价格，收益法是用估价对象未来的收益“替代”估价对象在估价时点的价格，成本法是用估价对象各组成部分的价格来“替代”估价对象的价格，等等。

3) 房地产估价技术路线与最高最佳使用原则

遵循最高最佳使用原则，应以估价对象用于最高最佳使用为前提估价。房地产估价中所确定的客观合理价格或价值，其实质是房地产的经济价值，而房地产的经济价值是在房地产的使用过程中实现的。最高最佳使用原则要求在估价时应确定估价对象处于最高最佳使用状态时的价值，因此最高最佳使用原则本身就提供了这样一个确定房地产估价技术路线的基本思路：在估价时首先要确定房地产的最高最佳使用状态，进而才能确定房地产在这种状态下的价值。

4) 房地产估价技术路线与估价时点原则

估价时点原则强调的是估价结论具有很强的时间相关性和时效性。

估价结论首先具有很强的时间相关性，这主要是考虑到资金的时间价值，在不同的时间点上发生的现金流对其价值影响是不同的。所以，在房地产估价时统一规定：如果一些款项的发生时点与估价时点不一致，应当折算为估价时点的现值。在确定估价技术路线涉及估价对象房地产的价格形成过程时，就要注意到这一点，不能直接将不同时间点上发生的现金流直接相加，而要折现以后再相加。

估价结论同时具有很强的时效性，这主要是考虑到房地产市场价格的波动性，同一估价对象在不同时点会具有不同的市场价格。所以强调：估价结果是估价对象在估价时点的价格，不能将该估价结果作为估价对象在其他时点的价格。因此在确定估价技术路线时，就要注意根据不同的估价时点确定估价所依据的房地产市场情况，进而确定在此种房地产市场情况下的房地产总体价格水平。

估价时点原则的另外一层含义是：估价对象在不同的估价时点的状态是不同的，相应就会有不同的价格。例如一宗房地产在其未完工时的状态与竣工后的状态不同，相应地就有不同的价格。在确定估价技术路线时，就要注意准确把握估价对象在所规定的估价时点时的状态，进而决定估价对象在该状态下的价格内涵。

综上所述，确定房地产估价技术路线就是要确定估价对象房地产的价格内涵和价格形成过程，因此在确定房地产估价技术路线时，首先要明确估价的测算过程和需要采用的估价方法。

一些简单明确的房地产估价往往比较容易确定估价技术路线，确定估价技术路线的过程通常可以简化为选择确定估价方法。

3. 确定房地产估价技术路线的步骤

设计估价技术路线时，一般步骤如下。

(1) 明确估价的基本事项。

(2) 确定价格内涵。价格内涵包含两个层面的问题：一是确定价值标准，二是确定价值类型。例如，一公司拟以其一幢办公楼向银行进行抵押贷款，委托估价机构评估，按照规范，应采用公开市场价值标准，价值类型是房地产抵押价值。

(3) 选择适宜的估价方法、途径。

(4) 方法应用要点或者需要特殊处理的地方。估价方法在使用过程中，都有其应用条件和技术要求，在熟练掌握估价方法的前提下，应结合估价对象实际情况，对估价方法做必要的处理，使估价方法得以正确地运用，避免由于方法本身使用不当造成评估的误差。

一些简单的房地产估价往往比较容易确定估价技术路线，确定估价技术路线的过程通常简化为选择估价方法。而一些较复杂的房地产估价需要按照上述步骤理清估价思路，最终确定估价技术路线。

4. 设计房地产估价技术路线案例

例 9-2

某公司一幢办公综合楼于1998年10月建成，为钢筋混凝土结构，共12层，裙楼1、2层为自营商铺，3层以上为公司办公使用，土地使用权取得方式为划拨。该公司拟现今(2008年10月15日)以该幢办公综合楼整体抵押贷款，需委托评估。

估价技术路线设计如下。

(1) 明确估价基本事项。

本估价对象是某公司一幢办公综合楼，为钢筋混凝土结构，共12层，裙楼1、2楼为自营商铺，3层以上为公司办公使用，土地使用权取得方式为划拨。

估价目的是为委托方以该办公综合楼作为抵押贷款担保物提供价值参考依据。

估计时点是2008年10月15日。

(2) 确定价格内涵。

本次评估为抵押价值评估，按规范要求，应采用公开市场价值标准，因此估价对象价格内涵确定为抵押物在设定抵押权时的正常市场价格，价格类型是房地产抵押价值。

(3) 选择适宜的估价方法、途径。

途径 1　选用成本法进行估价。行政划拨土地上房地产作为抵押物进行抵押价值评估时，先分别测算房地产与土地的成本价格，再综合形成整幢办公综合楼房地产的价格。选用成本法估价时，土地构成中不含土地使用权出让金。

途径 2　选用市场法进行估价。先假设估价对象为具有完全产权的商品房，然后用市场法测算该对象的公开市场价格，从得出的估价额中减去需要补交的土地出让金即得出估价对象的抵押价值。

途径 3　选用收益法进行估价。先假设估价对象为具有完全产权的商品房，然后将估价对象分为商业、办公用房两部分，再用收益法分别测算各部分的价值，两者相加形成估价对象总价值，从得出的总价值中减去需要补交的土地出让金即得出估价对象的抵押价值。

根据所获得的估价对象的资料可靠性，决定选用以上的成本法、收益法两种估价方法估价，然后将两种估价方法的结果进行综合分析后确定最终的估价值。

(4) 方法应用要点或需要特殊处理的地方。

收益法中土地使用年限应采用该类出让土地法定最高年限，并从估价时点起计，剩余年限为收益年限。

综合应用案例 9-1

王某于2006年3月10日在郊区发现一栋自己喜欢的别墅并立即购买，购买价格为220万元，当时为办理过户手续委托评估公司对该别墅进行了评估，评估价值为200万元。2006年10月1日，张某因资金紧张，欲将该别墅作为抵押物向银行贷款，银行同意张某贷款申请，但要求对该别墅的抵押价值进行重新评估。问：为什么原评估报告不可用?

答：(1)评估目的不同，估价报告只能为委托方在该目的下提供估价对象的价值依据;评估时点不同，市场可能发生变化，别墅的周围景观也可能发生变化。

(2) 考虑到抵押对象为别墅，其价值量大，而需求市场相对较少，变现能力差，若贷款不能如期偿还，银行存在着很大的变现风险，因此抵押评估的价值可能和原报告的评估结果有很大差异，故需重新评估。

综合应用案例 9-2

甲酒楼一年前重新装修后出租给乙餐饮公司经营，租期5年。估价机构现对该酒楼进行拆迁估价，酒楼业主不配合拆迁工作，不允许估价人员进入酒楼实地查勘。根据拆迁人提供的资料，该酒楼产权清晰，权属证书齐全，用途合法，无违章搭建。

请问：

1. 针对该类拆迁估价，在估价程序上应特殊注意哪些环节?
2. 装修补偿应如何确定?
3. 对已存在的租赁关系，估价时应如何处理?

答：(1)估价程序上应特殊注意：

① 被拆迁人不允许估价人员进入酒楼实地查勘，估价人员应做好无利害关系第三人见证工作，并在报告中作出相应说明。

② 估价机构应将分户初步估价结果向被拆迁人公示7日，并进行现场说明。

③ 公示期满后，估价机构将整体估价报告和分户估价报告提交委托人，并由委托人向被拆迁人转交分户报告。

(2) 房屋室内自行装饰装修补偿金额由拆迁人和被拆迁人协商确定；协商不成的，可以通过委托评估机构确定。

(3) 估价不考虑房屋租赁因素的影响。

本章小结

本章对房地产估价程序进行了详细阐述，并且对估价程序中的房地产估价技术路线进行了详尽讲解。这一章是估价实务中的一大难点，也是注册房地产估价师考试的重点。

房地产估价程序分为8个步骤：①获取和受理业务；②拟定估价作业方案；③搜集与整理资料；④现场查勘估价对象；⑤综合分析和估算；⑥撰写与审核估价报告；⑦交付估价报告书及收取服务费；⑧估价资料归档。在9.2“房地产估价程序”中按照这8个步骤一一阐述，其中估价作业方案中的技术路线的设计是重点，也是比较难以掌握的。因此在9.3“房地产技术路线”重点讲解估价技术路线如何设计以及设计的依据、步骤，并举例予以说明。

习题

1．张某在2002年5月以按揭的方式购买了一套住宅，现(2008年5月)因资金紧张要出售该套住宅，同时刘某打算购买该套住宅，但双方均不知如何确定该套住宅的售价，为此委托评估机构进行评估，试作为一名房地产估价师写出评估该住宅转让价格的技术路线。

2．某房地产估价机构承接了一住宅烂尾楼转让价格的评估业务，估价时点为2006年6月15日。根据委托方提供的资料，该烂尾楼项目的土地是2001年6月通过出让取得的，2002年6月开始建设。委托方提供的实际成本价格为1 800元/m^2，包括土地取得成本、开发成本、管理费用、销售费用、销售税金和期望利润，并计算了自2001年6月至估价时点的投资利息。估价人员经调查核实，认为委托方所列的各项实际成本费用符合支出当时的正常市场情况，为此，在采用成本法估价时确定该房地产的重置价格为1 800元/m^2。

请问：(1) 估价人员这样确定该房地产的重置价格有哪些错误？

(2) 在此基础上还应考虑哪些因素才能得出积算价格？

3．甲、乙合作投资开发一房地产项目，双方各出资1 000万元，经营收益各按50%分成。到项目建成时投资正好用完，销售费用也已预提。项目的总建筑面积10 000m^2，售价3000元/㎡，销售税费率为售价的7%。销售过程中，乙拿出一套建筑面积100m^2的房屋送给朋友，向甲提出先挂账，双方结算时再作处理。该项目在短期内销售完成，实际销售费用与预提的销售费用相符，实际回收价款2 762.1万元。甲提出本应双方各分得1 381.05万元，现因乙拿走一套价值30万元的房屋，故乙实得1 351.05万元;乙则认为该套房屋的成本为25万元，故只应从自己的应得收入中扣除12.5万元，自己应分得1 368.55万元。若不考虑所得税因素，谁的分配方案合理？为什么？

4．某商业楼建筑面积为5 000m^2，于2000年9月1日开工，2002年3月1日建成投入使用；该楼为钢筋混凝土结构，耐用年限为60年。业主于2003年3月1日通过补交土地使用权出让金将土地使用权性质由划拨转为出让，用途为商业，土地使用年限为40年，自2003年3月1日起至2043年2月28日止。在2004年3月1日，业主拟以该商业楼为抵押物向银行申请两年期的抵押贷款，委托房地产估价机构估价。

(1) 采用成本法估价，计算该建筑物折旧时，确定建筑物的剩余经济寿命应(　　)。

A．按土地使用权出让年限扣除土地已使用年限计算

B．按建筑物耐用年限计算

C．按建筑物耐用年限扣除建筑物已使用年限计算

D．按建筑物已使用年限计算

(2) 采用收益法估价时，下述观点不正确的是(　　)。

A．收益年限应按估价时点时的土地使用权剩余年限计算

B．估价时点应设定为 2004 年 3 月 1 日

C．净收益中应扣除建筑物折旧额

D．应要求委托人提供该商业楼的经营收益和费用资料

(3) 估价机构评估出该商业楼在 2004 年 3 月 1 日的公开市场价值为 4 000 万元。近年来此类房地产的价格年均上涨 5%趋势仍将继续。另根据拍卖行统计数据，此类房地产快速变现的变现率一般为其正常市场价格的 70%。估价机构向委托人提交的估价结果应该是(　　)万元。

A．2 800　　B．2 940

C．4 000　　D．4 200

(4) 假设在 2005 年 9 月 1 日，业主委托某估价机构重新评估该商业楼现时的抵押价值，若估价结果显示该商业楼的公开市场价值比 2004 年 3 月 1 目的公开市场价值增加了 500 万元。下列表述中正确的是(　　)。

A．原抵押权人认为该商业楼已全部抵押，500 万元增值不能再次设立抵押权

B．原抵押权人认为该商业楼已全部抵押给原抵押权人，500 万元增值不能对原抵押权人以外的债权提供担保

C．业主认为该 500 万元属于抵押物价值的新增部分，不属于抵押范围，若对抵押物拍卖，原抵押权人对该部分价值无优先受偿权

D．该 500 万元可再次抵押

第10章

房地产估价报告

教学目标

通过前面3篇的学习，基本弄清楚了什么是作为估价对象的房地产；什么是工作目标——对估价对象房地产价值的推算与认定。接下来要初步认识作为房地产估价服务的产品——房地产估价报告。通过本章的学习，要求能识读估价报告，初步理解掌握房地产估价报告的构成要素，了解怎么评审一份估价报告。

教学要求

能力目标	知识要点	权重
初步识读房地产估价报告	房地产估价报告示例	30%
掌握房地产估价报告的构成要素	房地产估价报告的构成要素	40%
了解怎么评审一份估价报告	房地产估价报告的评审要求	30%

引例

某工厂为企业改制进行资产重组，委托估价机构将其划拨土地上建成的两幢房屋进行估价。该工厂的房屋所有权证上记载，该两幢房屋的用途均为工业。根据估价人员现场勘察的结果，该两幢房屋中一幢为厂房，另一幢原为厂房，后自行改为办公楼用于出租。经过估价人员的市场调查、对资料的分析以及估价人员的经验，最终确定了这两幢房屋的市场价值。现估价机构要向委托人提交估价结果。

思考：如何撰写该估价报告?

房地产估价报告是估价机构提供给委托人的“产品”，是估价机构出具的关于估价对象价值的专业意见。通过前面两篇相对比较典型的房地产估价报告的识读，总结一下一般房地产估价报告的构成要素，以及当前业内怎样评审一篇房地产估价报告。

10.1 房地产估价报告构成要素

根据现行《房地产估价规范》8.0.2，估价报告应包括下列部分。

(1) 封面。

(2) 目录。

(3) 致委托方函。

(4) 估价师声明。

(5) 估价的假设和限制条件。

(6) 估价结果报告。

(7) 估价技术报告。

(8) 附件。

对于成片多宗房地产的同时估价，且单宗房地产的价值较低时，估价结果报告可采用表格的形式。除此之外的估价结果报告，应采用文字说明的形式。

特别提示

估价报告的形式分为书面报告和口头报告(如专家证词)。书面报告按照其格式，又可分为叙述式报告和表格式报告。本文所述为叙述式房地产估价报告。叙述式报告能使估价人员有机会充分论证和解释其分析、意见和结论，使估价结果更具有说服力。叙述式报告是最普遍、最完整的估价报告形式。

10.1.1 房地产估价报告构成要素基本要求

估价报告应全面、公正、客观、准确地记述估价过程和结论。具体来说应做到下列几点。

(1) 全面性。

估价报告应完整地反映估价所涉及的事实、推理过程和结论，正文内容和附件资料应齐全、配套，使估价报告使用者能够合理理解估价结果。

(2) 公正性和客观性。

估价报告应站在中立的立场上对影响估价对象价值的因素进行客观地介绍、分析和评论，做出的结论应有充分的依据。

(3) 准确性。

估价报告的用语应力求清楚、准确，避免使用模棱两可或易生误解的文字，对未经查实的事项不得轻率写入，以免增加自身不必要的责任；对难以确定的事项应予以说明，并描述其对估价结果可能产生的影响，合理规避自身风险。这点在估价师声明与估价的假设和限制条件的写作中表现得尤为突出。

(4) 概括性

估价报告应使用简洁的文字对估价中所涉及的内容进行高度概括，对获得的大量资料应在科学鉴别与分析的基础上进行筛选，选择典型、有代表性、能反映事情本质特征的资料来说明情况和表达观点。这点在后述估价报告示例估价技术报告中有关市场背景分析的写作尤要注意。

(5) 估价报告的纸张、封面设计、排版、装订应有较好的质量，尽量做到图文并茂。

10.1.2 房地产估价报告构成要素的基本内容

1. 封面

封面的内容一般包括下列几项。

1) 标题

这是指估价报告的名称，如“房地产估价报告”或进一步明确为“房地产抵押估价报告”。

2) 估价项目名称

写明该估价项目的全称。通常是采用估价对象的名称，如“×××位于洛王办事处花园坡社区居民点×××一套住宅房地产转让价值评估。”

3) 委托方

写明该估价项目委托人的名称或者姓名。其中，委托人为单位的，为单位全称；委托人为个人的，为其姓名。

4) 估价方

写明受理该估价项目的估价机构的全称。

5) 估价人员

写明参与该估价项目评估工作的估价人员，包括估价员和签字注册房地产估价师，数量要合乎相关估价规范要求。

6) 估价作业期

写明该估价项目估价的起止年、月、日，一般从决定受理估价委托的年、月、日至出具估价报告的年、月、日。

7) 估价报告编号

写明该估价报告在估价机构内的编号，以便于归档和今后的统计、查找等。估价报告编号用非常简明的文字包含了丰富的信息，如后述估价报告示例附录 B 编号“×××(2009)D02-020 号”，包含估价机构简称、报告出具年月、报告种类及排列号等信息，这样便于日后估价报告归档和今后的统计、查找等。

2. 目录

目录通常按前后次序列出估价报告的各个组成部分的名称、副标题及其对应的页码，以使委托人或估价报告使用者对估价报告的框架和内容有一个总体了解，并容易找到其感兴趣的内容。

特别提示

目录中所列估价报告的各个组成部分的名称、副标题与其对应的页码必须对应准确，目录中页码不能缺少，否则就失去目录的意义。

3. 致委托方函

致委托方函是正式将估价报告呈送给委托人的信件，在不遗漏必要事项的基础上应尽量简洁，语言简练规范、通俗易懂，属公函，不同于个人之间往来的信件。其内容一般包括下列几项。

(1) 致函对象。致函对象是指委托方的名称或者姓名。

(2) 致函正文。致函正文要求写明估价对象、估价时点、估价目的、估价结果和价值内涵，以及估价所遵循的基本原则和依据。另外，通常说明随此函附交的估价报告详细内容。

(3) 致函落款。为估价机构的全称，加盖估价机构公章，一般由法定代表人签名、盖章。

(4) 致函日期。这是指致函时的年、月、日，也即正式出具估价报告的日期——估价报告出具日期。

4. 估价师声明

在估价报告中应包含一份由所有参加该估价项目的估价师签字、盖章的声明。该声明告知委托方和估价报告使用者，估价师是以客观公正的方式进行估价的，同时它对签字的估价师也是一种警示。估价师声明通常包括下列内容。

我们郑重声明：

(1) 我们在本估价报告中陈述的事实是真实的和准确的。

(2) 本估价报告中的分析、意见和结论是我们自己公正的专业分析、意见和结论，但受本估价报告中已说明的假设和限制条件的限制。

(3) 我们与本次估价的估价对象没有利害关系，也与有关当事人没有个人利害关系或偏见。

(4) 我们依照中华人民共和国国家标准《房地产估价规范》进行分析，形成意见和结论，撰写本估价报告。

(5) 我公司估价人员×××和×××已对本估价报告中的估价对象进行了实地勘察，并对勘察的客观性、真实性、公正性承担责任，但我们对估价对象的现场勘察仅限于其外观和使用状况，对被掩盖、未暴露及难以接触到的部分，依委托方提供的资料进行评估。除非另有协议，我们不承担对估价对象建筑结构质量进行调查的责任。

(6) 没有人对本估价报告提供了重要的专业帮助。

(7) 本估价报告依据了委托方提供的相关资料，委托方对资料的真实性负责。因资料失实造成估价结果有误的，估价机构和估价人员不承担相应的责任。

(8) 本报告估价结果仅作为委托方在本次估价目的下使用，不得做其他用途。未经本估价机构和估价人员同意，估价报告不得向委托方及报告审查部门以外的单位及个人提供，凡因委托人使用估价报告不当而引起的后果，估价机构和估价人员不承担相应的责任。

(9) 本估价报告的全部或部分内容不得发表于任何公开媒体上，报告解释权为本评估机构所有。

(10) 其他根据具体的估价项目或估价机构其他目的需要声明的事项。

参加本次估价的注册房地产估价师(签章)：

注册房地产估价师：×××× 签章：

注册证号：××××××××××

注册房地产估价师：×××× 签章：

注册证号：××××××××××

5. 估价的假设和限制条件

估价的假设和限制条件是说明估价的假设前提，未经调查确认或无法调查确认的资料数据，在估价中未考虑的因素和一些特殊处理及其可能的影响，本估价报告使用的限制条件等。其他需要说明的相关条件，如后述估价报告示例中：本报告以委托方提供的房屋权属证书等资料真实合法有效，估价对象无司法机关、行政机关查封等禁止转让、抵押情形，房地产权属无纠纷等为假设前提，即以估价对象拥有合法产权、属于合法使用、可以在公开市场上自由转让、抵押等处分为假设前提。(评估机构未对权证核查，权属证书的真伪只有原颁发机关才能做出准确判断，颁证机关将在办理转让、抵押登记时予以确认，权属有瑕疵的不能依法办理相关手续，提请报告使用人关注这一点。)估价对象在估价时点不存在房屋结构问题与安全隐患；评估报告结论系为委托方提供专业化估价意见，这个意见本身并无强制执行的效力，评估者只对结论本身合乎规范要求负责，而不对资产业务的定价决策负责。估价路线为：根据估价对象成交实例较多及具有明显收益的特点，采用市场法及收益法两种方法分别对商业门面和住房进行评估。收集比较实例及同类房地产收益、费用情况进行测算，然后用两种评估方法测算得出的结论进行简单算术平均，作为最后的评估结论。

在估价报告中陈述估价的假设和限制条件，一方面是规避风险、保护估价机构和估价人员，另一方面是告知、保护委托方和估价报告使用者。

6. 估价结果报告

估价结果报告应简明扼要地说明下列内容。

(1) 委托方。写明本估价项目委托单位的全称、法定代表人和住所，个人委托的为个人的姓名和住所。

(2) 估价方。写明本估价项目估价机构的全称、法定代表人和住所、估价资格等。

(3) 估价对象。概要写明估价对象的状况，包括估价对象的区位、实物和权益状况。其中，对土地的说明应包括：名称、坐落、面积、形状、四至、周围环境、景观，基础设施完备程度，土地平整程度，地势、地质、水文状况、规划限制条件、利用现状，权属状况等。对建筑物的说明应包括：名称、坐落、面积、层数、建筑结构、装修、设施设备、平面布置、工程质量、建成年月、维护、保养、使用情况、公共配套设施完备状况、利用现状、权属状况等。

(4) 估价目的。写明本次估价的目的和应用方向。如后述估价报告示例附录 B 中为确定抵押贷款额度提供参考依据而评估房地产抵押价值。

(5) 估价时点。写明所评估的客观合理价值所对应的年月日，精确到某一天的房地产市场行情。如后述估价报告示例附录 B 中估价时点：2009 年 2 月 20 日。

(6) 价值定义。写明本次估价采用的价值标准或价值内涵。如后述估价报告示例 2 中房地产抵押价值为抵押房地产在估价时点的市场价值，等于假定未设立法定优先受偿权利下的市场价值减去房地产估价师知悉的法定优先受偿款。法定优先受偿款是指假定在估价时点实现抵押权时，法律规定优先于本次抵押贷款受偿的款额，包括发包人拖欠承包人的建筑工程价款，已抵押担保的债权数额，以及其他法定优先受偿款。

(7) 估价依据。写明本次估价所主要依据的房地产估价规范，国家和地方的法律、法规，委托方提供的有关资料，估价机构和估价人员掌握和搜集的有关资料等。

(8) 估价原则。写明本次估价项目所遵循的主要房地产估价原则及定义。

(9) 估价方法。写明本次估价的思路和所采用估价方法的原因以及这些估价方法的定义，还需说明不采用估价方法不采用的原因及这些估价方法的定义。

(10) 估价结果。写明本次估价的最终结果，应分别说明币种、总价和单价，并附大写金额。若用外币表示，应说明估价时点中国人民银行公布的人民币市场汇率中间价，并注明所折合的人民币价格。如后述估价报告示例附录 B 中最后确定委评房地产的抵押价值综合单价为 2 325 元/平方米，总价为 203.91 万元(大写：人民币贰佰零叁万玖仟壹佰元整)。

(11) 估价人员。列出所有参加本次估价的人员的姓名、估价资格或职称，并由本人签名、盖章。

(12) 估价作业日期。写明本次估价的起止年月日，如后述估价报告示例附录 B 中估价作业日期：2009 年 2 月 20 日至 2 月 21 日。

(13) 估价报告应用的有效期。说明本估价报告应用的有效期，可表达为到某个年月日止，也可表达为多长年限，如一年。如后述估价报告示例附录 B 中估价报告应用的有效期：有效期为壹年，自报告完成之日开始计算。

(14) 其他根据具体的估价项目需要说明的内容。如后述抵押估价报告示例中对委估房地产优先受偿款情况的说明；对抵押房地产变现能力的分析；风险分析(产生风险的因素，未来下跌风险，实现抵押权时变现能力风险等)等。

7. 估价技术报告

一般估价技术报告的写作应包括如下内容。

(1) 个别因素分析。详细说明、分析估价对象的个别因素，包括估价对象的区位、实物和权益状况。

(2) 区域因素分析。详细说明、分析估价对象的区域因素，如后述估价报告示例附录B中区域因素分析包括位置、交通条件、基础设施与公用设施条件、环境质量等。

(3) 市场背景分析。详细说明、分析类似房地产的市场状况，对宏观房地产市场、估价对象细分房地产市场及相关影响因素的分析简明、准确透彻、针对性强，包括过去、现在和可预见的未来市场。如后述估价报告示例附录A市场背景分析中包括宏观房地产市场分析、岳阳市房地产市场分析、2008年岳阳市房地产市场价格分析、2009年1～2月岳阳房地产市场分析、2009年岳阳市以后房地产市场展望等。

(4) 最高最佳使用分析。详细分析、说明估价对象最高最佳使用。

(5) 估价方法选用。详细说明估价的思路(技术路线)和采用的方法及其理由。

(6) 估价测算过程。详细说明估价测算过程、参数确定等。

(7) 估价结果确定。详细说明估价结果及其确定的理由。

8. 附件

附件通常包括估价对象的位置图，四至和周围环境、景观的图片，土地形状图，建筑平面图，建筑物外观和内部状况的图片，项目有关批准文件及估价对象的权属证明，估价中引用的其他专用文件资料，估价机构和估价人员的资格证明、专业经历和业绩等。通常把可能会打断估价报告叙述部分的一些重要资料放入附件中。

10.2 房地产估价报告的评审

房地产估价报告作为估价机构提供给委托方的“产品”，应当完整规范，且形式精美。下面来认真学习一下当前业内为规范房地产估价报告的写作，所制定的一套相对比较完善的估价报告评审表，如表10-1所示。

表10-1 估价报告评审表

房地产估价报告评审表(试行)						
序号	评审项目	评审要求	评审细则	标准分	缺陷说明(扣分点)	评审情况及评分
1		封面(项目齐全，含报告编号)；目录(含页码)；致委托方函(含机构公章,法定代表人或执行合伙人签字)；估价师申明(含估价师签名、注册	1. 共8项，	10	1. 缺封面、目录、致委托方函、估价师声明、估价的假设和限制条件、估价结果报告、估价技术报告和附件等八大项各扣5分，扣完为止。 2. 封面：包括估价项目名称、委托方、估价方、估价人员、估价作业日期和估价报告编号等6项，项目不齐或错误扣1分，如：项目名称表述不全面扣1分，估价作业日期错误扣1分、无报告编号扣1分。但无委托方身份证明、电话号码等不应扣分。	

续表

房地产估价报告评审表(试行)						
序号	评审项目	评审要求	评审细则	标准分	缺陷说明(扣分点)	评审情况及评分
1	报告的完整性(资料齐全)	号)；估价的假设和限制条件；结果报告(项目齐全)；技术报告(项目齐全)；附件(估价对象位置图，内外部状况图片、实地查勘记录、权属证明复印件、估价机构资质、估价师资格证明复印件)	每缺一项扣 5 分； 2. 括号内的小项每缺一项扣 1 分； 3. 机构公章，签字(随机抽查)不作为扣分； 4. 附件内容随机抽查中必须有明细单，但具体内容不作为扣分点	10	3. 目录：目录中不含页码扣 1 分，页码标注有错误扣 1 分；目录中有无小项目及其页码不予扣分，目录中没有“估价技术报告”的不扣分，“附件”中有无小项目不扣分。 4. 致委托方函：如无委托方、估价目的、估价时点、估价对象、总价、单价、致函时间各扣 1 分，但无公章、无法定代表人签章不扣分。 5. 估价师声明：不符合“规范”规定的条款，错、漏 1 条扣 1 分；但无注册师姓名、注册号码和签章不应扣分，有盖章处即可。 6. 估价的假设和限制条件：假设条件和限制条件缺项的扣 1 分，若是混合一起写的可不扣分。 7. 估价结果报告：缺项或漏项扣 1 分，若未按“房地产抵押估价指导意见”或“房屋拆迁估价指导意见”要求，没有法定优先受偿款、变现能力和风险分析等扣 2 分。 8. 估价技术报告：缺项或漏项扣 1 分。 9. 附件：清单中要包括估价对象位置图、内外部状况图片、实地查勘记录、权属证明复印件、估价机构资质、估价师资格证明复印件等项目，缺项或漏项扣 1 分，但无其具体内容不应扣分，无委托书、无委托方身份证明不予扣分	
2	估价的假设和限制条件	假设条件是否必要、充分、合理、有依据，限制条件是否具有针对性	1. 假设条件、限制条件缺项各扣 2.5 分； 2. 假设条件、限制条件无依据、不具针对性扣 2 分	5	2.1 估价对象权益、实物状况有缺陷的应在估价的假设和限制条件予以充分说明，否则每项扣 1 分，扣分要有缺陷的详细说明。如： 2.1.1 房屋所有权人与土地使用权人不相符； 2.1.2 房屋用途与土地用途不符； 2.1.3 实际用途与法定用途不符； 2.1.4 没有土地证的； 2.1.5 划拨土地证的； 2.1.6 实际房屋坐落、建筑面积、楼层、	

续表

房地产估价报告评审表(试行)						
序号	评审项目	评审要求	评审细则	标准分	缺陷说明(扣分点)	评审情况及评分
2				5	栋号、房号、建筑年代、房屋结构等与产权登记情况不符； 2.1.7 其他项权利登记情况； 2.1.8 法定优先受偿情况； 2.1.9 其他需要假设和限制的条件，等等。 2.2 应当完整地明示估价路线和结论的前提。不得滥用假设与限制条件，设定与法律、政策、规范、指导意见及估价对象现状相冲突的条款，如：甲种用途假定为乙种用途、违章或临时建筑假定为合法产权、假定无法定优先受偿款、假定可以抵押等。否则每项扣2分	
3	估价目的及价值定义表述	表述准确、清晰、具体	1．估价目的、价值定义表述各2.5分； 2．表述不准确不清晰不具体的扣2.5分	5	3.1 若未按“房地产抵押估价指导意见”或“房屋拆迁估价指导意见”要求表述估价目的及价值定义，各扣2.5分。如抵押价值有无法定优先受偿款、分户拆迁评估价值是否含房屋装修、土地性质是否考虑等应指出来，否则各扣1分； 3.2 其他估价目的及价值定义参照执行，但扣分要有缺陷的详细说明	
4	估价对象界定及描述	对估价对象的范围、用途界定准确、恰当，对实物、权益、区位状况(含坐落、四面、周围环境等)的描述全面、详实	1. 对土地、建筑物区位、实物、权益的描述各2分； 2．对估价对象范围的界定为5分； 3．对估价对象用途的界定为4分	15	4.1 对估价对象范围的界定没有描述或不全面，扣5分。若为区分建筑物所有权的估价对象，应在描述中区别整体情况和估价对象本身内容。 4.2 对土地、建筑物区位、实物、权益的描述各2分。其中：①区位状况包括位置、交通、环境、配套设施等描述，若建筑物区位状况已有描述、土地区位状况(如土地位置、四至)可不扣分；②权益状况包括产权人、产权证号、建筑面积、结构、楼层、用途、土地性质、出证期限、土地面积等权属资料，描述不全面每项扣 2 分(无土地证需充分予以说明，否则扣2分)；③实物状况描述包括建筑规模、建筑结构、建筑年代、设备、装饰装修、空间布局、工程质量、完损程度，以及基础设施完备程度和土地平整程度等，若无描述每项扣2分，但描述不全面只适当扣分。 4.3 对估价对象用途的界定没有描述或不全面扣4分	

续表

房地产估价报告评审表(试行)						
序号	评审项目	评审要求	评审细则	标准分	缺陷说明(扣分点)	评审情况及评分
5	市场背景描述与分析	对宏观房地产市场、估价对象细分房地产市场及相关影响因素的分析简明、准确透彻、针对性强	房地产市场状况过去、现在和可预见未来的分析分值分别为1、3、1分	5	5.1 缺宏观房地产市场的分析扣 1 分； 5.2 未结合估价对象细分房地产市场及相关影响因素分析扣 1 分； 5.3 缺房地产市场状况过去的分析扣 1 分； 5.4 缺房地产市场状况现在的分析扣3分； 5.5 缺房地产市场状况可以预见的将来分析扣 1 分	
6	最高最佳使用分析	对最高最佳使用的判定正确，分析透彻、具体，有合法依据和市场根据	1. 与估价目的相结合，最高最佳使用的判定正确与否为 5 分； 2. 分析是否透彻、具体，是否有合法依据和市场根据为 2 分	5	6.1 未与估价目的相结合，最高最佳使用判定不正确，扣 5 分； 6.2 最高最佳使用分析不透彻、不具体，无合法依据和市场根据，扣 2 分；扣分要有缺陷的详细说明	
7	估价方法选用	选用方法全面、恰当，不选用的，充分说明理由；选用的，简述道理	1. 选用方法是否全面、恰当为5分； 2. 不选用的和未选用的都是否充分说明了理由为 5 分	10	7.1 选用方法不全面、不恰当的扣 5 分； 7.2 选用方法未充分说明理由的扣2.5 分； 7.3 不选用的未充分说明理由的扣2.5 分； 7.4 如果只采用一种估价方法，更应充分说明选用的和未选用的理由，否则扣5 分。估价方法包括：成本法、收益法、比较法、假设开发法等 4 种主要方法	
8	数据来源与确定、参数选取与运用及计算过程	数据来源依据充分或理由充足，参数选取客观、合理，理论和现实上有说服力，有必要的分析和过程，计算过程完整、严谨、正确	1. 数据来源依据、理由充分为 10 分； 2. 参数选取有说服力、有必要的分析和过程为 10 分； 3. 计算过程完整、严谨正确为10分 4. 每一个数据、参数或计算步骤最低为 2 分	30	8.1 数据来源依据、理由充分为 10 分，如：①市场法中 3 个比较案例未描述、没有作比较因素分析，各扣 5 分；②收益法中客观租金、还原利率、收益年限等无数据来源依据，各扣 3 分；③成本法中土地成本、开发成本、重置价内涵等，各扣 5 分，但都须指出具体错误之处；④假设开发法及其他方法参照上述。 8.2 参数选取有说服力、有必要的分析和过程为 10 分。如：①市场法中因素修正参数与建立比较因素分析表不相符，每处可扣 2 分；②收益法中空置率、管理费、维修费、房地产税、保险费等参数没有说服力，各扣 3 分；③成本法中管理费、销售费、利息、利润、折旧等参数没有说服力，各扣 3 分，但都须指出具体错误之处；④假设开发法及其他方法参照上述。	

续表

房地产估价报告评审表(试行)						
序号	评审项目	评审要求	评审细则	标准分	缺陷说明(扣分点)	评审情况及评分
8				30	8.3 计算过程完整、严谨正确 10 分；所采用的每种估价方法有漏项扣 3 分；计算有错误、不严谨，扣 5 分/次，但都须指出具体错误之。 8.4 以上每一个数据、参数或计算步骤最低为 2 分，因同一参数引起多处错误仅扣一次，导致最终结论误差超过 15%的扣 10 分	
9	估价结果确定及结论表述	估价结果确定有充分依据，结论表述清晰(含单价、总价)、理由充分，致委托方函、结果报告、技术报告中的估价结果相互一致	1. 结果确定有充分依据，结论表述清晰为 5 分； 2. 结果相互一致为 5 分； 3. 缺单价或总价分别扣 2 分	5	9.1 结果确定有充分依据，结论表述不清晰、理由不充分，指出具体错误之处扣 2.5 分； 9.2 致委托方函、结果报告、技术报告中的估价结果相互不一致，指出具体错误之处扣 5 分； 9.3 缺单价或总价分别扣 2 分	
10	报告规范性、文字表述、排版、外观	报告名称、格式、用语规范，引用标准，规定准确，通畅、表述严谨，前后一致、文字简洁、逻辑性强，无错别字、漏字，标点符号使用正确，排版规整、前后统一，装订美观大方	1. 报告名称、格式、用语规范为 2.5 分； 2. 引用标准、规范，规定准确为 2.5 分； 3. 表述严谨，前后一致、逻辑性强，文字简洁通畅、无错别字、漏字，标点符号使用正确为 2.5 分(缺一项扣 0.5 分)； 4. 排版规整、前后统一，装订美观大方为 2.5 分	10	10.1 报告名称、格式、用语规范：指出具体错误之处可扣 1 分(不重复)，但不超过 2.5 分； 10.2 引用标准、规范、规定准确：指出具体错误之处可扣 1 分，但不超过 2.5 分。如抵押评估报告缺“谨慎原则”，缺《物权法》《担保法》《房地产抵押估价指导意见》等；拆迁评估报告缺《物权法》《城市房屋拆迁管理条例》《城市房屋拆迁估价指导意见》、《湖南省实施〈城市房屋拆迁管理条例〉办法》等基本法规； 10.3 表述严谨，前后一致、逻辑性强、文字简洁通畅，无错别字、漏字，标点符号使用正确：指出具体错误之处可扣 0.5 分(不重复)，但不超过 2.5 分； 10.4 排版规整、前后统一，装订美观大方：指出具体错误之处可扣 0.5 分(不重复)，但不超过 2.5 分	
11	合计			100		

上述房地产估价报告评审表旨在用来正确评价一份估价报告的完整规范及整体质量，规范房地产估价报告的写作，促进估价报告内容的完整、通用。它并不是一成不变的，必将随着房地产估价工作的深入开展，不断地变化、完善。

本章小结

本章对房地产估价报告的撰写作了较详细的阐述，包括估价报告的构成要素和估价报告的审核，另外还列举了详尽的估价报告实例。

房地产估价报告的构成要素包括①封面；②目录；③致委托方函；④估价师声明；⑤估价的假设和限制条件；⑥估价结果报告；⑦估价技术报告⑧附件。在每一部分中又包含独特的构成要素。这一部分细节内容比较多，学习者可以通过估价报告实例来逐一熟悉和掌握。

估价报告的审核也是估价程序中的一个步骤，包括的内容有审核的项目、审核要求、评分细则、缺陷说明等，为学习者很好地掌握房地产估价报告的撰写提供了参考依据和衡量标准。

房地产估价报告实例的列举详尽地说明了估价报告撰写的构成要素、意思的表达方式、细节的安排，为学习者学习估价报告的撰写起到了参考作用。

习题

1．甲公司 1993 年通过有偿出让的方式获得某宗地的使用权，土地用途为高档住宅，楼面地价为 3 500 元/m^2。甲公司拟分两期建设 80 栋别墅。当第一期 40 栋于 1996 年 12 月竣工时，因债务纠纷被法院裁定拍卖 20 栋还债。拍卖行委托乙房地产估价所评估出拍卖底价为 3 800 元/m^2。拍卖行在当月以此为依据拍卖，卖出 6 栋，平均价格为 3 860 元/m^2，其余 14 栋无人承接，退还给甲公司。当 1996 年 6 月第二期工程竣工后，建成的别墅以 5 200 元/m^2 售出，甲公司因此指责乙房地产估价所当时评估的拍卖底价过低，而且别墅的拍卖底价竟然只比楼面地价高 300 元/m^2，远低于其投入的建设成本，很不合理。而乙房地产估价所坚持当时的估价结论合理。乙房地产估价所坚持当时估价结论的理由有哪些?

2．某评估公司受甲公司委托，对其拥有的一处自建房产进行评估，估价目的为抵押。该房地产占地面积为 3 500m^2，总建筑面积为 4 500m^2，2002 年 1 月竣工。评估公司的评估结果为 850 元/m^2。甲公司拿到报告后颇感不解，因为其实际投入的成本已达 960 元/m^2，而且还未考虑开发利润和利息，而评估公司认为自己的评估报告是合理的。评估公司有何理由认为其评估结果是合理的?

3．指出下列估价报告的错误之处。

××商务楼估价报告

报告封面及目录(略)

致委托方函(略)

估价师声明(略)

估价的假设和限制条件(略)

估价结果报告

一、委托方

××××商贸有限公司

法定代表：×××

住所：××市××路××号

二、估价方

××××房地产估价有限公司

法定代表：×××

住所：××市××路××号

房地产估

价机构资质等级：×级

三、估价对象

××商贸楼位于××市××路××号，四至××××，属××××商贸有限公司所有。

××××商贸有限公司1999年4月1日以出让方式获得××商务楼用地的土地使用权(使用年限为40年，即1999年4月1日至2039年3月31日)，土地用途为商业。××商务楼为8层钢筋混凝土现浇框架结构，建筑面积6 611m^2，总用地面积2 560m^2。自筹资金开发建设，于2001年4月全部竣工并进行精装修后投入使用。

估价对象其他内容描述(略)

四、估价目的

评估××商务楼市场价值，为整体转让提供价格参考依据。

五、估价时间

2003年4月1日。

六、价值定义

本次估价采用公开市场价值标准。

七、估价依据(略)

八、估价方法

根据估价对象特点、估价目的、房地产市场状况及对所搜集资料的分析，首先采用收益法对其进行整体估价，然后采用成本法进行评估，最后综合两种估价方法的计算结果，确定估价对象的最终估价结果。

九、估价结果

估价对象在2003年4月1日的市场价值为人民币1 682万元(大写：人民币壹仟陆佰捌拾贰万元整)，单价为人民币2 544元/m^2(大写：每平方米人民币贰仟伍佰肆拾肆元整)。

十、估价人员(略)

十一、估价作业期

2003年3月10日～3月20日。

十二、估价报告应用的有效期(略)

估价技术报告

一、个别因素分析(略)

二、区域因素分析(略)

三、市场背景分析(略)

四、最高最佳使用分析(略)

五、估价方法选用(略)

六、估价测算过程

(一) 收益法估价测算过程

1．估算年有效毛收入

根据《房屋所有权证》记载，估价对象总建筑面积 6 611m^2，其中：1～6 层建筑面积各 1 000m^2，7 层建筑面积 410m^2，8 层建筑面积 201m^2。1、2 层、3～6 层、7、8 层的建筑面积与使用面积之比分别是 1∶0.80、1∶0.75、1∶0.70。

估价人员通过对估价对象的类似房地产出租经营的租金水平调查得知，类似房地产在正常出租经营情况下的每平方米使用面积月租分别为 1 层 100 元，2 层 80 元，3 层 70 元，4 层 60 元，5 层 40 元，6 层 30 元，7、8 层 20 元。另外，类似房地产在正常出租经营情况下的空置及租金损失率分别为：1～3 层 10%，4～6 层 15%，7、8 层 20%。根据上述资料，估价对象有效毛收入的计算如下。

① 1 层年有效毛收入：A=1 000×100×0.8×12=96.00(万元)

② 2 层年有效毛收入：B=1 000×80×0.8×12×90%=69.12(万元)

③ 3 层年有效毛收入：C=1 000×60×0.75×12=63.00(万元)

④ 4 层年有效毛收入：D=1 000×60×0.75×12×85%=45.90(万元)

⑤ 5 层年有效毛收入：E=1 000×40×0.75×12×85%=30.60(万元)

⑥ 6 层年有效毛收入：F=1 000×30×12×85%=36.00(万元)

⑦ 7、8 层年有效毛收入：G=(410+201)×20×0.7×12×85%=8.21(万元)

年有效毛收入=A+B+C+D+E+F+G

=96.00+69.12+63.00+45.9+30.6+30.6+8.21=3 443.43(万元)

2．估算年运营费用

① 年土地使用费：根据××市规定，划拨土地使用权达到房地产用于出租经营的应按每年 293 元/m^2 的标准缴纳土地使用费。则

年土地使用费=293×2 560=75.01(万元)

② 年管理费：根据××市规定，出租经营物业按年租金收入的 5%计支管理费。则

年管理费=343.43×5%=17.17(万元)

③ 年维修费：按年租金收入的 8%计支维修费。则年维修费=343.43×8%=27.47(万元)

④ 年保险费：按年租金收入的 2%计算。则年保险费=343.43×2%=0.69(万元)

⑤ 年税费：根据××市规定，出租经营物业要缴纳房地产税、营业税、城市维护建设税及教育费附加，其中：房产税为年租金收入的 12%，营业税、城市维护建设费附加为年租金收入的 5.5%。则年税费=343.43×(12%+5.5%)=60.10(万元)

年运营费用=年土地使用费+年管理费+年维修费+年保险费+年税费

=75.01+17.17+27.47+0.69+60.10

=180.44(万元)

3．估算年净收入

年净收入=年有效毛收入−年运营费用

=343.43−180.44

=162.99(万元)

4．确定资本化率

资本化率根据一年期的存款利率等因素确定为8%。

5．选出计算公式求出收益价格

由于估价对象的收益年限为有限年，即n=40−5=35年，且净收益每年基本上固定不变，因此选用以下公式计算收益价格。

将上述相关数据：a=162.99，r=35代入上述公式，有：P=1 899.58(万元)。

(二) 成本法估价测算过程

1．估算土地价格

根据××市基准地价表及基准地价修正法，估价对象土地使用权出让期40年的基准地价为每1m^{2}土地面积2 860元，由于估价对象土地使用权从土地使用权出让之日至估价时点已经过5年，其减价率为5/40=12.5%。则估价对象土地价格为

土地价格=2 860 (1−12.5%) 2 560=640.64(万元)

2．估算建筑现值

建筑物现值=建筑物重置价格−建筑物折旧

① 建筑物重置价格。

根据××市客观重置成本及相关因素，估价对象建筑物的重置单价(含红线内市政配套费用、专业费、利息、利润)为1 290元/m^2。则建筑物重置总价为

建筑物重置总价=1 290×6611=852.82(万元)

② 建筑物折旧。

根据《房地产估价规范》的规定，钢筋混凝土结构非生产用房的耐用年限为60年，残值率为0。而估价对象建筑物已使用2年，则采用直线折旧法计算的折旧费总额为

建筑物折旧费总额=建筑物重置总价×(1−残值率)×已使用年限/耐用年限

=852.82×(1−0)×2/60=28.43(万元)

③ 建筑物现值。

建筑物现值=852.82−28.43=824.39(万元)

3．估算估价对象房地产的价格

估价对象房地产价格=土地价格+建筑物现值

=640.64+824.39

=1 465.03(万元)

(三) 估价结果的确定

以收益法的估价结果和成本法的估价结果的简单算术平均数作为估价对象房地产价格的估价结果，即

估价对象房地产总价=(1 899.58+1 465.03)/2=1 682(万元)(已取整)

估价对象房地产建筑面积单价=1 682/0.661 1=2 544(元/m^2)(已取整)

七、估价结果

经过评估，某某商务楼在2003年4月1日的市场价值为人民币1 682万元(大写：人民币壹仟陆佰捌拾贰万元整)。

八、附件(略)

参 考 文 献

[1] 中国房地产估价师与房地产经纪人学会．房地产估价理论与方法[M]．北京：中国建筑工业出版社，2008．

[2] 左静．房地产估价[M]．北京：机械工业出版社，2007．

[3] 彭希乔．房地产估价方法与实务[M]．北京：电子工业出版社，2007．

[4] 盛承懋．房地产估价案例与分析[M]．南京：东南大学出版社，2002．

[5] 中国房地产估价师与房地产经纪人学会．房地产估价案例与分析[M]．北京：中国建筑工业出版社，2008．

[6] 王克忠．房地产估价理论与方法[M]．北京：高等教育出版社，1997．

[7] 黄贤金．房地产估价[M]．北京：中国林业出版社，1998．

[8] 陈柏东．房地产估价[M]．武汉：华中理工大学出版社，1996．

[9] 屠梅曾，周学锋．房地产市场与估价[M]．上海：上海交通大学出版社，1998．

[10] 周凤．资产评估学教程[M]．北京：中国财政经济出版社，2001．

[11] 柴强．房地产估价理论与方法[M]．北京：中国物价出版社，2002．

[12] 高炳华．房地产估价[M]．武汉：华中科技大学出版社，2006．

[13] 中华人民共和国建设部．GB/T 50291—1999 房地产估价规范[S]．北京：中国标准出版社，1999．

[14] 唐茂华．房地产法律与制度[M]．北京：电子工业出版社，2009．

[15] 柴强．房地产估价[M]．北京：首都经济贸易大学出版社，2012．

北京大学出版社高职高专土建系列规划教材

序号	书名	书号	编著者	定价	出版时间	印次	配套情况
基础课程							
1	工程建设法律与制度	978-7-301-14158-8	唐茂华	26.00	2012.7	6	ppt/pdf
2	建设法规及相关知识	978-7-301-22748-0	唐茂华等	34.00	2014.9	2	ppt/pdf
3	建设工程法规(第2版)	978-7-301-24493-7	皇甫婧琪	40.00	2014.12	2	ppt/pdf/答案/素材
4	建筑工程法规实务	978-7-301-19321-1	杨陈慧等	43.00	2012.1	4	ppt/pdf
5	建筑法规	978-7-301-19371-6	董伟等	39.00	2013.1	4	ppt/pdf
6	建设工程法规	978-7-301-20912-7	王先恕	32.00	2012.7	3	ppt/ pdf
7	AutoCAD 建筑制图教程(第2版)	978-7-301-21095-6	郭　慧	38.00	2014.12	6	ppt/pdf/素材
8	AutoCAD 建筑绘图教程(第2版)	978-7-301-20540-8	唐英敏等	44.00	2014.7	1	ppt/pdf
9	建筑 CAD 项目教程(2010版)	978-7-301-20979-0	郭　慧	38.00	2012.9	2	pdf/素材
10	建筑工程专业英语	978-7-301-15376-5	吴承霞	20.00	2013.8	8	ppt/pdf
11	建筑工程专业英语	978-7-301-20003-2	韩薇等	24.00	2014.7	2	ppt/ pdf
12	★建筑工程应用文写作(第2版)	978-7-301-24480-7	赵立等	50.00	2014.7	1	ppt/pdf
13	建筑识图与构造(第2版)	978-7-301-23774-8	郑贵超	40.00	2014.12	2	ppt/pdf/答案
14	建筑构造	978-7-301-21267-7	肖　芳	34.00	2014.12	4	ppt/ pdf
15	房屋建筑构造	978-7-301-19883-4	李少红	26.00	2012.1	4	ppt/pdf
16	建筑识图	978-7-301-21893-8	邓志勇等	35.00	2013.1	2	ppt/ pdf
17	建筑识图与房屋构造	978-7-301-22860-9	贠禄等	54.00	2013.8	1	ppt/pdf /答案
18	建筑构造与设计	978-7-301-23506-5	陈玉萍	38.00	2014.1	1	ppt/pdf /答案
19	房屋建筑构造	978-7-301-23588-1	李元玲等	45.00	2014.1	1	ppt/pdf
20	建筑构造与施工图识读	978-7-301-24470-8	南学平	52.00	2014.8	1	ppt/pdf
21	建筑工程制图与识图(第2版)	978-7-301-24408-1	白丽红	29.00	2014.7	1	ppt/pdf
22	建筑制图习题集(第2版)	978-7-301-24571-2	白丽红	25.00	2014.8	1	pdf
23	建筑制图(第2版)	978-7-301-21146-5	高丽荣	32.00	2013.2	4	ppt/pdf
24	建筑制图习题集(第2版)	978-7-301-21288-2	高丽荣	28.00	2014.12	5	pdf
25	建筑工程制图(第2版)(附习题册)	978-7-301-21120-5	肖明和	48.00	2012.8	3	ppt/pdf
26	建筑制图与识图(第2版)	978-7-301-24386-2	曹雪梅	36.00	2014.9	1	ppt/pdf
27	建筑制图与识图习题册	978-7-301-18652-7	曹雪梅等	30.00	2012.4	4	pdf
28	建筑制图与识图	978-7-301-20070-4	李元玲	28.00	2012.8	5	ppt/pdf
29	建筑制图与识图习题集	978-7-301-20425-2	李元玲	24.00	2012.3	4	ppt/pdf
30	新编建筑工程制图	978-7-301-21140-3	方筱松	30.00	2014.8	2	ppt/ pdf
31	新编建筑工程制图习题集	978-7-301-16834-9	方筱松	22.00	2014.1	2	pdf
建筑施工类							
1	建筑工程测量	978-7-301-16727-4	赵景利	30.00	2013.8	11	ppt/pdf /答案
2	建筑工程测量(第2版)	978-7-301-22002-3	张敬伟	37.00	2013.5	5	ppt/pdf /答案
3	建筑工程测量实验与实训指导(第2版)	978-7-301-23166-1	张敬伟	27.00	2013.9	2	pdf/答案
4	建筑工程测量	978-7-301-19992-3	潘益民	38.00	2012.2	2	ppt/ pdf
5	建筑工程测量	978-7-301-13578-5	王金玲等	26.00	2011.8	3	pdf
6	建筑工程测量实训（第2版）	978-7-301-24833-1	杨凤华	34.00	2015.1	1	pdf/答案
7	建筑工程测量(含实验指导手册)	978-7-301-19364-8	石　东等	43.00	2012.6	3	ppt/pdf/答案
8	建筑工程测量	978-7-301-22485-4	景　铎等	34.00	2013.6	1	ppt/pdf
9	建筑施工技术	978-7-301-21209-7	陈雄辉	39.00	2013.2	3	ppt/pdf
10	建筑施工技术	978-7-301-12336-2	朱永祥等	38.00	2012.4	7	ppt/pdf
11	建筑施工技术	978-7-301-16726-7	叶　雯等	44.00	2013.5	6	ppt/pdf /素材
12	建筑施工技术	978-7-301-19499-7	董伟等	42.00	2011.9	2	ppt/pdf
13	建筑施工技术	978-7-301-19997-8	苏小梅	38.00	2013.5	3	ppt/pdf
14	建筑工程施工技术(第2版)	978-7-301-21093-2	钟汉华等	48.00	2013.8	5	ppt/pdf
15	基础工程施工	978-7-301-20917-2	董伟等	35.00	2012.7	2	ppt/pdf
16	建筑施工技术实训(第2版)	978-7-301-24368-8	周晓龙	30.00	2014.12	2	pdf
17	建筑力学(第2版)	978-7-301-21695-8	石立安	46.00	2014.12	5	ppt/pdf
18	★土木工程实用力学	978-7-301-15598-1	马景善	30.00	2013.1	4	pdf/ppt
19	土木工程力学	978-7-301-16864-6	吴明军	38.00	2011.11	2	ppt/pdf

序号	书名	书号	编著者	定价	出版时间	印次	配套情况
20	PKPM 软件的应用(第 2 版)	978-7-301-22625-4	王　娜等	34.00	2013.6	2	pdf
21	建筑结构(第 2 版)(上册)	978-7-301-21106-9	徐锡权	41.00	2013.4	2	ppt/pdf/答案
22	建筑结构(第 2 版)(下册)	978-7-301-22584-4	徐锡权	42.00	2013.6	2	ppt/pdf/答案
23	建筑结构	978-7-301-19171-2	唐春平等	41.00	2012.6	4	ppt/pdf
24	建筑结构基础	978-7-301-21125-0	王中发	36.00	2012.8	2	ppt/pdf
25	建筑结构原理及应用	978-7-301-18732-6	史美东	45.00	2012.8	1	ppt/pdf
26	建筑力学与结构(第 2 版)	978-7-301-22148-8	吴承霞等	49.00	2014.12	5	ppt/pdf/答案
27	建筑力学与结构(少学时版)	978-7-301-21730-6	吴承霞	34.00	2014.8	3	ppt/pdf/答案
28	建筑力学与结构	978-7-301-20988-2	陈水广	32.00	2012.8	1	pdf/ppt
29	建筑力学与结构	978-7-301-23348-1	杨丽君等	44.00	2014.1	1	ppt/pdf
30	建筑结构与施工图	978-7-301-22188-4	朱希文等	35.00	2013.3	2	ppt/pdf
31	生态建筑材料	978-7-301-19588-2	陈剑峰等	38.00	2013.7	2	ppt/pdf
32	建筑材料(第 2 版)	978-7-301-24633-7	林祖宏	35.00	2014.8	1	ppt/pdf
33	建筑材料与检测	978-7-301-16728-1	梅　杨等	26.00	2012.11	9	ppt/pdf/答案
34	建筑材料检测试验指导	978-7-301-16729-8	王美芬等	18.00	2014.12	7	pdf
35	建筑材料与检测	978-7-301-19261-0	王　辉	35.00	2012.6	5	ppt/pdf
36	建筑材料与检测试验指导	978-7-301-20045-2	王　辉	20.00	2013.1	3	ppt/pdf
37	建筑材料选择与应用	978-7-301-21948-5	申淑荣等	39.00	2013.3	2	ppt/pdf
38	建筑材料检测实训	978-7-301-22317-8	申淑荣等	24.00	2013.4	1	pdf
39	建筑材料	978-7-301-24208-7	任晓菲	40.00	2014.7	1	ppt/pdf /答案
40	建设工程监理概论(第 2 版)	978-7-301-20854-0	徐锡权等	43.00	2013.7	4	ppt/pdf /答案
41	★建设工程监理(第 2 版)	978-7-301-24490-6	斯　庆	35.00	2014.9	1	ppt/pdf /答案
42	建设工程监理概论	978-7-301-15518-9	曾庆军等	24.00	2012.12	5	ppt/pdf
43	工程建设监理案例分析教程	978-7-301-18984-9	刘志麟等	38.00	2013.2	2	ppt/pdf
44	地基与基础(第 2 版)	978-7-301-23304-7	肖明和等	42.00	2014.12	2	ppt/pdf/答案
45	地基与基础	978-7-301-16130-2	孙平平等	26.00	2013.2	3	ppt/pdf
46	地基与基础实训	978-7-301-23174-6	肖明和等	25.00	2013.10	1	ppt/pdf
47	土力学与地基基础	978-7-301-23675-8	叶火炎等	35.00	2014.1	1	ppt/pdf
48	土力学与基础工程	978-7-301-23590-4	宁培淋等	32.00	2014.1	1	ppt/pdf
49	建筑工程质量事故分析(第 2 版)	978-7-301-22467-0	郑文新	32.00	2014.12	3	ppt/pdf
50	建筑工程施工组织设计	978-7-301-18512-4	李源清	26.00	2014.12	7	ppt/pdf
51	建筑工程施工组织实训	978-7-301-18961-0	李源清	40.00	2014.12	4	ppt/pdf
52	建筑施工组织与进度控制	978-7-301-21223-3	张廷瑞	36.00	2012.9	3	ppt/pdf
53	建筑施工组织项目式教程	978-7-301-19901-5	杨红玉	44.00	2012.1	2	ppt/pdf/答案
54	钢筋混凝土工程施工与组织	978-7-301-19587-1	高　雁	32.00	2012.5	2	ppt/pdf
55	钢筋混凝土工程施工与组织实训指导(学生工作页)	978-7-301-21208-0	高　雁	20.00	2012.9	1	ppt
56	建筑材料检测试验指导	978-7-301-24782-2	陈东佐等	20.00	2014.9	1	ppt
57	★建筑节能工程与施工	978-7-301-24274-2	吴明军等	35.00	2014.11	1	ppt/pdf
	工程管理类						
1	建筑工程经济(第 2 版)	978-7-301-22736-7	张宁宁等	30.00	2014.12	6	ppt/pdf/答案
2	★建筑工程经济(第 2 版)	978-7-301-24492-0	胡六星等	41.00	2014.9	1	ppt/pdf/答案
3	建筑工程经济	978-7-301-24346-6	刘晓丽等	38.00	2014.7	1	ppt/pdf/答案
4	施工企业会计(第 2 版)	978-7-301-24434-0	辛艳红等	36.00	2014.7	1	ppt/pdf/答案
5	建筑工程项目管理	978-7-301-12335-5	范红岩等	30.00	2012. 4	9	ppt/pdf
6	建设工程项目管理(第 2 版)	978-7-301-24683-2	王　辉	36.00	2014.9	1	ppt/pdf/答案
7	建设工程项目管理	978-7-301-19335-8	冯松山等	38.00	2013.11	3	pdf/ppt
8	★建设工程招投标与合同管理(第 3 版)	978-7-301-24483-8	宋春岩	40.00	2014.12	2	ppt/pdf/答案/试题/教案
9	建筑工程招投标与合同管理	978-7-301-16802-8	程超胜	30.00	2012.9	2	pdf/ppt
10	工程招投标与合同管理实务	978-7-301-19035-7	杨甲奇等	48.00	2011.8	3	pdf
11	工程招投标与合同管理实务	978-7-301-19290-0	郑文新等	43.00	2012.4	2	ppt/pdf
12	建设工程招投标与合同管理实务	978-7-301-20404-7	杨云会等	42.00	2012.4	2	ppt/pdf/答案/习题库
13	工程招投标与合同管理	978-7-301-17455-5	文新平	37.00	2012.9	1	ppt/pdf

序号	书名	书号	编著者	定价	出版时间	印次	配套情况
14	工程项目招投标与合同管理(第 2 版)	978-7-301-24554-5	李洪军等	42.00	2014.12	2	ppt/pdf/答案
15	工程项目招投标与合同管理(第 2 版)	978-7-301-22462-5	周艳冬	35.00	2014.12	3	ppt/pdf
16	建筑工程商务标编制实训	978-7-301-20804-5	钟振宇	35.00	2012.7	1	ppt
17	建筑工程安全管理	978-7-301-19455-3	宋　健等	36.00	2013.5	4	ppt/pdf
18	建筑工程质量与安全管理	978-7-301-16070-1	周连起	35.00	2014.12	8	ppt/pdf/答案
19	施工项目质量与安全管理	978-7-301-21275-2	钟汉华	45.00	2012.10	1	ppt/pdf/答案
20	工程造价控制(第 2 版)	978-7-301-24594-1	斯　庆	32.00	2014.8	1	ppt/pdf/答案
21	工程造价管理	978-7-301-20655-3	徐锡权等	33.00	2013.8	3	ppt/pdf
22	工程造价控制与管理	978-7-301-19366-2	胡新萍等	30.00	2014.12	4	ppt/pdf
23	建筑工程造价管理	978-7-301-20360-6	柴　琦等	27.00	2014.12	4	ppt/pdf
24	建筑工程造价管理	978-7-301-15517-2	李茂英等	24.00	2012.1	4	pdf
25	工程造价案例分析	978-7-301-22985-9	甄　凤	30.00	2013.8	1	pdf/ppt
26	建设工程造价控制与管理	978-7-301-24273-5	胡芳珍等	38.00	2014.6	1	ppt/pdf/答案
27	建筑工程造价	978-7-301-21892-1	孙咏梅	40.00	2013.2	1	ppt/pdf
28	★建筑工程计量与计价(第 2 版)	978-7-301-22078-8	肖明和等	58.00	2014.12	5	pdf/ppt
29	★建筑工程计量与计价实训(第 2 版)	978-7-301-22606-3	肖明和等	29.00	2014.12	4	pdf
30	建筑工程计量与计价综合实训	978-7-301-23568-3	龚小兰	28.00	2014.1	1	pdf
31	建筑工程估价	978-7-301-22802-9	张　英	43.00	2013.8	1	ppt/pdf
32	建筑工程计量与计价——透过案例学造价(第 2 版)	978-7-301-23852-3	张　强	59.00	2014.12	3	ppt/pdf
33	安装工程计量与计价(第 3 版)	978-7-301-24539-2	冯　钢等	54.00	2014.12	2	pdf/ppt
34	安装工程计量与计价综合实训	978-7-301-23294-1	成春燕	49.00	2014.12	3	pdf/素材
35	安装工程计量与计价实训	978-7-301-19336-5	景巧玲等	36.00	2013.5	4	pdf/素材
36	建筑水电安装工程计量与计价	978-7-301-21198-4	陈连姝	36.00	2013.8	3	ppt/pdf
37	建筑与装饰装修工程工程量清单	978-7-301-17331-2	翟丽旻等	25.00	2012.8	4	pdf/ppt/答案
38	建筑工程清单编制	978-7-301-19387-7	叶晓容	24.00	2011.8	2	ppt/pdf
39	建设项目评估	978-7-301-20068-1	高志云等	32.00	2013.6	2	ppt/pdf
40	钢筋工程清单编制	978-7-301-20114-5	贾莲英	36.00	2012.2	2	ppt / pdf
41	混凝土工程清单编制	978-7-301-20384-2	顾　娟	28.00	2012.5	1	ppt / pdf
42	建筑装饰工程预算	978-7-301-20567-9	范菊雨	38.00	2013.6	2	pdf/ppt
43	建设工程安全监理	978-7-301-20802-1	沈万岳	28.00	2012.7	1	pdf/ppt
44	建筑工程安全技术与管理实务	978-7-301-21187-8	沈万岳	48.00	2012.9	2	pdf/ppt
45	建筑工程资料管理	978-7-301-17456-2	孙　刚等	36.00	2014.12	5	pdf/ppt
46	建筑施工组织与管理(第 2 版)	978-7-301-22149-5	翟丽旻等	43.00	2014.12	3	ppt/pdf/答案
47	建设工程合同管理	978-7-301-22612-4	刘庭江	46.00	2013.6	1	ppt/pdf/答案
48	★工程造价概论	978-7-301-24696-2	周艳冬	31.00	2015.1	1	ppt/pdf/答案
建筑设计类							
1	中外建筑史(第 2 版)	978-7-301-23779-3	袁新华等	38.00	2014.2	2	ppt/pdf
2	建筑室内空间历程	978-7-301-19338-9	张伟孝	53.00	2011.8	1	pdf
3	建筑装饰 CAD 项目教程	978-7-301-20950-9	郭　慧	35.00	2013.1	2	ppt/素材
4	室内设计基础	978-7-301-15613-1	李书青	32.00	2013.5	3	ppt/pdf
5	建筑装饰构造	978-7-301-15687-2	赵志文等	27.00	2012.11	6	ppt/pdf/答案
6	建筑装饰材料(第 2 版)	978-7-301-22356-7	焦　涛等	34.00	2013.5	1	ppt/pdf
7	★建筑装饰施工技术(第 2 版)	978-7-301-24482-1	王　军	37.00	2014.7	1	ppt/pdf
8	设计构成	978-7-301-15504-2	戴碧锋	30.00	2012.10	2	ppt/pdf
9	基础色彩	978-7-301-16072-5	张　军	42.00	2011.9	2	pdf
10	设计色彩	978-7-301-21211-0	龙黎黎	46.00	2012.9	1	ppt
11	设计素描	978-7-301-22391-8	司马金桃	29.00	2013.4	2	ppt
12	建筑素描表现与创意	978-7-301-15541-7	于修国	25.00	2012.11	3	Pdf
13	3ds Max 效果图制作	978-7-301-22870-8	刘　晗等	45.00	2013.7	1	ppt
14	3ds max 室内设计表现方法	978-7-301-17762-4	徐海军	32.00	2010.9	1	pdf
15	Photoshop 效果图后期制作	978-7-301-16073-2	脱忠伟等	52.00	2011.1	2	素材/pdf
16	建筑表现技法	978-7-301-19216-0	张　峰	32.00	2013.1	2	ppt/pdf
17	建筑速写	978-7-301-20441-2	张　峰	30.00	2012.4	1	pdf
18	建筑装饰设计	978-7-301-20022-3	杨丽君	36.00	2012.2	1	ppt/素材
19	装饰施工读图与识图	978-7-301-19991-6	杨丽君	33.00	2012.5	1	ppt

序号	书名	书号	编著者	定价	出版时间	印次	配套情况
20	建筑装饰工程计量与计价	978-7-301-20055-1	李茂英	42.00	2013.7	3	ppt/pdf
21	3ds Max & V-Ray 建筑设计表现案例教程	978-7-301-25093-8	郑恩峰	40.00	2014.12	1	ppt/pdf
			规划园林类				
1	城市规划原理与设计	978-7-301-21505-0	谭婧婧等	35.00	2013.1	2	ppt/pdf
2	居住区景观设计	978-7-301-20587-7	张群成	47.00	2012.5	1	ppt
3	居住区规划设计	978-7-301-21031-4	张 燕	48.00	2012.8	2	ppt
4	园林植物识别与应用	978-7-301-17485-2	潘利等	34.00	2012.9	1	ppt
5	园林工程施工组织管理	978-7-301-22364-2	潘利等	35.00	2013.4	1	ppt/pdf
6	园林景观计算机辅助设计	978-7-301-24500-2	于化强等	48.00	2014.8	1	ppt/pdf
7	建筑·园林·装饰设计初步	978-7-301-24575-0	王金贵	38.00	2014.10	1	ppt/pdf
			房地产类				
1	房地产开发与经营(第 2 版)	978-7-301-23084-8	张建中等	33.00	2014.8	2	ppt/pdf/答案
2	房地产估价(第 2 版)	978-7-301-22945-3	张 勇等	35.00	2014.12	2	ppt/pdf/答案
3	房地产估价理论与实务	978-7-301-19327-3	褚菁晶	35.00	2011.8	2	ppt/pdf/答案
4	物业管理理论与实务	978-7-301-19354-9	裴艳慧	52.00	2011.9	2	ppt/pdf
5	房地产测绘	978-7-301-22747-3	唐春平	29.00	2013.7	1	ppt/pdf
6	房地产营销与策划	978-7-301-18731-9	应佐萍	42.00	2012.8	2	ppt/pdf
7	房地产投资分析与实务	978-7-301-24832-4	高志云	35.00	2014.9	1	ppt/pdf
			市政与路桥类				
1	市政工程计量与计价(第 2 版)	978-7-301-20564-8	郭良娟等	42.00	2013.8	5	pdf/ppt
2	市政工程计价	978-7-301-22117-4	彭以舟等	39.00	2013.2	1	ppt/pdf
3	市政桥梁工程	978-7-301-16688-8	刘 江等	42.00	2012.10	2	ppt/pdf/素材
4	市政工程材料	978-7-301-22452-6	郑晓国	37.00	2013.5	1	ppt/pdf
5	道桥工程材料	978-7-301-21170-0	刘水林等	43.00	2012.9	1	ppt/pdf
6	路基路面工程	978-7-301-19299-3	偶昌宝等	34.00	2011.8	1	ppt/pdf/素材
7	道路工程技术	978-7-301-19363-1	刘 雨等	33.00	2011.12	1	ppt/pdf
8	数字测图技术实训指导	978-7-301-22679-7	赵 红	27.00	2013.6	1	ppt/pdf
9	城市道路设计与施工	978-7-301-21947-8	吴颖峰	39.00	2013.1	1	ppt/pdf
10	建筑给排水工程技术	978-7-301-25224-6	刘 芳等	46.00	2014.12	1	ppt/pdf
11	建筑给水排水工程	978-7-301-20047-6	叶巧云	38.00	2012.2	1	ppt/pdf
12	市政工程测量(含技能训练手册)	978-7-301-20474-0	刘宗波等	41.00	2012.5	1	ppt/pdf
13	公路工程任务承揽与合同管理	978-7-301-21133-5	邱 兰等	30.00	2012.9	1	ppt/pdf/答案
14	★工程地质与土力学(第 2 版)	978-7-301-24479-1	杨仲元	41.00	2014.7	1	ppt/pdf
15	数字测图技术应用教程	978-7-301-20334-7	刘宗波	36.00	2012.8	1	ppt
16	数字测图技术	978-7-301-22656-8	赵 红	36.00	2013.6	1	ppt/pdf
17	水泵与水泵站技术	978-7-301-22510-3	刘振华	40.00	2013.5	1	ppt/pdf
18	道路工程测量(含技能训练手册)	978-7-301-21967-6	田树涛等	45.00	2013.2	1	ppt/pdf
19	桥梁施工与维护	978-7-301-23834-9	梁 斌	50.00	2014.2	1	ppt/pdf
20	铁路轨道施工与维护	978-7-301-23524-9	梁 斌	36.00	2014.1	1	ppt/pdf
21	铁路轨道构造	978-7-301-23153-1	梁 斌	32.00	2013.10	1	ppt/pdf
			建筑设备类				
1	建筑设备基础知识与识图(第 2 版)	978-7-301-24586-6	靳慧征等	47.00	2014.12	2	ppt/pdf/答案
2	建筑设备识图与施工工艺	978-7-301-19377-8	周业梅	38.00	2011.8	4	ppt/pdf
3	建筑施工机械	978-7-301-19365-5	吴志强	30.00	2014.12	5	pdf/ppt
4	智能建筑环境设备自动化	978-7-301-21090-1	余志强	40.00	2012.8	1	pdf/ppt
5	流体力学及泵与风机	978-7-301-25279-6	王 宁等	35.00	2015.1	1	pdf/ppt/答案